PENG DEHUAI
BINGFA

彭德怀兵法

古 越 著

团结出版社

图书在版编目（CIP）数据

彭德怀兵法 / 古越著 . -- 北京：团结出版社，
2019.5（2023.11 重印）
ISBN 978-7-5126-6274-2

Ⅰ．①彭… Ⅱ．①古… Ⅲ．①彭德怀（1898-1974）
–生平事迹 Ⅳ．① K825.2

中国版本图书馆 CIP 数据核字（2018）第 076160 号

出　版：团结出版社
　　　　（北京市东城区东皇城根南街 84 号　邮编：100006）
电　话：（010）65228880　65244790（出版社）
　　　　（010）65238766　85113874　65133603（发行部）
　　　　（010）65133603（邮购）
网　址：http://www.tjpress.com
E-mail：zb65244790@vip.163.com
　　　　tjcbsfxb@163.com（发行部邮购）
经　销：全国新华书店
印　装：三河市东方印刷有限公司

开　本：170mm×240mm　16 开
印　张：30.5
字　数：457 千字
版　次：2019 年 5 月　第 1 版
印　次：2023 年 11 月　第 3 次印刷

书　号：978-7-5126-6274-2
定　价：82.00 元

前　言

战争是他的职业，一生心血倾注于此；往事、故人、战场，无不铭记于心。

彭德怀从1916年不满18岁投入湘军当兵，到1928年在平江率部起义，再到1953年抗美援朝战争结束，几乎大半生是为国家为人民戎马征战，在战场上的烈火硝烟里度过的，经历了中国革命战争的全过程。他的对手最早是国民党的军阀，后来是侵略中国的日本将军，最后是美国的上将。从一个旧军队的士兵，毕生征战，成长为数百万革命军队的统帅，具有雄才大略的杰出军事家；从一个农民的儿子，立志救贫，秘密结社，勤奋自学，成长为无产阶级革命家。

彭德怀在中国军事史、中国革命史乃至中国历史上都有着重要地位。他是我军的主要创建人之一，是人民战争最高军事统帅部的核心成员，是中华人民共和国建立后军队革命化、现代化、正规化建设事业的重要创始人和奠基人，是古今中外战争史上少有的杰出统帅。以其卓越的军事才能，坚定的政治品质，英勇无畏的革命精神，赢得了很高的威望，受到全军将士的爱戴。

彭德怀戎马一生，身担大任。面对国家的危难，他挺身而出勇挑重担，却从来没有计较过个人的得失。

回顾他的一生，我们看到的是在平江县使满厅土豪劣绅面如土色的湘军团长；驰骋于湘鄂赣闽之间，使国民党的追剿军闻风丧胆的红三军团军团长；长征中突破湘江封锁，夺得遵义大捷，打垮马家骠骑的彭大将军；在抗日战争中开辟华北广大敌后根据地的八路军的副总司令；转战陕甘宁、解放祖国大西北的第一野战军司令员；毅然率师援朝，击败高度现代化的美国军队的志愿军司令员。指挥过上百次重大战役、战斗，他的战场经验极其丰富，指挥艺术日益成熟，从国民党反动军阀、日本侵略军的将领到朝鲜战场上的美军统帅，无不成为他的手下败将，在中国战争史乃至世界战争史上，写下了极其光辉壮丽的篇章，成为擅长指挥大兵团作战的军事奇才，国内国际知名的军事家。

彭德怀善打硬仗，身先士卒，作战勇猛，具有大将风度英雄本色，敢于面对气势汹汹的万千敌军横刀立马。

彭德怀起义参加红军前，在湘军中从士兵到班、排、连、营、团长，打了十二年仗。他早年在湘军中，即以骁勇善战著称，从二等兵逐级晋升为团长。但是，只有在平江起义之后，在共产党的正确领导下，他所从事的战争的正义性，他对革命战争崇高目的的追求和忘我献身，才使他焕发出非凡的胆略和才智。

在红军时期，是赫赫有名的红三军团总指挥，是红军队伍中著名的战将，被誉为"红军中第一号善战的湖南人"，是红军当年最有实战经验的军事家之一。在保卫中央革命根据地的反"围剿"斗争和艰苦卓绝的二万五千里长征中，他创造性地运用毛泽东的战略战术原则，指挥部队打了许多大仗、硬仗、恶仗，多次在关键时刻使党中央和红军摆脱危险境地。

在长征途中最惨烈的湘江战役中，他与林彪、聂荣臻指挥的红一军团同时坚守湘江上下游两个阵地，控制了湘江30公里长的江面，为红军首脑机关中央纵队安全过江起到了决定性的作用。毛泽东赞他"谁敢横刀立马，唯我彭大将军"。1935年红军到达陕北吴起镇，在经过艰苦的二万五千里长征之后，一举击溃了追敌骑兵，奠定了陕北根据地基础。

抗日战争时期，他立马太行，协助朱德率领八路军开赴华北抗日前线，放手发动群众，广泛开展游击战争，使华北抗日根据地成为抗日战争夺取最后胜利的重要战略基地。

解放战争中，他经历的是最为艰苦的西北大战，在国民党胡宗南以精锐嫡系主力二十余万部队围攻延安的紧急关头，彭德怀临危不惧，主动请缨，担任西北地区的军事指挥任务，指挥留守的、装备极差的部队两万多人，进行了七天七夜的延安保卫战，最后撤离延安。此后，彭德怀坚决贯彻党中央的战略决策，在极端困难的条件下，以敢于决战的大无畏英雄气概和钢铁般的意志，发挥卓越的军事指挥才能，以军事斗争和政治斗争相结合，灵活机动，出奇制胜，以劣势兵力战胜优势兵力，使西北战场决战决胜，捷报频传，成为威武雄壮的战争奇观，为战略决战夺取最后胜利作出了杰出贡献，为中国革命战争史写下了极其光辉的历史篇章。

抗美援朝战争中，彭德怀以超人的胆略和极强的自信心承担起志愿军的领导和指挥任务，入朝与美军作战。战争中，双方投入的都是久经沙场考验的部队，都派出最优秀的指挥官，其激烈程度是世界战争史上罕见的。彭德怀指挥中国人民志愿军，不仅敢于而且善于同强敌作战并取得胜利，创造了以弱胜强、打败强大美军的新纪录，可以说达到了军事指挥艺术和部队素质表现的最高境界。他的军事指挥艺术和经历树立了中共军队对外作战并战胜世界最强大敌人的经典范例。经朝鲜一战，中国人民解放军之威名远播世界。彭德怀成为世界上打败美国军队的第一人，甚至战场上的对手美国将军也不能不叹服他的指挥才能与胆略。

战争是敌对双方统帅的智慧、经验、韬略和指导战争艺术的竞赛和较量。在战争的海洋中，要不被火海铁流所吞没而到达胜利的彼岸，就必须选择最适合发挥自身优势的作战形式和战略战术。战争是对作战双方的综合考验，胜利属于正义一方和其拥有高超谋略的指挥官。在古今中外的战争史上，以少胜多、以弱胜强、以劣胜优的诸战例中，除客观因素外，指挥战争的统帅的主观指导能力是起决定作用的因素。他总是以战略家的眼光善于详尽地考察战场，敏锐地分析态势，准确地判断趋势，巧妙地创造战机，果断地指挥行动，牢牢地把握主动，由此做到了"兵贵神速，先机制敌"，战而胜之。

彭德怀是一个意志坚强、号令威严、运筹帷幄、精于治军的军事统帅。他智勇双全，刚柔相济，胆识兼备，熟谙兵法，精通韬略，智计殊绝于人，具有非凡胆略和精湛指挥艺术。他深谙战争的文武之道，既重斗力斗勇，更重斗智巧取制胜。他能够在敌大我小、敌强我弱的条件下，发挥运动战、游击战的特长，造成主观上、心理上对敌人的优势，在灵活多变、出敌意料中，求生存、求主动、求胜利。

彭德怀善于抓住"形势""奇正""虚实"做文章。一支军队，由军人士气和兵力、兵器构成了一种系统的军事力量，这就是"形势"；正确地指挥这支军队并灵活地变换战术，这就是"奇正"；根据敌情我情，巧妙地选择这支军队的最佳作战方向，这就是"虚实"。面对瞬息万变的战场形势，他多谋善断，以察利害，审时度势，诱敌就范，对人民战争战略战术的创立、形成和发展作出了不可磨灭的贡献。彭德怀指挥作战的特点是勇猛顽强，豪气冲天，而且也极其善于灵活指挥，避实就虚，以少胜多。在情急势危的情况下，他镇定自若，临危不惧，多谋善断，化险为夷；在战斗胜势情况下，他总是头脑冷静，审时度势，进退攻守，部署适宜；在紧张复杂情况下，他总是明察利害，避实就虚，当机立断，不失战机。

彭德怀有鲜明的个性。他刚正不阿，敢作敢为，坚持真理。他爱兵如子，体恤战士，为了改善朝鲜战场战士的生活状况，他在军委工作会议上发了火；在艰苦困难情况下，他总是善于激励将士，增强斗志，一往无前，夺取胜利；在你死我活的战场上，他出现在哪里，哪里的将士就受到巨大鼓舞，就产生无敌的力量。他具有惊人的军事胆略，指挥作战从不怯于斗勇斗力，从不知恐惧为何物，具有泰山崩于前而色不变的血气之勇，领兵打仗讲究"秘密、迅速、坚决、干脆"，其指挥风格堪称勇猛顽强，敢打敢拼，敢与敌人斗勇斗狠。他越是大仗、硬仗、恶仗来临，越是精神百倍，从容镇定。他军令如山，指定部队在何时到达阵地，就必须赶到，跑不动爬也要爬到战斗岗位上；命令坚守的阵地，哪怕打到只剩下一个人，也要坚守到底。他提挈百万大军如一人，令则行，禁则止，静如山，动如虎，攻必克，守必固，高屋建瓴，势如破竹，不愧为德威并重、勇谋兼备的杰出将帅！

彭德怀精通毛泽东军事思想，熟悉我军作战原则，从不拘泥于书本和别人的经验，每次下定重大战斗决心之前，他都坚持运用实事求是的军事辩证方法，都从当时当地的实际情况出发，详察敌情和战场。在纷繁复杂、变幻莫测的战争环境里，他审时度势，研究和分析敌我态势，因势利导，博采众议，努力探寻和把握战争的内在规律，制定周密而切实的战法。

他善于研究中国革命战争的特征，从客观实际出发，实施正确的战争和作战指导，事先有周密的考虑、正确的判断、妥善的部署、正确的措施。

在红军初创时期，他及时总结红五军在湘鄂赣边独立坚持游击战争的经验，在写给党中央的报告中明确提出：红军作战必须集中力量做盘旋式的游击；不宜分兵对敌，分则气虚胆小；力避硬战，打破悻险死守，以避实就虚，专击小敌；务须按照地形、敌情而采取适当的集中与分散来应付客观环境等。这些论述，对红军初创时期游击战争的开展起到了重要的指导作用。

在抗日战争中，他根据毛泽东确定的持久战和游击战的战略方针，结合实际作了许多具体的论述。如广泛开展全民族的群众性游击战争，应成为整个抗战中的最重要部分，是群众直接参加抗战的最高形式；在军事指导原则上，一定要确立积极作战、打击敌人的思想，以分散对集中，以集中对分散，寻找战机，歼灭敌人弱小部分等。1937年11月，彭德怀在延安向抗日军政大学学员发表了《争取抗战胜利的几个先决问题》的演说，分析中国在持久战争中政治上、经济上、军事上能由弱变强的条件和日本帝国主义必将由强变弱的根据。指出，中国必将由现在的劣势地位逐渐地转变为优势地位，最终战胜日本强盗。这一关于敌我双方在战争中强弱关系相互转化的论断，为毛泽东所吸收，在他1938年5月所写的《论持久战》中，对此进行了系统的阐述和高度的理论概括。

在解放战争中，他执行毛泽东关于在运动中大量歼敌的战略战术，提出"诱敌深入，扰疲与分散敌人，利用根据地条件，寻找敌之过失，各个歼敌主力"；"集中兵力，各个击破，慎重选择第一仗，务求必胜"等作战指导思想，并在实战中创造一系列运动歼敌的作战范例。

在抗美援朝战争中，他根据中国人民志愿军的技术装备处于绝对劣势和朝鲜地幅狭小的客观情况，提出"阵地战与运动战相配合"的作战方针。随着战场形势的变化，他又把阵地战提到重要的战略位置，指挥志愿军成功地进行了一系列阵地防御战和阵地进攻战，形成一套依托阵地积极防御的新战术，取得了在现代战争中以弱胜强的宝贵经验。

彭德怀兵法韬略是惊人胆略与卓越智慧的有机结合。彭德怀生性刚毅，处变不惊，具有惊人的军事胆略，越是在革命遭受严重失败的危急关头，他越是充满乐观主义精神，坚如磐石，从不动摇。彭德怀领兵作战从不怯于斗勇斗智，具有泰山崩于前而色不变的血气之勇，敢为人之所不敢为，敢行人之所不敢行，每当危急关头，关键时刻，总是挺身而出，身先士卒，或一夫当关，或冲锋陷阵，每每拯救全军于败亡之际，扶大厦于将倾之时，表现出革命者的大智大勇和坚强意志。中国共产党领导的军事斗争，长时期内是在敌强我弱的条件下进行的。这就要求重在斗智，而不能单靠斗力。彭德怀的"勇"又非一触即跳的匹夫之勇。他的"勇"与他的"智"是紧密联系在一起的，有勇有谋，两者交相辉映，互为表里。

彭德怀有着革命者特有的严肃认真、不屈不挠、顽强斗争的品格，绝不是一般在游戏中的争强好胜。他有着高尚的政治品德和伟大的人格风范：他怀有坚定的共产主义信念，忠诚于党和人民，识大体，顾大局；他追求真理，忠于真理，坚持真理，捍卫真理；他严于律己，光明磊落，有错即认，知错必改；他刚正不阿，直言敢谏。他不但是杰出的军事家而且是洞察力敏锐的政治家，他的大局观是令人钦佩的。当他从朝鲜归来，国防部长的重任又落在他的肩上，彭德怀的所想所做都是为了人民，他是布衣元帅！

彭德怀说：军事工作没有什么神秘的，同其他工作一样，主要是靠在实践中学习。谁也不是生来就会带兵打仗的，谁都难免打一些败仗，但打来打去，实践多了，本领也就练出来了。

彭德怀的兵法与谋略，彭德怀丰富的治军经验和军事理论，他在作战指挥中所表现出的驾驭战争的高超艺术及其所阐述的理论原则，为毛泽东军事思想的形成和发展作出了不可磨灭的贡献，为中国和世界的兵法宝库增添了璀璨的明珠；对于毛泽东军事思想的形成与发展，对于夺取中国革命战争的胜利，对于指导新中国国防和人民军队建设，起到了重要的作用。全面系统阐述彭德怀兵法与谋略，对于在新的历史条件下坚持和发展毛泽东军事思想，对于指导当前和未来的国防建设和军事斗争，无疑具有十分重大的意义。

目　录
CONTENTS

目录

主要参考文献

第一章
从放牛娃到共和国元帅

　　同中国人民解放军众多的第一代高级将领一样，彭德怀是一个天才般卓越的无产阶级军事家，他的军事战斗生涯充满神话般的传奇色彩。战争是他的职业，是他最心爱之物，一生心血倾注于此；往事、故人、战场，无不铭记于心。

一、湘军中的"自由派军官"

彭德怀原名彭得华。1898年10月24日（农历九月初十）出生于湖南省湘潭县石潭乡乌石寨的一个贫苦农家。

在《湘乡九溪彭氏续修族谱》中，记载着清宗这个名字，这就是彭德怀。他的父亲彭民言又为他取名为得华。

彭家世代务农，在乌石寨属客户。相传在清雍正年间，彭家祖上从湘乡贩茶路过乌石峰，见这一带山清水秀，林木茂盛，人烟稀少，就在山下买了一片坡地，修了几间茅屋，安家落户。经过几代人的辛劳，开出八九亩园子，周围用土筑了矮墙，遂叫彭家围子。

清末政治腐败，列强侵略，农村经济凋敝，彭家家道日衰，人丁亦不旺。彭得华的祖父彭安恭兄弟五人，有的早死，有的绝嗣，只有彭安恭得子彭民言承继香火。

父亲彭民言为人正直，讲义气。早年身体很健壮，一次外出贩茶，同伴病死无钱归葬，他负尸还乡，从此得了哮喘病，不能下地耕种，只能靠给人家装殓死人挣口饭吃。母亲是一个聪慧勤劳又心地善良的贫家女子，家里家外，全仗她一人来操持。除了彭得华，又接连添了两个弟弟，全家七口人，日子越来越艰难。尽管非常贫困，得华六岁时，父母仍设法将他送到姨父肖云樵的私塾去读书。

1906年，彭得华8岁，含辛茹苦的母亲染上了赤痢，不久便抛下一家老小死去。为了养家，彭得华只好中途退学。不久，小弟弟饿死，父亲的病也更重了。为度日，家中东西典当一空。彭得华不愿跟祖母去乞讨，就上山砍柴卖钱，给家里买米。

10岁，彭得华靠给人放牛养家。13岁，到附近黄碛岭的煤窑当童工。不久煤窑倒闭，窑主携款逃走，他白白卖命一年，分文未得，不得不回乌石打短工。

彭家围子紧靠乌石峰脚下。乌石峰顶耸峙着一座石庙，庙内供奉着元末农民起义军领袖陈友谅的参政易华的塑像。易华曾在这一带筑寨保民。他劫富济贫的故事在这 带世代流传,乡民把他当作保佑一方的神灵。彭得华从小在乌石山中打柴,易华是他幼小心灵崇拜的偶像。在家中,曾经参加过太平军的伯祖父五十老倌,有时给他讲述太平天国的故事,使他知道"长毛"是好人,主张平分田土,有饭大家吃;提倡男女平等,"长毛"的女人都放了脚,等等,这些思想对他产生了强烈的吸引力。

1913年,湘潭大旱,发生了大灾荒,加上地主逼租逼债,湘潭一带哀声载道,饿殍遍地。乌石乡的饥民为了活命,相约到同村地主陈满钻子家巢粮。地主哭穷拒巢,彭得华爬上陈家屋楼揭开谷仓的瓦,发现满仓的稻谷。饥饿的人群涌进院子里开仓分粮,杀猪煮饭,运走了大半粮食,官府派人来捉拿彭得华。他的叛逆性格第一次迸发出耀眼的光芒。

15岁的彭得华身无长物,带着对苦难童年生活的回忆和前辈反抗悲惨命运播下的火种,连夜离开了乌石,逃到洞庭湖滨湘阴县属的西林围,当了一名为官府富户围湖造田的堤工,每天烧火做饭,挑土垒堤。在西林围出了两年半的苦力,彭得华仅挣得三担半米,养不活一家数口。他再次试图反抗,参加了堤工要求增加土方工价的停工斗争。但由于堤工没有组织,斗争没有结果,彭得华感到没有出路。

苦难悲惨的童年生活,在彭得华幼小的心灵中深深种下了对剥削者的仇恨,形成倔强性格和反抗的志向,同时也磨炼了勇敢顽强、不屈不挠的斗争精神。他为自己取号"石穿",表示要以滴水穿石的意志,去实现这个愿望。

1916年春天,不满18岁的彭得华在走投无路的情况下,怀着"扶弱救贫""打抱不平"的英雄主义思想,投伍湘军,当了一个二等兵。

此时的湖南,一方面处于南北军阀混战之中,一方面又受到孙中山领导的辛亥革命新思潮的冲击。彭得华的班长郭得云就参加过辛亥革命,富有正义感,对彭得华的影响很大。湘军中还有一批新从保定军官学校毕业的见习军官,在练兵时常向士兵宣传爱国思想,使彭得华眼界大开,产生了富国强兵的思想。

由于彭德怀吃苦耐劳，作战十分勇敢、机智，练武习文无不成绩优异，深得连长周磐的赏识，被送到团训练队去学军事文化，并被提升为班长。他结识了同连的黄公略和新入伍的中学生李灿，三人同具满腔的爱国热忱，结为知己。在团训练队学习时，他还结交了二十多个知识分子和贫苦农民出身的士兵，大家相约"以救国救民为宗旨，不做坏事，不贪污腐化（包括不刮地皮、不讨小老婆），不扰民"。

此时，彭得华的家庭经济情况已大见好转。但军阀战争给社会造成的灾难，军队对平民百姓的奸淫抢掠，老军官的贪污腐化，青年军官的迅速堕落，都使他感到愤怒和失望，逐渐认识到自己是在给军阀部队当炮灰，对旧军队所抱的幻想破灭了。

1920年夏，彭得华被提升为排长。11月，湖南平江、常德的驻军为索发欠饷发生兵变，湘军各部近十万军队卷入了索发欠饷的风潮，士兵抛开长官，推选代表进行指挥，表现出很大的团结力。彭得华被推选为士兵代表，参加了闹饷。

1921年夏秋，彭得华参加湘军的援鄂自治之役、湘军内部士官系和行伍系军阀的战争，受到团长袁植的器重，被任命为代理连长，驻防湖南华容县注滋口。

在军阀割据的湖南，部队驻扎一地，长官就是地方一霸，与地方官绅勾结，大"刮地皮"。而彭得华拒绝宴请，并且常常到劳苦人家中去查访。他在连里组织秘密的"救贫会"，团结进步官兵，为工农谋利益。"救贫会"的第一次救贫行动，就暗杀了大军阀赵恒惕手下一个少将的弟弟——在当地鱼肉百姓的恶霸地主欧盛钦，引起很大震动。彭得华因此被逮捕，但他在被押赴长沙途中逃脱。

这次行动的结果促使彭得华反省。他逃到退伍在湘潭做皮匠的老班长郭得云家中，约集"救贫会"成员黄公略、李灿、张荣生一起密议，拟定"救贫会"宗旨：灭财主、平田土；灭洋人，废除不平等条约；发展实业，救济贫民；实行士兵自治，反对笞责、体罚和克扣军饷。

为求得发展，彭得华不久远赴广东投入粤军，在旧识鲁广厚营下任连长。不久鲁营被陈炯明击溃。彭得华见鲁本人胸无大志，便于1922年春返湘，回到乌石务农。

这年秋，湖南创设陆军讲武堂，袁植和周磐为培植个人势力，对年少英武的彭得华念念不忘，要他改名应考，以便重返六团。经黄公略等"救贫会"会友相邀，彭得华改名彭德怀，与黄公略、张荣生一起考入讲武堂学习。

湖南陆军讲武堂，从堂长、教育长、教官到队长等，大多数毕业于日本的陆军大学和士官学校。他们对学生实行严格的军事管理和政治教育，并且实行严格的考试制度。彭德怀接受严格和正规的军事教育，系统地学习了"四大教程"，即战术、地形、筑城、兵器，还学习了"四小教程"，即操典、野外条令、射击教范、内务条令，并学习了军制学、马术、山野炮战术等，使他在已有的作战实践基础上，进一步提高了军事素质。这为他此后的戎马生涯打下了良好的军事基础。

第二年，彭德怀毕业，重返一连，担任了连长，不久任代理营长。期间，中国国民党和共产党实现了国共合作。在苏联和中国共产党的帮助下，孙中山决心北伐，以结束帝国主义和封建军阀在中国的统治，但不幸于1925年在北京病逝。

1926年，北伐军入湘，彭德怀所在的部队改编为国民革命军第八军，他任八军一师一团一营营长。这对彭德怀来说，也是政治上的一个转折。他继续在一营中积极开展活动，以"救贫会"为秘密组织核心，成立了士兵委员会，下设立经济清算委员会，实行经济公开，废除对士兵的体罚。这些措施深得士兵拥护。

彭德怀在湘军中被视为"自由派军官"。他不仅没有染上旧军队的习气，相反对自己要求特别严格，从不开公馆、不吃请、不嫖、不赌，在湘军中同流不合污，独树一帜。湖南省长何键在临澧举行"佛法大会"，要全体军官去受戒，彭德怀在一营宣传信仰三民主义，反对迷信，在彭德怀的影响下，一营军官未去受戒，士兵也不拜佛念经。

北伐战争中，彭德怀率一营奉命配合第四军叶挺独立团行动，攻打武昌南门，英勇作战，表现出色，引起了第一师政治部秘书长、共产党员段德昌的注意。段德昌家乡在湖南南县九都山，他来到一营和彭德怀一起行军宿营，两人天涯相逢，相见恨晚。

这也是影响彭德怀早年戎马生涯的一个关键人物。彭德怀在湘军中苦度了十多个春秋，打了许多仗，立下了无数的战功，到头来还是为一个军阀打另一个军阀，他的杀富济贫的梦想始终难以实现。在段德昌的影响下，彭德怀对社会主义、共产主义理想产生了向往，如饥似渴地阅读《共产党宣言》《资本论大纲》《新社会观》《共产主义ABC》等马列主义著作，接受崭新的马列主义思想，了解了共产党的主张，在黑暗中看到了光明，看清了蒋介石的反革命本质，坚信只有马列主义才能救中国的道理，决心做一个共产主义者，并向段德昌提出了入党的请求。因当时党决定不在第八军中发展党的组织，他的愿望未能实现。

二、从湘军走出的起义总指挥

然而，就在1927年4月，以蒋介石为首的国民党反动集团发动了对共产党和革命群众的突然袭击。5月21日，湖南长沙驻军许克祥发动反共的"马日事变"，湖南成为白色恐怖最严重的省份之一。一营的士兵委员会不能公开活动了，彭德怀将骨干转入地下，仍然在士兵中进行秘密宣传。在南县驻扎时，他又发动士兵反对南县清乡委员会的成立。该地官绅向何键告状，说"一营赤化了"！何键早就对彭德怀有疑惧，第一师师长周磐想借重彭德怀来扩大自己的声威，极力在何键面前为彭德怀担保，何键遂信而不疑。

这一年，第八军一师先后改编为独立第一师、独立第五师。同年冬，独立第五师参加了湘军与黔军袁祖铭争夺湘西澧县、津市、新洲地方的混战。10月，以任重耐劳、作战勇猛见长的彭德怀升任为独五师一团团长。彭德怀担任团长后，对部队严格要求，其部队在湘军中以军纪好、战斗力强而著称。

彭德怀部队的情况和他本人的政治倾向，引起了中共党组织南（县）华（容）安（乡）特委的重视。特委介绍邓萍到一团任文书，彭德怀则通过秘密士兵会会员李寿轩等为南华安党组织运送枪支和子弹。在白色恐怖之下，彭德怀坚定了共产主义信念，再次提出入党要求。经过一段时间的考察，中共南华安特委认为，彭德怀立场坚定，坚信马列，在革命最困难的时候支持革命支持党，完全具备了一个共产党员的条件，于是1928年4月，由段德昌介绍，吸收彭德怀为中国共产党党员。

这是彭德怀革命生涯的重大转折，他誓言"愿为中国革命和世界革命、为共产主义事业奋斗终生，牺牲一切，必要时献出自己的生命"。

彭德怀入党后，在团里建立了党的秘密支部，又发展了李灿、李力两名党员，支部以士兵会为基础和掩护，开展革命活动。

为开展独五师其他两个团的工作，彭德怀建议周磐举办了师随营学校，由各团选送学员；他推荐由黄埔军校毕业返队的黄公略任随营学校的副校长，主持随校工作。

在特委主持下，经过思想发动和组织发展，一团成立了党委，以彭德怀为书记。随营学校则成立了分支部，以黄公略为书记。独五师内也逐步建立起了共产党的领导核心。经过一段时间工作，在一团一营和一团直属队、机枪连、特务连都成立了秘密士兵会。

这时，独五师又已欠饷逾五个月，于是彭德怀决定发动闹饷以提高士兵觉悟。闹饷由一团党委领导，秘密士兵会串联发动，很快将二、三团和随校带动起来，并取得胜利。

彭德怀早已期待打破这旧社会的牢笼，暴动之炬在他的胸中点燃。但按照党的指示，他还需要进一步精心准备，特别是需要争取和掌握独五师全师，等待时机的成熟。为此，他将自己的薪饷大部分积存起来，以备起义之用。

6月，彭德怀率一团随独五师师部横渡洞庭，移驻平江。平江县地处湘东北，乃湘鄂赣三省要冲，为兵家瞩目之地。这里早已建立共产党组织，工农运动很有基础。早在这年2月，在中共平江县委负责人罗纳川等领导下，爆发了有十数万农民参加的围攻平江城的"扑城"运动，不幸失败，近千名革命群众被捕入狱，城内天天杀人。平江城成了一座反革命堡垒。

为了打击敌人的反革命气焰，7月22日，彭德怀与黄公略等召开党员会议，决定发动武装起义。彭德怀在起义誓师大会上郑重宣布：我们起义的目的是，打倒国民党反动政府，打倒土豪劣绅，解除反动武装；建立工农政府，成立工农红军。他当即命令各部向平江城进发。仅用了两个小时，起义军就解除了全城反动军、警、民团两千余人的武装，活捉县长和清乡督察员等反动分子，释放了被关押的群众，占领了平江城。

24日，起义部队的士兵委员会举行联席会议，宣布成立工农红军第五军第十三师和平江县苏维埃政府，彭德怀被推选为红五军军长兼第十三师师长，滕代远为党代表，邓萍为参谋长，全军共2500余人。湖南反动当局闻讯震惊，慌忙派六七个团的兵力，分路进攻平江城。7月30日，红五军在平江城郊与敌激战终日，因众寡悬殊于当晚撤出战斗，黄纯一在突围中阵亡。

平江起义是在反动势力猖獗、中国革命形势十分危急的时候举行的。它的成功，沉重打击了敌人，鼓舞了革命者的斗志，对湘鄂赣革命根据地的创建和发展，对红军的发展和壮大作出了重要贡献。这也是彭德怀军事生涯的重大转折。

为了保存革命实力，根据中共湖南省委的指示，彭德怀和滕代远率红五军主力于8月下旬向江西浏阳、万载进发，相机南下井冈山与朱德、毛泽东领导的红四军联络。

9月，湘鄂赣三省国民党军联合向红五军发动"会剿"。彭德怀用"打圈子"战术，率部艰苦转战，把敌人拖得精疲力竭。10月中下旬，在渣津歼灭国民党军朱培德部的一个整营，粉碎了这次"会剿"。

接着，红五军党委和平江、浏阳、铜鼓、修水、万载五县县委在铜鼓的幽居召开联席会，决定建立湘鄂赣边特委和根据地，将红五军与地方游击队混编成三个纵队，彭德怀、滕代远率主力第一、第三纵队去井冈山与朱德、毛泽东率领的红四军会师。

12月上旬，彭德怀率红五军经三湾、古城到达宁冈县城，与红四军胜利会师，他先后与军长朱德和党代表毛泽东会见。在庆祝两军胜利会师大会上，彭德怀讲话说，四军有革命斗争经验，是五军的老大哥，应向他们好好学习。他充满信心地说：国民党反动派企图"剿杀"红军，但红军用实际行动告诉了他们，将不是红军被"剿"死，而是国民党反动派被彻底消灭。不久，红五军上了井冈山。

红五军上山，国民党反动派大为不安，调动湘赣两省18个团约三万兵力，分五路向井冈山发动"会剿"。

这时，红四军前委召开柏露会议，决定朱德、毛泽东率四军向赣南进发，在外线作战，实行"围魏救赵"的策略，以解井冈山之围；取消红五军番号，将第一、三纵队暂编为红四军三十团，彭德怀任团长兼红四军副军长。由彭德怀率原红五军与王佐部留守井冈山。红五军党委成员开始大感意外，认为五军已完成联络和取经的任务，应立即返回湘鄂赣边区，如果长期留在井冈山，留在湘鄂赣边区的第二纵队会遭遇困难，会影响湘鄂赣革命根据地的发展。彭德怀说服了大家，统一了全军思想，接受红四军前委的决定，勇敢地承担起守山重任。

1929年1月中旬，国民党军以二十倍于红军的兵力围攻井冈山，彭德怀指挥红军，扼守井冈山五大哨口，每人十余发子弹，凭借竹钉阵和土木工事与敌激战三天。敌军收买一游民带路顺山间小道摸上山，从背后偷袭黄洋界及其他哨山。彭德怀率部进行多次反击，均未成功，被迫率部突出重围，在大雪中忍饥挨饿前往赣南方向寻找红四军。在敌人一路追击、伏击下，彭德怀多次率部杀出一条血路，成功突围。2月中旬，为摆脱敌人的跟踪追击，挫败敌人锐气，彭德怀率部日夜兼程，乘敌不备，奔袭雩都城，歼敌数百，缴获许多武器物资，部队得到扩充。3月下旬，得知红四军在闽西，彭德怀即率部转向东北，攻占瑞金。4月1日，与四军在瑞金城会合。

在瑞金，彭德怀得知中央二月来信，信中指示红四军以连、营分散在农村活动，要朱德、毛泽东离开部队，到中央工作。彭德怀不同意这一意见，认为中国革命需要有红军的存在，"这种严重时期，只有领导下决心与群众同辛苦、同生死，集中力量作盘旋式的游击，才能渡过难关，万万不能取藏匿躲避政策，否则就立刻上了消灭之途"。（《彭德怀军事文选》，第3页）

红四军前委决定，红五军返回井冈山，恢复湘赣苏区根据地，把革命的红旗牢牢地插上井冈山。彭德怀看到敌人烧杀抢掠给群众造成的痛苦，从十分困难的军费中拿出2000银圆，帮助群众重建家园。接着，部队又向湘东粤北游击，筹集和购买了大批物资、医药，帮助地方，救济群众。

在这几个月时间里，井冈山根据地得而复失，失而复得，英勇的红五军在彭德怀、滕代远领导下，越战越坚强，锻炼得日趋成熟。

8月，彭德怀率部重返湘鄂赣边，与黄公略所率第二纵队会合。这时，全军发展到3000余人，根据湘赣边特委扩大会议决定，重建红五军军部，彭德怀仍任军长，红五军扩编为五个纵队。五军军委决定，五纵队向鄂赣边出击，四纵队向湘赣边活动，彭德怀率军部和一、二、三纵队在平浏地区游击。

三、从反"围剿"到长征：红军中第一号善战的湖南人

1930年春，彭德怀率部连克安福、分宜、宜春、万载，与四、五纵队会师平江，红五军发展到六七千人，成为红军中一支强大的力量。

随后，彭德怀率三、四、五纵队向鄂南发展，击溃国民党军郭汝栋部五个团，乘胜占领黄石港，使湘赣边革命根据地与湘鄂赣边革命根据地连成一片，军民振奋，边区进入全盛时期。当时的国民党报纸，常常把彭德怀同朱德、毛泽东以及黄公略并提，称之为"朱毛彭黄"，彭德怀的名字早已令敌人胆战心惊。

6月6日，红五军军委召开扩大会议，传达上海全国苏维埃区域代表大会

和全国红军代表大会精神。此前，中央政治局会议通过了《新的革命高潮与一省或几省的首先胜利》的决议，李立三的"左"倾冒险主义错误在中央开始占主导地位，调动各地红军攻打武汉等大城市。由红五、红八军扩编为中国工农红军第三军团，成立第三军团党的前敌委员会，彭德怀为总指挥和前委书记，滕代远为政治委员。会议讨论了中共中央下达的进攻武昌，配合红一军团、红二军团夺取汉口、汉阳的任务。彭德怀认为，在敌我力量悬殊的情况下，进攻武汉腹背受敌，有全军覆灭的危险。决定先扫清鄂南，攻取岳阳。遂指挥红三军团攻打鄂城、嘉鱼、通山、通城，歼灭了大量国民党的地方武装，乘胜南下占领岳阳，再攻下平江。

国民党军闻风而逃，红军所向披靡，士气高涨，国民党湖南省主席何键慌忙派三个旅进攻平江。

7月22日，红三军团在平江举行了平江起义两周年纪念大会，誓师攻打长沙，军民欢腾。

这时，彭德怀得知，何键奉蒋介石令率主力进攻国民党地方军阀桂军，长沙只留少量部队守城，遂率部在瓮江、金井连破敌军，乘胜追击，强渡捞刀河，攻下柴梨市。彭、滕经过周密谋划，采取两面夹击、重点突破的战略战术，突破长沙城外敌人的阵地，于7月27日攻克湖南省会长沙市，何键只身逃往湘江西岸。这一仗缴获甚众，红三军团扩大至七八千人，并以缴获的大炮成立了炮兵团。

这是我军在土地革命战争时期攻克一省首府的唯一战例。毛泽东称赞说，这次攻打长沙"对全国革命运动所产生的反响是非常大的"。

红军攻卜长沙，中外震动，反动派惶恐不安，纷纷上书要求蒋介石出兵围攻红军，并要何键下台。8月4日，何键十几个团在帝国主义军舰的掩护下渡湘江，从南北夹攻长沙。5日晚，红三军团撤出长沙，向浏阳方向撤退。

8月23日，彭德怀率红三军团在浏阳永和市与红一军团会合，成立中国工农红军红一方面军，朱德任总司令，毛泽东任总政治委员，彭德怀任副总司令。全军三万余人。

红一方面军总前委决定再次进攻长沙。由于国民党军已在长沙外围筑成坚固工事，红军围攻12天不下，于9月12日从长沙撤围。

1930年10月下旬，红一方面军总前委在新余的罗坊镇开会。毛泽东提出红军不打南昌、九江，东渡赣江，诱敌深入，歼灭进攻苏区的敌人。这是一个正确的方针。但当时，红三军团指战员多为平、浏人，不愿远离本土，要求再打长沙，反对渡江，要与一军团夹赣江发展。彭德怀支持毛泽东的正确意见，和中共长江局代表周以栗一起，说服了三军团中持不同意见的同志接受总前委罗坊会议的决定，率部东渡赣江。

1930年秋冬，在第一次反"围剿"作战中，红一方面军采取诱敌深入、待机歼敌的方针，在宁都县北部之黄陂、小布地区隐蔽待敌。12月30日，敌张辉瓒率其师部及两个旅由龙冈进至小布附近。彭德怀率红三军团从右翼截断对方的退路，配合红一军团取得龙冈大捷，活捉张辉瓒。此战，红军歼敌近一万人，取得第一次反"围剿"的初战胜利。红军乘敌阵势混乱挥戈向东，红三军团会同红十二军于东韶将国民党谭道源第五十师追及，歼敌一半，缴获很多。

1931年5月，第二次反"围剿"作战，红一方面军在毛泽东、朱德指挥下，从5月16日至31日连打五个胜仗。在一军团的密切配合下，彭德怀指挥三军团首战东固山，全歼公秉藩师四个团共一万余人；二战中村，打垮孙连仲部一个旅，俘敌千余人；三克建宁，将敌刘和鼎师大部歼灭，缴获大批武器装备。三战三捷，真是"七百里驱十五日"，"横扫千军如卷席"。

7月初，"围剿"连败的蒋介石，自任总司令，集其嫡系部队并地方部队共30万之众，向中央革命根据地大举进犯。红一方面军仍采取诱敌深入的方针。一、三军团从闽西出发，绕道千里，回师兴国，待机击敌。

彭德怀指挥红三军团先在兴国县东部的莲塘全歼敌第四十七师一个多旅，取得首战大捷；继在永丰县南部的良村配合红一军团再歼敌第五十四师大部，取得第二战的胜利。此后，彭德怀指挥三个师在兴国县西部的高兴圩截击敌人。初战未胜，战斗异常激烈，敌人两个团占据有利地势把我军一个连压在山腰。

在危难之际，彭德怀挥刀杀出，冲锋在前，士气大振，　个猛冲重创并击溃了敌人，为受压制的连队解了围，乘胜在方石岭全歼韩德勤第五十二师和一个炮兵团。至此，国民党军的第三次"围剿"被红军彻底粉碎。

这年11月，彭德怀当选为中央革命军事委员会副主席，与王稼祥一起协助中革军委主席、红军总司令朱德指挥统辖全军。

这时，中共临时中央又提出了红一方面军集中主力攻打中心城市的冒险主张。1932年1月，苏区中央局决定攻打赣州，组成主作战军和支作战军。彭德怀任主作战军总指挥，于2月初率部进攻赣州。

赣州城三面环水，城墙高厚，国民党军附城背水，固守待援，红军没有攻城武器，靠挖坑道爆破。直到3月4日，彭德怀指挥主作战军第四次爆破才破城，攻入城内。但敌已做了充分准备，预筑工事，组织强大火力点进行阻击，又学红军挖坑道偷袭城外红军，致红一师伤亡过半。红军尽管付出很大代价，赣州城仍未攻克，形势十分危急。3月7日，敌在增援部队协助下，向城外红军反扑，红军因地势不利，又过度疲劳，终被敌军冲破阵地，攻城部队在红五军团掩护下撤出战斗。彭德怀率红三军团转战湘东赣南，开展地方工作。彭德怀后来回忆认为，这次打赣州在战略方针上是错误的。

1933年1月，蒋介石在结束对鄂豫皖等苏区的大举进攻之后，调集50万大军分三路对中央革命根据地发动第四次"围剿"。

彭德怀根据方面军的命令，乘各路敌军集中尚未完成时，指挥三军团围攻南丰城，调动援敌，相机在运动中消灭敌人。当援敌靠近南丰时，即率部撤围，迅速转移至黄陂、登仙桥之线隐蔽。待援敌抵近时，三军团突起猛攻，激战两天，消灭蒋介石两个精锐师，活捉敌两位师长，取得第一战的重大胜利。

敌总指挥陈诚又以六个师组成前后纵队，向广昌进攻，引诱红军主力决战。3月21日，国民党军后纵队四个师进抵草台岗的霹雳山，前后纵队相距90里，相互不能增援。彭德怀率红三军团早已隐蔽待敌，遂乘机向敌之后纵队发起猛攻。彭德怀命三军团第一师首先夺取草台岗之制高点霹雳山，占据了有利地势，为此次战役争取了主动。此役一方面军全歼国民党第十一师大部、九师小部，击毙第十一师师长。至此，粉碎了国民党对中央根据地的第四次"围剿"。

在大规模反"围剿"斗争中，彭德怀协助毛泽东、朱德指挥中央红军实现了由以游击战为主向以运动战为主的战略转变，并在斗争实践中创造出一整套适合中国革命战争特点的战略战术基本原则。

这时，毛泽东已被错误地撤销了红一方面军总政治委员的职务。中共临时中央错误地决定红一方面军第一、第三军团实行分离作战，用"两个拳头打人"，把红军的主力分割为二。7月，中革军委下令组成东方军，由彭德怀任司令员，率军入闽，先后攻占泉上、朋口，使宁化、清流、归化苏区连成一片，继而攻占第十九路军第七十八师驻地连城。8月中旬，东方军又挺进闽中、闽北，攻占洋口、峡阳，围南平、顺昌。

1933年9月下旬，蒋介石乘红军分离作战之机，以50万兵力发动对中央革命根据地的第五次"围剿"。国民党军攻占黎川。中共临时中央提出"御敌于国门之外"的口号，命彭德怀率东方军北返江西就敌，收复黎川。彭德怀回师黎川之洵口，集中主力三个师，向敌发起猛攻，全歼国民党军第六师之十八旅，取得初战胜利。

在第五次"围剿"中，蒋介石接受过去的失败教训，改用堡垒主义的战略，步步为营，渐次推进。而当时以博古为首的临时中央依靠共产国际派来的李德为军事顾问，不顾这一变化，强令缺乏重武器的红军向国民党的堡垒群地区发动进攻，使红军处于被动地位。

这期间，在福建的国民党第十九路军不满蒋介石的反动政策，派代表前往红三军团，与彭德怀商谈同红军合作抗日反蒋问题。早在1932年1月28日，第十九路军就曾违反蒋介石的命令奋起抵抗日军对上海的进攻，彭德怀故予接待并报告中央。中共临时中央与第十九路军草签了抗日反蒋的军事协定。此时的第十九路军已无后顾之忧，遂于1933年11月树起反蒋独立的旗帜。蒋介石忙从进攻中央苏区的部队和江浙地区抽调10万兵力，分路经苏区边沿向福建进攻。

彭德怀力主支持第十九路军建立的"福建人民革命政府"，从而打破蒋介石正在准备的对苏区的第五次"围剿"。可是"左"倾临时中央否定了福建政府的进步作用，不同意与第十九路军合作。十九路军孤立无援，在蒋介石重兵进攻下失败。蒋介石遂调过头来，集中全力，兵分六路向中央根据地进逼。这样，中央红军丧失了打破敌第五次"围剿"的有利条件。

1934年4月中旬，国民党军以11个师，沿盱江两岸在宽十里的广阔地面，采取东岸受阻西岸推进、西岸受阻东岸推进的战术，交替构筑堡垒，步步为营，向广昌进逼。临时中央则调动九个师集结于广昌，企图死守这一中央根据地的北部重镇。李德亲临前线督战，命令红军以阵地防御和短促突击战术御敌。红军将士经多次反击，与敌激战，给来犯之敌以重创，但终未能打破敌之进攻，在付出重大牺牲后，被迫撤出广昌。

在这次反"围剿"作战中，彭德怀较早地认识到"左"倾机会主义路线的错误，对他们荒唐的军事指挥提出了尖锐的批评。但他作为一个军团级领导无力左右局势，虽然率部奋勇冲杀，但却不能挽回根据地被丢光的颓势。

红军撤出广昌后，国民党军兵分六路向根据地腹地推进，彭德怀指挥红三军团在高虎垴等地组织了顽强的阻击战，但中央根据地军事上的失败已无法挽回。中共临时中央令三军团撤至雩都待命，准备实施战略转移——长征。

1934年10月中旬，中央红军长征开始时，国民党军在红军西进的方向集结重兵，构筑重重封锁线。时值阴雨连绵，道路泥泞，崎岖难行。

彭德怀率红三军团不避艰险，昼夜行军。10月17日，三军团乘大雾过雩都河，22日突破敌人的第一道封锁线。11月6日，他亲自执大炮，拔除敌堡垒，打开通道，指挥红三军团左翼突破湘军在汝城至思村间设置的第二道封锁线。

11月11日，彭德怀指挥红三军团第六师攻占宜章城，突破了湘粤两军共同设置的第三道封锁线，扫清了中央红军西进的又一重要障碍。中革军委发电，赞扬"三军团首长彭、杨同志及红三军团全体指战员在突破汝城及宜郴两封锁线时之英勇与模范的战斗动作"。

这时，蒋介石发现中央红军的西进意图，急调中央军及桂系军共40万兵力，沿湘江两岸构筑了第四道封锁线，企图将红军围歼于湘江以东地区。红军决定抢渡湘江。

11月26日，彭德怀指挥红三军团从左翼急速进入广西，尔后派前锋首先渡江，抢占渡河点界首。但由于中央纵队辎重过多，部队未能及时跟进，遭敌军追击。在危急情况下，彭德怀将指挥部设在距离界首渡口仅几百米的祠堂内，亲自指挥这场关系重大、异常艰巨的阻击战，坚守界首三昼夜，完成了掩护中央纵队和后卫部队过江、突破敌人第四道封锁线的任务，红三军团付出了惨重的代价，第十八团全军覆没。

12月中旬，中央红军进入贵州，彭德怀率红三军团为左翼。1935年1月，以一个师协同红一军团第二师及干部团攻占遵义城。

随后，彭德怀参加了在遵义召开的中央政治局会议，站在以毛泽东为首的正确路线一边，批判"左"倾冒险军事指挥的错误，拥护毛泽东新的中央领导。会议期间，红三军团第六师在刀靶水、乌江沿岸执行警戒时，遭遇敌吴奇伟部的袭击，彭德怀遂由遵义赶回前线，指挥部队打退了敌人的进攻，保证了遵义会议的顺利进行。

1月19日，红军北进，红三军团任后卫，掩护各部撤出遵义。27日，彭德怀指挥红三、五军团投入土城战斗，阻击尾追之敌川军郭勋祺部。

中革军委鉴于川滇军阀集中力量利用长江布防，截阻红军，决定停止向四川发展，两渡赤水，把敌甩在长江两岸。彭德怀奉命指挥三军团任前卫，向桐梓、遵义挺进。

2月25日，中革军委将红一、三军团和干部团统归彭德怀、杨尚昆指挥，形成较强的战斗力，北渡赤水，强攻敌重兵把守的天险娄山关。

娄山关地势险要，易守难攻。彭德怀亲临前沿察看地形，然后以两个团迂回敌后，两个团正面进攻，猛打猛冲，经夹击夺占战略要地娄山关。毛泽东得悉后，兴奋不已，即兴赋词《忆秦娥·娄山关》。

随后，彭德怀指挥部队乘胜直逼遵义城。敌人急调两个师的兵力增援遵义守军。彭德怀在城西老鸦山一带以逸待劳，伏击敌人，经激战，在红一军团的增援下，将敌军大部歼灭，俘敌3000余人，再占遵义城，急得蒋介石飞往重庆策划指挥。这是红军开始长征后的第一个大胜仗，也是整个长征中我军歼敌最多的一次战斗。

为摆脱国民党军的围追堵截，红军第三次和第四次渡赤水，在几十万敌军的间隙中，穿插前进。蒋介石又急忙从重庆飞贵阳督战，调滇军入黔保驾。

彭德怀奉命率红三军团挺进贵阳，掩护红军主力向西进入敌人兵力空虚的云南。彭德怀以两个团佯攻贵阳，苦战两昼夜，胜利完成任务，使红军主力从贵阳、龙里之间穿过湘黔公路南下。

4月17日，中革军委接受彭德怀、杨尚昆的建议，趁敌未到，迅速渡过石山夹峙的北盘江，突入云南，又掉头北跨北盘江，趋金沙江南岸。

5月初，为掩护红军主力和军委纵队通过会理北上，红三军团最后撤离会理。6月，中央红军翻越终年积雪、空气稀薄的大雪山——夹金山，于18日到达懋功。两大主力红军一方面军与张国焘率领的四方面军在懋功会师。

这时，张国焘提出了与中央相悖的进军路线。6月26日，彭德怀参加了中央政治局的两河口会议，在危急关头，坚决拥护中央红军北进陕甘的方针。

8月底，红军到达巴西地区。在张国焘图谋要挟中央南下之际，彭德怀派第十一团驻于隐蔽处，秘密保卫中央及毛泽东的安全。

张闻天、毛泽东等党中央领导到三军团司令部召开了紧急会议，要求左路军改道北进。会后红一、三军团北上甘南。

9月12日，彭德怀出席中共中央在川甘边俄界召开的政治局扩大会议，就军队编制问题做了报告。会议决定把红一方面军与军委纵队整编为中国工农红军陕甘支队，由彭德怀任司令，毛泽东任政委。下辖三个纵队。中央决定成立毛泽东、周恩来、王稼祥、彭德怀、林彪五人团，实施军事领导。

俄界会议之后，中央红军继续北上。在毛泽东、彭德怀指挥下，陕甘支队经过回民区，突破敌人在西（安）兰（州）公路会宁、静宁、平凉、固原间的封锁线，翻越了长征途中最后一座高山——六盘山，于10月19日到达陕北的吴起镇。

红军到达陕北后，马鸿宾、马鸿逵和东北军骑兵几个师的兵力追击而来。毛泽东当即对彭德怀说："我们打退追敌，不要把敌人带进根据地。"

彭德怀立即布置歼敌阵势。10月21日，彭德怀率师在吴起镇西南山上对准马鸿宾的第三十五师骑兵团下手，一举将该团歼灭。随后又打垮了东北军白凤翔的骑兵团。红军乘胜进攻，打垮了敌人另外三个团。敌人受此迎头痛击，溃退回去，不敢进入陕北根据地。彭德怀立下以劣胜优、以弱胜强的赫赫战功。捷报传来，毛泽东兴奋激动不已，即兴挥毫写下："山高路远坑深，大军纵横驰奔。谁敢横刀立马，唯我彭大将军！"这首令人荡气回肠的壮美诗句，足见毛泽东对彭德怀军事才能和功绩的肯定。但彭德怀不居功自喜，立即把诗的最后一句改为"唯我英勇红军"。

1935年11月3日，中央政治局会议决定组成西北革命军事委员会，并以苏维埃中央政府名义委任毛泽东为主席，周恩来、彭德怀为副主席。同时，恢复中国工农红军第一方面军番号，委任彭德怀为司令员，毛泽东为政治委员，下辖一军团、十五军团。彭德怀再次成为中央军事决策核心成员之一。

此时，蒋介石乘红军到陕北立足未稳，调集东北军十余个师进攻陕甘根据地，企图一举消灭红军和摧毁陕甘根据地。彭德怀和毛泽东、周恩来身临前线指挥了著名的直罗镇战役，全歼敌一个师并一个团，彻底粉碎了敌对陕甘根据地的第三次"围剿"，"给党中央把全国革命大本营放在西北的任务，举行了一个奠基礼"。

接下来的东征中，红军改名为中国人民红军抗日先锋军，彭德怀为司令员，毛泽东为政治委员。1936年2月20日，彭德怀指挥先锋军强渡黄河，挺进山西。3月10日，先锋军在兑九峪歼灭阎锡山军约两个团。其后，红一军团突破汾河堡垒区，南下围攻同蒲铁路线上的霍县、赵城；红十五军团北上进逼太原。蒋介石急从洛阳、徐州等地调重兵入晋，企图配合阎军封锁黄河，断红军后路。中华苏维埃共和国中央革命军事委员会发出《停战议和一致抗日通电》，于5月初回师陕北。东征扩大了红军，推动了抗日运动。

为粉碎国民党军的大举进攻，5月，中共中央决定进行西征作战，这是一个关系党和红军发展壮大的重要战略决策和战略行动。5月18日，西北革命军事委员会颁布西征命令，组成西方野战军，以彭德怀为司令员兼政治委员，指挥红一军团和红十五军团，向陇东进发，以巩固抗日后方，接受国际援助和迎接红二、红四方面军北上。

西征战役打响后，彭德怀指挥西方野战军三路大军，浩浩荡荡地杀向甘肃、宁夏边界。一路攻城夺寨，势如破竹，于6月中旬挺进至宁夏，解放了盐池和豫旺的大片土地，进占固原七营、清水河一线。

此后，彭德怀率西方野战军在这一带转战达半年之久。他先后指挥了王家团庄进攻战、红城水阻击战、七营反击战等战斗，给宁夏军阀马鸿逵、马鸿宾部以沉重打击，取得了西征战役的重大胜利，占领了盐池、豫旺、同心、七营等重要城镇，开辟了大片新解放区，拓展了陕甘革命根据地，初步形成一块与陕甘边区相接的新根据地。

随后，彭德怀又部署和指挥西方野战军向西、向南进军，控制西兰公路，迎接红二、四方面军北上，实现红军三大主力具有伟大历史意义的会师。中共中央和中革军委任命彭德怀为前敌总指挥兼政治委员。

红军三大主力会师后，蒋介石慌忙调兵遣将，围攻红军。11月中旬，胡宗南第一军占领了同心城，企图进而夺取三边（安边、定边、靖边）。为此，彭德怀先后制定"海打战役计划""关桥堡歼敌计划"，指挥红军逐次东移，在山城堡亲自指挥红军向敌人发起攻击，全歼敌一个旅又两个团，取得山城堡大捷，给胡宗南部以重大打击，使蒋介石消灭红军的图谋彻底破产。

在西征中，彭德怀根据中央的方针，对奉蒋介石之命向红军进攻的张学良东北军进行合作抗日的宣传。彭德怀与被俘的东北军团长、曾任张学良卫队长的高福源长谈，高福源深受感动，愿回东北军劝说张学良与红军共同抗日。彭德怀给予信任，派人送高返回东北军王以哲第六十七军防线。经几次来往，最后促成了张学良与周恩来在延安的会晤。

12月12日，"西安事变"爆发，国民党军队向潼关、天水撤去，西征胜利结束。西安事变和平解决，国共两党开始第二次合作，建立抗日民族统一战线。彭德怀任红军前线总指挥，率红军主力进驻陕西渭北之三原、耀县地区。

彭德怀的英勇善战，为他赢得了很高的声誉。美国作家海伦·斯诺在其《续西行漫记》中写道："在苏维埃会议中，彭德怀的地位仅次于朱德和毛泽东。毛泽东是被当作在后面策划的一个神秘的天才，年高的朱德掌握着军权，彭德怀似乎要算是一个最接近军队生活的人，他常在前线活动，领导着他的第一路红军，或是代表着红军总司令朱德。""我总觉得这位红军中第一号善战的湖南人，是所有共产党员中一个最有趣最动人的人物。"

四、太行树丰碑的八路军副总司令

抗日战争爆发后，彭德怀作为红军前敌总指挥，被任命为中央军委前方军分会副主任。红军改编为八路军后，下辖三个师，共4.2万人，朱德任总司令，彭德怀任副总司令。在华北战局十分危急的时刻，彭德怀协助朱德总司令率部东渡黄河，开赴华北抗日前线。

此时，日军在侵占平津地区后，继续扩大侵略，日军骄横的板垣征四郎率第五师团等部抢入平绥线，倚仗重炮和飞机的支援，向南口中国守军阵地发起猛攻，中国守军浴血抵抗。

朱德和彭德怀指挥林彪、聂荣臻的第一一五师，发起平型关战斗，消灭日军板垣师团第二十一旅团1000余人，缴获大量武器和军用物资，取得了全国抗战以来的第一个歼灭战的胜利。

受阻于平型关的日军，改由雁门关突破长城，第二战区集中8万兵力与日军会战于太原以北之忻口。朱德和彭德怀指挥八路军各部，挺进敌后截断日军运输线，收复多数县城，又派遣支队远出察南和冀西，在敌后广泛出击，断敌交通。10月18日，第一二〇师于雁门关歼敌一个辎重大队，毁汽车230辆；19日，第一二九师夜袭阳明堡机场，击毁敌人飞机24架。

在八路军密切协同下，忻口国民党军奋勇抵抗28天，山西战局出现有利局面，抗日民族统一战线也有了良好的开展。

日军在忻口受挫，改由平汉路经正太路迂回太原。10月下旬，彭德怀电令第一一五师主力自五台南下驰援晋东，与刘伯承第一二九师主力在正太路南数创日军，迟滞敌人西进，掩护忻口守军移守太原。

11月8日，日军陷太原。朱德和彭德怀指挥八路军东渡黄河进入敌后，逆着国民党狼狈南逃的百万溃军，展开兵力于管涔山、五台山、恒山及太行山区，并挺进冀南、平西，开展全面敌后游击战争，与华北地方党结合，建立基层抗日政权，收拾混乱的社会局面；派第一一五师政治委员聂荣臻率2000兵力留守五台，建立了第一个敌后抗日根据地。

1938年3月，日军攻占临汾，陷风陵渡，隔河窥潼关、洛阳。国民党在山西战场的30万军队大部分退至汾河以西和黄河以南，山西正面战场呈瓦解之势。身为第二战区司令长官的阎锡山退驻黄河岸边，委朱德、彭德怀为第二战区东路军总指挥、副总指挥。彭德怀协助朱德毅然率总部逆敌锋挺进晋东南敌军后方，指挥八路军三个师和山西新军决死队，联络东路国民党军的十个师进入太行山区，在敌后建立抗日支点。

为帮助友军克服对转入敌后作战的怀疑与畏惧，3月，朱德、彭德怀在沁县的小东岭召开了东路军将领会议。彭德怀在会上作东路军作战纲领报告，阐述开展敌后游击战争和建立抗日民主政权问题。

4月，日军以3万余兵力、分九路大举围攻晋东南抗日根据地，朱、彭以八路军一部和友军阻击分进之敌，而以八路军第一二九师主力及第一一五师一部，于武乡、榆次间寻歼九路日军中最精锐之一路，其他各路日军纷纷撤退。八路军与友军乘胜追击，收复晋东南18县，共歼敌4000余人。彭德怀在回顾这次胜利时说：对日军"九路围攻的粉碎有全华北的意义"，"领导机关直接从粉碎九路围攻中，取得了国内战争转变为民族战争的成功经验，即是：敌人的围攻是可以打破的"。

这个时期，日军在华北主要是巩固其对大城市和主要交通线的占领。针对这一情况，朱德和彭德怀部署各部展开有计划的大规模交通战，对同蒲、正太、平汉、津浦铁路实行破袭，翻车破路，袭截其辎重车辆，有力地支援了正面战场的徐州会战和武汉会战。

此时，原东路军中的中央军及各地方军不堪敌后转战的困苦，大部退至黄河南岸，华北广大国土敌后抗战的重任落到了八路军及其领导的抗日武装身上。八路军挺进敌后，不断粉碎敌人的"扫荡"，在光复的国土上，建立抗日民主政府，安抚流亡，廉洁政治，实行"二五"减租，废除苛捐杂税，与人民建立了血肉联系。朱德和彭德怀率八路军在华北敌后建立了晋西北、晋察冀、晋冀豫三大抗日根据地，第一一五师主力又开赴山东和当地抗日武装结合开辟了山东根据地。八路军活动区域东临渤海、黄海，北达冀东长城口外，南至陇海路，西襟黄河，在抗日民主政府管辖下的民众达千万以上。

1938年10月，武汉失守，日军停止了向正面战场的进攻，于年底从华中抽军"扫荡"华北，从此敌后战场成为抗日战争的另一个广阔战场，八路军在敌后经常抗击着五分之二以上的侵华日军。

八路军在敌后的发展引起了国民党顽固派的忌恨和攻击。国民党大量派遣军队北上，向抗日根据地"收复失地"，和八路军搞武装"摩擦"，绑架、残杀抗日军民，制造了一系列骇人听闻的惨案。

彭德怀是一位敢打敢拼的勇将，历来对反动派仇视痛恨，对阎锡山、蒋介石的进逼也窝着一肚子火，但还是忠实地执行中共中央、毛泽东关于团结抗日的方针。对待国民党军队制造的摩擦，进行必要的还击，但掌握有理有利有节的原则，打完了仍回到统一战线上来。彭德怀先后赴洛阳、西安、重庆、冀南、陕西宜川等地，与国民党当局蒋介石、阎锡山、鹿钟麟等人会谈。但国民党顽固派不愿放弃反共方针。

1939年11月，国民党中央秘密制定了《处理异党问题实施方案》，策划向共产党领导的抗日力量发动军事进攻。国民党当局不顾民族危亡，下令要八路军撤退到白（圭）晋（城）路以东，邯（郸）长（治）大道以北。阎锡山发动事变，调动大军进攻决死队、牺盟会，袭扰晋中地区，妄图颠覆晋西北、晋东南的抗日民主政权。国民党中央军朱怀冰等部开始进攻太行山区，日军也自北而南向太行山区进行"扫荡"，对太行山区形成夹击之势。

在忍无可忍的情况下，朱德和彭德怀乃坚决予以反击。第一二九师与晋察冀的两个旅先后击溃阎锡山军及秘密勾结日军的石友三军和张荫梧部；1940年3月，在豫北之林县、涉县、武安、冀南之磁县，又合歼反共最猖狂的朱怀冰军两个师及反共杂牌军万余人，取得了反"摩擦"斗争的胜利，粉碎了国民党发动的第一次反共高潮，稳定了太行山区及冀南的形势。

1940年4月，朱德由华北抗战前线返回延安，彭德怀全面担负起直接领导华北敌后抗战的重任。

日军自回师华北后，即大肆增修道路据点，以铁路为柱，公路为链，据点为锁，实行"囚笼政策"，封锁、切割和蚕食各抗日根据地。为了打破日军的"囚笼"政策，朱德、彭德怀于8月决定指挥八路军，对日军占据的正太路交通线进行总破袭。

按照八路军总部的命令，8月20日夜，在华北广阔战场上，八路军、决死队和根据地民兵在敌人毫无觉察的情况下，利用青纱帐掩护，绕过密布的堡垒群，向以正太路为主的敌人交通网发起攻击。一夜之间，正太路上的车站、桥梁、水塔大部被炸毁，枕木、铁轨被搬走或架起来焚烧，据点被拔掉，驻守正太路的日军被打得晕头转向，彼此失去了联系。

抗日军民出于对残暴的民族敌人的强烈仇恨，参战极为踊跃，大大超过预定兵力。到22日，投入战斗的兵力（包括民兵）达到105个团。彭德怀与左权发出致各兵团电说："这次战役定名为百团大战。"百团大战第一阶段奇袭式的破击战，取得了巨大的成功。

百团大战的第二阶段，进行了晋察冀之涞（源）、灵（邱）战役，晋东南之辽（县）、榆（社）战役，晋西北之同蒲路宁武南北段破击战役，冀中之任（丘）、河（间）、大（城）、肃（宁）战役，及冀南之德石路破击战役等，拔除了深入各区的千余个据点，第一二九师一度攻克了榆社城。毛泽东称赞说："百团大战是'敌人相持阶段中一次更大规模的反扫荡的战役反攻'。这是'一次'，因为以后还要有更大规模，表示以前有过大规模的反扫荡，但这次更大；'反扫荡的战役反攻'表示不是战略反攻。百团大战各地都要干，要继续下去，同时要有防备顽固分子背后进攻的部署。"

这场敌后最大的反围攻战役，持续三个半月时间，作战1800余次，毙伤日军2万余人，伪军5000余人，俘获日军280多人、伪军1.8万余人，拔除据点2900个，破坏铁路470余公里、公路1500余公里，缴获各种炮50余门、枪5800余支。这场战役使连接平汉、同蒲路的交通动脉正太路和正太路东端的重要煤矿井陉矿受到严重的破坏；北宁、同蒲、沧石、德石等路亦被截断，蛛网般的公路、路基、路面被挖得千疮百孔，敌人苦心构筑的"囚笼"，一时间被砸得支离破碎。八路军、决死队伤亡1.7万余人，付出了重大牺牲。

震惊中外的百团大战，是抗日战争期间中国共产党独立领导发动的规模最大、时间最长、战绩最辉煌、影响最深远的战役性反围攻战役。这次战役的胜利，提高了全国军民的抗日信心，提高了八路军在全国的威望，沉重打击了日寇的嚣张气焰，也揭穿了国民党制造的八路军"游而不击"的谣言，使全国人民进一步认识到，共产党及其领导下的军队是抗战的中流砥柱。

百团大战打破了日军"肃清华北、确掌华北"的迷梦，也深深刺激了不可一世的侵华日军头目。1940年10月，侵华日军从华中抽回两个师团增援华北，对抗日根据地进行"报复扫荡"。日军闯入根据地后，见人即杀，见屋即烧，见粮即抢，极为残暴。日军第三十六师团岗崎大队窜入太行区腹地反复烧杀，又犯太行的水腰兵工厂。彭德怀亲自指挥一二九师、总部特务团和决死队各一部，包围该敌于武乡县关家垴高地，歼日军400余人。

此后，日军实施所谓"剿共治安战"，以号称日本军阀"三杰"之一的冈村宁次为华北方面军司令官，对华北抗日根据地进行疯狂"扫荡"破坏。

1941年11月，日军大举"扫荡"太行山区，彭德怀在离敌15公里处召开中共中央北方局会议，提出了粉碎敌人"治安强化"阴谋的方案，强调大力开展敌占区、接敌区群众的工作与瓦解伪军、伪组织的工作。这时，中共中央北方局书记杨尚昆已奉中央指示返延安工作，彭德怀又任北方局代理书记，一身担负起华北敌后党、军、政、民的领导重任。

在华北敌后抗战严重困难的时期，彭德怀坚决贯彻党中央和毛泽东制定的战略方针，认真执行对敌斗争和精兵简政等"十大政策"，领导华北军民团结一心，艰苦抗战，粉碎了日军和国民党顽固派的军事进攻和经济封锁，使华北敌后抗日根据地成为中华民族坚持长期抗战、夺取最后胜利的重要战略基地。

1941年到1942年，彭德怀指挥八路军经过万余次战斗，配合政治、经济等多方面的斗争，粉碎了敌人的五次"治安强化运动"。八路军对日伪军的瓦解工作也有了很大发展，敌人的很多士兵身上偷藏着朱、彭签署的"通行证"。

皖南事变发生后，彭德怀根据毛泽东的指示沉着应对。1941年1月11日，朱德、彭德怀电示聂荣臻并报中央军委：为打击国民党顽固派的反共气焰，应将中央军委电令准备的机动部队，迅速准备妥善，并须立即准备五个步兵团、一个骑兵团，随时调往陕北。1月18日，彭德怀致电中共中央，提出只有坚决斗争，不怕破裂，才能打退国民党反共高潮；只有增兵陕甘宁边区，威胁蒋介石，才能保障华中现有基本地区等意见。中央军委后来从晋察冀军区调几个团至晋西北，从而威胁蒋介石，减轻了华中的压力，有力地支援了新四军的反顽斗争。2月5日，彭德怀在八路军总部干部会议上作《关于茂林事变（即皖南事变）》的演讲，要求部队对这一事变应有深刻认识，坚持中共中央确定的正确方针，坚持抗日民族统一战线，坚决打击亲日派，进行充分的思想准备，坚持华北抗战。

从1942年初开始，侵华日军将总兵力的60%集中于抗日根据地周围，把

"扫荡"重点放在"捕捉奇袭"八路军首脑机关上，一再偷袭八路军总部。

5月，日军以两万余兵力"扫荡"太行，奔袭合围八路军指挥机关。八路军总部转移至辽县之南艾铺地方，被敌人的飞机发现。5月24日，彭德怀、左权决定分路突围。彭德怀率总部战斗人员从敌人火力封锁网中突围而出，左权在指挥突围中不幸英勇殉国。北方局秘书长张友清受伤被俘不屈而死，新华社华北分社社长何云及北方局调研室全体十余人牺牲，总部电台遭破坏。这是抗战以来八路军指挥机关遭受的一次最为严重的损失。

突围后的第二天，面对日军搜捕的危险，彭德怀集合总部人员，号召重新战斗。在宣布左权牺牲的消息时，他没有流泪，没有沮丧，而是让大家记住朱德在井冈山说的一句话："台塌了，搭起来再干！"他知道，此刻，只有他——作为八路军的副总司令和总部依然屹立，才抵得过左权牺牲的代价。

7月，中共中央考虑八路军总部的安全，致电彭德怀，建议总部移驻晋西北。彭德怀复电认为，太行区为华北重心，晋南、豫北等新开辟区尚须就近指导，总部移晋西北在政治上将有影响，建议将大批干部送回延安，保存革命力量，他自己则仍率总部留太行。

1943年9月，彭德怀奉中央之命，离开山西麻田八路军总部，前往延安，准备参加中共第七次全国代表大会，协助中央军委毛泽东、朱德继续指导华北敌后战场的斗争，直到1945年初。

抗战期间，彭德怀作为八路军副总司令，协助朱德总司令率军挺进敌后，建立抗日根据地。在极其严酷的战争环境中，创造出一套适合敌后犬牙交错战争形势的军事政策和斗争方式。到1943年他回延安准备参加"七大"时，八路军已由出师时的3万余人发展到40万人，把华北数千万同胞从日寇铁蹄下解放出来，为民族的独立和解放作出了重大贡献，成为人民尊敬的民族抗战英雄。

1945年4月，47岁的彭德怀出席中共"七大"，当选为中央委员、中央政治局委员。中共"七大"后的中共中央军事委员会组成，毛泽东任主席，彭德怀是四位副主席之一，同时兼任军委总参谋长，协助毛、朱、刘、周筹划军机，决策大计。

五、纵横驰骋大西北的彭大将军

解放战争时期，彭德怀任中国人民解放军副总司令、西北野战军（后为第一野战军）司令员兼政治委员，在党中央和毛泽东领导下，直接指挥了解放西北的作战。

1945年8月26日，彭德怀代中央起草关于日本投降后之军事部署意见，对晋冀鲁豫军区、晋察冀军区、晋绥军区的兵力部署，逼迫日伪军投降，应夺取和收复的地区，分别提出指示性意见。

8月底，当蒋介石命令大批国民党军沿平汉路北上，气势汹汹地向解放区"收复失地"时，彭德怀从8月28日至9月中旬，起草多份中央军委致刘伯承、彭德怀电，指出，必须集中太行、太岳优势兵力，首先消灭阎（锡山）进入长治之部队，强调："阎部占我长治周围六城，乃心腹之患，须坚决彻底全部消灭之。诸城坚固，宜各个击破，攻而不克，可围城打援。"9月4日更具体提出，在进行上党战役中，阎如从太原、临汾、平遥等地来援，于我有利。待其进到适当地域，给予歼灭。随后又明确指出，宜积极围攻壶关或屯留之一点，吸引第三十七师来援，给以歼灭，然后各个进击长治周围各县城较有利。

按照彭德怀起草的中央军委指示，刘伯承、彭德怀指挥了著名的上党战役，歼灭阎锡山部3.5万余人，有力地促进了国共两党重庆谈判协议的达成。

1946年6月起，国民党悍然撕毁停战协定和政协决议，向解放区发动全面进攻。经过八个月的战争，损兵折将几十万，被迫改为向陕甘宁边区和山东解放区实行重点进攻。摆在西北战场上的国民党军有23万余人。在陕甘宁边区的西北线，是凶悍的马家骑兵，南线是美式装备的蒋介石嫡系胡宗南集团。而彭德怀手上只有各大野战军中人数最少、装备最差的一支部队，人数不过2.6万人，武器是手榴弹、步枪和少数机关枪，平均每支枪只有一二十发子弹。

1947年3月初，胡宗南集团之董钊和刘戡两个整编军、6个整编师、15个旅，共14万兵力，分左右两路采钳形攻势直扑延安。胡宗南部是国民党中央军的主力，装备精良，给养充足，而我西北野战军装备很差，给养不足，有时连吃饭都成问题。彭德怀以军委副主席兼总参谋长身份指挥了延安保卫战。

中共中央、毛泽东决定撤离延安，同时将陕甘地区部队组成西北野战兵团。在极其严峻的战局面前，彭德怀主动请缨，担任西北野战军司令员兼政治委员。

3月18日夜晚，毛泽东、周恩来离开延安。临行前，毛泽东对彭德怀说：胡宗南占领了延安，挽救不了蒋介石的前途。你只要能一个月消灭一个团的敌人，不用三年就可以收复延安。

国民党军占领了延安，狂热庆祝，喧嚷"中共已成流寇"，认为解放军西北野战军已不堪一击，急于寻其主力作战。

彭德怀是善打硬仗的将领，他在指挥部队掩护中央机关撤出延安之后，在敌众我寡、敌强我弱的形势下，开始利用运动战方式寻机歼敌，率领我军与十倍于我的敌人展开了惊心动魄的殊死战斗。他利用胡宗南占领延安后的狂妄情绪和急于寻我主力决战的心理，以部分兵力在延安西北节节抗击，造成野战军主力向延安西北的安塞地区撤退的迹象，以吸引骄狂的国民党军。将主力六个旅隐蔽集结于延安东北70里处的青化砭附近，在此伏击敌第三十一旅，歼敌2900人，生俘敌少将旅长。

胡宗南总结教训，认为此战失利是兵力单薄，疏于搜索和走川道未占领高地的缘故，遂采用"方形战术"，以"滚筒"形式前进，间隔小、纵深大，以防野战军的袭击。彭德怀利用胡宗南急于寻歼野战军主力的心理，仍采取诱敌之计牵着胡宗南的大军在陕北延川、延长、清涧、子长间的千山万壑中兜圈子，设法把敌人拖垮拖散，带着敌十万大军进行武装大游行。4

月14日，彭德怀以"虎口夺食"的战术，以第一纵队阻击北进之敌，而主力四个旅设伏于瓦窑堡至蟠龙大道东西地区，全歼敌一个整旅。中共中央发电祝贺："这一胜利给胡宗南进犯军以重大打击，奠定了彻底粉碎胡军的基础。"（《毛泽东军事文集》，第四卷，军事科学出版社、中央文献出版社1993年版，第39页）毛泽东将这一兵法概括为"蘑菇战术"——将敌磨得精疲力竭，然后寻机歼敌。

4月下旬，敌刘戡、董钊率九个旅北犯，而留一个装备精良的主力旅，守备其后方补给基地蟠龙。彭德怀再设诱敌之计，从野战兵团每一个旅中抽出一个排，配合绥德军分区，节节抗击刘、董军，并故意在沿途丢弃各部的臂章、符号，造成野战兵团主力欲在佳、吴一线东渡黄河的假象。敌人遂从蟠龙、永坪地区，向数百里之外的绥德猛追而去。彭德怀挥师南下，直取敌后方补给基地蟠龙，经三日激战，全歼守敌第一六七旅等部6000余人，俘旅长李昆岗，缴获军服四万套、面粉万余袋和大量的枪支弹药。此役使野战兵团摆脱了敌之主力，得以从容休整，又解决了当时极端困难的物资补给问题。

在撤离延安一个半月内，西北野战兵团在敌强我弱、力量对比悬殊的条件下，取得三战三捷，粉碎了国民党企图摧毁我党中央首脑机关、消灭西北野战兵团的计划，稳定了陕北战局。作为西北野战兵团的主要领导人，彭德怀善于领会中央的战略意图，从实际出发，创造了打破胡宗南集团进攻的"蘑菇"战术。

当胡宗南进犯边区之时，青海军阀马步芳，宁夏军阀马鸿逵，先后侵占陇东和三边地区。5月21日至7月7日，彭德怀率野战军出击陇东，重创敌第八十一师和骑兵第八旅、骑兵第二旅，收复了三边。

7月初，为配合刘（伯承）邓（小平）大军经略中原，并考虑陕北地区粮食缺乏，原定西渡入陕的太岳陈赓兵团，改为南渡黄河，挺进豫西，而由西北野战军执行战略钳制任务，抑留敌胡宗南部于陕北。

彭德怀在靖边县小河村参加中共中央于7月21日至23日召开的扩大会议。会上，中共中央决定不等粉碎国民党军队的重点进攻，就以主力打到外线去，将战争引向国民党统治区，在外线大量歼灭敌人。随后，中共中央军委决定将西北的野战部队正式定名为人民解放军西北野战军，彭德怀任司令员兼政治委员和前委书记，下辖三个纵队又两个旅，共五万余人。

按照中央军委的这一战略意图，彭德怀于8月初率军北上，越过沙漠驰驱千里，突然包围了陕北最北边的榆林城，调动敌主力部队北上。

敌军果然中计，蒋介石飞到延安亲自指挥十万敌军疯狂地向榆林方向进逼，要与我军"决一死战"，整编第三十六师又兼程迅至。榆林三面沙漠，一面临水，野战军由于缺乏攻坚利器，连日攻城未克。经请示毛泽东，8月12日，彭德怀下令撤围，首先击溃了西来增援的马鸿逵部队的数万之众，接着又把握时机，风驰电掣般南返米脂地区，将主力集结于榆林东南、米脂西北之沙家店地区待机。8月21日，彭德怀巧妙利用兵家之大忌，侧水、侧敌，在沙家店地区围住了敌西北三大主力之一的整编三十六师，仅用一天时间，将敌师部及两个旅共6000余人一举歼灭，这一重大胜利基本扭转了整个西北战局，粉碎了国民党军对陕甘宁边区的重点进攻，我在西北战场由被动转入主动，西北野战军开始转入内线反攻，敌人则开始走下坡路，整个陕北的军事形势为之改观。毛泽东称赞说："沙家店这一仗确实打得好，对西北战局有决定意义，最困难的时期已经过去了。"又说："侧水侧敌本是兵家所忌，而我们彭德怀指挥的西北野战军英勇奋战，在短短一天时间里，就取得了空前的胜利。"他还挥笔重新书写了他在长征路上热情赞扬彭德怀的诗篇："山高路远坑深，大军纵横驰奔。谁敢横刀立马，唯我彭大将军。"

10月上中旬，彭德怀又指挥了延（延长、延川）清（涧）战役，歼敌8000余人，活捉敌整编师长廖昂和旅长张新等。10月11日，毛泽东以中央军委名义给各军区、各野战军发电通报西北战场情况和作战经验，要求建立"一切从打胜仗中解决问题的思想"，"争取大反攻胜利"。（《毛泽东年谱》（1893—1949）下卷，中央文献出版社2002年版，第244页）

彭德怀率领西北野战军转战西北战场，经过九个月的连续作战，捷报频传，歼灭敌人七万余人，有力地促进了战略决战阶段的提前到来，我军也由两万余人发展到六万余人。

1948年1月底，彭德怀提出转入外线作战的基本任务，制定了转入战略进攻的作战计划。遵照中央军委制定的方针，彭德怀率西北野战军主力从陕北挥师南下，进入国民党统治区，同五倍于我的国民党军连续作战。3月，他亲临前线部署，以调虎离山、围城打援之计首战宜川，旗开得胜，共歼胡宗南部2.9万人，取得改变西北战局、影响中原形势的空前大捷，创造了一次战役全歼敌五个旅的范例。此战打开了我军向蒋管区进军的大门，也造成了中原我军发起洛阳战役的战机。毛泽东高度赞誉："这次胜利改变了西北的形势，并将影响中原的形势。"（《毛泽东选集》，第四卷，第1291页）

接着，彭德怀又挥师西进，出其不意地袭取敌之后方西府，迫使延安守敌南逃。4月，我军收复延安。

由于国民党军在中原战场连遭败绩，在华北战场太原吃紧，蒋介石命胡宗南从西北抽兵外援。胡宗南也考虑既防中原解放军西进，又保障其侧翼之安全，即把三个整编师陆续调到豫陕边境，以一个整编师空运太原，而将主力置于西安及其以北地区，并于7月底以八万重兵向黄龙山区进犯。彭德怀遂于8月发起澄（城）合（阳）战役，第二次消灭敌整编第三十六师，毙伤俘敌9000余人，粉碎了胡宗南企图进攻并封锁西北野战军于黄龙山区的计划。

从1947年3月到1948年8月一年多时间里，彭德怀指挥部队在西北战场上驰骋转战，南下西进，主动出击，连战皆捷，战果辉煌，威震敌胆，为解放战争战略决战阶段的提前到来发挥了重大的促进作用，有力地配合和支援了兄弟野战军逐鹿中原。同时，为中共中央把战略决战的总指挥部放在华北解放区创造了极为有利的条件。

根据中央军委指示，为了配合东北野战军的辽沈战役，针对胡宗南阻止西北野战军南下或西进的企图及兵力部署，彭德怀决定于10月初在大荔以北地区向胡宗南集团发起进攻，并决定集中主力，采取穿插迂回、割裂包围、各个歼敌的战役指导思想，于10月上旬发起了荔北战役，歼敌三个整编师大部和两个整编师各一部，共计2.5万余人，取得了重大成果，予敌以沉重打击，为今后作战创造了条件，并有力地配合了中原野战军在平汉路的作战。

为了配合淮海战役，阻止胡宗南集团调兵增援中原战场，彭德怀于11月中旬发起冬季攻势，经过一系列激烈战斗，在整个冬季攻势战役中，取得了歼灭国民党军2.5万余人的胜利，粉碎了胡宗南所谓"机动防御""重点增援"的新战法，拖住了胡宗南集团，有力地配合了淮海战役，并解决了西北部队的粮食问题。

到1948年底，彭德怀领导的西北野战军已由最初的2.6万人发展到7个纵队15.5万人。1949年初全军整编后，西北野战军改编为中国人民解放军第一野战军，彭德怀任司令员兼政治委员。部队编为两个兵团，即第一兵团和第二兵团。然后与华北调入的第十八兵团、第十九兵团和第二十兵团（第十八兵团后入川归二野指挥）合兵一处，形成强大的第一野战军。

在人民解放军举行战略决战的历程中，彭德怀指挥西北野战军积极发动了澄合、荔北、冬季攻势和1949年春季攻势四个战役，共歼灭国民党军七万人，大大削弱了胡宗南集团，实现了中央军委关于西北野战军不能使胡宗南抽一兵一卒增援中原战场的要求，西北野战军钳制了西北之敌，迫使胡宗南集团抽调兵力到关中地区，以保卫其老巢的安全，这样就减轻了我军其他战场特别是中原战场的压力，有力地策应配合了全国战略大决战的顺利进行。

1949年2月中旬，彭德怀离开战火纷飞的西北战场，到河北平山县西柏坡参加党的七届二中全会。会后，奉党中央和毛泽东指示，于3月28日到达太原协助带病在前线坚持的徐向前指挥太原战役。彭德怀指挥了华北战场的最后一仗——攻打太原战役。4月20日，按预定部署向太原发起攻击；24日发起总攻，全歼守敌13.5万余人，解放了华北重镇、山西省会太原城。后来徐向前深情地回忆道：我身体虚弱得很，没法到前边去，请彭总留下指挥攻城。

5月下旬，第一野战军奉命向西北进军，解放并经营陕、甘、宁、青、新五省。这样，解放大西北的重任，落在了彭德怀指挥的第一野战军肩上。

5月下旬，彭德怀从晋中返回西北前线。6月底前后，一野部队与华北两个兵团部队胜利会师关中，兵力达到40万人。而这时西北地区国民党军兵力还有30余万人，我军占相对优势。彭德怀率领第一野战军，按照中央军委的指示，胸怀全局，灵活机动，采取"钳马打胡，先胡后马"的作战方针。6月，进行了陕中战役，解放了西安；随后，彭德怀指挥第一野战军长驱万里，横扫残敌。扶眉战役是一次大规模的围歼战，是第一野战军与敌决战的第一仗，取得了共歼敌四个军4.3万余人的胜利。兰州决战是西北解放战争史上规模最大、战斗最激烈的一次城市攻坚战，兰州的解放标志着西北战场上最后一次大战役胜利结束。扶眉、兰州两大战役的胜利，为实现西北完全解放奠定了基础。

兰州决战后，彭德怀挥戈北上，进军宁夏，宁夏战役共歼灭与和平改编国民党军四万余人。尔后，第一、第二兵团分路进军河西走廊，野战军紧叩新疆大门。9月25日和26日，国民党新疆警备总司令陶峙岳和新疆省主席包尔汉先后通电起义，新疆和平解放。10月20日，王震率第二军、第六军进驻新疆首府迪化（乌鲁木齐）。11月，彭德怀赴新疆解决起义部队改编等问题。年底，陕西、甘肃、宁夏、青海、新疆全部解放。至此，彭德怀率领的中国人民解放军第一野战军胜利完成了解放大西北的历史使命，有力地支持了全国范围内的解放战争。

1949年10月，彭德怀被任命为中国人民革命军事委员会副主席。12月，被任命为西北军政委员会主席。彭德怀从烽火战场转向领导大西北的建设，矢志开发祖国这片广袤、偏远、贫穷而又富有宝藏的疆土。

三年解放战争，彭德怀指挥的西北野战军不仅是人民解放军的五大野战军主力之一，而且在西北战场上纵横驰骋，英勇奋战，屡战屡捷，建立了赫赫战功，为解放大西北作出了重大贡献。

六、率师援朝树国威的彭总司令

1950年6月，朝鲜战争爆发，美国侵略朝鲜并出兵轰炸我东北地区，刚刚成立的新中国面临着再次遭受侵略的威胁。朝鲜首相金日成向毛泽东紧急求援。10月4日，中共中央派专机到西安接彭德怀进京参加政治局紧急会议。会上对是否应北朝鲜的呼吁即时出兵援朝有不同意见。彭德怀经一夜思考，同意毛泽东关于出兵的主张。中央原定派林彪率兵入朝，但林彪称病推辞。经毛泽东提议，政治局决定改派彭德怀率中国人民志愿军抗美援朝、保家卫国。彭德怀慨然受命，放下正积极筹划的建设祖国大西北的宏图，准备挥师重上烈火硝烟的战场，以超人的胆略和极强的自信心承担起志愿军的领导和指挥任务。

前方战局十万火急，1950年10月8日，彭德怀在被任命为中国人民志愿军司令员兼政治委员的当天清晨，便乘机飞赴沈阳，进行出师前的动员和各方面的准备工作。为确实掌握敌我双方兵力情况，他于9日晚亲赴安东（今丹东）了解敌情。根据联合国军第一线的兵力部署情况，立刻修正了志愿军原定的出师方案，决定我军在战术上应采取运动战与阵地战相结合的形式。

10月19日，中共中央最终确定出兵时间，决定志愿军10月19日入朝。当天傍晚时分，鸭绿江南北雨雪交加，寒风凛冽。彭德怀带一名参谋、两名警卫员，一部电台及电台人员乘夜过江，在敌机空袭下驱车辗转数百里，于21日晨在平安北道北镇附近的一个小村，会见了朝鲜劳动党总书记、内阁首相金日成，商讨了志愿军的作战方案和中朝两军如何配合作战问题。

此时，美军已经逼近中朝边境，"联合国军"总司令麦克阿瑟率领着装备精良、士气正盛的美第八集团军、第十军和十余万南朝鲜军队，急切地想尽快结束这场战争，以取得他战争生涯中又一场辉煌的胜利。"联合国军"凭借大量飞机、坦克作掩护，于10月19日攻占了北朝鲜首都平壤，并继续北犯。24日，其先头部队侵抵距中朝边境约百里处，南朝鲜之第六师占领了距中朝边境5公里的楚山。

　　毛泽东原定志愿军入朝后，应首先抢占平壤以北的龟城、德川、宁远一线，控制要点，构筑工事，稳定战局，而后相机歼敌。而此时，美军西线第八集团军的先头部队已占领上述预定防御地区（未发现志愿军已经入朝），正毫无顾忌地分兵前进。当此敌情变化之际，彭德怀立即改变作战方案，令志愿军两个师阻击东线之敌，而以20余万兵力集中于西线，以军、师为单位对冒进之敌穿插迂回，分割包围，在运动中消灭敌人。

　　这时，西线联合国军及南朝鲜军各路先后进抵博川、云山、温井、熙川等地，彭德怀抓住敌人气焰嚣张、无所顾忌和我军已在兵力上占据优势的情况，立即于10月25日发动了第一次战役，运用迂回包抄战术，令志愿军各军突然对美军第二十四师、英军第二十七旅及南朝鲜军第六师实施大胆的分割包围和英勇顽强的攻击，经过12昼夜的战斗，至11月5日，歼敌1.5万余人，将其从鸭绿江边赶回清川江以南。在特别困难、被动的情况下，志愿军取得了初战的伟大胜利，取得了同美军作战的初步经验，增强了对美军作战的信心。志愿军在朝鲜战场上站住了脚，为以后的作战创造了有利条件。

　　中国人民志愿军突然出现在朝鲜战场，给速进之敌以当头一棒，令傲慢的麦克阿瑟大为震惊，也引起了世界的震动。但麦克阿瑟仍认为志愿军不堪重击，从11月6日起，逞其强大的空军和优良装备，又向志愿军作试探性进攻。彭德怀令各军主动后撤30公里，占领有利地形，停止攻击，故意示敌以弱，以小部队兵力边打边撤，诱敌深入。

　　11月24日，"联合国军"分东西两路继续北进，发动了所谓"圣诞节总攻势"。11月25日，彭德怀下令发起第二次战役，志愿军英勇穿插包围，将敌分段割裂。对方几个师拥挤在价川、德川以南，三所里、龙泉以北的狭小地域内，混乱不堪。志愿军以娴熟的近战、夜战手段，集中火力对被围之敌发起猛攻。美军遭南北夹攻，丢下大量尸体和重装备溃逃。在志愿军全线打击威逼下，美军为免遭被全歼之命运，即于11月29日开始向平壤急速撤退。

　　美国依靠空军掩护和摩托化装备，撤退速度很快，一口气退了200多公里。而志愿军是徒步追击，加以粮弹补充不及，连续作战，十分疲劳。经请示毛泽东，彭德怀遂于12月2日下令各军停止前进，主力集结休整，仅以一部兵力向南追击。4日，彭德怀得知，东西两战场敌受严重打击后，有退平壤、元山线构筑新防线可能，亦有退守三八线旧防线可能。当天晚上派三个师，分别从顺川、肃川、成川以南推进威胁平壤，以试探敌之企图。各部遵命乘胜追击，6日，帮助朝鲜人民收复了平壤，继而恢复了"三八线"以北朝鲜民主主义人民共和国的全部领土。12月24日，第二次战役结束。此役大大超过了预定目的，共歼敌3.6万余人（其中美军2.4万余人），缴获了大量武器装备，迫使对方在"三八线"一带转为防御。毛泽东高兴地称赞："彭德怀很能打硬仗、恶仗。他这次运用得更大胆，是用两个军迂回，四个军突击，双层包围，尾追堵歼，打败了美国所谓王牌骑兵师，又创造了世界战争史上的奇迹。"

我军入朝后的头两次战役，便一举打出了国威军威，将已经把战线猖狂推至我国国门的侵略军打得风声鹤唳，雪崩般溃退到三八线以南。五角大楼惊呼，这是美国陆军史上前所未有的惨败。

为了抓住战机，不给对方喘息休整的机会，彭德怀根据毛泽东的指示，乘敌退回"三八线"一带立足未稳、援兵未到之际，决定于12月31日立即发动第三次战役。中朝两军共9个军（军团）30余万人，组成三个突击集团，向当面之敌发动进攻。第三次战役是志愿军较大规模地向预有防御准备之敌发起的进攻战役。是役，中朝人民军队并肩作战，一举突破了对方"三八线"既设阵地，迅速将对方整个部署打乱。1951年1月2日，"联合国军"全线向汉江以南仓皇撤退，中朝军队乘胜追击，于1月4日攻入了南朝鲜首都汉城（今首尔），前进到"三七线"（北纬37度线）一带。彭德怀分析，中朝军队经过七昼夜的进攻，前进了80～110公里，只歼灭了对方1.9万余人，敌主力部队全部南逃，其意图是诱使中、朝军队南下，造成中朝军队后方空虚，侧翼暴露，然后利用其海空优势，重演仁川登陆的故伎。遂于1月7日断然命令部队停止追击，迅速占领有利地形，严阵以待准备抗击敌人之反扑。第三次战役结束，当时被美国新闻界称之为美军历史上最暗淡的一页，引起美国国内像"患了癌症一样的绝望与惊恐"。

"联合国军"退到"三七线"后，麦克阿瑟急于挽回其威望，经过整顿，于1月27日集中全部兵力23万人，分东、西两路，在大量空军、坦克和炮兵的支援下，向志愿军防御正面全线发起大规模进攻。志愿军和朝鲜人民军停止休整，转入防御作战，从而开始了第四次战役。

彭德怀周密分析敌我双方的各种具体条件，决定采取"西顶东放"的作战方针：西面在汉江两岸顶住敌人，东面把敌人有计划地放进来，在运动中寻机歼灭之。身为志愿军司令员兼政委的彭德怀深深感到，志愿军出兵朝鲜作战，与在国内情况大为不同，有许多过去没有遇到过的、亟待解决的问题，如：兵员、物资、粮食、弹药均不能就地补充，完全依靠国内；而朝鲜三面环海，地形狭长，主要交通线在1000多架各型敌机的昼夜空袭下，运输极为困难。志愿军减员较大，粮弹极端缺乏，天寒地冻，战士衣服单薄且构筑工事困难。

为此，2月21日，彭德怀从朝鲜前线回到北京，径直赶往西郊玉泉山。此时，毛泽东正在午睡。彭德怀因军务紧迫，不顾警卫人员的劝阻，闯门而进。毛泽东立即披衣起身，听取彭德怀陈述朝战不能速胜的理由和当前急需解决的问题，当即明确表示：朝战"能速胜则速胜，不能速胜则缓胜"。关于增派兵力问题，经过商讨，决定采取国内部队轮番出国作战的办法；同时决定大力加强后勤供给，改善交通运输条件，增调飞机、防空部队和汽车到第一线。

彭德怀在主要问题得到解决以后，于3月初返回朝鲜前线，继续指挥抗击敌人大规模进攻的第四次战役。此役于4月21日结束。中朝军队经过87大宽大正面逐山逐水的顽强战斗，使对方平均每天只能前进一公里左右，却付出了总计伤亡7.8万人的惨重代价。

经过中、朝军队四次战役的连连打击，麦克阿瑟恼羞成怒，宣布要把侵朝战争扩大到中国沿海地区和内陆基地。他的计划尚未实施，就被美国总统杜鲁门撤职。这个闻名世界的美国五星上将在以彭德怀为对手的朝鲜战场上，成了一名败将。

新出任联合国军总司令的美国将军李奇微，在日本组织两栖作战部队，有在中朝军队侧后登陆的动向，而此时中国人民志愿军第二番援朝的六个军30万人已先敌到达朝鲜，对方见战机已失，遂迅速转入防御，构筑工事，以抗击志愿军之反突击。

根据敌部署的变化，彭德怀于4月22日发起第五次战役，中朝投入了15个军（军团）和后勤保障部队共约100万人的兵力。以志愿军11个军和朝鲜人民军三个军团组成左、中、右三个突击集团，向美、英军主力所在的西线发起猛烈的反突击。自4月22日至29日，各突击集团先后再次越过"三八线"，会歼北汉江之敌。

5月16日，中朝军队对东线近三个师的南朝鲜军形成合围，激战六昼夜，歼其大部。此时，美军迅速东调，南朝鲜援军亦急速北调，志愿军突入对方纵深过远，粮弹运不上去，为免遭敌反击，彭德怀将此严重情况报告毛泽东同意后决定主力后撤，向北转移休整，第五次战役的第二阶段作战于5月22日结束。此役，彭德怀指挥中朝百万之师，连续鏖战50天，共歼敌8.2万余人，粉碎了对方在朝鲜半岛蜂腰部建立新防线的计划，是五次战役中歼敌最多的一次。但中朝联军也付出了伤亡、失散8.5万人的重大代价。

此役较量，迫使美国五角大楼的将军们对他们对手的力量重新作出估计，认识到要占领朝鲜民主主义人民共和国，威胁颠覆新生的中华人民共和国是根本不可能的，不得不命令"联合国军"转入战略防御，并于7月10日开始和志愿军谈判停战问题。

此后，志愿军根据毛泽东关于"持久作战，积极防御"的战略方针，对敌军阵地实施小规模的出击，一点一点地敲。各部队利用朝鲜山高林密的有利地形，构筑工事，轮番作战，轮番休整，积小胜为大胜，不断消灭敌人的有生力量，配合谈判桌上的斗争。此即被毛泽东形容为"零敲牛皮糖"的著名战术。

此时，双方战线基本对峙于"三八线"。停战谈判开始后，美方曾蛮横要求志愿军后退1.2万平方公里的地区，遭到中朝谈判代表的拒绝。彭德怀指出，敌人决不会公平合理地进行谈判。他要求"打的坚决打，谈的耐心谈"，准备抗击对方借谈判为掩护进行的反扑。

从8月到9月，敌人果然相继对志愿军发动了夏季攻势和秋季攻势。志愿军指战员为坚守阵地，防止敌大量飞机及大炮的轰击，创造了"马蹄形"坑道工事。彭德怀深入前线发现了这一创造，立即指示在全军推广。以后，各部队在实施中，不断改进马蹄形坑道，由两个出入口发展为多个出入口、多层次的坑道，由简单防炮发展为可以屯兵、储备粮弹、医药救护，有生活设施等，大大减轻了志愿军的伤亡。同时，后勤保障也形成了一条敌人炸不断、打不烂的钢铁运输线。志愿军顽强坚守阵地，粉碎敌人攻势，杀伤大量敌人，将战线稳定在"三八线"南北地区。

经过全军将士艰苦持续的努力，志愿军阵地逐渐形成并巩固起来，在250公里长的防御正面、东西海岸和战场纵深，筑成了规模巨大的交织连贯的地下工事，由地面防御战变为地下固守防御战。志愿军既能利用坑道工事挫败对方一次次的进攻，又能以坑道为依托进行阵地进攻战，从而以劣势装备与现代化装备的敌人作持久对峙。

1952年春，彭德怀由于在极为艰苦恶劣的条件下日夜进行紧张的战场指挥，痔疮经常发作，额上又生了一个瘤，剧痛不已。医生怀疑是癌，而他仍坚持不肯回国治疗。志愿军党委只得向中央报告。周恩来立即派卫生部负责干部到朝鲜前线接彭德怀回国治疗，志愿军的全面领导暂由第二副司令陈赓负责。

1953年5月中旬，志愿军发动夏季反击战役。在使对方遭到打击后，停战谈判有了新的进展。美军方面明显地表现出急于停战的心情。到6月中旬，双方不仅排除了遣返战俘问题的障碍，而且对停战的各项具体问题也达成了协议。

6月19日，彭德怀赴朝鲜准备参加停战协议的签字。这时，南朝鲜又破坏遣俘协议，扣留中朝方部分战俘，宣称不受停战协议的约束，要"单独干"。经请示毛泽东，7月13日，彭德怀指挥志愿军五个军，在千余门火炮的支援下，和朝鲜人民军一起向南朝鲜军的22公里宽防线正面发起突然攻击。经过一小时激战，全线突破敌防御阵地，插入纵深18公里。一昼夜内，将对方全部打垮，拉直了金城以南的战线，消灭敌军7.8万人，扩展志愿军阵地220多平方公里。对方生怕志愿军继续进攻，克拉克立刻要求双方马上在停战协议上签字。

7月28日，彭德怀赴开城，在中、朝、英三种文字的停战协定及其临时补充协议共18件文本上签署了自己的名字。在一片祝贺声中，彭德怀双臂高举，声如洪钟，宣告说："全世界人民渴望的朝鲜停战已经实现了！""一个觉醒了的爱好自由的民族，当他们为了祖国的光荣和独立而奋起战斗的时候，是不可战胜的！"克拉克在签字后的感想却是："我获得了一项不值得羡慕的荣誉，那就是我成了历史上签订没有胜利的停战条约的第一位美国陆军司令官。我感到一种失望和痛苦。"

抗美援朝战争是新中国成立后确立大国地位和中华民族挺立于世界民族之林的奠基之战，是中华民族重新崛起走向繁荣富强的里程碑。

在面临技术装备劣势、异国作战、缺少空军掩护、后勤保障极端困难的诸多不利情况下，彭德怀指挥百万志愿军将士，以大无畏的气魄和敢于斗争、敢于胜利的精神，将侵犯到鸭绿江边的敌人打回"三八线"，战胜了拥有第一流现代化技术装备之敌，恢复了朝鲜半岛的稳定，为祖国的社会主义建设赢得了安全保证，为世界和平作出了重大贡献。这一以弱胜强的奇迹深刻地影响着半个世纪以来的国际战略格局，站起来的中国人民以这一历史性的胜利宣告：近代以来，西方列强在海岸线上架起几门大炮就可以使一个古老的东方民族屈服的历史，从此一去不复返了。彭德怀本人则成了第二次世界大战后，第一个敢于与当时头号的美帝国主义军队作战，并将其打得大败的战场统帅与英雄，受到全世界人民的赞誉和敬仰，被誉为"当代天才的军事家"，成为新生的中华人民共和国在国际上威誉卓著的军事家、中华民族的英雄。

七、军委七载：国防和军队现代化建设的重要开拓者

中华人民共和国成立后，我军进入和平建设时期，开始由建军的初级阶段进入建军的高级阶段。

1952年春，彭德怀因病被接回北京就医，中共中央决定他留京主持军委日常工作，同时兼任志愿军司令员和政治委员。11月，为对付美军可能在志愿军侧后登陆作战，他亲赴安东、大连，勘察辽东半岛地形，进行军事部署。1953年2月，又赴上海、杭州，勘察华东地区的海岸和岛屿，布置防务，预防国民党军在这个方向策应美军。6月间，他赶往朝鲜，组织指挥金城战役，参加停战协定签字。8月11日，彭德怀回到北京后，以全部精力投入领导国内的国防和军队建设工作。

朝鲜停战给中国经济建设增加了有利条件，给国防和军队建设也增加了有利条件。军队的各个系统，各军种、兵种都准备大展宏图，尽快实现现代化、正规化。就在这时，中共中央在国家建设第一个五年计划草案中提出，要大力缩减军费开支，以便集中主要力量，发展重工业，建立国家工业化和国防现代化的基础。这个要求同军队许多干部当时的想法发生了矛盾，为了统一全军思想，彭德怀立即领导研究修订原来军队建设的第一个五年计划。

经毛泽东主席批准，1953年12月，召开了全国军事系统党的高级干部会议。参加会议的有军委各总部、各大军区、各军兵种和直属院校主要领导人，共123人。这次会议，在我军现代化和正规化建设历史上具有重大意义，是我军现代化和正规化建设的一座里程碑。

彭德怀在会上作了《四年来的军事工作总结和今后军事工作的几个基本问题》的报告。会议确定，把建设一支优良的现代化革命军队，以保卫国家的社会主义建设，防御帝国主义侵略，作为人民解放军军事建设的总方针、总任务；明确规定军队的总员额；把各特种兵在现有基础上巩固提高，减少进口装备，挤出钱来发展重工业，作为建设现代化军队应走的正确道路；确

定现代化军队建设中长期的、经常的中心工作是训练部队，而训练干部又是这一中心工作的中心。这次会议，体现了新的历史条件下大胆改革的精神，又注意继承和发扬人民军队的优良传统，是中国人民解放军历史上一次划时代的会议，对我军的建设起了重大的指导作用。

全国军事系统党的高级干部会议后，彭德怀集中精力准备实行军事制度的改革，主要包括：废除志愿兵制，实行义务兵役制；废除军官生活的供给制，实行军官的薪金制；建立军衔制；建立颁发勋章、奖章制。在当时实行和建立这些新的制度，如彭德怀所说，"是我国当前国防建设的根本起点"，不如此，就会延缓军队现代化、正规化的进程，就会妨碍军队应付大规模的现代战争。上述四项重大制度，加上军官服役和退役的规定至1955年全都陆续实施，使军队建设向高级阶段迈出重大的一步。

1954年9月，在第一届全国人民代表大会第一次会议上，根据毛泽东主席的提名，彭德怀当选为国务院副总理兼国防部长。在毛泽东主席主持召开的第一次军委会议上，确定以后在一般情况下，军委会议由彭德怀主持。

1954年到1955年，彭德怀主持召开了两次军事会议，讨论对台湾的军事斗争和军事部署。1955年9月初，他率领一个视察团到福建、广东，检查部队的战备，勘察沿海的地形。在这次视察中，他冒着酷暑，跋山涉水，晓行夜宿，从福州沿着海岸线一直勘察到海南岛的"天涯海角"。他分析了第二次世界大战中希特勒军队为什么始终未能登陆英伦三岛，为什么在进攻苏联的初期能够长驱直入，而列宁格勒、斯大林格勒又为什么坚不可摧、成为苏军战略反攻的重要支撑点等经验教训；还深入总结了朝鲜战争的有关经验，作为考虑战略方针的借鉴。

1956年3月，彭德怀主持召开军委扩大会议，着重讨论和确定战略方针问题。他在会上作了题为《关于保卫祖国的战略方针和国防建设问题》的报告，明确提出：新中国绝不能采取消极防御，必须采取积极防御的战略方针。战略方针的确定，使全部军事建设工作有了具体的标准和依据，更加有计划地实施起来。在上述战略方针指导下，胜利实施了收复沿海岛屿、炮击金门、平息西藏叛乱、粉碎蒋军窜犯大陆、中印边境自卫还击、打击入侵美机的作战，从而使国家的安全形势有了根本的改观。

同年9月召开的中共"八大"，向全党提出"动员一切积极因素，尽快地把我国从落后的农业国变为先进的工业国"的任务，为实现这个伟大任务，大会确定把军政费用在国家财政开支中的比重，从第一个五年计划期间占32%，降到第二个五年计划期间占20%左右。按照这个要求，每年的国防费用应减少四分之一以上。要建设现代化的国防工业，军队就必须大量裁员，不裁减人员就没有钱进行国防现代化建设。1957年1月，彭德怀主持召开军委扩大会议，作出了"关于裁减军队数量，加强质量的决定"，决定把现有军队员额裁减三分之一。这是新中国成立以后的第三次大精简。到1958年9月，全军的总额实际减少到240万人左右，这是新中国成立以后全军人数最少的时期。

彭德怀多次深入国防工程建设工地和海边防岛屿、哨卡，调查了解国防设施和海边防军事斗争情况。仅在1954年4月至1955年9月一年多时间里，就把我国一万多公里的海岸线全部视察一遍，掌握了大量的第一手资料。

在整个50年代，我国周边处在帝国主义威胁和入侵的可能环境中。彭德怀在任军委领导和国防部长期间，利用中国军队取得抗美援朝战争胜利的军威，以及实施的国防战备部署，有效地遏制了帝国主义对我国的干涉和入侵企图，保证了国家经济建设的迅速恢复和稳定发展。

1959年夏天的庐山会议，他敢于直言，批评"大跃进"中的错误方针和口号，后又写信给毛泽东，详细阐述自己的观点。他的这些正确的意见被当成"右倾机会主义错误"受到批判。在中共八届八中全会上，彭德怀被错误地定为"右"倾机会主义反党集团首领，免去国防部长职务。

彭德怀是新中国国防建设和我军现代化、正规化建设事业的重要奠基者之一。他从1952年7月至1959年8月七年多的时间里，主持中央军委日常工作，坚决执行毛泽东关于建设正规化、现代化国防军的指示，作出了许多重大决策，我军顺利进行了几次大的精简整编，在较短时间里完成了由单一兵种向诸军兵种合成的转变。他为新中国国防建设和我军现代化、正规化建设做了大量开拓性的工作，奠定了长期发展的坚实基础。

第二章
战略运筹，大势为本

兵家权谋中，战略筹划和战略指导居于最高层次。只有精于战略筹划的统帅和将领，才能担当起驾驭战争全局、运筹帷幄决胜千里的重任。彭德怀不仅长期担任一个方面军的主帅，而且从红军时期开始，就在人民军队的最高统帅部居要职，长期肩负着指导战争全局的重任，统兵作战，高瞻远瞩，全局在胸，为中国革命战争战略方针、战略决策的制定和贯彻，为毛泽东战略思想的形成、丰富和发展，作出了重大贡献。

一、从政治高度谋划战争

战争是政治的继续，战争从来都是为政治服务的。在指挥作战过程中，彭德怀始终着眼于从政治的、全局的高度谋划战争，把我军的全部军事活动，同整个政治斗争任务紧密结合起来，保证政治目标的实现。

（一）战争必须服从政治大局

抗美援朝战争中，彭德怀始终把握着战争的全局，强调军事行动必须服从政治的需要。

战争的政治性质决定战争的胜负。彭德怀透彻分析了抗美援朝参战双方的政治本质、政治目标和政治性质。中国和朝鲜人民是被迫应战的，"我们就是为了和平、为了自卫才战的。我们从来没有，也永远不会去侵略人家……公平合理地解决朝鲜问题，那是我们所一贯主张的"；"朝中人民进行反侵略战争的正义行动，其目的是为争取条件，使朝鲜问题得以在公平合理的基础上获致和平解决"。

彭德怀进而分析了美国侵略朝鲜的政治目的，指出："美国侵略者的狂妄目的是要征服全部朝鲜，并进一步侵犯中华人民共和国，作为他们称霸世界的野心计划的一部分。"由于美国所进行的侵略战争是非正义的，与世界人民为敌的；而朝鲜人民与我们进行的反侵略战争是正义的，代表人民愿望的，这个战争的性质就决定了这个战争发展的全部规律。

彭德怀强调指出，战争的正义性是志愿军力量的源泉及其获得胜利的根本原因。中国人民志愿军全体将士都深刻地认识到他们所进行的战争是正义的反侵略战争，他们所执行的是保卫祖国安全、保卫朝鲜人民独立和自由、保卫远东和世界和平的伟大而光荣的任务。因此，他们的士气非常旺盛，战斗意志非常昂扬，"每个战士在战场上都表现了无比的勇敢坚强和主动机敏，表现了惊天动地的革命英雄主义和自我牺牲精神……他们的出色的英雄业绩，他们的勇敢、坚毅、顽强、无畏，为全世界人民发扬了正义的威力"。

政治决定作战行动，作战行动必须服从政治大局。在战争过程中，彭德怀始终把我军的全部军事活动，同整个政治斗争任务紧密结合起来，保证政治目标的实现。

第二次战役结束后，志愿军经过连续两次战役的作战，出国的45万人中，因作战和冻伤减员已达数万人，其中第九兵团的三个军又因冻伤严重至少三个月无法参战，只剩下西线六个军尚可勉强坚持作战，部队异常疲劳，急需休整补充。而二线兵团需待两个月以后才能完成各种准备入朝作战，同时志愿军向南进军，供应线延长，物资供给十分困难。全军汽车因空袭和事故损失仅剩下260辆，国内运来的粮食只能满足最低需求的四分之一。

彭德怀从战场实际出发，于1950年12月8日致电毛泽东、高岗，提出下一战役的基本设想为"拟在三八线以北数十里停止作战，让敌占三八线。待我充分准备，以便明年再战时歼灭敌主力。但须派人民军二、五两军团南进，造成带战备性的断敌后路"。

然而，当时美国的企图和民主阵营的情绪，都不允许志愿军停止于三八线以北。毛泽东12月13日复电彭德怀，指出："目前美英各国正要求我军停止于三八线以北，以利其整军再战。因此，我军必须越过三八线。如在三八线以北即停止，将给政治上以很大的不利。"（《毛泽东军事文集》，第6卷，第239页）

为了服从政治上的需要，彭德怀立即对越过三八线作战作了部署，次日，彭德怀致电西线各军和东线的宋时轮并报军委，指出："为粉碎敌企图以三八线为界，重整残部准备再战之阴谋，奉毛主席命令，决心继续向三八线以南前进，求得在汉城、原州、平昌线以北地区，歼灭美、伪军一部。第一步以市边里、涟川为目标攻击前进。"

与此同时，彭德怀又于1950年12月19日致电毛泽东并高岗，针对民主阵营内部出现速胜乐观情绪和志愿军作战存在的实际困难，对朝鲜战争的战略形势提出了自己的看法，在分析了敌我优劣态势后指出，朝鲜战争是长期的、艰苦的，建议我军应采取稳进，不要太伤元气，并委婉地建议不要越过"三八线"。但毛泽东从当时的政治上、从国际上考虑，指示彭德怀必须越过"三八线"再打一仗，否则于我政治上不利。

当时，毛泽东认为，这场战争有可能迅速解决，但也可能拖长，我们准备至少打一年。敌人有可能要求停战，我们认为美方必须承认撤出朝鲜，而首先撤至三八线以南，才能谈判停战，最好我们不但拿下平壤，而且拿下汉城，主要是消灭敌人，首先是全歼伪军，对促进美国撤兵会更有力量。美帝如果承认撤兵，联合国有可能在同意有中苏参加的条件下，主张全朝鲜人民在联合国监督下，选举自己的政府。但美帝和蒋介石一样，诺言协定都不可靠，故应从最坏方面着想。所以，他主张越过三八线再打一仗。他在12月29日给彭德怀的电报中指出："如不打这一仗，从十二月初起整个冬季我军都在休整，没有动作，则必引起资本主义各国甚多揣测，民主阵线各国亦必有些人不以为然，发生许多议论。如我军能照你们目前部署，于一月上半月打一个胜仗，争取歼灭伪军几个师及美军一部，然后休整两个月，准备春季攻势，则对民主阵线及资本主义各国人民大众影响甚好，对帝国主义则给以新的一击，加重其悲观失败情绪。"（《毛泽东军事文集》，第6卷，252页）

为了切实协调政治需要与军事困难之间的矛盾，彭德怀提出了第三次战役"专打伪军，目标缩小，能吃就吃，适时收兵"的作战方针，他在电报中说："为避免意外过失，拟集中四个军（五十军、六十六军在两翼牵制敌人）首先歼灭伪一师，后相机打伪六师。如果战役发展顺利时，再打春川之伪二军团，如不顺畅即适时收兵。能否控制三八线，亦须看当时具体情况再行决定。"

虽然彭德怀认为越过三八线的政治意义并不大，过早发动第三次战役带有若干勉强性，但是在苏联主张"趁热打铁"和朝方希望尽快追击的背景下，面对二次战役后我军战线拉长、后勤紧张、部队减员较大、比较疲劳的不利局面，他服从政治上的需要，以局部利益服从全局利益，在极端困难的条件下毅然于1950年12月31日发动了第三次战役，指挥中朝联军一举突破三八线，占领汉城，将战线推进至三七线附近，向全世界显示了中朝军队的威力。

第四次战役，也是服从政治需要而发起的。1951年1月15日，美国第八集团军司令官李奇微将退逃的部队稍加整顿，即以所谓"磁性战术"，发动了试探性进攻。从25日开始，发动较大规模的全线反扑。而此时志愿军前线各军兵员没有得到任何补充，物资补给的困难状况没有得到任何改善，中朝军队在兵力上同李奇微的地面部队相比已没有多少优势，作为后续部队的志愿军第十九兵团，在国内还未完成入朝作战准备。因此，前线各军面临着巨大的困难。

面对战略上的可能失势，27日，彭德怀致电毛泽东：为增加帝国主义内部矛盾，可否播发中、朝两军拥护限期停战，人民军与志愿军从乌山、太平里、丹邱里线北撤15至30公里的消息，如同意请由北京播出。建议部队后撤15至30公里，休整再战。

但毛泽东从政治上考虑，回电不同意。原因是，此时的战线，是在汉城以南接近三七线的地区，而美国并未放弃进至鸭绿江的目标，至少是三八线，因此，即便中朝军队后撤15～30公里宣布暂时停火，战线仍在三八线以南的汉江以南地区，美国当局是无论如何不会接受的。而且，早在10天前，中国政府即已揭露和拒绝了美国操纵联合国通过的先停火后谈判的建议。所以毛泽东在1月28日19时给彭德怀的复电中明确指出："我军必须立即准备发起第四次战役以歼灭两万至三万美李军，占领大田、安东之线以北区域为目标。"于是，彭德怀遵令发起第四次战役。

彭德怀还非常重视前线作战对国内、国际的影响。1951年1月4日汉城解放以后，传来了北京天安门广场彻夜狂欢庆祝胜利的消息，彭德怀很不安，立刻把参谋长叫来，说："以后发战报要考虑战场情况可能发生的变化，注意留有余地，不要使我们自己背上包袱。"当时，正是运动战时期，我军作战的主要目标是消灭敌人的有生力量，而不应过分重视一城一地之得失。后来，朝、中人民军队为了在运动中歼灭更多的敌人，于1951年3月14日主动放弃汉城，彭德怀又特地发电报给周恩来总理，报告我军北撤的意图，提请国内注意可能引起的波动。

（二）政治手段和军事手段双管齐下

彭德怀在他的军事指挥生涯中，善于把握大局，洞察形势，从政治和军事的结合上施谋展略，指挥决策。

在抗美援朝战争中，政治、外交战线的斗争贯穿了战争全过程。彭德怀的军事指挥艺术建立在政治与军事相统一的基础之上。他强调政治斗争与军事斗争双管齐下，"如此做法，可能使美帝国主义者完全陷于被动。如果没有和平攻势（和谈）的政治斗争，只有单纯的军事斗争，要想迅速孤立美国，迅速结束朝鲜战争是不可能的"。

从1951年7月至1953年7月，一直是边打边谈的局面，这在世界战争史上也是罕见的。

朝鲜战争一开始，中国政府就一再发表声明，提出和平解决朝鲜问题的主张。中国人民志愿军入朝作战的正义行动，其目的正是为了争取条件，使朝鲜问题在公正合理的基础上获得和平解决。

1951年5月，经过五次战役的激烈较量，美方表示愿意通过谈判沿三八线一带实现朝鲜停战。随后，毛主席、周总理与金日成首相协商后，决定与美方谈判。为此，中央军委为志愿军确定了"充分准备、持久作战和争取和谈达到结束战争"的新战略方针。彭德怀接到指示，适时进行研究，向毛主席发电说："充分准备、持久作战和争取和谈达到结束战争的方针是完全必需的。""坚持以三八线为界，双方均过得去。""和谈中最基本的原则问题，是限期撤出朝鲜境内一切外国军队；其次是以三八线为界，恢复1950年6月25日前状态"；"我们坚持一切外国军队撤出朝鲜是有理的；以三八线为界是有节的；争取提早结束战争，于朝、中两国人民是有利的"。

随后，彭德怀派出志愿军副司令员邓华前往开城代表他参加中朝停战谈判代表团，同时指示部队为配合谈判，加强战斗准备。

朝鲜停战谈判，不同于战争史上的一般谈判，它是打着联合国旗号的世界头号资本主义强国，在志愿军的沉重打击下不得不罢手而勉强接受的谈判；是装备落后的志愿军难以歼灭敌重兵集团，不可能在短期内通过战争解决朝鲜问题的情况下举行的谈判。战争双方在战场的综合力量趋于平衡，战场出现僵局的情况下，试图通过谈判打开"一条路"。因此，停战谈判非常艰难，久拖不决，打打谈谈，谈谈打打。正如彭德怀所指出："朝鲜停战谈判是一次史无前例的停战谈判。它不是帝国主义者征服了别的国家、强迫别国接受投降条件的停战谈判，也不是帝国主义国家间争夺火并、相持不决，只好妥协瓜分殖民地谋得短暂和平的停战谈判，而是一个妄图独霸世界的帝国主义者，在侵略战争中遭受到年轻的新兴的人民民主国家的反抗并遏制之后，不得不罢手而勉强接受的停战谈判。"

谈判是打出来的，帝国主义者对于这样的谈判是不会心甘情愿地接受的，他们无时无刻不在企图翻案。因此停战谈判不能不是一场异常尖锐复杂而长期的军事与外交交织着的斗争。

当美国侵略者被迫接受停战谈判，中国人民志愿军派出代表参加朝中停战谈判代表团前往开城的时候，彭德怀就明确指出：谈判是打出来的，没有前线的胜利，就不可能有停战谈判；同样，要使停战谈判获得成功，仍然要靠前线的胜利。他要求参加谈判的同志积极谈，全军指战员则积极打，打得越好，谈判成功的希望就越大。他指出："主席说过，和谈的成功决定战场上的作战情况。""今后的一段时间内，我们不准备组织大规模的反击，根据谈判的进展情况决定我军的行止。""我要求各部队加强战斗准备，为保障谈判打好仗。参加谈判的代表思想要敏锐，要从朝鲜人民利益和全世界人民利益出发，在某种程度上我们也可以作小的让步，但是，我们一定要尊重朝鲜同志的意见。总之部队要积极地打，参加谈判的要积极地谈。谈判桌上叫敌人得不到什么东西，战场上也叫敌人得不到便宜。"

在长达两年之久的曲折谈判过程中，在毛泽东、周恩来等的指导下，彭德怀指挥志愿军采取"政治斗争与军事斗争双管齐下"的方针，坚持有理有利有节的原则。在政治上，以严正的立场击破敌人阻挠停战实现的阴谋；在军事上积极作战，不断地粉碎敌人的进攻并进行胜利的反击，打击其猖狂的气焰，以打促谈，保持了政治上和军事上的主动。到战争后期，不但作战行动的意图和谈判直接相关，而且作战规模、时间、攻歼对象的选定，都和谈判直接相关。他针对敌人内部对和平解决朝鲜问题的不同态度，选定战场上打击的主要目标。当美国在英国支持下极力阻挠停战谈判时，就集中力量打击美、英军队；当英、法等国表示愿意接受停战时，就停止打击英、法等国军队；当李承晚集团疯狂反对停战时，就集中力量狠揍伪军。

1953年5月中旬，志愿军发动夏季反击战役。对方在遭到打击后，停战谈判有了新的进展。美军方面明显地表现出急于停战的意图。到6月中旬，双方不仅排除了遣返战俘问题的障碍，而且对停战的各项具体问题也达成了协议。6月19日，彭德怀赴朝鲜准备参加停战协议的签字。可是，南朝鲜李承晚集团却不顾全世界舆论的谴责，公然扣留我方战俘，阻挠停战谈判协议的签字，宣称不受停战协议的约束，要"单独干"。

正在视察前线的彭德怀得知这一消息，冷静地分析了形势，决定"再狠狠地教训李承晚一下"。当时，也有人主张不再采取军事行动，马上签字停战。毛泽东同意彭德怀的意见。

7月13日，中国人民志愿军以五个军的兵力，在千余门火炮的支援下，同朝鲜人民军向南朝鲜军的25公里宽正面发起突然的攻击。一昼夜内，将对方全部打垮，在25公里宽的正面突入敌防御纵深最远达15公里，拉直了金城以南的战线，歼敌12.3万多人，活捉了伪首都师副师长，沉重打击了李承晚伪军，扩展志愿军阵地240多平方公里，从而争取到更有利的条件实现朝鲜停战。

（三）以"战略"可以影响"政略"

彭德怀明白，战争必须服从政治，但"战略"也可以影响"政略"。抗日战争时期，朱德和彭德怀审时度势，慎重运筹，定下百团大战"必须打"之决心，以战略影响政略。

在定下百团大战"必须打"的决心之前，彭德怀对1940年国际国内形势的发展变化进行了客观的分析判断。他认为，这一时期，是中华民族危机最为严重的时期，组织一场大规模的对日作战并取得胜利，是以"战略"影响"政略"、"争取时局好转"的关键。

彭德怀指出，1940年中华民族危机的严重性表现在：一是东方慕尼黑危险的增加。二是由于国际形势的变化：西南国际交通线路被截断，增加了国民党的动摇，投降危险在随之严重。三是在我八路军打退了国民党第一次反共高潮后，国民党开动宣传机器污蔑"八路军游而不击"，"专打友军，不打日军"。这使一部分人上了圈套，而对八路军产生了怀疑，也给全国人民在思想上造成了某些混乱。四是日本侵略军推行"强化治安""囚笼政策""三光"政策，使敌占区日益扩大，敌后抗日根据地愈见缩小。从1940年3月前后到7月，华北抗日根据地大片迅速变为游击区。大破袭战之前，只剩下两个县城，即太行山的平顺和晋西的偏关。

在中华民族严重危机的紧急关头，中共中央于1940年7月1日发表了《为抗战三周年纪念对时局的宣言》，7日又作出《中共中央关于目前形势与党的政策的决定》，明确指出："现在是中国空前投降危险与空前抗战困难的时期，我们不应隐蔽这种危险与困难，中国共产党认为自己的责任是向全国提醒这种危险与困难。"并且指出："全国应该加紧团结起来，克服这种危险与困难。"中国人民只要不屈不挠，再接再厉地奋斗下去，"则克服困难，克服投降危险，争取时局好转，是有保证的"。

作为八路军前线主要指挥员，彭德怀正确理解了中共中央的战略意图，果断定下决心——组织八路军"以积极的行动在华北战场上开展较大胜利的战斗"，以"显著的战绩……影响全国的抗战局势，兴奋抗战的军民，争取时局好转"。（《百团大战历史文献资料选编》，解放军出版社1991年版，第15页）

二、着眼全局，权衡利弊

孙子提出"知可以战与不可以战者胜"，这是战争指导上的首要问题，是战争决策问题，是关系战争全局的重大问题。无论是进攻作战还是防御作战，我方的军事能力究竟是否强于敌方，一旦开战是否有必胜的把握，这是战争指导者必须充分思考、认真筹划的。

（一）从全局上谋划战略指导

毛泽东指出："指挥全局的人，最要紧的，是把自己的注意力摆在照顾战争的全局上面。"（《毛泽东选集》，第一卷，第176页）人类战争的历史一再证明，如果战争全局关照得好，战略指导正确，战争就一定取得胜利，如果对全局关照不好，产生战略指导上的失误，就必然导致战争的失败。彭德怀之所以能在战争舞台上导演出许多至今仍令人拍案叫绝的活剧来，善于从全局出发筹划和指导战争是重要的原因之一。彭德怀认为必须首先对战争的全局形势作出正确的分析判断，"然后决定自己的作战方针，当进则进，当退则退，当防则防，当攻则攻"。（《彭德怀军事文选》，第646页）

彭德怀作为一个军事家，在长期艰苦的国内战争中历练出了战略头脑和战略眼光，善于独立思考，进行超常思维，能够总览错综复杂的战争矛盾，临机决断，常常作出人之外，出敌之外，超乎常规之外的正确决策。

1950年10月抗美援朝出兵决策，是根据国家总体战略需求，对出兵的利弊得失进行反复权衡，最后作出决断的典范。

在这个过程中，彭德怀深谋远虑，高屋建瓴，超常思维，在分析敌我双方客观情况的条件下，从战争全局出发分析判断形势，从纷繁复杂的矛盾中找出主要矛盾，并科学把握矛盾的主要方面，作出正确的判断，协助毛泽东主席作出抗美援朝、保家卫国的战略决策，充分体现了智慧与胆识的统一，能力与魄力的统一。

党中央、毛泽东主席勇敢地作出了组织中国人民志愿军抗美援朝、保家卫国的战略决策，同时估计了志愿军参战后战局形势变化的几种可能，把实现以"三八线"为界停战撤军作为基本的军事战略目标，总的指导方针是"从稳当的基点出发，不做办不到的事"。事实证明，整个战争的发展没有超出中共中央的预先估计。

朝鲜停战实现后，美国对中国出兵决策进行了研究，他们的结论是：决不可再犯朝鲜战争期间的错误，永远不能轻视中国人的警告，轻视中国人的决心。到越南战争时，美国牢记中国提出的美军地面部队不得越过北纬17度线，入侵越南民主共和国的警告，始终不敢越雷池一步。

由此可以看出，在战略上，由于战争的不确定性难以完全克服，作出战略决策和战争计划，往往面临一定的甚至程度颇大的未知因素，因而在一定条件下是允许冒些风险的。但这只是为了全局的利益允许冒局部的风险，至于在战争的整体上则要立于不败之地，打则必胜。在战争全局上，任何可能把国家和军队置于失败境地的毫无把握的冒险，都是不能允许的。因此，谋划战争不能以"近似"赌博作基础，而必须是基于"知彼知己"的有根据的判断、审慎的决策、周密的筹划和灵活的指导。在战争战役情况尚不明朗时，战略指导的高明并不表现于孤注一掷的冒险求胜，而是表现于冷静而理智的分析、周到而灵活的处置。

（二）关照好各个方面和各个阶段

彭德怀认为，着眼战争全局，还要求战争指导者把战争全局中各个局部周密地组织进来，关照好各个战略集团和各个战略阶段之间的关系、两个战役之间的关系、各个作战阶段之间的关系、我方全部活动与敌方全部活动之间的关系等，使之相互衔接相互配合，协调一致，以达成总的战略或战役目的。

抗美援朝第一至五次战役，彭德怀在考虑当前战役发展时，就为下一次的战役埋下了伏笔，即在何种态势、何时、何地、以何种方式结束战役行动：不仅着眼于本次战役的得失，更重要的是着眼于怎样才能最有利于下一个战役的作战行动。第二次战役取得了辉煌的胜利，奠定了整个抗美援朝战争胜利的基础，这一胜利的取得，正是得益于彭德怀从全局出发，关照好两个战役之间关系的高超指挥艺术。志愿军发动的第一次战役，将敌从鸭绿江边打回到青川江以南，而正当敌全线溃退时，彭德怀却果断地下达了结束战役的命令，并指示各军后撤30～50公里。打了胜仗，不乘胜追击，反而后撤，这让那些只从战役局部看问题的人觉得不可理解。

对此，彭德怀的考虑是："我们在第一个战役后不但未追击，且将主力后撤了三十至五十公里，这是因为敌人主力还未被击破，敌人对我军力量还没有正确估计，敌人迷信其空军威力，还没有放弃进至鸭绿江边的野心，这些造成我军诱敌深入、以逸待劳的可能。而如果我军乘胜进行追击，则只能赶跑敌人，不能歼灭敌人。"（《彭德怀军事文选》，第366页）

战局的发展正如彭德怀所分析的那样，麦克阿瑟不断收到来自前线的电报："中国人似乎在全线撤退"，"最后的胜利即将到来"，因此决定发动"圣诞节前结束朝鲜战争的总攻势"。他发表广播讲话说"战争在两个星期之内就会结束。要迅速打到鸭绿江，回去过圣诞节"。结果不是美军打到了鸭绿江，而是被志愿军歼灭2.3万余人，并打退到"三八线"以南。

当局部变化达到一定的程度，就会引起全局的变化。彭德怀在论述每一个战斗与解放大西北这个全局的关系时指出："要一个一个地夺取阵地，要一点一点地积蓄力量。要解放大西北，就要先从一个村、一个乡做起，然后才能扩大到东府、西府，到全陕西。"（《彭德怀军事文选》，第288页）

关键性的局部对全局有决定性的影响。如战争要点的得失、战略方向的选择等等，都对战争全局有着决定性的影响。

（三）将局部突破扩大为全局的胜利

彭德怀认为，无论战略指挥员还是战役、战斗指挥员，在胸有全局的同时，还必须重视从局部突破。因为任何全局都是由局部组成的，没有一个一个局部的胜利，就不可能有全局的胜利。他指出："领导人要有全盘工作计划，要有步骤地去进行，要从局部开始。一个战役、一个战斗是全盘的，都要先从消灭敌人一个地碉及一个排一个连开始。接近了前沿才能发展到纵深，部队是不能不经前沿就飞跃进纵深去的。所以作战时不能只看全面而忽视局部。但在作工作计划时应以全局为主，不应先考虑局部而延误全盘计划。而在工作时就应以局部为主，只有有计划地突破点，突破局部，然后才能扩大到面，到取得全局的胜利。"（《彭德怀军事文选》，第288页）

彭德怀在指导战争的过程中，既善于着眼全局，争取总体上的主动与优势，又善于从局部突破，用一个个局部的胜利去实现最终解决战争总目标。在具体的作战指导中，着眼于一个一个地夺取阵地，一点一点地积蓄力量。他联系西北战场的实际指出，一个战役消灭敌人几个师、几个军，首先都是从消灭敌人几个伏地碉、几个连、几个营开始的，尤其是消灭胡宗南几十万人首先是从青化砭消灭他一个团和一个旅部开始的。争取大西北的解放，也要从一村、一区、一县做起。蒋介石有几百万军队、几百架飞机都毫不可怕，但只要有一架飞机飞临我的头上，一个伏地碉、几个敌人在我面前，就得注意。我打不下拦在面前的伏地碉，就不能继续去攻击消灭全部敌人。

从局部突破，体现对每一次战役、战斗的高度重视和周密组织。不但要定出正确的作战计划、部署，而且要一项一项检查落实。彭德怀指出：对敌人一个连，一个排，一个机枪手，单独一个人，都是不应当轻视疏忽的。从局部开始，这个问题虽简单，但常常被忽视。计划的检查、快与慢均须很好地结合。计划了，会开过，方针也定了，但是不检查，工作常常流产。"忽视具体情况与具体准备，更不细心研究取得每个胜利应有的手段和步骤，那只是空喊胜利的官僚主义者。我们要把全局胜利与一个一个夺取敌人阵地，一点一点地积蓄革命力量联系起来，去处理问题。"（《彭德怀军事文选》，第294页）

（四）为全局的利益勇于牺牲局部利益

彭德怀在战争指挥中注重关照全局，他认为："指挥员不仅要顾到自己的局部，而且要顾虑到全局。"战争的全局统帅决定局部，战争的局部隶属服从全局。因此，指挥全局的人必须把注意力放在照顾战争的全局上面，而各个局部必须服从全局，为全局的利益服务。

战争中，全局利益和局部利益从总体上说是一致的，全局形势有利，局部也将有更多的有利条件。但也有存在着矛盾的时候，突出表现在，为了全局的胜利，需要局部作出更大的牺牲。在这种情况下，作为局部的指挥员，要从全局利益出发来认识利害得失，坚决服从全局利益的需要，自觉地、主动地承担起以局部利益的牺牲换取全局利益的重任。在处理局部之间的关系时，则应"坚持团结互助的方针，主张从整体利益出发，从利害与共的原则出发，积极主动地帮助别的部分，反对本位主义。各部分必须在上级和同级党委的统一领导下，围绕各个时期的中心任务，主动与别的部分取得配合，以保证平时工作的协调，战时的协同动作。片面强调自己方面的重要性，忽视其他方面的重要性……各自为政，互不关照，都是十分有害的"。（《彭德怀军事文选》，第615页）

三、出击方向的选择是战略问题

战略方向，是根据战略任务规定的、具有决定成败意义的作战方向。无论是战略进攻还是战略防御，都有一个主要方向和次要方向的选择问题。其正确与否，将影响战争的进程和胜负。战争中的"一招不慎，全盘皆输"，集中地表现在战略方向的选择上。正确地选定战略主攻方向，就能"预先决定整个战争十分之九的命运"（《斯大林军事文集》，第105页）在一个时期里，正确的战略方向只能是一个。因此，彭德怀认为，战略谋划的首要任务是确定正确的战略方向，战争指导者必须深思熟虑，务求透过复杂而多变的战争风云，找出利于争取战争全局主动的用兵方向。

选择作战地区，也就是用兵方向，是对战争空间因素利用的一种形式。彭德怀认为，作战地区的选择是战略问题，它受制于战略和作战意图。

彭德怀认为，选择有利的战略方向，是打胜仗的前提，即选择对敌人实施主要打击并能发展胜利的战场；战略谋划的首要任务，就是确定正确的战略方向，作战指导者必须深思熟虑，务求透过复杂而多变的战争风云，找出利于争取战争全局主动的用兵方向。

平江起义胜利后，彭德怀率部上井冈山，即是正确选择最有利于发挥自己长处的地域和环境。按照彭德怀原先的计划，要在平江起义之后，在湘鄂赣边界发动群众，进行游击战争，建立巩固的农村根据地。早在秋收起义后，毛泽东在井冈山建立了第一个中国革命的根据地。这在当时就引起了彭德怀的注意，初步意识到这可能是中国革命战争的方向。

这个指导思想，早在1928年南县团部的柳荫堤上，他就与刚从黄埔军校毕业归来参加革命领导的中共党员黄公略交谈过。他当时在赠给黄公略的一首诗中有如下诗句："唯有润之工农军，跃上井冈旗帜新。我欲与之为榜样，或依湖泊或山区。利用周磐办随校，谨慎争取两年时。"可见，彭德怀早就向往毛泽东在井冈山所创建的农村根据地，并把它看成是革命的"旗帜"、学习的"榜样"。

平江起义的胜利，震惊了反动营垒，湖南反动当局慌忙调集八个团的兵力，同时，还电邀鄂赣两省兵力配合进行堵截和"围剿"，妄图将这支刚刚诞生的人民武装扼杀在摇篮中。面对如此强大的敌人，红五军应该怎么办？彭德怀、滕代远一致提出，要向鄂赣边方向发展，伺机同井冈山地区的朱毛红军会合。他们随即带领部队撤出平江城，向南方挺进。

8月上旬，红五军占领修水；9月初，占领铜鼓。但红五军损失亦较大，不得不撤回平（江）、浏（阳）一带活动。11月初，彭德怀接到中共湘鄂赣特委的指示，要他们迅速与毛泽东、朱德率领的红四军取得联络，学习井冈山建党建军和建设政权的经验，为巩固扩大湘鄂赣根据地创造条件。彭德怀、滕代远毫不犹豫地执行了这一指示，留下黄公略率一个纵队在原地坚持游击战争，率领两个纵队800多人的兵力上井冈山。

彭德怀在"自述"中这样写道："当时，我个人认识到，为什么要以井冈山为旗帜、为榜样呢？这个旗帜是具体的，不是抽象的；是实际的，不是空洞的。南昌起义、秋收起义是失败了，都留存了一部分力量，在井冈山会合，形成了当时的朱、毛红军，成为红军旗帜，不仅有号召作用，而且要在红军发展中成为统帅，便全军有头。在打土豪、分田地、建设根据地的问题上，我在1927年冬至1928年春就注意井冈山。我当时感觉对天上有飞机，陆上有火车、汽车，水上有兵舰、轮船，且有电讯、电话等现代交通运输与通讯联络的敌军作战，没有根据地是不行的；不实行耕者有其田，也就建立不起根据地。在这个问题上产生了对毛润之的敬仰。"

在彭德怀看来，战略方向的选择，必须对敌我形势作正确的判断，对具体地域的自然、地理、政治、经济、军事等诸条件作综合分析，尤其要注意选择敌人力量比较薄弱的环节和充分利用敌人的矛盾；必须选择对敌实施主要打击并能不断发展胜利的作战地区，也即选择和开辟最有利于歼灭敌人有生力量的作战地区。

1930年9月下旬，毛泽东主张红军打吉安，扩大农村革命根据地，但有部分干部主张以主力攻打南昌。这时身为红三军团军团长的彭德怀支持毛泽东的主张。

当红军攻下吉安后，敌人大兵入赣，向江西苏区扑来，在此关头，红一方面军总前委和江西省行动委员会召开罗坊会议。毛泽东主张实行战略转移，将敌人引向根据地，待其疲惫而歼灭之，提出红军东渡赣江的作战计划。

因三军团所部多是湖南平江、浏阳与湖北阳新、大冶人，有地方观念的干部反对过赣江，主张一、三军团分家，夹江东西而阵，分兵击敌，各发展各的地区。但当时只有两个军团合起来，才有可能吃掉敌一个整师。两种意见相持不下，争论十分激烈。彭德怀的一票非常重要，正如他自己在《自述》中所说："为了消灭敌人，必须反对地方主义，在政治上以朱、毛为旗帜，集中统一红军，一、三军团不再分开。我这一票在当时是起相当作用的一票，站在哪一边，哪一边就占优势。"（《彭德怀自述》，第161页）最后会议通过了毛泽东的作战计划。

不久，还有人仍坚持要夹江而阵。彭德怀分析形势，说明留在湘鄂赣的地方部队可以坚持并扩大。彭德怀说：现在最要紧的是消灭进攻之敌，有意见到河东讨论，但不能妨碍行动，更不能说一、三军团分家。我彭德怀是一定过江的，前委的决定是正确的，红军要打遍全中国，让全国工农弟兄都过好日子，不要只恋着自己家乡那块苏区。由于彭德怀鲜明的态度，避免了红军分裂。事后多少年毛泽东还称赞彭德怀"一言为定"。毫无疑问，这是关系到第一次（及以后几次）反"围剿"能否胜利的大关节。

执行盲动主义命令攻打赣州，是一次战略方向选择上的失误。1932年春，中央红军取得第一、二、三次反"围剿"胜利后，中共临时中央个别负责人被胜利冲昏头脑，取消游击战的方针，多次提出夺取江西境内的赣州、吉安、南昌、九江等中心城市，争取革命在江西及其邻近省区的首先胜利。在这种急进战略思想指导下，红一方面军先后进行了六次规模较大的进攻作战，其中影响最大的是赣州战役。

1932年1月10日，中革军委下达了攻取赣州的训令，规定红一方面军夺取赣州，以赣州为中心向北发展。

朱德和毛泽东都不赞成攻打赣州，认为即使要打，也只能采取围城打援的战术。但苏区中央局多数人不懂军事，都主张打。

2月上旬，红军开始实施外围战。23日，发兵攻城。敌人以重兵坚守赣州城，并以两万人增援赣州。红军缺乏攻城器械，虽攻了33天却始终没能成功，反遭重大伤亡，仅红三军团就损失3000余人。

更重要的是，此战的失利，丧失了发展苏区和扩大红军的有利时机。这一次作战方向上的失误，不仅是战略上的失误，而且是在军事路线这个根本问题上犯了错误。这在后来的第五次反"围剿"作战中表现最为明显。"打赣州不仅没有利用'一·二八'事变，高举抗日旗帜，在政治上打击蒋介石国民党，反而给蒋介石'攘外必先安内'的反动政策留了借口。也没有估计到我军进攻赣州，蒋介石就可能让出大庾钨矿给粤军，作为勾引粤军'围剿'我军之条件，客观上对于蒋粤矛盾起了一定的和缓作用。"（《彭德怀自述》，第174页）

"左"倾路线领导的中央红军第五次反"围剿"，同样在战略方向上犯了错误。当时，敌人采取了稳扎稳打步步为营的堡垒政策，这种情况下，彭德怀致电中央，提出了一个极具远见的具体建议："留五军团保卫中央苏区；集中一、三军团和七、九两个军团，向闽浙赣边区进军，依方志敏、邵式平根据地威胁南京、上海、杭州，支援十九路军的福建事变，推动抗日运动，破坏蒋介石的第五次'围剿'计划。"（《彭德怀自述》，第184页）

毛泽东后来在《中国革命战争的战略问题》中分析当时应采取的作战方针时指出："当福建事变出现之时，红军主力无疑地应该突进到以浙江为中心的苏浙皖赣地区去，纵横驰骋于杭州、苏州、南京、芜湖、南昌、福州之间，将战略防御转变为战略进攻，威胁敌之根本重地，向广大无堡垒地带寻求作战。用这种方法，就能迫使进攻江西南部福建西部之敌回援其根本重地，粉碎其向江西根据地的进攻，并援助福建人民政府，——这种方法是必能确定地援助它的。此计不用，第五次'围剿'就不能打破，福建人民政府也只好倒台。"（《毛泽东选集》，第一卷，第236页）

可见，彭德怀的主张与毛泽东的见解完全一致。可惜这个正确战略出击方向的建议不仅没有被采纳，还被斥为"脱离中央苏区的冒险主义"。结果使蒋介石得以分而治之，先镇压了福建事变，回过头来再调集重兵"围剿"中央革命根据地，最终导致中央革命根据地的完全丧失，红军被迫进行长征。

红军长征突破敌人第三道封锁线后，蒋介石已判明红军西进的战略意图，他当即赶赴南昌行营，部署堵截红军西行，急调40万大军在湘江沿岸300里布置了第四道封锁线，企图阻止红军西渡湘江，将红军"歼灭于湘江、漓水以东地区"。

面对如此严重的敌情，彭德怀认为红军如果继续向湘江行进，形势将十分危险，会陷入敌军的重围之中。高度的责任心驱使他再次致电博古，建议让红三军团乘敌不备，改变行军路线，向益阳、宁乡、湘潭间行进，威胁长沙，在灵活机动的运动中抓住战机，消灭敌军小股，迫使蒋军改变部署，阻击、牵制敌人。中央则率领红军主力进占溆浦、辰溪、沅陵一带，迅速发动群众创造战场，创造根据地，粉碎敌军的进攻。否则，红军将被迫进入湘桂边界的西延山区，同桂军作战，其后果十分不利。（《彭德怀自述》，人民出版社1981年版，第193页）毛泽东也曾建议不渡湘江，集中红军主力，在湘南地区打几仗，消灭敌军一路或一部，以扭转战局，力争变被动为主动。

然而，彭德怀和毛泽东的正确建议被"左"倾机会主义者否定，中央红军仍然按原计划进军湘西，准备与红二、六军团会合。中央红军蜗牛式的行军，为柱军、湘军、粤军、中央军的赶到提供了时间，国民党军已经在湘江布下了一个口袋阵，红军只有夺路而走了。

1948年初，彭德怀西北野战军由战略防御转入战略进攻，在外线大量歼灭敌人。此时，胡宗南以整编七十六师一部守备韩城及禹门口，阻挡在晋西南的二纵西渡；以一个旅守宜川；以两个旅及一个团守备延安至富县的公路；由整编二十九军军长刘戡率主力两个师集结于洛川、黄陵、宜君、临真镇地区机动，以便北援延安，东援宜川，阻止西北野战军南下，实现其所谓"监视三面"，并保护其后方供给线的目标。在这种情况下，西北野战军转入外线作战的战略进攻的第一招棋应该如何走呢？

在野战军司令部开会讨论战略进攻方向时，彭德怀提出转入外线作战，有北攻榆林、西出陇东和南出陕中三个方向可供选择。究竟哪个方向更有利于给敌以致命的打击，更能对战略全局产生重大影响呢？他鼓励大家各抒己见。与会者纷纷发言，有的建议打延安，说收复延安政治影响大；有的说应向陇东出击，打击"二马"；还有的主张直插关中，捅胡宗南的老窝去。

彭德怀善于集思广益，博采众议，在听完议论后说：敌人在延安盘踞近一年，修筑了坚固的工事，又有一万多兵力守备，攻打延安必须要付出较大的伤亡代价，还不到火候。向陇东出击，路上缺乏粮食；同"二马"骑兵打仗，可能打不成歼灭战，胡宗南的力量又没有消耗，如胡、马两头一夹击，我们就会打消耗战。他走近地图，在延安以南一带画了一圈，说：胡宗南在宜川、韩城一带的工事虽强，但比延安差，且兵力不足。同时，黄龙山道路崎岖难走，如敌人增援，便于我们伏击。现在敌人占据黄河渡口，如我们利用得好，就会出其不意来一支奇兵（指当时在山西的王震第二纵队）。因此，向延安以南黄龙山进军，插到敌人后方去，在咸榆公路和黄河西岸的中间地带实施战略进攻是最好选择。最后，彭德怀画龙点睛地说：我们是打宜川、调洛川（敌人），歼灭刘戡，收复延安。经过讨论，大家认为南出陕中，向黄龙山进军确是把握全局、高瞻远瞩的一着好棋。

彭德怀认为，总体上说，主要战略进攻方向，应选在利于我一举突破、对战争进程能产生决定性影响的方向，选择最有利于发挥自己长处的出击方向；主要战略防御方向，则应选在对整个防御体系安危相关的方向。从时间上讲，战争初期，各主要作战方向，应是哪里好消灭敌人就在那里打仗。战争后期，我军兵力应随着敌我力量的消长、我军指挥艺术的提高和战局向我解放区纵深发展而逐步集中，由小到大逐步扩大歼敌规模，这样比较有利。

通盘考虑打击目标和作战方向，确定主要战场，形成有利的战场布局，是彭德怀选择作战地区的主要原则。

战场的布局，是一个带有全局性的问题。彭德怀所设计的战场布局，能使各个战场、各个战役方向相互呼应，协调配合，便于分散、牵制敌人和保障我军主力的集中使用；同时，经过一段时间的作战，又能够使各战场连成一片，形成一个更大的整体。

创造战场，是对战争空间因素的充分利用，是实现保存自己、消灭敌人这一战争目的的基本条件。它是为了改善战略态势，形成有利的战场布局，以适应我军军力不断增强、运动战和歼灭战规模逐步扩大的需要。

1937年10月12日，彭德怀与朱德、任弼时就华北抗战形势与八路军战略方针问题致电中央军委，对八路军各部在华北的部署提出了一个周密的全盘计划。电报说："华北形势危急，友军作战招招失利，但是尚无军队叛变；晋东北、冀西的广大地区十分重要，但如果局势发展到某些不利时期，主力转向晋西晋西南，此地域只能留适当兵力，派得力干部主持。"并表示："我们目前应以一切努力，争取以山西为主来支撑华北战局的持久，使友军一下子不过黄河，消耗日寇力量，逐渐提高友军胜利信心，渐次改造友军，推进民主，扩大（八路军）本身。"

毛泽东对此复电指出：八路军总部的部署是正确的。

抗美援朝战争中，彭德怀在朝鲜创造战场通常考虑的因素是：有利于实现战略意图；有利于粉碎敌人的作战企图；有利于达成歼灭战的作战目标；有利于下一战役的发展。其核心是能否大量歼灭敌人，发展胜利。

抗美援朝第一次战役的着眼点是，出其不意迎头痛歼侵略军，取得一个立足点，站稳脚跟，为以后发展胜利创造条件。彭德怀与其助于志愿军副司令员邓华、洪学智等，入朝后几天内，依据新的战场情况形成新的判断，定下正确的策略，改变原来部署，确定在清川江以北地区运动中歼敌。

第二次战役选择在清川江附近预设战场，也是考虑敌情、我情、兵力对比、地形等有利于我诱敌深入，实施穿插、分割、迂回、包围，歼敌有生力量。

创造战场要准确判明敌人战略动向后再确定。1953年2月，美军七个师和南朝鲜两个师在二线集结，并加紧登陆作战演练。中央军委和彭德怀适时判断敌可能在西海岸的汉川江、清川江至鸭绿江一线地区和东海岸元山地区登陆，指挥和调集志愿军进行反登陆准备，共挖掘总长720公里的坑道工事和3100公里长的堑壕、交通壕工事。美国发现我军两翼海岸已森严壁垒，遂放弃登陆企图，被迫于1953年4月26日同我恢复了停战谈判，从而为尔后朝鲜停战的实现铺平了道路。40年后，美国学者来华进行学术交流说，1953年中国军队进行了反登陆准备，兵力兵器与工事构筑已相当充分，美国已不敢重演仁川登陆式的作战。

彭德怀强调，战场布局必须有重点，要用主要精力关照好主战场的作战。他认为，主战场通常是敌必争我必夺、能够引起战局变化的战场枢纽。确定主战场，要便于我军主力行动，便于打开作战的局面，便于尔后向多个方向发展。

主动放弃某些重要地区、拔除碍我机动的"钉子"、在敌后建立战略支点，是彭德怀开辟与创造战场的基本方式。解放战争中，在敌人的全面进攻的势头正盛时，彭德怀于1946年11月就提出了"来年初或初夏向中原出击"的问题，并协助毛泽东就进军中原这一国民党统治区之战略腹地的各项准备工作作出了极富远见的部署。后来，正是刘邓大军千里跃进大别山，挺进中原，拉开了我之战略反攻的序幕，成为我之夺取战略上的主动权的一着妙棋。

四、实行积极防御战略和坚持持久战

中国革命战争是在一个经济、政治发展极不平衡，人口众多、幅员辽阔的半封建、半殖民地的国度里发生的，是在敌强我弱、敌大我小的条件下进行的。其战略谋划必须着眼于这些客观条件。"积极防御"和"持久战"，就是从这一客观条件出发而采取的正确战略思想和战略方针。彭德怀对此有着极为深刻而精辟的见解。"积极防御"和"持久战"的战略思想贯穿在他战略指导的全过程之中。

（一）全面客观衡量敌我力量对比

彭德怀认为，制定作战指导方针和选择作战方式，必须全面衡量敌我力量对比。敌我力量的对比，是进行战争指导的基本依据。在作战指导中，正确全面的敌我形势估量，是作出正确战略决策的前提。换句话说，任何一场战争指导方针的正确与否，在很大程度上均取决于对敌我利害关系认识的广度和深度。

战争是敌对双方综合实力的较量。从总体上看，主要包括敌我双方的政治、经济、军事、科技、文化、人口、自然、地理等方面，它们的综合力量决定着战争的进程和结局。而这些因素的每一方面，也都是由多种要素构成的。如军事力量包括军队的数量、编制体制、武器装备、战术技术水平、军事思想、指挥官特点、部队士气等。只有对这些因素作出全面客观的分析，才可能得出正确结论。也就是说，不但要进行军事力量的对比，而且要进行政治、经济和社会地理环境等各方面力量的综合比较。在军事力量对比中，不但要看现有军队的数量质量，而且要看后备兵员的数量质量；不但要看武器装备，而且要看军队军事和政治素质。如果只看到其中的一个或几个方面，而不是全面权衡作出准确估量，就必然要得出错误的结论。因此，彭德怀指出："必须认真了解对方各方面真实情况……综合这些同自己的具体情况作对比分析，然后决定自己的作战方针。"（《彭德怀军事文选》，第646页）

同时，彭德怀还强调指出："敌我力量的对比，绝不是一成不变的东西"，在战争的进程中，敌我双方各自的力量都将随着战争潜力的不断发挥而产生有利或不利的变化。"历史上曾有不少弱国战胜强国的事实，而在战争开始时，一定是弱国力量远不及强国。但在战争过程中，弱的国家不断发挥与生长了自己的力量，终于在持久战下战胜了强大的侵略者"。（《彭德怀军事文选》，第35页）因此，在进行力量对比分析时，不仅要看到现有军事实力，而且要用发展的眼光对战争潜力作出正确估计。只有这样，才能确定正确的战略指导方针。他还从政治、经济、军事、国际关系等方面，具体分析了中国存在着战胜日本帝国主义的战争潜力。正是从这个认识出发，进而提出了持久战的战略方针。

（二）实行战略上的持久战和积极防御战略

此即在敌强我弱的情况下，实行战略上的持久战，通过长期作战，逐步削弱敌人，转劣势为优势，变被动为主动，最后赢得战争胜利的战略。

平江起义后，彭德怀在领导红五军和红三军团开辟和保卫中央革命根据地的斗争中，就对中国革命战争的持久性有相当明确的认识。

抗日战争爆发后，彭德怀对在抗日战争中坚持持久战的战略方针更是有着极为深刻的见解。1937年11月，他向抗日军政大学学员发表了《争取持久抗战胜利的几个先决问题》的著名演说，抨击了"弱国牺牲论"和"速胜论"的错误观点，论证了以持久战争取抗战最后胜利的客观必然性及实行持久战所应采取的战略战术。

彭德怀认为，中国抗日战争必须坚持持久制胜的战略，这是由敌我双方力量对比的全部因素决定的。他指出：中国今天的海陆空军的力量都远不如日本，拒敌于国门之外或一下子把敌人赶出去都是不可能的。"从持久战中去取得抗战的最后胜利"，是唯一正确的结论。通过持久战，中国会逐渐强大起来，最后取得战争的胜利；而日本必将逐渐衰弱下去，导致战争的失败。彭德怀从政治、经济、军事等方面揭示了敌我强弱对比在持久战中演变的趋势，认为只有在持久抗战中，才能使敌我力量的对比发生根本变化。无论"从任何一方面看，我们只有而且能够从持久战中，改变强弱的现象，最终地战胜日本帝国主义"。"从持久战中去取得抗战的最后胜利，已成为唯一正确的公论了"。（《彭德怀军事文选》，第38页）

解放战争中，彭德怀按照党中央和毛泽东的战略意图，无私无畏，智勇兼备，一个一个地夺取敌人阵地，一点一点地积蓄自己的力量，由防御转入反攻，由内线转入外线作战。延安撤退后半年即扭转战局；一年一个月又三天收复举世瞩目的革命圣地延安；两年又八个月，便解放了占祖国面积三分之一的西北五省，把胜利的旗帜插到了祖国边疆帕米尔高原上。总计歼敌51万多，击毙和生擒的敌人将官数以百计。

在战略上敌强我弱的形势下，彭德怀强调必须反对速胜轻敌，要求积极稳妥。

抗美援朝战争中，经过前两次战役，民主阵营内部出现了速胜乐观情绪，而彭德怀敏锐地意识到抗美援朝战争的复杂性、艰苦性和长期性。他在1950年12月给毛泽东的电报中，对战争形势提出了自己的看法，指出："据我看朝鲜战争仍是相当长期的、艰苦的。敌人由进攻转入防御，战线缩短，兵力集中，正面狭小，自然加强了纵深，对联合兵种作战有利。美伪士气虽然较前低落，现还有二十六万左右兵力。政治上，敌马上放弃朝鲜，对于帝国主义阵营说来是很不利的，英法也不要求美国这样做。如再吃一两个败仗，再被消灭两三个师，可能退守几个桥头阵地，也不会马上全部撤出朝鲜。我军目前仍应采取稳进。"（《抗美援朝战争史》，第二卷，第164页）

毛泽东赞同他的这一主张："你对敌情估计是正确的。必须作长期打算。……速胜观点是有害的。"（《毛泽东军事文集》，第6卷，第250页）

第三次战役把敌人从三八线打回到三七线附近地区，在部队中，甚至高级指挥员中，不但刚入朝时能不能打的顾虑早已消失，而且较普遍地产生了一种轻敌速胜的心理，认为美国人也不经打，朝鲜战争很快就能胜利结束。彭德怀对此持有保留看法。他认真分析战场敌我情况，认为虽然前三次战役打得较顺利，但并未消灭美军的重兵集团，敌军仍然占有武器装备上的巨大优势，况且志愿军伤亡减员已达成10万余人，后勤运输极为困难，必须经过长期的作战，才能胜利。毛泽东对此表示赞同，认为美国是不会甘心在战场上的失败的，对美国不能存在着任何侥幸心理，不再经过几次激烈的大规模的战役打击，美军是不会退出朝鲜的。

彭德怀的这一主张，得到了朝鲜首相金日成的赞同，在第四次战役发起之前，两人经过会商，共同认为，经过三次战役后，上下都产生轻敌思想，对敌人估计不足，以为敌人不可能这样快地向我反攻，因此要作充分准备，不能轻敌，确定了第四次战役力争停止敌人前进，稳步打开战局，并从各方面加紧准备，仍作长期打算的方针。

第四次战役开始后，彭德怀从朝鲜前线回到北京，当面向毛泽东汇报了志愿军在朝鲜作战面临的各种困难，说明朝鲜战争不能速胜的理由，促使中共中央、中央军委对朝鲜战争的艰苦性、长期性、持久性有了进一步的认识。1951年3月1日，毛泽东在给斯大林的电报中提出："从目前朝鲜战场最近进行的战役中，可以看出：敌人不被大部消灭，是不会退出朝鲜的，而要大部消灭这些敌人，则需要时间，因此，朝鲜战争有长期性的可能，至少我应作两年的准备。"（《周恩来军事文选》，第4卷，第162页）提出了"战争准备长期、尽量争取短期"的方针，这就为最后取得抗美援朝战争的胜利，提供了正确的指导思想。

第五次战役后，彭德怀指出，抗美援朝战争不能速胜，必须采取持久作战的方针。我军想一下消灭美、英军几个师是不可能的。美、英军主力不被歼灭，朝鲜战争的结束是很困难的。为此，他把阵地战提到了更为重要的位置，适时组织我军转入"持久作战，积极防御"阶段。

在敌强我弱的情况下，必须实行积极防御战略。

积极防御，是为了反攻或进攻，采取积极的攻势行动，挫败敌之进攻的防御，亦称攻势防御、决战防御。战略上的积极防御，通常以各种积极的手段，不断消耗和歼灭敌人，转化力量对比，以便适时转入战略反攻。

彭德怀认为，中国革命战争的性质和敌我力量对比的状况，决定了我军只能而且必须采取积极防御的战略。彭德怀指出，持久战在战略上是防御的，但不是消极防御，而是以广泛的游击战争调动敌人，分散敌人，使正规军得以采取大步前进、大步后退的战术原则，主动出击，在运动中歼灭敌人。

早在土地革命战争时期，彭德怀就认识到，要粉碎敌人的"围剿"，必须执行"防御中的进攻作战，内线作战中的外线作战"这个作战指导原则，实行积极防御。第五次反"围剿"时，"左"倾冒险主义在中央占了统治地位，实行"御敌于国门之外""不失寸土"的消极防御战略。就在这一错误的战略方针提出之初，彭德怀于1933年10月24日、25日两次致电中革军委，要求红军仍采取积极防御的战略方针，提出：红军"切忌主力摆在敌垒周围，疲劳兵力"，而应诱敌深入，集中主力，发挥机动作战的作用，在运动中歼灭敌人。他恳切地说："望以远大眼光过细考虑这些至关重要的问题。"可惜这一正确的意见没有被采纳，"左"倾冒险主义最终导致了第五次反"围剿"的失败。

彭德怀在阐述抗日战争的战略方针时深刻指出："因为中国并无侵略他国的野心，而完全处于被日寇侵略的地位，我们是为自己而抗战，所以战略上是防御的。"但若采取消极防御是不能打败敌人的，因为我们兵器远不如敌人，国防设施又极其微弱，因而应采取积极防御。应在运动中求得战机，以积极的战役和战术攻势行动打破敌人的进攻。"至若单纯防御，不了解寻求出击的机会，不了解操纵敌人、调动敌人的巧妙办法，只晓得在一个阵地上拼消耗，这无异于帮助敌人发挥现代技术的威力。须知一个孤立无援的阵地是没有打不破的。"（《彭德怀军事文选》，第39页）

彭德怀认为，坚持积极防御，要求将战略上的防御与战役战斗上的进攻，战略上的持久与战役战斗上的速决，战略上的内线作战与战役战斗上的外线作战巧妙结合起来。1963年，他在研读马克思、恩格斯、列宁、斯大林的军事文选时，联系中国革命战争的实际，对积极防御的战略思想作了进一步的阐述："'防御战中的进攻作战，内线作战中的外线作战'，这个作战指导原则，是辩证地指出防御与进攻两方面的相互关系……防御是手段，进攻是目的，只有进攻才能有效地消灭敌人。以很少的兵力牵制对方很大的兵力，适时转入外线，突然包围歼灭敌人一股，再歼另一股，达到各个击破敌军的进攻和'围剿'，这是最积极的防御。"（《彭德怀军事文选》，第632页）

彭德怀还指出，必须重视战略转变。抗美援朝经过五次战役后，到1951年夏，朝鲜战局趋于稳定，战争在"三八线"地区出现了相持局面，美国当局调整了朝鲜战争政策，接受停战谈判。从敌我态势上看，双方力量达到均衡，战争不可能短期结束，但这一均势的出现是我之力量上升、敌之力量下降的结果，形势有利于我，不利于敌。如我继续南下反攻，敌可能利用朝鲜地理特点和其海空优势，于我侧后登陆，置我于被动不利地位。相反，如我坚持持久作战，就可以我之长击敌之短，争取时间，消耗敌人，改善装备，壮大自己，使敌我力量对比发生重大转变，再作新图。同时，国内也需要休养生息。毛泽东根据国际局势的发展和敌我力量对比趋于相对均势的实际情况，适时进行了战略转变，提出了"充分准备持久作战和争取和谈达到结束战争"的总的指导方针。

彭德怀根据毛泽东的意图，适时地提出了"持久作战，积极防御"的战略方针，以及作战与谈判的要求相配合、相适应的指导方针，实现了由战略反攻向战略防御的转变，由运动战向阵地战的转变。

在作战指导上，采取在一个时期内，对美英军"只实行战术的小包围"，"零敲牛皮糖"，打小歼灭战，尔后再过渡到打大歼灭战的作战方针，实行由运动战向阵地战的战略转变，进入打小歼灭战的阶段。通过贯彻这一战略方针，志愿军不但粉碎了美伪军的多次进攻，而且对其坚固阵地也进行了多次战术性反击，直至战役规模的反击，大量歼灭和消耗了敌人，有力配合了停战谈判，最后迫使美国在停战协定上签了字，我取得了抗美援朝战争的伟大胜利。

（三）战役上以多胜少，实现强弱转化

彭德怀主张通过战略上以弱抗强，战役上以多胜少、以强击弱，来实现持久作战的最终胜利。中国共产党领导的革命战争在力量对比上长期处于劣势地位，要取得胜利，就要充分发挥人民军队善于集中、善于机动的优势，按照自己的特点打仗，求得在战役战术上处于优势地位，灵活变换作战形式，积战术胜利为战役胜利，进而改变战略态势。

彭德怀认为，处于劣势的一方，必须以弱抗强，然而在战役或战术方面，必须求得以强攻弱，即使在战役上自己的力量小于敌人，也要求得从战术上来解决以多胜少的问题。

如何才能求得以强攻弱的战术原则呢？彭德怀举例说，假设敌我都是四百人作战。这是相等的兵力，应该采取进攻的战术，以小部"百人"向敌人积极进攻，吸引敌人主力应战，我以少数兵力钳制敌人的主力，以自己的主力采取迅速、坚决、勇猛的手段从敌侧后突击，首先消灭敌人一部。假若首先消灭了敌之一百人，敌已由均势变为劣势，则我集四百人再以同样的手段，最后解决敌人。因此，虽是相等兵力作战，但我仍维持战术上的优势。

彭德怀指出：由于在战争全局上的敌强我弱，所以战略方面，我们还是以弱抗强；然而在战役或战术方面，我们必须求得以强攻弱，即使是在战役上自己的力量小于敌人，也要求得从战术上解决以多胜少的问题。彭德怀认为，中国革命战争的作战指导应立足于战略上以弱对强，战术上以强击弱。中国共产党领导中国革命战争的一个鲜明特征，就是敌我力量对比悬殊。这个特征决定我们要取得胜利，就要按照自己的特点打仗，否则就难以生存和发展。

战略持久的消耗战与战役战斗速决的歼灭战相结合。在战略上，我们打的是持久战，消耗敌人的战斗力量和补给。在战术上，我们打的是速决战。因为我们在军事上比敌人弱，我们永远避免阵地战，而混合使用运动战和游击战，打击敌人的有生力量。同时，我们发展游击战，扰乱、吸引、分散和消耗敌人。他指出，中国抗战的胜利是经持久的消耗战获得的。只有进行持久战，才能消耗敌人，发展和壮大自己。消耗战的主要目的，在于消耗敌人的人力、物力，引起战局的变化，改变敌我的优劣形势，而不是消耗自己。而战略上持久的消耗战以战役战斗速决的歼灭战来体现和完成。要坚持战役战术的灵活运用，以己之长攻敌之短，以战术胜利的发展，来求得战役胜利的展开，绝不是同敌人对拼消耗。他指出："在战役上，我们主张用速决的歼灭战，因为这样可以减少敌人近代兵器的作用，使飞机、坦克车、毒气的效能不能充分的发挥，而我们则用疾雷迅风的手段，使敌人没有戒备，予以袭击。"

彭德怀提出的敌我双方在战争过程中强弱关系相互转化的论断及促进这种转化的战略战术思想，在以后毛泽东著名的《论持久战》中得到系统的阐述和高度的理论概括。

战争中敌我力量对比的优势和劣势，同其他任何事物矛盾性质一样，既是绝对的，又是相对的，在一定的条件下相互转化。彭德怀指出：战争指导者对敌我力量对比优劣既要有总体上估量，又要作具体的分析，特别是"必须清楚认识，敌我力量的对比绝不是一成不变的东西"，而是在战争过程中"必然会变动的"（《彭德怀军事文选》，第35页）。这是因为，综合力量的优势不等于一切方面均占优势，具有现实的优势，不一定具有潜在的优势，在战略全局上占有优势不等于每个战区、战役都占有优势，弱军亦存在优于敌人的方面。

彭德怀在中国革命战争的各个阶段，对于敌我力量对比的分析历来坚持两点论，既看到我们的敌人是强大的，从敌强我弱的客观实际出发去研究和指导战争，保持清醒的头脑；又看到敌人强中有弱，我军弱中有强，努力实现强弱转化。

1941年彭德怀在分析抗日战争敌后战场力量的对比时指出：一方面，敌人在总体上是占优势的。我之兵力与敌数量大致相等，但由于技术装备极不相称，因此在战斗力上表现为敌强我弱。这种敌强我弱的基本形势，还不易迅速改变，在一定阶段之中，敌占区面积有可能进一步扩大，产生了今后必然遇到的更大的人力物力的困难。

另一方面，我也存在着"胜利地长期坚持敌后游击战争的条件"。国际形势于我们有利："目前已经没有'东方慕尼黑'"，"英、美与日本的矛盾正在严重的发展着，美国援华较前积极"，日本在国际上空前孤立。地理环境对我有利："敌后根据地的地区广大，各根据地可以互相配合"，"华北有利山地大部为我控制，敌人兵力始终不敷分配"。政治上于我有利："全国配合作战，中国抗战阵容之各组成部分，在抗战积极程度上虽不能一致"，"但全国基本的抗战形势却是不会变更的"；"民族革命战争有广大的民族社会基础，敌虽控制主要人口，但这只是军事上的、形式上的控制，敌占区绝大多数人民是拥护抗战，反对日寇的"；"有共产党、八路军成为团聚人民的核心，有我党正确政策的领导"。所以，"从总的方面看，敌在目前虽占优势，但仅是相对的优势，并非绝对的优势。即此相对的优势，亦仅是军事上及经济上的优势，而在政治上，在国际形势上，在得人民的拥护上，我们均占优势"。

即使是军事上的优势，也只是从总体上说的。敌人的兵力有限，在一定的时间内，只能集中兵力对我某一个抗日根据地进行围攻扫荡，在这里我军力量处于劣势，而其他根据地，则敌军的力量就相对减弱，只能防守其要点而无机动兵力，我在兵力上就能处于优势。在这些地区我就可以优势兵力对其后方交通线、据点实施进攻。通过长期地消耗敌人和发展壮大自己，敌强我弱的形势就会逐渐发生有利于我而不利于敌的变化，最终我将在综合力量获得优势而战胜敌人。

彭德怀还指出，在对敌我力量作出估量时，也不能只从现有军队数量看问题，而要看到其发展趋势。1948年11月12日，他在给西北野战军第四纵队和警四旅的指示电中分析西北敌我力量对比时，即充分体现了这一观点。他指出：虽然从兵力上看，"胡、马军现在还比我多两三倍或还稍多一些"，"敌大我小，从西北（陕甘）战局全貌来看还暂时存在，但从放弃延安时来看，从第一次歼灭三十六师来看，从歼灭刘戡时来看，从西府陇东战役时来看，从此次荔北战役前后来看，形势与内容均已经起了很大变化。而且一次比一次不同，变得于我们有利。全国各解放区胜利更大，益见接近全国胜利。对这一空前巨大的胜利看不清楚，或者看清楚了而产生等待友邻胜利来帮助西北，或者忽视西北当前具体情况，均是不对的"。并具体分析指出：胡军第一线防御部队九个师，除两个师未遭消灭外，其余七个师均被消灭一至三次，"胡军屡次惨败及全国影响，士气益见低落，虽防守力不算很弱，但攻击精神一般很差，故利于我阻击分割，集中主力各个歼击"。（《彭德怀军事文选》，第291—293页）

（四）准确把握战略性转折

战略转折是战局发展中由一阶段转变为另一阶段的战略步骤。适时正确地实行战略转折是战争指导中的重要环节。它是建立在对战争力量对比变化的判断、战略方向的选择、战略时机的把握等综合权衡谋划基础之上的。彭德怀认为，对战略转折的筹划和决断，既需要对战争全局的发展状况、趋势的深刻了解及时机成熟时的果敢决断，更需要有为实施转折提前"埋下伏笔"的预谋和远见。

善于预见可能出现的转折，努力为其创造条件。任何一场战争的战略转折都是敌对双方战争力量对比发生重大变化的结果。而这种变化是有一个过程的，能否从其趋势中预见到战略转折，并以自己的主观努力促成其转变的实现，是在战略转折上争取主动、趋利避害的前提条件。

在解放战争中，刘邓大军千里跃进大别山，是我军由战略防御转入战略进攻之根本转折点。这一伟大的战略转折对于从根本上确立我军的战略主动地位，加速解放战争的进程起到了巨大的推动作用。当时作为中央军委总参谋长的彭德怀，为作出这一决策有过重要贡献。

早在1946年11月，彭德怀就开始考虑战略出击经略中原的问题，11月3日，彭德怀为中央军委起草的致薄一波、王宏坤、杨立三并刘伯承、邓小平、滕代远的电报中即指出："来年春或初夏向中原出击，须多预先筹备经费，主要是衣服、油、盐、小菜钱。你们可否筹十万至十五万兵一年的上述经费？"

1947年1月12日，他在给刘伯承、邓小平、薄一波、滕代远的电报中明确指出："根据现在情势，打退敌战略进攻和自己的必要准备，战略出击须在今年六月或再迟一点，但各项准备工作即须分别轻重缓急开始进行。"（《彭德怀军事文选》，第212页）并从提高地方兵团战斗力使之脱离地方性升级为野战兵团、粮食准备和弹药准备等三个方面提出了具体意见。后来出击中原的历史性转折表明，彭德怀在推进战略转折的造诣上达到了炉火纯青的地步。

当转折时机已经来临或转折已经开始的时候，能否清醒而深刻地认识到这一点，则是正确实现战略转变的关键。彭德怀在整个抗美援朝战争的战略指导中，充分表现出了他在战略转变上的英明与正确。

战争第一阶段，由于志愿军入朝后所面临的敌情与出国前所预计的有很大的变化，彭德怀根据已经变化了的情况，及时而果断地修正了原来组织防御的计划，改取以进攻为主要特征的运动战的方针，在这一方针的指导下充分发挥我军的优势，积极寻找战机，连续进行了五次攻势作战，将敌人从鸭绿江边一直赶回到"三八线"以南，为抗美援朝战争的胜利奠定了基础。

第二阶段，根据战争已转入相持、敌人表示愿意停战谈判的情况，将战略方针适时地由战略性的反攻转到"持久作战，积极防御"，由以运动战为主转到以阵地战为主。在决定战与和的关键时刻，采取坚决的战略措施，促进了停战的实现和战后的相对稳定。即在敌人叫嚣扩大战争，准备进行侧后冒险登陆的时候，指挥志愿军全力以赴进行反登陆准备，从而不战而胜，打破了敌人的冒险计划。在停战协定即将签字，而李承晚集团在释放战俘问题上破坏协议的时候，彭德怀向中央建议推迟签字，发起金城战役，给了敌人以沉重的打击，从而胜利地保证了有效的停战和战后相对稳定的局面。

在战争进程中，交战双方的战略企图都是通过一系列的战役行动来实现的。而持续不断、不同规模的战役作战，不断地改变着双方的力量对比，到了某种程度，一次或几次重要的或具有决定意义的战役，往往会成为战略上的转折点。因此，当战局发展到此种态势时，战略指导者应集中全力，筹划和组织这种具有战略转折性质的战役，将战略转折的可能性转变为现实性。

1947年8月，彭德怀指挥西北野战军撤围榆林后，刘戡、钟松两部敌军南北对进，相距只有百里左右，如南北之敌会合，中共中央机关和西北野战军将被敌挤在佳县、米脂、榆林三县间南北三四十里、东西五六十里的狭小地区内。然而，正是在这种严峻时刻，彭德怀却看到实现战略转折的机会。他分析认为，只要在钟松与刘戡会合之前，集中我之主力将钟松第三十六师吃掉，不但中央机关和西北野战军可以脱离险境，而且可以实现我之由战略防御到战略反攻的转变。

因此，彭德怀将这一仗称之为"陕北战局的转折点"。为此他向西北野战军部队发出了歼灭敌三十六师的动员令，指出："彻底消灭三十六师，是我西北战场由战略防御转入战略反攻的开始，收复延安解放大西北的开始。"

正如彭德怀所判断的一样，当8月20日彭德怀指挥我军在沙家店全歼第三十六师之后，整个陕北的军事形势为之改观，为陈（赓）、谢（富治）集团渡河南进创造了条件，我军开始内线反攻，敌人则开始走下坡路。8月22日，陈、谢集团相机渡过黄河，挺进豫西，转战豫陕鄂边地区。8月26日，绥德以北地区敌军主力开始南撤。正如毛泽东所指出的，沙家店这一仗确实打得好，对西北战局有决定意义，最困难的时候过去了，用我们湖南话说，陕北战争已经过坳了。由此实现了由战略防御到战略反攻的转折。

要善于抓住作战枢纽，把握战略布势的关节点。作战枢纽是对作战进程与结局有决定性影响的关键环节，是作战指挥要解决的主要矛盾。战争的全局是由各个局部构成的，而各个局部在全局中的地位和作用是不平衡的。只有对这些重要关节把握住了，才能实现其作战方针，达成战略和战役目的。反之，重要关节局部的失利，将对全局产生极为不利的影响，乃至招致全局的失败。战略运筹的目的，就在于主动创造一种有利于己的环境、格局和态势。而实现这一目的的关键在于如何分布、使用自己的各种战争力量。因此，把握战略布势的关节点，占据对战略全局有利害关系的空间位置，把握对战争进程有决定性影响的有利战机，是战争指导至关重要的一环。这就要求战争指导者在驾驭战争的进程中，要认真分析比较各个部位和各个阶段在全局中的作用，根据轻重缓急区别对待，把注意力放在对全局有决定意义的重要关节上。

彭德怀在抗美援朝战争中善于抓住事关作战全局的战略、战役要点和作战转换的关节点，着力把握好枢纽和注重适时转换枢纽，抓住战略枢纽去部署战役，抓住战役枢纽去部署战斗，利用和化解战场上错综复杂的各种矛盾，走出妙棋，搞活全局，体现了高超的指挥艺术。

第一次战役中，美国第八集团军背倚清川江，以师或团为单位，分散配置在龟城、定州、云山、球场、博川一线，美军与南朝鲜军之间空隙很大，便于我军分割包围、各个歼灭。1950年11月1日，彭德怀下达攻击部署时指出：第三十八军迅速歼灭球场之敌，尔后以一个师沿清川江东岸向院里、军隅里方向突击，钳制安州之敌，并阻击可能由顺川西援之敌；军主力渡清川江向博川挺进，切断清川江以北地区敌军的退路。第三十八军动作愈快对全局所起作用愈大。

11月3日9时，彭德怀又电令第三十八军：战局发展极为有利，需要你们全军三个师克服一切困难，坚决勇敢迅速向军隅里、安州攻击前进，隔断南北敌人联系，并坚决消灭北进的美军第二师，此是第一紧要事，其余都是第二位。

第二次战役，鉴于在德川、宁远地区歼灭南朝鲜军第七师、第八师大部，打开了战役缺口，遭到志愿军猛烈进攻的美军企图后撤建立防御阵地，彭德怀敏锐地察觉到敌人的意图，迅速调整部署，令德川、宁远地区部队立即对敌侧后实施战役迂回，断敌退路，以造成在清川江南北围歼西线敌军的有利态势。他亲自拟制作战命令，命令三十八军主力速向军隅里以南之三所里、平院里迂回，堵击军隅里、价川之敌。当三十八军一一三师先敌抢占二所里后，彭德怀当即指示，坚决堵住经三所里南逃之敌。同时，又令三十八军主力立即向价川及其以南地区攻击前进，靠拢一一三师。彭德怀特别强调指出："此役于朝鲜战局关系甚大，望克服一切困难和以巨人代价换取之。"

正是由于抓住并把握好了德川这个战役枢纽和三所里、龙源里等重要关节点，因而取得了在清川江地区重创美第九军的重大胜利。

五、最大限度地发挥全民战争力量

人民战争及其战略战术，是中国共产党及其领导的武装力量战胜对手的根本法则，它的核心就是强调兵民是胜利之本，革命战争是群众的战争，必须紧紧依靠人民群众。彭德怀在长期的革命战争中一贯坚持这一根本指导思想，并把它融会于其戎马一生的实践之中，主张要解决中国革命战争的道路问题，实行正确的战略方针，必须依靠人民群众，着眼于全民战争力量的发挥，打全民战争。

（一）战争的胜负系于人民的向背

战争力量的对比不仅是军力和经济力的对比，也是民众人心的对比。人的问题是决定战争最后成败的关键。

人心的向背，历来是最终决定战争胜负的因素。自古以来，许多军事家都认识到这一点。古人有"得民心者得天下"的说法。彭德怀认为，一个国家的生命系在人民的身上，一场战争的胜负也系在人民的向背，一支军队有了广大老百姓的支持才会不可战胜。

彭德怀认为，战争的性质有正义和非正义的区别，人民群众对战争的态度也有支持和反对的不同。既然正义战争是被剥削被压迫阶级和民族谋求解放的战争，维护的是人民群众的根本利益，当然就会得到人民群众的支持和拥护；既然非正义的战争是剥削、压迫阶级和帝国主义势力镇压人民和侵略他国的战争，损害了绝大多数人的利益，保护的是少数人的利益，必然会遭到人民群众的反对。人民是中国革命战争的决定力量，而指挥员的杰出才华表现在善于创造性地发挥和运用人民群众的巨大力量。

最深厚的战争伟力，植根于民众之中；中国共产党领导的人民战争，是完全为最广大劳动群众翻身求解放的战争，它能得到广大人民群众的拥护和支持。这一点是我们的敌人所不可能具有的。因此，革命战争的根本战略就应该是最大限度地发挥人民群众的优势，依靠人民群众的巨大创造力来弥补军力经济力的不足。通过"动员一切人力、物力，团结与生长民族的力量，高度发挥民众抗战的热情，建立正确的战略和战术，转变敌我力量对比的现势"。（《彭德怀军事文选》，第48页）中国革命战争，包括抗美援朝战争，条件那么差，敌人那么强，结果都打胜了，就是靠发动和依靠群众。

平江起义时，彭德怀因为还不懂得这个道理，搞成单纯的军事暴动，结果受到较大损失，就是一个深刻教训。抗日战争的初期，彭德怀明确地指出："中华民族能否从持久的抗日战争中，求得自己的独立、自由和解放，完全在于能否动员全国一切人力、物力，为争取抗战胜利而进行顽强的、不疲倦的斗争。"（《彭德怀军事文选》，第46页）"在共产党发动与组织起来的民众中，也表现了至高无上的爱国热忱和民族气节。"（《彭德怀军事文选》，第167页）在彭德怀看来，我们对付日本帝国主义侵华战争的最有效的方法，是掀起"全面的与全民族的抗战"。（《彭德怀军事文选》，第47页）

中国革命的胜利，是中国人民的胜利。这是彭德怀始终坚守的信条和座右铭。他在总结人民解放军赢得革命战争胜利的经验时指出：中国人民解放军之所以能够取得胜利，是由于广大人民的拥护和支持。我军同人民的利益和要求完全一致，跟人民的关系就如鱼和水一样密切。广大人民从亲身体验中，认识到我军作战的目的不是为了别的，正是为了人民的解放和幸福。人民把自己的命运同我军的命运联系在一起，亲切地把我军看作是自己的"子弟兵"。正因为这样，人民就成为军队兵源补充的源泉，在战争时期，经过充分的群众工作后，人民就自动地、踊跃地投入到我军中来，人民就自动成为我军军需、粮秣的供给者，每个家庭就成为我军的工厂、仓库和医院，保证了我军的衣、食、住、行所需要的一切；人民就在我党我军的领导之下，自愿地组成自卫队、民兵，配合我军作战，开展袭击、爆炸运动，清除奸细，侦察敌情，运送伤兵和粮弹，充当向导，使我军获得了作战的各种有利条件。（《彭德怀军事文选》，第553页）他深刻地指出：也正是由于人民群众的巨大支援，我们才能在过去的长期的艰苦战争中，克服了重重困难，获得伟大的胜利。

红军第一至第三次反"围剿"斗争之所以实行"诱敌深入"的战略方针，基本原因之一就是，诱敌深入革命根据地中心地区，利用这里有利的群众条件相机歼敌。在红军比较弱小、没有大规模作战经验以前，对付敌重兵进攻，采取这样的方针是深谋远虑和稳妥可行的，这正说明了群众威力的巨大。

抗日战争是我党领导的一场全面的人民战争。彭德怀坚决反对王明提出的以正规战争为主，依靠国民党军队抗战的论调，坚持人民战争的抗战路线和独立自主的游击战争的战略方针，率领八路军挺进敌后，创建抗日根据地，扩大人民武装，展开了轰轰烈烈的群众性的游击战争。彭德怀以冀中回民支队队长马本斋的母亲和太行山神枪手刘二堂等许多英雄人物的事迹，来说明人民群众的反抗是中华民族不可征服的根本依据。依据这样许许多多的群众英勇抗日的事迹，彭德怀指出，抗日战争的这种极其广泛的社会基础，也是我军开展人民战争、实行群众性游击战的战略战术的依据。

解放战争中，胡宗南以20万大军对陕甘宁边区发动重点进攻，而边区的部队不足2万人，靠什么力量才能粉碎敌人的进攻？彭德怀的答案是："发挥军民团结互助、军民合作，才能战胜敌人。"（《彭德怀军事文选》，第228页）

我军撤出延安时，边区人民进行了彻底的坚决的坚壁清野的战争准备，不仅没有给敌人留下一粒粮食，连一个碗一双筷子也不留给敌人。民兵游击队布置了地雷阵，使敌人进占延安后，在人民战争的天罗地网中，常常陷于惶惶不可终日的困境。敌人成了瞎子、聋子，毛泽东的中央纵队常常就在附近，离敌人只有几里路远，可敌人却一点也不知道。正是陕北人民的"群众战"，使得胡宗南的20万军队得不到消息、得不到粮食、得不到安宁，处处被动，被彭德怀率领的西北野战军一口一口吃掉。对此，彭德怀深有感触：如果没有群众的拥护，是打不出这样漂亮的胜仗的。

人民群众蕴藏着战争所必需的巨大的人力资源，能为革命战争源源不断地提供后备兵员。解放战争初期，在国民党军队的重点进攻面前，陕甘宁边区的党政干部和青年学生纷纷奔赴战场；边区的男女老少都紧急动员起来，配合我军英勇战斗，形成了人民战争的汪洋大海，取得了一个又一个的胜利。彭德怀指出："军队作战的人力消耗是很大的，加上我们还需要组织更多的新的军队，才能应付战局开展的需要，这就非需要全民族的动员不可。""强迫抽派或征调的军队，是无法支持最顽强的战斗的。反之，在民主与民生的纲领的实施中，人人将自动地踊跃地奔上前线，家中的父母妻子也将热烈地鼓励自己的丈夫儿子上前线。这样的军队，质量要好得多，战斗力要坚强得多，与人民的关系密切得多。"（《彭德怀军事文选》，第49页）

人民群众中蕴藏着用之不竭的物力和财力资源，人民群众是革命战争赖以进行的物质财富的创造者。战争首先是物质力量的竞赛。而战争所需要的一切物质财富，都是由人民群众创造的。中国革命战争是在物质力量明显处于劣势的情况下进行的，逐步缩小这种差距，弥补物力财力的不足，是必须解决的一个重要战略问题。彭德怀认为，解决这个问题的唯一途径，仍然是要发动和依靠群众。"有了民众的动员，可以增加后方的生产，特别是军需工业的生产，保障战争需要的源源供给，可以使军队得到民众无量的帮助。"（《彭德怀军事文选》，第49页）

解放战争时期，陕北人民为支援西北野战军作战，作出了巨大牺牲。由于国民党军抢劫，战争破坏，加上这年陕北先旱后涝，边区人民生活艰苦，不少群众以树皮、野菜充饥，却把保存下来的一点粮食拿出来供应部队，表示："宁愿饿肚子，也要让部队吃饱打胡儿子。"所以彭德怀常说，边区人民对我们的恩德如同父母。

抗美援朝战争取得的伟大胜利，同样离不开人民群众的大力支援。三年抗美援朝战争，广大人民群众尽到了自己的最大努力，承担了巨大的义务，作出了巨大的牺牲。全国人民踊跃参加志愿军，赴朝参战，踊跃捐献飞机大炮，在各条战线上努力生产，厉行节约，以实际行动支援战争。成千上万的铁路职工、汽车司机、修路队，到朝鲜担负后勤保障工作。彭德怀深有感触地说："朝鲜人民对于我军的爱护和支援，中国人民的拥护和援助，使我军获得了顺利打击侵略者的精神鼓舞和力量源泉。"（《彭德怀军事文选》，第233—234页）

人民群众是克敌制胜新战法的创造者，是产生人民战争的战略战术思想的最大源泉。彭德怀认为，人民群众是先进军事思想和战法的创造者和实践者。他指出，我军战略战术"是建立在人民群众的基础之上的，来自人民，又为了人民的"。（《彭德怀军事文选》，第187页）1943年，他在《关于敌占区和游击区的工作》一文中深情地写道："人民群众由于客观环境的要求，凭其固有的机智，有许多天才创造。办法之多，运用之妙，远非局外所能想象。"（《彭德怀军事文选》，第246页）"正因为如此，我们战术具有高度的灵活性与创造性，从而在瞬息万变的复杂环境中，获得了新的发展。"（《彭德怀军事文选》，第187页）他深刻地分析指出：我们的敌人就个人才智而言，并不比我们差。他们将领的文化和军事专业理论水平总体上说比我们高，然而在人民战争的战略战术面前，再高明的对手也是一筹莫展，根本原因是他们依靠的只是个人的才智，而我们则是集中人民群众的智慧和力量。

群众优势，是革命战争的根本优势，依靠这一优势取胜才是唯一正确的。担任国防部长时期，彭德怀回顾和总结几十年的中国革命战争经验，深刻地认识到，我们在过去长期的艰苦战争中，克服重重困难，获得了伟大的胜利，一个重要的原因是得到了人民群众的巨大支援。1958年，在全军后勤工作会议上，他宣布："只要得到人民的拥护，我们将永远立于不败之地。这是一个真理，全军同志要牢牢记住。"（《彭德怀军事文选》，第612-613页）

（二）动员群众，依靠群众

中国共产党领导的人民战争，除了人民战争的一般特点外，还有一个非常鲜明的特点，这就是通过人民战争来发动群众，建立武装和政权，创造一块又一块根据地，造成农村包围城市并最终夺取城市的结果。

对人民群众的动员具有战略意义。人民战争的基本内容就是群众战。进行正义的革命战争必须是为了群众，又依靠群众，实行军队与民众相结合的群众战战略。人心的向背，在共产党的字典里，就是充分相信、发动和依靠人民群众。

动员群众打人民战争，是我党我军在革命战争中制敌获胜的法宝。人民战争不是由军队单独进行的战争，而是有人民大众共同作战、灵活配合进行的战争。一方面从军队的作战去援助各种人民的斗争，另一方面又是用人民的各种斗争（政治的、经济的、文化的、交通的、军事的）去配合军队作战。它在本质上是群众的运动，是群众斗争的一种最高方式。

唤醒群众、组织群众、武装群众投身于人民战争之中，就能弥补在别的要素上的缺陷。例如，抗日战争初期在开辟平原根据地时，如何解决地形条件不利的状况，徐向前提出在平原建立"人山"的口号，主张在发动群众的基础上建立平原根据地，以弥补地形条件的缺陷。

平江起义后，红五军"被迫接受非常不熟悉的事情——主要是没有后方的作战，伤病员安置极端困难，给养靠自筹，医药无来源"。彭德怀认为，这些问题的解决只有发动群众，依靠人民群众的支持。1929年，彭德怀在总结平江起义一年来革命斗争经验教训时指出："红军在目前的任务还是争取群众组织，扩大宣传的时期，要使千百万群众团结到党的周围和党内来，所以在红军里的同志，不单是武装斗争员，有时要担负着组织宣传的责任。"（《彭德怀军事文选》，第17页）

井冈山斗争时期，彭德怀所到之处，都十分重视发展党的组织，支持地方游击队、赤卫队，打土豪分田地，获得了人民群众的欢迎和积极支持，使红五军迅速成长壮大。彭德怀后来回顾井冈山斗争这段艰苦的经历时说：当时红五军3000人，还不及平江起义时多，但经过一年锻炼，质量大为提高。以井冈山为旗帜，主要的就是同人民群众相结合。湘赣两省白军"会剿"时，永新有一个区没有被搞垮，主要原因就是实行了这一条。这个方向是对的。

中央苏区和红一方面军在第四次反"围剿"中，坚持把"号召红军和人民全体为反对'围剿'、保卫根据地而斗争"作为指导思想，并在实践中积极贯彻。广大地方部队和群众武装在广大战区，神出鬼没，纵横驰骋，积极巧妙地配合主力红军作战，使敌人遇到小游击队时，误认为是主力红军，步步防守，天天露营，胆战心惊，疲惫不堪；当主力红军袭击时，又误认为是小游击队，轻视麻痹，招致败亡；特别是封锁消息，使进入战区的敌军变成盲人瞎马，处处碰壁，寸步难行。红军数万人马在敌军间隙中行动，有时在距敌数十公里甚至十数公里的地域内隐蔽待机，敌人仍不知红军主力所在，以致突遭红军大兵团袭击而失败。

抗日战争时期，彭德怀更是反复强调只有进行全民族的动员，方能战胜日本帝国主义。百团大战中，我军在战役准备时，得到人民群众的掩护，使日军没有获得我军战前准备的情报，保证了战役的突然性；战役开始后，广大民兵和人民群众积极参战、支前，在华北平原总长五千里的破击线上，军民密切配合，毁交通，攻据点，分割围歼，英勇战斗，使日本侵略者淹没在八路军和人民群众大破袭的火网之中，表现了中华民族的英雄气概。彭德怀在指挥百团大战期间，将这个法宝运用得完美无缺。他数次发出指示、命令，号召各部队广泛动员人民群众，打一场党政军民的人民战争。他在谈到百团大战的伟大意义时说："华北的八路军和华北的一万万人民是血肉相连的"，正是由于人民群众的大力支援，华北的八路军"才能进行这种胜利的百团大战"。

人民军队的战术是人民战争的战术，是建立在人民群众力量基础上的。军队打仗不能唱"独角戏"，跳"光杆舞"。一定要把群众发动起来，组织和武装起来，军队和群众一起用各种办法、各种形式跟敌人斗；一定要建立和充实群众武装，大大发展民兵、游击队，主力军、地方军和广大民兵配合作战，靠群众的帮助使敌人变成"聋子"、"瞎子"和饿饭的"叫花子"。这样，军队打仗就能有高度的灵活性、机动性。

人民军队的各种用兵原则，必须围绕着军队与广大人民相结合的特点，才能发挥作用。在建立和发展人民军队的同时，还须发动、组织并武装群众，建立和健全广泛的群众性的武装组织。这是配合与补充正规军，保卫和巩固根据地的主要基础，是支持长期革命战争最雄厚的后备军。军队与人民的全面配合要一直贯彻到战略上、战役上、战斗上去。不仅有主力兵团与地方兵团的配合作战，而且有正规军与游击队、民兵和人民自卫军的配合作战，并有广大群众配合进行各种支援作战的战地勤务工作。这种群众战的战法，只有人民军队才能实行。

彭德怀认为，我军政治工作的一项重要任务是扩大宣传，争取群众。尤其是在革命战争年代，要把千百万群众团结到自己周围来，红军里的同志，就不单是武装斗争员，而且也是组织宣传员。由于历史条件的局限性，人民群众在获得马克思主义的科学理论之前，不可能有彻底的政治觉悟，也就不可能对战争的本质有彻底的认识。特别是在敌人采取各种办法进行欺骗性宣传的情况下，一些人更是一时难分真伪。因此，只有进行广泛深入的政治动员，向人民群众说明战争的胜负与其利益息息相关，才能使他们把革命战争看成是自己的战争。要通过各种巧妙的办法，让群众了解我军，把群众发动起来，组织起来，扩大我军的社会基础。

在抗美援朝战争时期，中国政府在1951—1953年连续三年制定财政经济工作方针时，都把保证抗美援朝战争的需要摆在首位，财政开支战争第一，其他一切服从战争，一切为了战争的胜利。此外，党中央号召全国各行各业、各族人民，以各种方式支援战争。在中国人民抗美援朝总会的统一组织下，中国人民开展了轰轰烈烈的抗美援朝运动，动员广大青年踊跃参军参战，动员广大民工、铁路员工、汽车司机、医务工作者志愿奔赴朝鲜前线，担任各种战地勤务；号召工人和农民努力增加生产，厉行节约，为战地提供各种物资；号召全国各族人民开展了捐献飞机、大炮活动；还多次组织慰问团到朝鲜慰问志愿军和朝鲜军民，邀请志愿军英雄、模范代表回国作报告，等等。实际上，这是中国共产党在取得国家政权的情况下，实行人民战争的一种新形式，使志愿军得到了充足的人力、物力、财力的支援和巨大的精神鼓舞，有力地保证了战争的胜利。

（三）最大限度地维护人民群众的利益

要打人民战争，在战争中发挥人民群众的力量，必须以维护群众利益、实现人民的解放为前提，充分发动群众、武装群众。人心的向背，是以自己的利益为依据的。所谓自己的利益，也就是本阶级、本集团的利益。彭德怀认为，关心、解决和维护人民群众的根本利益和现实利益，是动员和依靠人民群众进行革命战争的根本原则和方法。

发挥全民战争伟力，是建立在战争与人民群众利益追求一致的基础之上的。彭德怀认为，"蕴藏在群众中极其丰富的战斗力量"的发挥程度，除了取决于战争本身是否代表人民群众的根本利益之外，还取决于人民群众对自身利益与战争之间相互关系的认识，取决于战争领导者对人民群众的生产、生活等现实利益的关心、解决和实现程度。

发动和依靠群众实行人民战争，必须依靠党的各项正确政策和军队的模范行为，给群众带来利益，包括实际的物质利益。军队不管是驻扎、宿营，还是行军、打仗，都要把当地群众的安危、生产和生活放在心上，时时事事与群众利益休戚相关。这样，老百姓就会把你当作子弟兵，处处拥护你、支援你，人民战争才能实行起来。因此，一定要坚决反对一切脱离群众的东西，处理侵害群众利益的坏人坏事决不能手软。

红军初创时期，彭德怀率领红五军开展游击战争，在所经区域，他深切地感觉到，凡是党的组织执行正确政策的县份，人民群众的革命情绪就高涨，红军就受到拥护和支持，红五军就能存在和发展，革命战争就好开展。凡是党的组织执行错误政策的县份，人民群众的革命情绪低落，红军的处境很困难，革命战争就不好开展。因此，彭德怀建议红军应选择革命基础（群众基础是一个主要方面）较好的区域开展游击战争，壮大革命力量。他非常痛恨盲动主义分子乱杀反水农民的行为，"我们感觉这个问题不解决，建设根据地、扩大红军、深入土地革命都是废话"。

解放战争时期，看到有人违犯群众纪律，他总是批评说：从土地革命到现在，群众养活我们，支持我们，恩德如同父母。没有他们，哪有我们今天？哪有什么胜利？当国民党反动派重兵扑向陕甘边区时，他满怀信心地指出：边区的150万人民，就是150万战斗员。敌人看起来强大，可是在人民群众面前就显得微不足道。紧密地依靠群众，这是我们胜利的根本。边区是个穷地方，但它是我们的铁桶江山。正是彭德怀以其坚定的信念，身体力行，教育部队，才赢得了人民群众的全力支持。

陕甘宁边区在战前几次土改运动中，妥善地解决了农民的土地问题，团结了中农，切实避免了"左"的偏向。在这个基础上发动了轰轰烈烈的参军运动，壮大了正规军和民兵队伍。与此同时，又普遍改选了各级政府，首创性地实行了"三三制"（解放区的政治制度，共产党员在政权中所占的席位只能占三分之一，其余进步分子和中间分子的代表各占三分之一），不断健全人民民主政权。这样，整个边区在进行延安保卫战之前，才有了延安全体军民皆兵、团结一致的大好形势。在党中央决定主动撤出延安以后，延安全体军民都满怀着同仇敌忾的必胜信心。

（四）建立"三结合"武装力量体制

建立群众性的革命武装，是最大限度地发挥人民群众战争伟力的重要途径。在战争中，人民群众以何种方式参与，所发挥的作用是不同的。以间接的方式参加，他们所提供的物质和精神力量，需要军队这个中介才能在战争中发挥作用。而建立群众性的武装，使人民群众本身就是现实战斗力的一部分，可以直接作用于战争的进程和结局，直接弥补军力的不足。彭德怀在《论革命根据地与武装斗争》《敌后抗日根据地的武装政策》《武工队的组织与斗争》《加强地方武装》等论著中，对这一战略思想作过系统的阐述。

实行人民战争，必须建立主力兵团、地方兵团、民兵相结合的武装力量体制，这是发挥人民战争威力的最好组织形式。"要了解红军兵团与地方武装的运用。红军兵团特别是基干兵团（如方面军），应依照国内革命战争的要领，集结而灵活地逐次给敌人弱点以致命的打击，各个击破敌人。"主力必须与地方军、民兵相结合，才能使自己更强大，更有力地打击敌人。主力军、地方军、民兵互相结合，这样造成了三者的有机联系。在最严重情况下可实施主力地方化、群众化的原则，以达到有利的分散；反之，如在情况便利发展时，则民兵、地方军又可在一定条件下集结起来，配合主力或转化为主力，去完成更大的发展任务。

　　早在1929年，彭德怀就认识到："武装斗争要有分工，即要有主力红军和地方游击队、赤卫队。没有主力红军打不开局面，粉碎不了白军的进攻；没有地方武装，镇压不了反动的靖卫团、挨户团及地主富农的反水，也就保卫不了根据地。"（《彭德怀自述》，138页）

　　在抗日战争中，他更进一步认识到完善和发展与人民战争相适应的武装力量体制的重要性，逐步把军队建设从过去偏重于主力军的扩军整训转到致力于加强地方武装和群众性游击武装的建设上。

　　1941年2月22日，彭德怀向华北各大小战略区发出关于军区工作的指示，要求把八路军的基干兵团与军区组织系统分开，建立起军区独立的组织机构与系统。3月28日，彭德怀发表了题为《抗日根据地的武装斗争》的演说，提出建立正规军、地方军和民兵三结合的武装力量体制的设想。他对三者各自性质、任务和作用及相互之间的关系作了明确的规定：正规野战军完全脱离地方性，有高度严密的组织性和很强的战斗力。它主要执行超地方性的作战任务，集中主要力量在运动中歼灭敌人的战役和战术集团。同时，帮助、培养、训练地方武装也是它的经常性的任务之一。地方军是地方正规兵团和脱离生产的游击队。它的基本任务是坚持地方斗争，执行区、县区域内作战任务，保卫党政机关和群众的利益；配合正规野战军在本地区的作战，并创造使之逐步发展升级为野战正规军的条件。民兵是一种不脱离生产的人民自卫组织，其基本任务是封锁消息，侦察敌情，掩护群众，配合主力作战。民兵应成为义务兵役制的基础。

彭德怀的这一方案，使敌后抗日武装的几个方面在毛泽东抗日游击战略思想的指导下，组成一个有机的整体，得到了毛泽东、朱德的赞同。同年11月，中共中央军委发出《关于抗日根据地军事建设的指示》，肯定和普遍实行这一武装力量体制。这一体制成为以后解放战争时期及中华人民共和国武装力量体制的基本形式。

第三章
运动战里逞英豪

　　彭德怀非常重视运动战，认为在敌强我弱的条件下，要大量歼灭敌人，发展和壮大自己，唯有运动战，舍此别无选择。所谓运动战，就是正规兵团在较长的战线和较大的战区上，从事战役和战斗的速决进攻作战。它是我军在革命战争中大量歼灭敌人有生力量的主要作战形式。

　　运动战之所以成为人民解放军以劣胜优的基本作战样式，其根本之点在于它有利于我军在敌强我弱的整体格局下，形成局部的优势，在每一次作战中以优胜劣。采取在运动中歼敌的作战样式，有利于自己在总体上处于劣势的情况下谋求战役战斗上的优势，在急剧变化的复杂战局中，保持主动灵活的进攻地位，掌握行动的自由权。

一、打得赢就打，打不赢就走

运动战是红军实行战略转变，在游击战的基础上发展而来的。红一方面军进行的运动战在相当长的一段时间里，实际上是带有游击性的运动战。它是红军反"围剿"作战的主要形式。红一方面军在三次反"围剿"中所进行的成功的战斗，基本上是运动战。

第一次反"围剿"，红军从袁水两岸东渡赣江，使敌主力接连三次扑空。当敌主力被红军诱至苏区中渐处于分散疲惫状态时，红军主力以逸待劳，适时抓住战机转入反攻，两仗歼灭敌军两个师，打破了"围剿"。

第二次反"围剿"，红军15天内走了350公里，连打五个胜仗，取得了反"围剿"作战的胜利。

运动战的一个重要特点，就是流动性，即没有固定的作战线。主力兵团在广阔战场上，实行大踏步地前进和后退，适时集中和分散，灵活机动，力求歼敌于运动之中。

形成战役战斗的兵力优势，是实行运动歼敌的物质基础。进攻是由劣势转为优势，由防御转为进攻，由被动转为主动的必要手段。没有固定作战线，打得赢就打，打不赢就走，是寻找战机、创造战场的重要手段。

"打得赢就打，打不赢就走"，这是毛泽东根据土地革命战争时期曲折而丰富的军事实践而概括的关于运动战、野战的军事思想。彭德怀参与了这一军事实践的全过程，参与创造了这一军事至理名言。

打得赢就打，打不赢就走，要求处理好"走"和"打"的关系。一个"打"字，一个"走"字，既是对战略战术的高度概括，又具有丰富深刻的内涵，二者既有区别，又相互联系。

"打"，囊括了一切作战行动，诸如攻、防、进、围等等；"走"囊括了一切作战运动，诸如进退、迂回、转移等等，打是目的，走是手段。一切的走都是为着打，打不赢不走，无异于挨打，是拼命主义；打得赢还走，无异于不打，是逃跑主义。

打运动战，就免不了要走路，而走的时间往往多于打的时间。遇到下列情况，都要准备走：当面敌军太多不好打；当面敌军不多，但和邻近敌军靠得紧，也不好打；凡不孤立而占领着巩固阵地之敌不好打；打而不能解决战斗时，不好再继续打。

一切的走，都是为着打。打得赢还要会打，打则必胜，力求集中兵力打歼灭战，要避免无谓消耗的不利决战。要正确地选择作战对象，以打运动之中或立足未稳之敌为主要作战目标。选择目标，既是敌之薄弱环节，又是敌之要害部位。要讲战术，坚决地贯彻各个击破的作战原则，先打弱的，后打强的，各个击破，一口一口地吃掉敌人；要抓住战机，未打之前，打的决心要慎重考虑，一旦定下决心，要不失时机，早打快打，速战速决；要善于关照全局，服从全局，对于局部来说，可能打得赢不要急于打，或围而不打，或打而不歼。

预期和不预期遭遇战，大兵团伏击、奇袭，围城打援，分进合击等等，是运动战的主要战斗形式。为此，加强侦察，掌握敌情变化，隐蔽自己的行动和企图，忍耐待机，积极创造和及时捕捉战机等，都是必不可少的。

打不赢要会走。但不该走时不能走，走与不走，必须以是否打赢为转移。在人民战争条件下，这种流动性很强的"走"，突出地表现为人民军队的大踏步前进和后退，因而处于不利地位时，能够摆脱敌人，争取主动。

彭德怀主张在进展不利的情况下切忌蛮干，坚决执行"打不赢就走"的方针。1947年4月6日，彭德怀部署西北野战兵团主力在永坪地区伏击刘戡的第二十九军，由于敌行动速度较快，且途经永坪时迅速占领阵地，一时难以将其吃掉，只消灭了敌600余人，彭德怀就命令部队迅速撤出战斗，避免了敌人"咬住"我主力决战。

但走并不是消极避敌，而必须是为了更好地调动敌人，创造战机。

在敌强我弱的条件下，要歼灭敌人，首先遇到的问题是如何调动敌人、分散敌人，以造成我之各个歼灭敌人的战机。这种调动敌人的办法，孙子称之为"动敌"。他说："善动敌者，形之，敌必从之；予之，敌必取之。以利动之，以卒待之。"就是说，要善于用佯动迷惑敌人，用小利引诱敌人，使敌人听从调动，用重兵来等待掩击它。对于固定高垒深沟的敌人，则采取"攻其所必救"的战法，调动敌人出来消灭它。孙子要求"出其所不趋，趋其所不意"，就是向敌人不及救援的地方进军，向敌人意料不到的方向急进。"由不虞之道，攻其所不戒"，这样就能"进而不可御"了。

彭德怀指挥作战，运筹帷幄，谋深计远，不消极等待战机的出现，而以高超的指挥艺术制造敌人的错觉，从而主动地争取、创造战机。彭德怀特别强调在弱势情况下，"要利用自己的积极动作，改变敌人的部署，为我们造成有利的条件"。（《彭德怀军事文选》，第72页）也就是通过不同目的、不同形式的兵力机动，使敌人产生错觉和不意，造成我之有利战机。他把战场上部队的机动看作是指挥艺术，十分重视对战场机动的运用，注重通过战场机动来创造战机，更善于从战场机动中赢得胜利。

广泛机动，大踏步进退，是创造战机的有效手段和主要行动。彭德怀认为：战机是通过我军指挥得当、广泛机动、诱使敌人因而主动创造出来的。即主观指导正确、积极行动、敌军失误三者相互作用的结果。

广泛机动即是在强敌进攻面前，避敌锋芒，先让一步，在广阔的战场上，纵横驰骋，时南时北，或东或西，既打又撤，用高度机动回旋的方法，来调动和迷惑敌人，诱使敌人暴露出弱点，我则迅速抓住敌人弱点，一举歼灭之。

察机寻隙，是彭德怀创造和捕捉战机的重要方法，而且是更高层次、更为灵活和主动的战法。在他看来，当进攻之敌准备充分，密集靠拢，行动比较谨慎时，采取机动调敌、察机寻隙之法，常能收到创造有利战机之奇效。

快速机动。孙子说："兵之情主速。"兵贵神速是兵家常识，也是达成机动突然性的有效方法。彭德怀认为，出其不意并不要求完全不让敌人察觉，只要求让敌人发觉过迟，以致不能作出有效反应，因而把提高机动速度作为实现出其不意的重要措施。他一方面强调部队要发扬英勇顽强的吃苦精神，两条腿赛过敌人的汽车轮子；另一方面，则注重采用各种快速机动手段。

彭德怀认为，创造战机有一个过程，有时要经过辗转机动，几易决心才能促使有利战机最后出现。

彭德怀利用机动创造战机的谋略特色之一，就在于注重示形动敌与战役机动有机结合，巧妙协同。其中一个重要的方法是，以利诱敌，机动擒之。即故意露出破绽，欺骗迷惑敌人，使其产生错误判断，误以为有利可图，从而按我军意图行动。另外，经常派出小部队，伪装成主力，从小牵大，调动和迷惑敌人。

彭德怀在作战中，常常时南时北，或东或西，有进有退，既打又撤，用高度机动回旋的方法来调动和迷惑敌人。1948年11月的冬季战役中，彭德怀把西北野战军分成东西两个集团，不断制造与捕获战机。胡宗南的几个军在东至洛河以东，西至咸（阳）铜（铜川）铁路，被牵着来回转，拖过来，打过去，12天中往返奔驰三次，平均每天走80至100里，像乒乓球一样，被打得东西奔跳，兵力分散，疲于奔命，一败再败。彭德怀幽默地说：打敌人要像打乒乓球一样，来回都能打他。那边打过来，这边打过去，过来也打，过去也打，不使他清醒，不让他喘息，而要他乱蹦乱跳，兵力分散，各个被歼。

运动战的打和走都要讲究兵贵神速，先机制敌。

兵贵神速，一是靠行动隐蔽突然，出敌不意；二是靠行动迅速快捷，先敌一步。而做到这两点的前提，就是要及早预测战场态势的发展趋势，超前筹划，先动于敌，把握主动。

战场上的兵贵神速，不仅仅是机动行动的快速，也包括形成作战态势的快速，在敌人还不察我之意图、不明我之动向、不辨我之态势之时，就以快速而突然的行动形成作战部署。

打运动战，贵在抢时间，神速动作，不失战机。时间的因素，是关系战果大小、战局胜负的决定性因素。两军对战，你要攻其不备、出其不意，要调动敌人、围歼敌人，要应付战局中的各种变化，要在最后猛烈扩张战果，就离不开争取时间。掌握了时间，主动权在手，保持战役战斗的突然性，加上兵力集中等条件，打击敌人，必能形成雷霆万钧之势，容易以小的代价换取大的胜利。

二、集中优势兵力，打歼灭战

运动战的另一个重要特点是集中优势兵力打歼灭战。集中优势兵力，各个击破，是运动战的一个重要特点。运动战以歼敌为目的，这就需要最大限度的集中，在战役战斗上对敌形成绝对或相对优势兵力，必须树立敢于诱敌深入和集中兵力各个击破的指导思想，坚决反对分兵作战和一味进行短促突击、死打硬拼的思想。

彭德怀在指挥革命战争的实践中，对这一原则有着非常深刻的理解和准确的把握。他指挥打仗，始终把集中优势兵力作为自己用兵的一条基本原则，每战都全力贯彻这一原则，即使面对弱敌也是如此。因而创造了许多集中优势兵力歼敌的范例。

（一）集中兵力是战争制胜的重要原则

集中优势兵力，各个击破，打歼灭战是战争制胜的重要原则，是人民解放军克敌制胜的根本法则之一，也是彭德怀指导战争始终坚持的重要原则。

所谓集中兵力，就是把我方分散在各处的兵力在一定时间内调集或使用于一定战场，并在兵力对比上取得对敌优势。古今中外的一切高明的军事家都强调集中兵力，把它作为用兵的根本原则。孙武认为："兵散则势弱，聚则势强"，用兵应"我专而敌分"，"以众击寡"（《孙子兵法·虚实篇》）；克劳塞维茨说："战略上最重要而又最简单的准则是集中兵力。"（《战争论》，第一卷，第219页）

革命导师恩格斯认为，拿破仑能够在一系列会战中取得最终胜利的主要原因，就是由于他擅长在关键的地点和关键的时间集中优势兵力。列宁指出："在决定性的时机和决定性的地点拥有压倒优势，这是取得军事胜利的规律。"（《列宁选集》，第四卷，第121页）毛泽东在指导中国革命战争的实践中，把"集中优势兵力歼灭敌人的有生力量"，作为最基本和首要的战略战术原则，将其称为"我军从开始建军起十余年以来的优良传统"。（《毛泽东选集》，第四卷，第2版，第1199页）

中国革命战争在总体上始终处于敌强我弱的状态。以弱对强，最有效、最简捷的方法，就是在具体的战役战斗中集中优势兵力，造成局部的以强对弱，从而掌握局部的主动权，积小胜为大胜，最终扭转全局的力量对比关系，变敌强我弱为我强敌弱，这时中国革命战争的彻底胜利也就到来了。于是，中国革命战争，总是在战略上以少胜多，在战役上战斗上以多胜少，即每战集中优势兵力各个歼灭敌人。彭德怀指出，在敌强我弱的中国革命战争中，我军由弱到强，从战略防御中取得胜利，基本上依靠集中兵力这一着。因此"领导者的妙诀是，集中兵力，各个击破"。（《彭德怀军事文选》，第633页）

集中兵力打歼灭战，是红军作战的根本原则。弱小的红军所以能够接连粉碎敌人的第一、第二、第三、第四次"围剿"，"基本上靠集中兵力的一着"。第一次反"围剿"，红军4万人对敌军10万人，但在打第一仗时，红军集中4万人歼击主力不足1万人的第十八师，在战场上形成绝对优势的兵力。在第二、第三次反"围剿"中也是如此，在全局上红军处于劣势，但每一次战斗，红军都集中兵力，造成局部优势，使敌我形势发生改变。

在敌强我弱的情况下，只有"将敌军对我军的战略上的优势，改为我军对敌军的战役和战斗上的优势"，才能通过许多战役战斗的胜利，逐步取得战略上的主动，这是红一方面军打破敌军大规模"围剿"的重要战法之一。在红军前三次反"围剿"中，虽然敌军兵力数倍以至10倍于红军，但由于红军每次战斗都是集中兵力，歼灭敌军一部或一路，尔后转移兵力，再逐次歼灭敌军其他部或其他路。这样，在全局上虽然敌处优势，而在局部战场上红军则处于优势，从而使红军由被动转入主动，由被"围剿"的战略防御转入战役战斗的进攻。

在第五次反"围剿"中，敌我军力对比仍然悬殊。敌人50万人，红军只有10万人，敌处于战略外线的进攻地位，红军处于战略内线的防御地位。在这种情况下，只有集中兵力打歼灭战，各个歼灭敌人，才能不断削弱敌人的优势，逐步转变形势，变被动为主动，争取反"围剿"的最后胜利。但是，"左"倾冒险主义领导者不懂得这个根本原则，而是采取分兵作战的原则，实行消极防御，企图抵御各个方向上敌人的进攻。结果，使红军经常处于分散作战的不利境地。新桥、太阳嶂等战斗，都是由于兵力不集中而未能全歼敌人。这是分兵作战、消极防御的结果。

1947年的陕北战场上，敌我兵力之比是10:1，我处于绝对劣势。而在彭德怀指挥的每次战役，均形成了三倍以上于敌的兵力优势。如三战三捷的青化砭战役，彭德怀在青化砭是以5：1的绝对优势，羊马河是以4：1的绝对优势，蟠龙攻坚战中，也是以两个纵队两个旅攻歼守敌一个旅。正是因为成功地实现了由全局上的劣势向局部优势的转化，才创造了以2万兵力战胜敌之20万大军的奇迹。青化砭战斗结束后，彭德怀兴奋地说："敌人气势汹汹，可是在眼前这小小的战场上，我们以绝对优势兵力压倒了它。在具体战斗中，就得杀鸡用牛刀！"

"杀鸡用牛刀"，是彭德怀对集中优势兵力歼灭孤弱之敌的生动形象的概括。正是由于他坚持运用这一原则，才使解放战争初期陕北战场上的西北野战军在战略上把"一比十"的劣势，变为战役上"十比一"的优势，并由战役上的优势积累为战略上的优势，赢得了整个西北战场的巨大胜利。

彭德怀在朝鲜战场上作战指挥最精彩之处，也是能够因时、因地、因情集中兵力，适时造成局部优势，各个歼灭敌人。

志愿军入朝之初，存在达成战略战役的突然性，使速决歼敌成为可能，但要将这种可能性转变为现实性，仍有赖于作战过程中战术手段的正确运用和部队勇猛顽强的战斗作风。为此，彭德怀强调各部队必须紧紧掌握集中优势兵力、火力，各个歼灭敌人的原则。

彭德怀分析了朝鲜战场的发展形势，果断地向中央军委提出，为集中优势兵力，争取战机，必须改变军委原定先出动两个军、两个炮师的方案，建议四个军三个炮兵师同时渡江，从而使志愿军在兵力上一开始就能够处于优势地位，这一战略部署对于志愿军取得第一次战役的胜利、稳定朝鲜战局具有决定性的意义。

美军不仅掌握着制空权，使我大兵团运动和作战受到极大威胁，而且其摩托化步兵与坦克兵、炮兵等协同作战，杀伤力、突击力和机动性都很强。对付战斗力较差的南朝鲜军，口可以张得大些，投入兵力亦可少些，用两倍左右的兵力，整团整师地歼敌不是难题。而对付装备精良的美军，口却不能张大，要投入三倍、四倍、五倍以上的兵力，去围歼它的一个营、一个团、一个师。夜间如果不能解决战斗，白天就会被它突围跑掉。因此，每战集中数倍于敌的绝对优势兵力，各个歼灭敌人，就成为克敌制胜的重要一环。彭德怀有时先采取四面包围，穿插分割、迂回包围战术，将敌人割裂。在完成战役包围与战术分割之后，又依据情况确定歼敌顺序，分作几个作战阶段，集中优势兵力，一口一口吃掉敌人。

第一次战役，彭德怀采取"分途歼敌"的战法。第二次战役，除原有兵力外，又将第九兵团投入东线作战，保障了西线能够集中兵力。前两次战役中，由于敌人火力强，又有航空兵和装甲部队的快速增援，包围敌人一个师、一个团，很难将敌全歼。彭德怀针对这一现实，改变战法，一般只包围敌人一个营或一个连，快速歼敌，快速撤离战场，由"大口吃敌，改为小口吃敌"。第二次战役中，仅围歼新兴里美军第七师五个营，就动用了五个团的兵力，才将其全歼。

经过三次战役的实践，彭德怀认为采取"集中优势兵力，分割包围敌人，予以各个歼灭"的指导原则是正确的，强调必须"有重点地集中绝对优势的兵力和火力，求得逐股歼灭敌军"。

集中兵力是实现战争目的的根本方法。歼灭战是消灭敌人的主要战法，而集中兵力是达成歼灭战的首要前提。彭德怀指出，在兵力对比上拥有数倍于敌的优势，是打歼灭战必不可少的条件，特别是在技术装备落后的情况下，没有绝对的兵力优势，要达成歼灭战是不可能的。他一再强调，贯彻保存自己、消灭敌人的战争目的，最基本和最有效的方法就是争取在每一次战役、战斗中，都能集中优势兵力，即便在迫不得已的情况下，"在战役上自己的力量小于敌人，也得要求从战术上来解决以多胜少的问题"。（《彭德怀军事文选》，第40页）

在运动战、游击战、阵地战三种作战形式中，运动战更需要也更容易发挥集中兵力的长处。而游击战，由于作战规模较小，集中兵力一般人数较少，"化零为整"，也难以与运动战集中的兵力相比；阵地战，以分兵把口、固守一地或阵地攻击为特点，在兵力机动、运转上不如运动战灵便，也不如运动战便于集中兵力。

集中兵力是夺取战场主动权的有效途径。毛泽东曾指出："主动地位不是空的，而是具体的，物质的。这里最重要的是保存并集结最大而有活力的军队。"主动地位和战争力量的优势是不能分开的，在一定意义上说，一个战区、一个战役、一次战斗，谁持有力量的优势，就等于握有战场主动权。在中国革命战争中，我军在战略上长期处于内线作战的防御地位。只有善于集中兵力，才能将战略上的劣势变为战役战斗上的优势，从而改变敌我进退、攻守、内外线的形势，掌握战场的主动权。中央苏区前三次反"围剿"，在国民党军大规模进攻时，红军通常以一部兵力配合地方武装和赤卫军、少先队钳制其中的多路，集中主力打敌一路或一部，以形成数倍于敌的优势兵力。彭德怀在总结这一作战的经验时指出："白军都占绝对优势，红军绝对劣势"，"白军主动，红军被动"，"但由于红军善于集中兵力，采取各个击破敌军的战术原则，对于每一次战斗，红军都优于白军几倍。因而在战斗上红军主动，白军被动"。（《彭德怀军事文选》，第632页）

集中优势兵力是实现以弱胜强的重要途径。一般说来，战略上的以劣胜优，是通过战役、战斗中的以强胜弱来实现的。因此，问题的关键在于如何实现强弱的转化。如就战争中的兵力而言，在全局上优劣，这是一时难以改变的，但在全局处于兵力劣势的情况下，通过灵活的兵力机动，在决定性的时间和地点，最大限度地集中兵力，以形成局部上的相对优势，则是能够做到的。办法就是通过战术欺骗和兵力佯动诱使敌人分散而我则集中兵力。这样，虽然从全局来看，也就是在战略上我是以一击十，但是在局部、在战术上，我是以十击一，是以多胜少，是以强击弱，是以优胜劣。每战如此，便可每战必胜，然后再及其余，各个击破，最后赢得全局的胜利。彭德怀指出："怎样才能实现以强攻弱的原则呢？这个问题很简单。假设敌我都是四百人作战，这是相等的兵力，我们应该采取进攻的战术，以小部（百人）向敌人积极进攻，吸引敌人主力应战，我以少数兵力钳制敌人的主力，以自己的主力采取迅速、坚决、勇猛的手段从敌侧后突击，首先消灭敌一部。假设首先消灭了敌人一百人，敌已由均势变为劣势，则我集四百人再以同样的手段，最后解决敌人。如此，虽相等兵力作战，我仍维持战术上的优势。"（《彭德怀军事文选》，第40页）

（二）集中优势兵力和火力于突击方向

集中优势兵力、各个歼灭敌人需要把握的一个重要原则，就是要集中最大兵力和火力于主要突击方向。

战斗胜负决定于主要的方向，到处顾虑，结果没有一处打得好。在战场上，要迅速地突破敌人的战线，不但要求在战役战斗总的兵力对比上具有数倍的优势，而且要求在这个基础上又将主要力量在同一时间内用于主要突击方向。要做到各个击破敌人，无论大兵团、小部队，在进攻中，每一动作都要选定主要突击方向，集中最大兵力在这一方向来决战，其他次要方向只留出可以牵制敌人的兵力，以求先打掉敌人一部，然后再打别部。

这就是既要求时间上的兵力集中，又要求空间上的兵力集中。如果把集中的时间过程拉长，就变成逐次增兵，变成添油战术，不能实现在一定时间内的压倒优势，也就不能实现速战速决。

在空间上的兵力集中，就是在对敌实施攻击时，应将其主要突击力量用于最易突入敌阵和动摇其作战部署的方向上，而不能多方向平分兵力，如果同时多方向、多地段、无重点地使用兵力，同样必然减慢作战的进程，乃至攻而不克。

对弱敌，以优势兵力突然包围袭击而消灭之。抗御强敌进攻，只以小部兵力和游击队作有弹性的周旋，主力隐蔽地迅速转向敌人侧后突然袭击，集中兵力歼敌一部。彭德怀指出，"在战役战术上，主力应用于突击方面，而不应以多数或半数兵力作战于防御与钳制方面。""进攻时，主力应用在突击方面，不必多留预备队，以求一举而歼灭敌人。"（《彭德怀军事文选》，第41页）

彭德怀在指挥百团大战时，精心谋划，把握战机，集中优势兵力于"正太路交通线"，取得了战役的重大胜利。

1939年9月以来，日军在华北实施的"囚笼政策"，导致华北抗日根据地大面积缩小，八路军活动日渐困难，物资供应尤为紧张。彭德怀认为，"囚笼政策"是"以铁路为链，公路为环，据点为锁"，其"行动有战略上和战术上的重大含义，丝毫不能忽视"，应该"从总体上来认识和对付敌人的阴谋"。自此，便有了大举破袭敌人交通线的想法。

1940年4月25日，彭德怀在给各兵团首长的指示中明确提出了自己的作战预想："日寇现正在拼命修筑道路（据各地报告统计之多殊为惊人）……此种阴谋若不积极求得阻止与粉碎，待其完成，将会予我坚持敌后之抗战以极大困难和不利。"（《朱德、彭德怀致各兵团首长的电报》，1940年2月7日）故"各兵团首长应就当前实际情况，确谋有效之对策，予以破坏"。

随即，彭德怀委托八路军前方总部参谋长左权征求各部队首长意见，大家一致同意彭德怀的作战预想。

尔后，彭德怀反复思考作战目标问题。在华北战场上，日寇依托七条铁路干线，即正太路、同蒲路、平汉路、津浦路、平绥路、北宁路、胶济路，这七条铁路构成了华北"囚笼"的纵横支架，而正太路恰处于支架的中心位置。正太路东起平汉路上的河北正定，经井陉上太行山，穿娘子关入山西，至榆次与同蒲路接轨，可抵太原。全长240公里，战略地位十分重要。为守护正太路，日军出动三个混成旅团驻防，沿线又修筑了数十个据点。但由于铁路线长，涉及面广，敌人分兵把守，顾此失彼，造成"交通线空虚，守备薄弱，这对我是个有利的战机"。（《彭德怀自述》，第235页）

7月22日，彭德怀以朱德、彭德怀、左权的名义签发了破袭正太路战役预备命令。"为打击敌之'囚笼政策'……争取华北战局更有利的发展，决定趁目前青纱帐与雨季时节，敌对晋察冀、晋西北及晋东南扫荡较为缓和，正太沿线较为空虚的有利时机，大举破袭正太路。"（《百团大战历史文献资料选编》，解放军出版社1991年版，第16页）其他华北各线同时组织破袭，配合正太路行动。要求直接参加正太路作战部队不少于22个团，各部队于8月10日前完成准备工作。

选定"截断正太路交通"为主要突击方向，是彭德怀在指挥百团大战中的正确决策，"破击一线，波及其余"，打破华北敌人"囚笼政策"。

集中优势兵力，在进行力量对比时，不仅要考虑敌我兵力对比，而且要考虑敌我火力、机动力、突击力等技术装备对比多种因素。

在土地革命战争和解放战争中，敌我技术装备虽有差距但并不悬殊，且国民党军在士气勇敢精神上与我军相差甚远，因此一般兵力上有三倍优势即可达成围歼。然而在抗美援朝战争中，由于敌我技术力量相差悬殊，在兵力上取得了3～5倍的优势，也很难在火力上压倒敌人，即使将敌围住，也没有能力将其吃掉，只能打成击溃战。所以，后来彭德怀提出并实施小规模的歼灭战。

集中优势兵力歼灭敌人，需要通过控制战场来实现。善于控制战场，制约敌人行动，左右战局发展，是彭德怀高超指挥艺术的一个重要方面：一是善于实施战区全局上的战略控制。通过在战区全局上造成掎角之势，多力牵制敌人，使其顾此失彼，首尾不能相顾。以主力一路在地方兵团配合下，在广阔战场的不同方向牵制敌重兵集团，造成我集中兵力于主要地区与敌一部决战的条件。二是善于进行战役全局上的控制。通过巧妙而反应灵活的战役布势达成。一般是用一定的兵力实施牵制、阻击、迷惑敌人，集中兵力各个击破。三是善于进行战术上的控制。通过指挥部队实行穿插、迂回、包围、分割敌人，达到各个歼灭之目的。

（三）灵活地运用集中与分散

彭德怀是一位富有创造性的军事家，他对于集中优势兵力原则的运用有自己的独特之处。他用兵讲求集中优势兵力，但又并不仅仅以兵力多于对手而满足。他更强调对于集中优势兵力原则的运用，必须综合其他作战指导原则贯彻之，这样才能使集中优势兵力真正行之有效。

在集中兵力于主要作战方向的同时，还要注意分散兵力于次要作战方向，分散以耗敌，集中以歼敌。集中兵力与分散兵力是相互联系、不可分割的。一方面，没有集中，就没有分散；另一方面，没有必要的分散，也不可能有真正的集中。分散保障于集中，服从于集中，是指挥员兵力使用上必不可少的一个手段。自己的集中必须以敌人的分散为前提条件，只有把敌人的兵力分散了，才能使自己的集中造成优势。就如《孙子兵法》所说："我专而敌分"，"我专为一，敌分为十，是以十攻其一也"。

为了分散敌人，就有必要在一定程度上分遣自己的兵力。如果一味集中而没有必要的分遣，集中也将失去意义。无论是在防御作战还是在进攻作战中，没有主要方向上的兵力集中，就难以达成作战的胜利，而要保证主要方向上形成兵力优势，就必须分散部分兵力在次要方向上牵制敌人的兵力，把敌军力量吸引到次要方向上来，以减轻主要作战方向上的压力和阻止敌人向我主要作战方向上增援。彭德怀指出："在突击方面要集中优势兵力，打击敌人劣势兵力，保证以多胜少的原则，切忌平均使用兵力。战斗的胜负决定于主要的方向，到处顾虑，结果没有一处打得好。"同时他又指出，这种主要方向上的兵力优势，则是要通过我用一定的分散兵力牵制敌人来实现的。"牵制，是以少数兵力吸引敌人多数兵力于自己的当面，而使敌人误认为是主攻。因此，牵制的队伍必须积极动作，尽量吸引敌人于自己的当面，使突击方面易于奏效。"（《彭德怀军事文选》，第74页）

准确把握集中与分散的"度"。从集中兵力来说，由于作战目标、作战企图（歼灭战还是击溃战）、作战地形、作战形式（进攻还是防御、运动之敌还是驻止之敌）的不同，兵力集中到何种程度才能达到优势也是不同的。同时，战争力量不仅是一个兵力对比问题，而且包括武器装备、军队士气、指挥能力等综合因素。兵力集中的多少，应以在综合力量上占有作战企图要求达到的优势为"度"。分散兵力亦应根据敌情和任务以确定适当的规模。

无论在战略上还是在战役战斗上，兵力使用上的集中与分散都是相对的，而不是绝对的，要防止绝对的集中与分散。在集中兵力于主要战场、战役、战斗时，必须有适当的分散兵力去关照其他与之有关的方向。在主要以分散兵力行动时，亦应保持较大一部分兵力在适当的机动地区，不要绝对平均分散，以应付可能的事变。因此集中兵力并不是集中的数量越多越好，分散兵力也不是越分散越好，总的要求是要从当时敌我双方的力量对比及作战态势出发，以有利于达成作战企图为着眼点。

（四）坚持重点主义等原则

集中优势兵力必须坚持重点主义。所谓重点主义，即作战只能有一个重点，而不能有两个或几个重点。集中兵力，建立在保证对于战场作战的绝对或相对优势的原则上。在对敌实施攻击时，应将其主要突击力量用于最易突入敌阵和动摇其作战部署的方向上，而不能多方向平分兵力，如果同时多方向、多地段、无重点地使用兵力，同样必然减慢作战的进程，乃至攻而不克，前功尽弃。在打开敌人的突破口后，不要顾忌当面的敌人没有完全解决，而敢于向敌纵深猛插。《孙子·虚实篇》中强调，对敌作战要"我专而敌分"，"我专为一，敌分为十，是以十攻其一也，则我众而敌寡。能以众击寡者，则吾之所与战者约矣"。就是要设法使自己兵力集中而迫使敌人兵力分散，这样就有争取主动的力量，能够造成"以十攻一……以众击寡"的有利态势。

集中兵力各个歼敌与军事平均主义是对立的。在中国共产党领导的革命军队作战实践中，虽然总的来说是坚持了集中的原则，但是在这个问题上也常有争论。从1932年开始，伴随着军事冒险主义而来的军事平均主义提出了所谓"全线出击"的口号。到1933年，又有所谓"两个拳头打人"的说法。

到1934年第五次反"围剿"时，军事平均主义表现在"六路分兵""全线抵御"。这种和集中兵力相对立的军事平均主义，往往以为可以制敌，结果却反而被敌所制。

集中优势兵力必须与打敌弱点相结合。如果集中了优势兵力去打敌的强点，兵力的集中会成为徒劳。因为，久攻不下必会大量消耗自己的兵力，兵力的优势就会逐渐转化为兵力的劣势。如果因长时间处于胶着状态，待敌驰援部队赶到，优势立即会化为乌有。所以，集中了优势兵力必须要打敌弱点。只有这样才能事半功倍，否则徒劳无益。

集中优势兵力必须与机动歼敌相结合。彭德怀用兵讲究大踏步进退，宽大机动，在机动中找敌弱点，造敌弱点。要本着不打则罢、一打必歼的原则，善于运用优势兵力于大踏步进退，捕捉弱点，突然出现，攻其不备，歼灭一点再及其他，实现各个击破。

集中优势兵力必须与多种战斗队形的结合运用和变换相结合。彭德怀指挥作战最反对恪守某单一战斗队形，或迂回，或包围，或突破，只能择其一，而不能根据实际综合运用之；更反对不能根据战役战斗的实际情况及时变换战斗队形，搞所谓的"从一而终"。

集中兵力打歼灭战，必须处理好牵制与突击的关系。牵制，是以少数兵力吸引敌人多数于自己的当面，而使敌人误认为主攻。因此，牵制的队伍必须积极动作，尽量吸引敌人于自己的当面，使突击方面易于奏效，而不是假攻；当牵制的队伍看到有机可乘时，可以变为真正的突击。同时还要重视疲惫敌人。在敌人驻止时，应当经常派出小部队，不论昼夜，不论风雨，在四面袭扰敌人。只用少数人，便使得敌人多数疲惫，这是非常值得的。当敌人退走时，则经常在敌人侧翼扰击，这样，使得敌人行止都不得安宁，就造成了集中主力消灭敌人的机会。

（五）速战速决，打歼灭战

歼灭战，是我军作战的基本指导方针，也是实现战争目的的重要手段。集中优势兵力，打歼灭战必须讲究速战速决。在战略上的持久，一般的战役战斗是速决的。孙子反对作战上的持久战，主张速战速决，速决则粮耗少，久战则粮易尽。古人讲，进攻作战一旦不能速战速决，便会造成孤军深入重地，欲进不能，欲退不敢。孙子讲速决，甚至认为即使是"拙速"也比"巧久"要好，所谓"兵闻拙速，未睹巧之久也"。就是说，即使匆匆忙忙的并不完善的快速反应，也比那慢条斯理、面面俱到的久拖不决要好。战争中要求快速，确实如孙子所强调的那样，战机就在那短暂的瞬间，因而胜负也就在那一瞬间见分晓。

我军在长期革命战争中所进行的运动战，大多是在敌强我弱的条件下进行的，由此产生了作战的如下特点：在敌多路向我进攻时，其总兵力是占有优势的，我为了各个击破，必须准备迅速的连续作战；当我集中优势兵力攻击其一路或数路时，如不迅速解决战斗，当其他各路之敌驰援赶至，我则不但失去兵力优势，而且可能被反包围；在敌拥有悬殊的技术装备优势时，敌具有很强的快速机动能力，空中和机械化部队的增援在很短时间内即可到达，如不能快速解决战斗，我则将陷入被动；在我军给养靠作战部队自行携带的情况下，其维持的时间是非常有限的，如不在预定时间内结束战斗，则后续供给就无法解决。因此，彭德怀指出，为了保持我军的主动，在战役上必须实行速决战。"乘敌在运动中或立足未稳时，集中优势兵力，以坚决、勇猛、迅速的手段歼灭敌人，减少敌人空军、炮兵及其他机械、化学兵种配合的效能。"（《彭德怀军事文选》，第39页）

集中优势兵力，要善于迅速收拢兵力。兵力过于分散，在战役战斗中就不能奏效。只有及时将分散的兵力迅速收拢起来，形成强有力的拳头，才能在战役战斗中形成对敌优势，从而为歼灭战的胜利创造前提。集中优势兵力，必须在兵力部署上对敌形成四面包围和连续包围的态势，使其无法突围逃掉。如一次包围不能消灭敌人时，可故意放开一个口子，将敌放到我预设战场，再次将其包围歼灭。在打开敌人的突破口后，不要顾忌当面的敌人没有完全解决，而敢于向敌纵深猛插。"积极割裂敌阵地，使之成为无数小块，隔离其联络。"（《彭德怀军事文选》，第423页）这样，敌人就会失去有效的抵抗，便于我之迅速将其各个歼灭。

对于强敌，或关系紧要的战场作战，应以绝对优势兵力临之，对于弱敌或不关紧要的战场作战，临之以相对优势的兵力也就够了。

正因为彭德怀善于把集中优势兵力原则与其他作战指导原则有机结合在一起灵活运用，从而使其战法奇正相生，诡谲多变，敌手不得不入其瓮。

（六）适时转用和连续使用兵力

围绕作战重心适时转用和连续使用兵力，是彭德怀集中兵力打歼灭战的重要特点。

集中兵力又是和转用兵力分不开的。我们的兵力有限，只有善于转用，才能善于集中。彭德怀非常善于转用兵力，所以能够最大限度地集中和使用兵力。他认为，从战役和战斗上讲，集中优势兵力，采用包围迂回战术，打敌一路或一部，方能做到全歼和速决，并使敌人的增援落空，便于我军迅速转用兵力对付另一路敌人，实行各个击破。

在敌强我弱、兵力不充裕的情况下，围绕作战重心适时转用和连续使用兵力，这是彭德怀发挥现有力量的最大潜力，形成战场局部优势的有效手段。他在运筹战区作战时，往往同时计划几个相互联系的战役，作出一至数个月的安排，以便连续使用战区力量。他善于同时展开全部或大部兵力，对敌实施第一次打击，以增大打击效果；同时，根据战局发展和各部队的特点，在两个战役或两个作战方向之间，适时转用兵力，以掌握主动。

在战役进行过程中，由于敌我双方的种种原因，常常会出现一些紧急情况，此时，战役指挥员必须沉着坚定，注意造成敌军的不利局面和我军的有利态势，关照好战役的各个方面，根据各部队的特点和战场情况的发展变化，适时调整部署和转换各部队的作战任务，组织好我各个集团的协力作战，以争取主动，歼灭敌人。

以打运动战为主，还必须配合广泛的游击战，也不放弃必要的和可能的阵地战。战役指挥员应当从战场的实际情况出发，综合运用多种作战形式，战胜敌军。

三、迂回穿插，分割包围

穿插、迂回，分割、包围，各个聚歼，是彭德怀指挥作战的一个特点。迂回、穿插，包围、分割，是运动战中重要的战术手段。运动战在打法上一般实行以一部打正面，以主力打侧背，大胆迂回，分割穿插，以歼敌大部或全部为目的。要敢于对敌实施分割、包围、穿插。彭德怀认为，在运动战中要达成歼灭战，就必须"以相当强大兵力迂回至敌深远后方，阻击逃敌和战役二梯队之增援，威胁敌战役供应线，使敌阵势发生动摇"。（《彭德怀军事文选》，第423页）我们的战术是以大打小，以多打少，以动打静，吃敌人一块，而且是要害的一块，各种作战队形都用，各种作战手段都使，有突破、有包围、有迂回、有合击，对敌形成一种真正的大合击，各级指挥员都要做到心中有数，严密掌握和控制本部队的行动，密切注视与友邻部队的协同。

（一）要敢于迂回、穿插，断敌退路

迂回是绕向敌人后方的机动，其目的是断敌退路，阻敌增援，协同正面部队围歼敌军某一集团。穿插是利用敌人部署的间隙或薄弱部位，插入其纵深或后方的作战行动，是夺占敌纵深的要点，分割和打乱敌人部署，使敌无法组织集中有效抵抗的重要手段。

彭德怀认为，迂回或穿插至敌后，是实现对敌包围的最基本的手段。同时，对被围之敌，也只有将其割裂成若干小块，才能使其失去有效的指挥和联系，以利我之各个歼击。而穿插则是割裂敌人的唯一途径。特别是在敌军拥有装备技术优势的情况下，只有紧紧贴住敌人，与其短兵相接，才能使其坦克、飞机、大炮等重型武器无用武之地或减少其威力。进行穿插分割，正是避敌之长、击敌之短，实现优劣转化的高明之着。彭德怀论述对日军作战的战略战术时就明确指出："在技术弱于敌的军队方面……包围迂回胜过中央突破，在敌人后方侧翼积极活动胜过正面抵抗。"（《彭德怀军事文选》，第41-42页）在抗美援朝战争中，针对敌人机械化程度高，对道路和后方补给依赖性极大的特点，彭德怀又进一步强调："在敌我装备悬殊的条件下，我军应力求夜战，力求大胆地迂回包抄分割，勇敢渗入敌之纵深和后方。"（《彭德怀军事文选》，第366页）

1948年10月的荔北战役，对大荔以北地区的胡宗南集团，采取的就是穿插迂回、割裂包围、各个歼敌的战法。

当时，胡宗南的整编第十七、第三十八师及整编三十六师残部，按照纵深配备的要领，防守大荔及其以北正面20公里、纵深30公里的区域；两个整编师置于富平、兴平之线，保持机动；两个整编师守备蒲城。

彭德怀分析判断：西北野战军攻击大荔及其以北地区之敌，驻蒲城的敌人距离较近可能增援，但这两个师都被歼灭过一到二次，战斗力不强又畏我声威；富平、兴平的两个师虽属胡部主力，却距离较远，须三天行程方能赶到。经慎重研究，决定集中野战军主力全部，以突然动作，求得割裂围歼整编第十七、第三十八师。以一个纵队沿澄城、大荔公路至洛河间，由北向南实施正面攻击；以四个纵队分别由合阳、澄城以南的交道镇、岱堡、黑池镇等地，向敌右侧背包围攻击，首先割裂其防御体系，迂回敌后，然后各个歼灭。

抗美援朝战争中，彭德怀对这一战术的运用更为纯熟。

入朝之初，他就明确指出：在新情况下，我军过去经常采用的那种大踏步前进和大踏步后退的运动战的打法，今天已不适用；而必须选择敌人的弱点打开缺口，以主力迅速向敌后预定目标猛插，大胆地实行战役战术迂回，分割包围敌人，乘敌之乱，集中优势兵力，予以各个歼灭。他要求进攻部队要敢于断敌后路，敢于逼近敌人，敢于实施迂回、包围、穿插，防御部队不仅要坚决阻击，还必须灵活进行反突击，吸引更多的敌人，使进攻部队易于奏效。五次战役，彭德怀均派主力部队穿插迂回至敌后方，从根本上动摇敌之战役部署，以达成歼灭敌人的战役目的。

第二次战役，没有把主要兵力放在正面与装备优良的"联合国军"硬碰，而是实施侧翼迂回，大胆穿插，断敌退路。当志愿军诱敌到预定地区后，彭德怀使用两个军选择敌人侧翼薄弱的德川、宁远，首先打开战役缺口，尔后再实施迂回的机动样式。在实施迂回中，第三十八军一一三师在一个晚上插进敌人后方的一条公路线和一条铁路线，从而打乱了敌人整个部署，造成正面我四个军对敌人进行战术上分割围歼的有利态势，对取得战役胜利起了重要作用。

第四次战役前夜，志愿军正处在战略预备队尚未集结开进、后勤供应极为困难、部队过度疲劳不得不暂时休整的困境中。这时，已被打退到"三七线"附近的敌军，乘机出动23万余人的兵力，向我发起全线反扑。

彭德怀当机立断，采取"西顶东放"的战法，即以一部兵力置于西线组织防御，牵制敌之主要进攻集团；在东线则诱敌前进，适时集中兵力反击，从翼侧威胁西线敌军。继而转入全线运动防御，在宽大正面上重点设防，梯次配置，前轻后重，以点制面，以阻击结合反击、伏击、袭击等战术，不断杀伤敌人。这种结合阵地防御、诱敌前进、战役反击、运动防御的灵活战法，为自己赢得了战略预备队的集结时间，取得歼敌7.8万余人的胜利。

正面进攻和两翼迂回相结合，断敌后路，多路围歼。运动战的作战企图在于歼灭敌人的有生力量，而处在运动之中的敌人，一般都有较强的机动能力，当发现自己处于劣势被攻击地位时，或"知难而退"，或夺路而逃，如不断其退路，就不可能达成歼灭战。

（二）正确选择穿插迂回路线

彭德怀认为，必须准确查明当面和纵深的敌情、地形，依据我之作战企图选定穿插、迂回方向和路线。

一是要选择敌之暴露的侧翼，这是最为理想的穿插、迂回路线。

当敌暴露翼侧时，便于我大部队隐蔽行动，从敌侧翼迂回至敌后，可以比较容易出其不意达成对敌合围。在土地革命战争和解放战争中，我军对敌大兵团的迂回包围，由于战场地域广阔，一般都选择敌之侧翼。1949年7月的扶眉战役，就采取了从敌侧翼迂回的战法。

此时，胡宗南将其五个军部署在扶风、眉县地区渭河两岸，以便南北呼应，无论是进攻、坚守或退却，兵力都相当集中。而在彭德怀看来，敌人这一部署存在着致命的弱点，即翼侧暴露，由于主力集中，使纵深力量薄弱，中间间隙很大，而且没有战役预备队，摆在秦岭的少数兵力只能起钳制作用，而渭河两岸并无大军渡河设备，当我军进攻时，南北之敌不能迅速渡河增援。如我能在扶风、眉县地区将敌主力分割包围，必能战而胜之。

因此，彭德怀决定集中第一、第二兵团全部及第十八兵团主力，实行大迂回大包围，歼灭胡宗南主力。其中：

以许光达之第二兵团，集结于临平镇以东乾县西南地区，向法门寺、益店镇及其南北取平行攻击前进，越漆水河绕道西进，向敌侧后迂回，截断罗局镇以西胡宗南部第三十八、第六十五军及第一一九军之退路，从敌背后攻击，会同第十八兵团将胡部上述三个军包围于渭河北岸午井镇、罗局镇地区而全部歼灭之。

以周士第之十八兵团（欠两个师）附第一兵团第七军，于沿咸凤公路及其以北之大王村、牛市沟、吴家堡、王家堡、杏林镇、浪店、刘家堡之线（均含），向武功及刘家堡以南以西攻击前进，会同第二兵团歼灭被围之胡宗南部。

王震则率第一兵团（欠第七军），沿渭河南岸周至、眉县地区进攻敌之第九十、第三十六军，得手后向宝鸡挺进，截断胡宗南主力的退路并相机策应渭河北岸作战。

彭德怀在作战会议上叮嘱许光达："最关键的是二兵团，你们要隐蔽开进，路上遇到小股敌人不要纠缠，突然插到敌后，直逼渭河。在占领青化镇、益店后，即向罗局镇、眉县车站进攻，抢占蔡家坡，切断陇海路，阻敌向宝鸡撤退。"

7月10日晚，隐蔽于礼泉地区的第二兵团渡过漆水河后，从临平镇向西揳入，经一夜强行军，于11日拂晓，攻占青化镇、益店镇，到达敌后指定位置。彭德怀一声令下，第一野战军以雷霆万钧之势，向敌发起总攻，使胡宗南集团猝不及防，只用一天多时间，已从东西北三面将敌之三个军包围于扶风、眉县地区。12日午夜，一野第二、第十八兵团在罗局、午井地区胜利会师。接着，各兵团乘胜西进，至14日，先后占领了蔡家坡、岐山、凤翔、宝鸡、益门镇等地。

二是要从敌战线的薄弱处撕开裂口实施迂回穿插。

在有的战役中，当面之敌正面形成了较为连贯的战线，而侧翼又不利于我之兵力机动，在这种情况下，要达成迂回包围，就必须乘敌立足未稳，在敌战线薄弱部分首先打开战役缺口，再实施战役迂回。

抗美援朝战争中，由于朝鲜战场是一个狭长的半岛，作战正面小，基本上没有在攻击发起前以大部队从敌暴露的翼侧或间隙秘密突然地穿插迂回至敌侧后的可能性。因此，彭德怀从实际出发，采用了先从敌战线薄弱处打开战役缺口，尔后再实施穿插迂回的样式。

在第二次战役中，彭德怀使用两个军选择敌人翼侧薄弱的德川、宁远首先打开战役缺口，然后乘势以迅猛的动作向敌后穿插迂回，出其不意攻占了敌南逃北援必经之地三所里和龙源里，从而打乱了敌人的整个布势，造成我正面四个军对敌人进行战术上分割的有利态势，对夺取战役的胜利起到了关键性的作用。第三次战役中，同样是在从正面突破敌人阵线后，左纵队第四十二军一二四师向济宁以南石长里地区穿插，切断南朝鲜军第二师退路，右纵队第三十九军一一七师迅速突入敌防御纵深12公里，占领东豆川东山，将南朝鲜军第六师的退路切断，从而取得了全歼南朝鲜军第二师两个团、第五师一个团大部、第六师一部的胜利。

三是要善于"钻空子"——选择敌之部署中的较大间隙实施迂回穿插。

彭德怀认为，穿插迂回作战，必须善于"钻空子"。因为任何军队在攻防作战中，由于受到地理、兵力等条件的制约，部署上均会有一定的间隙。特别是处于运动中的军队，由于不同兵种对道路有不同的要求，不同部队有不同的前进目标，其间隙更是不可避免的。因此，选择穿插迂回方向、路线，应悉心研究敌人各部队行动中兵力不能所及或兵力甚弱的位置所在，把穿插迂回方向选在敌部署间隙较大而利于我隐蔽快速行进的部位上。从敌间隙中穿插迂回，亦应尽可能地在攻击发起之前行动，在敌之进攻一线或防御前沿间隙较大，而又对我即将发起的进攻作战毫无察觉的情况下，从敌人"眼皮底下"穿插迂回至后方的可能性是存在的。

在第三次反"围剿"作战中，彭德怀率红三军团从蒋鼎文与蒋光鼐、蔡廷锴等军"约二十华里之间隙穿至莲塘、良村，进行挖心战。第一仗于莲塘歼灭上官云相师，第二仗于良村歼郝梦龄师，第三仗歼灭毛炳文师于黄陂"。（《彭德怀军事文选》，第631页）

抗美援朝战争第一次战役，彭德怀利用敌人东线部队与西线部队之间一个83公里的大缺口，部署志愿军两个师钳制东线敌人，集中主力于西线在运动中歼敌。为了防止敌人过早发觉我军的行动，停止前进或龟缩回去，他还具体指示各部队要"避开主要道路，隐蔽开进"。

彭德怀注重实施不同方向、不同层次的穿插与迂回。

彭德怀认为在敌突击力、机动力和应变能力较强的情况下，为确保实现战役迂回的目的，断敌退路，形成大量歼敌的有利态势，应作出多重迂回部署。

在抗美援朝的第二次战役中，彭德怀即采取了多重迂回的部署。一是以第三十八军主力向院里、军隅里方向迂回；二是以第一一三师向三所里方向穿插；三是以第四十二军向顺川、肃川方向迂回。因为这次战役的主要作战对象是美军、英军，其战斗力较强，装备技术远优于我，尤其是他们具有很强的机动力，在南撤道路较多的情况下，志愿军如仅采取单方向单层迂回的方法，将很难奏效；而采取上述三个方向、三个层次的战役迂回部署，不仅将使北犯之敌四面受到威胁，而且便于志愿军各路迂回部队相互配合，有利于战役迂回目的的实现。

战役的进程完全证明了这一点，向敌侧后实施多重战役迂回，使敌受到了极大的震动，特别是第一一三师到达三所里、龙源里后，敌人更加恐慌，开始全线溃退。而有的部队尽管因种种原因未能按时迂回至预定地点，但牵制了北援之敌，对达成战役迂回目的也起到了积极的配合作用。

大部队的穿插迂回与小部队的渗透相结合。彭德怀指出，不但要重视组织大部队迂回穿插作战，同时要组织若干侦察分队、游击部队和尖刀分队对敌阵地和敌后进行渗透。他要求各兵团（军）插到敌后之侦察部队，应于发起攻击前一夜，寻敌间隙，秘密渗透至敌后各预定地点隐蔽，不被敌先期发觉，待我正面攻击开始时配合之，才可起重大作用。如情况不许可，则于发起攻击同时由缺口猛插过去。在正面攻击发起前，要"以精干的小部队（即称尖刀连、营）利用夜暗、地形险要处出敌意外，突然渗透至第一线纵深，以勇敢的战斗动作，首先袭击敌火力阵地和指挥所"。（《彭德怀军事文选》，第423页）扰乱敌之部署，乘胜全面猛攻，使敌自顾不暇。

彭德怀认为，在敌我装备相差不大的情况下，我迂回部队的兵力与敌军之比一般在1：3左右即可完成任务。而在装备相差悬殊的情况下，则迂回兵力就应相应增加。在抗美援朝时，我迂回兵力与预定围歼之敌兵力对比一般为1：1强，即预定围歼敌一个师，志愿军的迂回部队一般不少于一个师。第二次战役中第三十八军围歼德川地区南朝鲜军第七师，则用第一一二师、第一一三师两个师的兵力从两翼实施迂回，第三次战役中左纵队围歼南朝鲜军第二师，则用第四十二军第一二四师一个师迂回。预定围歼敌军2～4个师，一般不少于四个师，第二次战役西青川江志北地区作战，预定围歼美第九军指挥的2～3个师，并在美第一军南撤时予以追击和侧击，则用两个军实施双层迂回。

（三）战术分割与战役分割、战役合围相配合

彭德怀认为，战役合围只是为我军在运动中歼敌提供了条件，要歼灭敌人还必须进行战术上的分割包围。只有以战术上的分割包围与战役上的迂回相配合，才能最快实现战役迂回的目的，大量歼灭敌人。特别是在敌占有强大技术优势的情况下，机动速度快，当其处于不利环境下容易组织撤退或重新部署，改变其不利态势，使我难以达成将其歼灭的目的。因此在实施战役迂回的同时，须组织正面部队迅猛突击，对敌实施战术上分割包围，紧紧抓住敌人，不让其逃脱。

在抗美援朝战争中，彭德怀要求"各部必须紧紧掌握……战役分割与战术分割相结合之原则，运用得力部队，渗透切断敌后路，以求干净、全部、各个包围歼灭敌人"，（《彭德怀军事文选》，第392页）"迂回、割裂、渗透要密切结合，明确分工，再以积极动作中求得互相协助和行动一致"。（《彭德怀军事文选》，第423页）

彭德怀认为，战役合围，是达成战役胜利的关键。由于合围在战役中占有如此重要的地位，因而它通常是战役最紧张、最激烈的作战阶段，是指挥上最复杂、最困难的时刻，战役指挥员在战前和战中都应注重对这一作战行动的筹划和把握。

合围部署要严密紧凑，不让敌人跑掉。合围是对能否实现歼敌企图具有决定意义的战役行动，敌人不但会在我合围过程中制止我合围或逃离战场，而且会在被我包围后突围而去，因此合围应是"重重叠叠"，确保攻而歼之。

合围还必须有迂回的配合，与迂回结合起来。彭德怀指出：要打歼灭战，在兵力运用上，必须把包围和迂回结合起来，没有迂回打不好歼灭战。彭德怀指挥作战，实施战役合围的方式主要有以下四种。

第一种，钳形攻击式合围。即沿敌军集团两翼向合围终点快速机动，用钳形攻击的方法，对敌达成合围。钳形攻击是我军最主要的合围样式，这种形式有利于部队迅速前出到两翼，暴露、孤立、突出敌之后方，封闭合围圈。

1930年7月红三军团到达平江地区以后，敌何键匆忙从衡阳调一个旅到长沙，会同留守长沙的一个旅等共约七个团，沿长（沙）平（江）大道，向平江县城推进，先发制人，对红三军团实行"进剿"，企图一举消灭红三军团，并解除对长沙的威胁。

彭德怀得知这一情况后，迅即作好在平江城外迎击敌军的准备，并计划在击退敌军进攻后乘胜向长沙进攻。

7月23日拂晓，敌先头第五十五旅进到平江城西南30里的晋坑、三角塘一带，后续部队第四十五旅等部进到金井、春华山一线。彭德怀抓住敌人呈一线部署、兵力分散的弱点，决定集中力量，将红军布置成口袋形阵地，首先歼灭敌先头部队，然后跟踪追击。

不料，敌人进到晋坑一带，忽按兵不前。彭德怀遂改变战术，以红八军攻击正面，红五军为左翼，沿着通往长沙的大路直逼晋坑。

7月25日，红八军先头部队与敌打响后，彭德怀以一部兵力从正面堵截，以主力和湘鄂赣边红军独立师从两侧实施包围攻击，将敌逼进一条狭窄地带内，两军合力从前后两面向敌发动猛烈攻击，歼敌一个团，其残部逃向金井。

红三军团乘胜追击，迅速逼近金井。为了一举解决金井之敌，彭德怀命红三军团分两路向金井守敌发起攻击。由红八军从正面进攻，红五军一部插到敌后，断其退路，主力占领金井东侧的要地，同红八军一起，在独立师和苏区人民的大力支援下，向金井之敌发起猛攻。经过数小时激战，攻占该城，歼敌第四十五旅大部。

金井失守，敌第四十五、第五十五旅由金井向长沙溃退，何键惊慌失措，深恐省会长沙不保，急调四个营，沿浏阳河构筑工事，分段固守阻止红军前进。又连夜从湘桂激战前线撤兵，驰援长沙。

7月27日拂晓，彭德怀指挥红三军团从金井、春华山一带向长沙开进，直逼浏阳河东岸的㮾梨，以红五军从正面进攻㮾梨，在七里巷与刚刚从衡阳调回的敌刘建绪部展开激战。他以红八军从杉木港渡河向㮾梨侧后迂回，掩护红五军的正面冲锋。在红军两面夹击下，敌军守不住阵地，纷纷向长沙逃窜。

彭德怀指挥红军部队紧追不舍，直抵长沙城下，并乘长沙守敌惊慌未定之际，对长沙发起进攻。27日20时，红军一举突破敌城东阵地，由马王堆、小吴门、浏阳门等处攻入长沙城。当天午夜，红三军团控制了长沙全城，并以红五军一部追击逃敌至易家湾。至此，长沙战役胜利结束。

兰州战役，彭德怀采取前后夹击、侧翼包抄的部署。而且这种部署，既要体现在战略上，又要体现在战术上。按照这一原则，彭德怀在兰州战役中作出了周密部署：以第十八兵团附第一兵团第七军，在西安天水一线钳制胡宗南的残部；以第十九兵团之六十四军在海原、固原地区，钳制马鸿逵军；以第一兵团附六十二军向临夏、西宁挺进，切断兰州之敌退路；以主力第二兵团和第十九兵团合围兰州，其具体攻城部署亦形成了东、西、南三面包围。并部署一个军从西南过河，以从北面侧后攻击堵敌退路。

战役发起后，胡宗南部和马鸿逵部受到钳制，不能按照他们战前所计划的那样向兰州驰援。特别是在兰州鏖战之际，野战军左路第一兵团解放了临夏。马步芳深感后方空虚，老巢危急，不得不从兰州分兵回西宁，并急电国民党政府，火速分催陕署和宁夏友军行动。并叮嘱其子马继援，如马鸿逵、胡宗南部及空军再不来援，即从兰州撤守青海。但慑于彭德怀的部署，一个援兵也没有来，从而从根本上动摇了青马坚守兰州的信心与士气，对我军更快攻克兰州起到了至关重要的作用。

第二种，侧正合击式合围，也叫卷击式合围。即以一部兵力正面阻击，主力从进攻之敌的翼侧向其后方卷击，用侧正合击的方法合围敌人。这种样式通常以主力突击敌后，把突击方向指向敌人薄弱要害部位，切断进攻之敌退路，打乱敌人部署，迅速改变战场态势。侧正合击的要点，是将主力或强有力之一部置于敌进攻方向的侧后，造成一翼卷击的有利态势；或诱敌深入，使敌主力突入我一定纵深，而暴露其侧后。扶眉战役，彭德怀以主力一部迂回守军侧后，迅速截断守军退路，并坚决阻止其突围；两翼平行追击和尾追的部队则乘守军混乱之机，大胆插入其纵深，然后包围歼灭敌人。

第三种，对进突击式合围。即从两个方向相向攻击，以对进突击的方法合围敌人。这种样式是从相反的两个方向向敌运动，并在接敌之前或同时向两翼迂回兵力，实现四面包围。

第四种，追击式合围。即以跟踪尾击、迎头堵击、迂回兜击等不同的追击方式合围退却逃跑之敌，这种战法最好有堵击部队配合，以便与尾追部队协力围歼。当不能构成堵击态势时，则迂回应有足够的纵深，以保证向内兜击时能拦住敌人。

彭德怀认为，成功的合围，必须有有力的阻援相配合。战役合围是一种具有决战性的作战行动，我方每次志在必得，敌往往重兵救援，这常常使一些中小规模的合围作战演变成大规模的会战。所以彭德怀把阻援看作是合围的一部分，没有成功的阻援，就不能真正围住敌人。

彭德怀指挥大兵团作战的特点是大胆、机动、果断，尤其善于使用迂回包围，大胆使用部队向敌人纵深进行穿插，实施分割包围战术。特别是在解放战争时期，彭德怀指挥的多次合围作战，往往有两个鲜明特点：一是规模较大，常常一次合围敌人数万人；二是经常围歼强敌，被围之敌往往有较强的抵抗能力，这就使合围过程中的战术分割显得更为重要。

彭德怀强调，实施合围敌人必须能够啃得动，有把握吃掉敌人，不能"贪多嚼不烂"。1948年彭德怀在总结沙家店战役胜利后追击战时讲道："岔口一仗，开始以为敌人只有一个旅，结果越打越多，打出来五个旅。二纵队又想一吞，生怕敌人跑了，把敌人出路一堵，结果啃不动，只好放开一个缺口，让他跑掉。"（《彭德怀军事文选》，第234页）

抗美援朝第二次战役，东线第九兵团之第二十军和第二十七军在战役发起的当夜，即按计划将美陆战第一师大部和美步兵第七师一个多团分割包围于长津湖地区的三个点上。但是由于"联合国军"武器装备强，坦克多，被围之后，夜间由坦克组成环形防御掩护步兵，充分发扬火力，固守待援；到了昼间，被围部队在其空军和地面部队的接应下，以坦克为先导，由炮兵火力开路，组织突围。虽遭歼灭性打击，仍能突出包围逃跑。如果胃口太大，就有可能为敌所乘，给自己造成不应有的损失。因此，必须从作战双方综合战斗力对比的实际出发，量力而行，把迂回的终点选择在作战目标能为我所全歼的范围内。

穿插迂回部队执行任务，一般都是孤军深入敌后，没有友邻部队的支援，在穿插迂回途中还会遇到敌军后方部队阻拦、穿过深山密林、逾越江河障碍等各种复杂情况，到达终点后，要准备两面作战甚至三面四面作战，有的还要担任会同正面歼灭被围之敌的任务，因此彭德怀强调执行穿插迂回任务的部队必须具有攻守兼备的作战经验、勇猛顽强的战斗作风、灵活机动的应变能力，特别是其指挥员必须有丰富的指挥作战经验和极强的临机处置能力。他向来都将所属部队中的拳头部队和智勇双全的战将用于执行穿插迂回任务。

彭德怀强调，执行穿插迂回任务的部队，在途中遇到预料之中的敌情时，应坚决地按预定方案执行，遇到预定方案之外的敌情时，应迅速判明敌情，以保证部队按时到达指定地点为总的原则，灵活处置。要尽快摆脱敌纵深部队的纠缠，"切忌恋战"。一般的处置原则是：遇敌小股敌人则以小部队将其歼灭或驱逐之；遇有设防敌军，则以尖刀分队采取迅猛动作，打开通路，掩护主力部队通过；若遇敌较大兵力攻击，而前进受阻时，则不必恋战，而应以小部队牵制、监视敌军，主力绕道通过。彭德怀还特别强调，在穿插迂回过程中，要"紧紧掌握指挥员靠前，火器靠前，敢于使用主力向敌纵深猛插之原则"。（《彭德怀军事文选》，第395页）

四、痛打歼灭战

彭德怀善于对敌人实行突然的迂回包围、猛烈的穿插分割、连续不断的突击和临机应变的灵活战术，善于组织指挥干净、彻底、速决的歼灭战。

彭德怀的用兵法则是，一切调度都要着眼于歼灭敌人的有生力量。他认为，作战指挥的一切调度，都要着眼于歼灭敌人有生力量这个基本的作战指导思想，善于多方位观察判断情况，尽可能地灵活用兵，充分发挥主观能动作用，而不一厢情愿。

彭德怀认为，指导战争不能离开"保存自己，消灭敌人"这个战争的目的和本质，但要依据战争情况的变化和发展，正确地认识和处理好两者之间的辩证统一关系。在过去长期的革命战争中，我们始终是把消灭敌人放在第一位，这样就抓住了矛盾的主要方面。只有大量地消灭敌人，才能转变敌我力量对比，最终赢得战争的胜利。因此，着眼于消灭敌人有生力量，是我军基本的作战指导思想。他出色地指挥了一系列大歼灭战，从而威震中外，使敌人闻风丧胆。

歼灭战是解决敌人有生力量的最主要途径，它最能够打痛敌人，是敌人最害怕的，同时也最能够振奋自己，鼓舞广大军民。彭德怀主张，在力量积蓄到一定程度时，就要敢于打歼灭战。只有敢于和善于打歼灭战，逐个消灭敌人成建制的有生力量，才能打击敌人的疯狂气焰，转变战场不利形势，取得战场主动权。红一方面军第一、第二、第三次反"围剿"作战，共歼灭敌军三个师又六个旅八个团，打破了敌军的"围剿"，使敌军士气沮丧，人心恐慌；而红军则士气高涨，人心振奋，并以缴获的武器和俘虏的敌军士兵补充了自己。只有歼灭战，才能使敌军被歼一师少一师，被歼一团少一团，逐步改变敌我力量的对比。

歼灭战的规模和程度，随着战争形势的发展而发展，高明的军事指挥员必须善于根据不同的情况，确定歼灭战的规模和程度。这是彭德怀指挥歼灭战的一个重要思想。在他看来，歼灭战的规模，不是一成不变的，而是随着敌我双方和战场情况逐步改变的，它必然有一个从小到大的发展过程。随着敌我双方力量的消长和战略战术的变化，解放军打歼灭战将向更大规模发展，是一个客观规律。认识和把握这一过程的特点、规律，是指挥大兵团作战取胜的重要一环。

在长期的革命战争中，彭德怀率军东进西讨，南征北战，总是尽一切可能贯彻执行歼灭战的方针，每战力求全部、干净、彻底地消灭敌人，打了许多战果辉煌的歼灭战。特别是解放战争和抗美援朝战争时期，他独立指挥和参与指挥的许多战役，规模越打越大，每战由歼灭敌人几万，发展到十几万，甚至几十万，都震撼了全中国，甚全全世界。

彭德怀善于谋势造势，精于集中兵力于每一个局部战场，灵活施用迂回、穿插、分割、阻援、断退、牵制、钳击、围歼、围攻、围困等战法，一个一个地歼灭敌人。

抗美援朝第一次战役，彭德怀针对敌人以一个营甚至一个连分头冒进的情况，决定不搞一个大的包围圈聚歼敌人，而是分别搞几个小的包围圈，分头歼敌。他在给毛泽东的电报中说："决定以军或师分途歼灭敌人之一个团或两个团。"毛泽东肯定了他的意见，复电说："先歼灭敌人几个团，逐步扩大，歼灭更多敌人，稳定人心，使我军站稳脚跟，这个方针是正确的。"

第五次战役后，在战术上我已难以歼灭敌重兵集团，整个战场呈现相持局面。彭德怀根据毛泽东提出的"零敲牛皮糖"战术，在志愿军常委扩大会议上确定对敌采取打小歼灭战方针。此后，我军实行了由运动战向阵地战的战略转变，进入了打小歼灭战阶段。我军愈战愈强，成功粉碎了敌人多次进攻，并对敌坚固阵地也进行了多次战术性进攻，直至战役规模的进攻，大量地歼灭和消耗了敌人。

彭德怀认为，打歼灭战必须打好追击战。

追击战是对退却之敌实施的作战，是进攻的继续，也可以说是歼灭战的最后阶段。对败退之敌实施快速、勇猛和不停顿的追击，可使敌人不能实施有效的抵抗而被歼于运动之中。彭德怀指出："我军传统的战斗作风是'猛打'、'猛冲'、'猛追'，不给败溃之敌以收容整顿机会。追击是消灭溃退之敌的最好、最便宜的手段，问题是如何追击，在追击过程中有些什么问题，这是值得注意的。"（《彭德怀军事文选》，第426页）

要采取多种方式进行追击。彭德怀强调："在追击中不仅要跟踪追击，更要注意平行追击和绕至敌侧后截断敌退路。"（《彭德怀军事文选》，第426页）

跟踪追击，即紧随退却敌军之后的追击，它可使敌处于高度紧张的状态，失去机动自由，降低退却速度，迫使敌人在不利条件的情况下应战。但这种方法将遇到敌有组织的抵抗，追击部队所歼击的一般是敌军的后卫梯队，不易达成歼灭战。

平行追击亦称"超越追击"，即沿退却之敌平行的道路、方向进行的追击，从敌一翼或两翼，取捷径猛插退却之敌侧翼或前方，抢占敌必经的隘路、桥梁、渡口与要点，切断敌退路，将敌分割包围，与正面追击部队围歼逃敌。因此，跟踪追击与平行追击相结合，才有利于围歼敌人。

追击必须发挥积极主动、快速勇猛的作风。当发现敌人开始退却时，则应不等上级的命令，主动将进攻行动转入追击行动。如请示待命，必然延误战机。攻击时的战斗队形转变为追击的战斗队形，一线的指挥员应特别注意战场情况的变化，一旦觉察敌人有逃跑迹象，即向部队发出准备追击的命令，从而使部队尽快由攻击转入追击。彭德怀指出："在追击时，应以迅速手段歼灭、攻击溃敌之掩护部队，以免延误继续追击的时机，使敌主力无法逃脱。在追击敌人时，要克服困难，要不怕疲劳。要知道败退之敌更困难更疲劳。但追击中遇到敌人强大预备队时，或改为有计划撤退，主力已占领预定阵地时，我即应以追击的先头部队占领阵地，掩护主力展开，转变为阵地攻击。在最前面的指挥者掌握这火候是重要的，否则，以追击姿态投入阵地，攻击不仅难于取胜，且有被敌各个击破之危险，这是值得注意的。"（《彭德怀军事文选》，第426—427页）

把握追击的度。必须审时度势，把握好追击的"度"。适时控制战役节奏，适可而止，胜利后不作远距离的纵深追击。既要不放过任何可以通过追击而获得的胜利的机会，对已失去有组织抵抗之敌敢于穷追不舍，又要量力而行，避免劳而无功乃至陷入被动的过度的追击行动。

彭德怀认为，对败退之敌要实行坚决的追击，这一点是毫无疑问的，但追击规模包括追击部队的编成、追击的距离远近、追击持续时间的长短等，必须根据敌退却时的态势、敌我双方的作战能力特别是机动能力和地形条件而定。

这种情况在抗美援朝战争中表现得比较明显。大踏步地进退，是我军国内作战中实现在运动中歼灭敌人的成功经验，而志愿军在抗美援朝战争运动战阶段，则均只作相应的有限进退，对败退之敌不作深远追击。

一方面，敌我技术装备优劣悬殊，志愿军的两条腿难以追上"联合国军"的机械化和摩托化装备，即便追上也难以将其歼灭，而自身徒增疲劳，并且追击过远，在遇敌反扑时易陷被动。彭德怀指出："在朝鲜战场敌有大量飞机、坦克和美英军的机械化部队，而我军无飞机和战车配合作战，只靠徒步追击实有困难，追击效果亦不大。"（《彭德怀军事文选》，第425页）

另一方面，朝鲜战场南北狭长，三面环海，志愿军追击越远，侧后越暴露，侧后的安全受到的威胁也就越大。加之，志愿军后勤能力弱，追击越远，补给越困难。敌军凭借强大的空军和海军，不但对我战场后勤保障造成极大困难，我军每次战役进攻，都靠自带粮弹，只能维持一个星期左右，而又存在着敌在我后方海上登陆及空降的可能。"鉴于解决交通运输、补给问题、恢复部队体力、巩固海岸防务和巩固后方安全的迫切需要，我们没有采取猛追和连续进攻的方针是完全正确的。"（《彭德怀军事文选》，第366页）

因此，在运动战阶段，志愿军未实行大规模的深远追击，而只是进行了相应的追击，适时决定战役的进止。第一次战役，当追至清川江时，彭德怀命令部队停止追击，果断结束战役。第二次战役追至"三八线"时，彭德怀又命令部队结束追击，转入新的战役准备。第三次战役将敌追至"三七线"附近时，即停止了追击。1950年底，我军突破"三八线"后，打到"三七线"地区。此时志愿军物资供应极为困难，连打三个战役已十分疲劳，为防南进过远，被敌所乘，彭德怀高屋建瓴，部署就地转入积极防御作战。此举为后来的第四、五次战役和两年多的阵地防御作战创造了条件。如果当时继续向南猛追，其后果是不堪设想的。在第四、第五次战役中，亦只作了相机的追击，从而较好地掌握了战略、战役上的主动权。

彭德怀主张，实施追击作战，各级指挥官必须靠前指挥。彭德怀强调指出："敌由战场败退是恐慌混乱的，我追击愈猛此种现象愈严重。此时，敌最无战斗力。我击败敌人后发起追击时，由横宽的战斗队形，再变为追击的纵队或并列纵队，开始时不免会有混乱。但我军与败退之敌根本上是不同的，我气势甚壮，敌则相反。问题是在如何迅速调整缩短混乱时间，这只有高级首长赶至最前面，迅速调整和区分追击部队。在直属上级未到前，应立即向就近间接上级请示，并接受间接上级的指挥。在直接、间接上级均未到以前，同级指挥员应由资深者立即区分追击部署，继续追击，并一面报告上级。如同级无资深者，即按以先到的同级指挥员执行上述办法，以便迅速整顿混乱和调整部署，继续追击之。"（《彭德怀军事文选》，第426页）

第四章
游击战里谋胜敌

在中国共产党领导的长达22年的革命战争中，在人民军队的战略战术思想中，游击战占有特殊而又重要的地位。彭德怀参与指挥的中国革命战争，创造了人类战争史上游击战争最辉煌的成就，创立了一整套人民革命游击战争的战略战术。在土地革命战争和抗日战争时期，他坚持或组织实施了十余年的游击战争，经历了正规战向游击战、游击战向正规战每一次重大军事战略的转变，创造了彭德怀游击战兵法，是人民军队游击战争理论的一个具有独创性的组成部分。

一、游击战争具有重要的战略意义

游击战是弱势军队对付强敌、发展壮大自身力量的基本作战形式，在中国几十年的革命战争中，发挥了不可估量的作用，具有重要的战略地位。彭德怀不仅是一位战略家，而且是一位伟大的游击战的战术家，练就了灵活、巧妙，强敌大都为之战栗的游击战术，这些最拿手的游击战术正是他能够左右逢源、绝处逢生且逢凶化吉的秘诀之一。

在我军初创时期，彭德怀就鲜明地指出，盘旋式游击，是红军唯一良好的战术。红军由于实力比较弱小，革命根据地又处在不稳定状态，游击战争必然成为作战的主体形式。

平江起义后，新生的红五军处于由过去的正规战向游击战转变的时刻。在面临湘鄂赣三省敌军"会剿"的危难关头，彭德怀指挥弱小的红军，积极开展湘鄂赣的游击战争，采取同敌人打推磨仗（敌称为盘旋战术）的战术，欲北而南，欲进而退，跳在敌侧后方，使敌摸不着头脑，弄得敌人疲惫不堪。他体会到："在反革命高潮时，只有领导下决心与群众同甘苦，同生死，集中力量作盘旋式的游击才能渡过难关。"这与毛泽东的游击战术思想不谋而合。

1929年初，从井冈山突围后，彭德怀带领几百人的队伍，出没于湘赣边界的崇山峻岭之中，与敌人展开了机动灵活的游击战，避实击虚，袭于都，打远安，伺机打击敌人。就连国民党的喉舌《扫荡报》也不得不承认，"彭匪（指彭德怀的红五军）行动诡秘莫测，欲要全歼，实非易事"。经过四个月的艰苦转战，彭德怀带领红五军又胜利地回到井冈山，为创建井冈山革命根据地，为我军游击战思想的创立和形成作出了重要贡献。

井冈山斗争时期，彭德怀和毛泽东、朱德开辟了"上山打游击"的道路，学习"分兵以发动群众，集中以打击敌人"的作战方法，学习"十六字诀"的游击战争的作战原则，学习打游击性的运动战，积累了丰富的游击作战的经验。这一时期，弱小的红军与强敌作战并要战胜之，必须"集中力量

作盘旋式的游击"，切忌分兵对敌，"分则气虚胆小"。（《彭德怀军事文选》，第3页）

1937年7月抗战伊始，彭德怀就以深远的战略眼光，把游击战提高到战略地位，在我军高级指挥员中是少数人之一，充分显示出其远见卓识。

在中华民族处于生死存亡的危急关头，中共中央于8月下旬召开了洛川会议，确定了开展独立自主的游击战争，开辟敌后战场，创建抗日根据地的战略方针和任务。

彭德怀根据中共中央新的战略方针，认为必须把游击战争提到新的重要战略地位，广泛地开展游击战争，应成为整个抗战中的最重要部分。他明确指出："强大的民众武装和广泛的群众性的游击战争，是坚持敌后抗战的必要条件之一。没有这个条件很难支持长期的连续的战争，只有以游击战和运动战配合，游击战和正规战配合，不断困扰敌人，打击敌人，才能最后战胜敌人。"（《彭德怀军事文选》，第63页）"抗日军队、抗日政权和抗日民众三位一体的互相配合，是长期坚持敌后抗战的最重要因素。"（《彭德怀军事文选》，第70页）

9月初，朱德总司令和彭德怀率八路军部队开赴山西抗日前线，创造性地贯彻执行党中央的战略决策，从配合国民党军太原会战和我军创建抗日根据地两方面着眼，部署我军实施战略展开，广泛开展游击战争。

9月21日，朱德和彭德怀下令一一五师在晋东北地区活动，一二〇师转进晋西北抗日前线，一二九师准备开赴晋东南地区，在敌之侧翼积极配合国民党军作战。9月23日，指挥一一五师在平型关外侧，伏击向平型关进攻之敌，取得了抗战以来第一个歼灭战的胜利。

针对日军从山西北部入侵山西腹地的计划，10月21日，朱德和彭德怀又部署一二〇师在晋西北、绥东发动和组织群众；一一五师除聂荣臻率部留晋察冀创建抗日根据地外，主力移至汾河流域和晋南，创建吕梁山根据地；一二九师到达正太路以南，进入太行山区开展游击战。

11月，太原失陷后，国民党军队大部分退守黄河以南。在华北以国民党为主体的正规战争基本结束，以共产党为主体的游击战争占据主要地位。随着日军战略进攻的深入和国民党军队的南溃，中共中央和毛泽东决定将八路军正规部队留在敌后坚持游击战争。

朱德和彭德怀坚决执行党中央和毛泽东的指示，指挥八路军主力抓住有利战机，迅速大胆地深入敌后实施战略展开，在地方党组织的配合下，发动群众，广泛开展游击战争，创建抗日根据地。以一一五师直属部队及三四三旅南进，转移到吕梁山建立抗日根据地；一二九师依托太行山脉开展游击战争，建立抗日根据地。

1937年底，彭德怀等率部深入太行山区，开展敌后游击战争。经过八个多月的浴血奋战，在国民党70万华北驻军全面崩溃、10万日寇疯狂进攻的情况下，硬是逆敌而进，在五台山、太行山、恒山、华北平原展开了全面游击抗战，建立起晋察冀、晋西北、晋西南、晋冀豫四个战略支点。

1938年初，朱德和彭德怀遵照中央关于进一步开展平原游击战争的指示，对八路军进行了新的部署，逐步把八路军三大主力各分兵一部，深入到冀中、冀东、冀南、冀鲁边和冀鲁豫边广大平原地区，不仅开辟和发展了平原抗日根据地，而且使山区根据地与平原根据地相互依托，形成了广阔的华北敌后战场。

到1938年底，八路军在敌后迅速发展到15.6万人，晋绥、晋察冀、晋冀豫、晋鲁豫、晋西北、山东等抗日根据地基本形成，独立自主的游击战争初步形成规模，开创了华北敌后抗战的新局面。实践证明，这是从实际出发，坚持敌后抗战的正确道路。八路军在极其严酷的环境中，创造出一套适合敌后犬牙交错战争形势的军事政策和斗争方式。

为指导敌后游击战争，彭德怀在1937年至1939年先后发表了《争取持久抗战胜利的几个先决问题》《巩固敌后抗日根据地》和《进入新阶段的华北战争》等文章，深刻阐述了敌后游击战争的理论问题。

十四年抗战，朱德和彭德怀一起领导和指挥了世界战争史上最为宏大、最为壮观的敌后游击战争，并提出一整套抗日游击战术，与毛泽东的抗日游击战略观相辅相成，使中国人民军队的抗日游击战略战术，形成了一个完整的体系。正如彭德怀所指出的：十四年抗战，"锻炼出一套比较完善的、适合于敌我犬牙交错形势的敌后游击战争的军事政策。这一套军事政策，其实质是表现在密切实行联系农民的切身利益，战斗与生产结合，发挥群众性的农民游击战争的特长，而又不为农民的保守的地方主义所局限"。（《彭德怀军事文选》，第185页）

解放战争期间，我军以运动战、歼灭战为主，但彭德怀在指挥每次战役中，都对地方武装和民兵在战前进行伪装，战中、战后配合主力兵团作战，撤出战场和敌后游击战争，作出详尽安排，充分说明他在指挥大兵团作战中，也十分重视游击战争的地位和作用。

即使在抗美援朝战争时期，彭德怀仍然认为游击战是我军作战不可少的部分。只有游击战和运动战的配合，游击战和阵地战的配合，不断以游击战袭扰敌人、分散敌人、消耗敌人，才能为正规战造成有利条件，最后战胜敌人。第二次战役期间，他强调必须重视游击战，及时指出："游击战是当前我军作战不可少的部分。敌人有飞机飞到我军后方侦察我军情况，破坏交通，炸我物资，使我吃不上饭，得不到弹药补充，增加了我们的困难。我们现在没有飞机进行侦察和破坏敌人后方交通运输，因此，必须有积极的游击战，袭击和破坏敌后运输交通，分散敌人兵力，侦察敌情，直接配合作战。……各军还可以将现有的侦察部队组织起来，携带电台，配合人民军部队及地方工作人员插至敌后活动，其作用是很大的。""至于到南朝鲜去开辟敌后战场的游击战争，那是具有重大战略意义。"（《彭德怀军事文选》，第338页）。

游击战争之所以在中国革命战争中具有重要的战略地位，是由中国革命战争的性质和中国的政治、经济、地理环境决定的。对此，彭德怀在许多论著中作过深入的分析。

彭德怀认为，经济落后的国家或民族，要想抵抗强大敌人的军事进攻，应该广泛地进行游击战争，使之成为正规战争的得力助手。中国共产党领导的革命战争，是在敌我力量对比悬殊的情况下进行的，这一特点决定了中国革命力量必须有一个长时期的积蓄和锻炼过程，中国革命战争的形式也必然经过由低级阶段向高级阶段发展的过程。游击战是坚持持久战的一个重要条件，在革命力量还不足以与敌人进行正规战争较量时，游击战争必然成为我军作战的主体形式。从战争性质上讲，中国革命战争是最广泛和最彻底的人民战争，这一性质要求战争形式必须与之相适应，游击战争是组织民众广泛打击敌人的重要方式。从地域上讲，中国幅员辽阔，而政治经济发展极不平衡。敌人对各地区的控制是"不平衡的，不统一的。在帝国主义势力范围之间，有很多空隙，可以迅速发展游击战"。（《西行漫记》，战士出版社1979年版，第247页）另外，"中国交通道途不便，尤其是西南各省多山，我们的部队轻便，行动敏捷，敌则反之"。（《彭德怀军事文选》，第4页）可以在敌后建立根据地，配合正规战夹击敌人。

在彭德怀看来，游击战争的发展，会给侵略者以极大的危害，而对于我主力军的作战，则成为有力的助手。游击战争可以实现迷惑敌人、疲困敌人、阻击敌人、调动敌人、分散敌人的任务，以配合我主力军进行胜利的战斗，给敌人造成极大危害。敌人每深入一步，即被我群众武装重围一层。敌人集中，则以游击战方式包围它，经常地袭击和扰乱它，断绝其交通运输，封锁其消息，肃清汉奸，实行坚壁清野，使敌人精神上受到重大打击，资材上受损失，消息不灵，接济困难，犹如聋子瞎子一般。这样使敌疲困起来，麻烦起来，造成我主力消灭敌人的条件和机会。他认为，抗日游击战争的重要意义在于：可以有效地配合正面战场的作战；可以更好避敌之长，攻敌之短，以最小的牺牲换取最大的胜利；可以担负武装宣传队的任务，宣传党的抗战主张，动员和团聚广大群众为国家效劳，充分发挥民众的力量；可以光复国土，建立抗日根据地，不断发展壮大自己，积累力量。

他在论述抗日敌后战场作战的基本样式时指出："由于战斗力上的敌强我弱，产生了战争的游击性与根据地的游击性。"（《彭德怀军事文选》，第109页）从主观上说，我们是多想争取一些运动战的歼敌机会，但"由于敌我装备悬殊，敌寇广泛采用堡垒主义……因此运动战的机会大大减少，甚至在平原已不可能，游击战的比重大增加，普遍的游击战已成为敌后最基本的战争形式"。

总之，"发动群众游击战争，在敌人后方建立小块小块的根据地，来分散敌人力量，削弱和疲惫敌人，这是在战略上着眼争取主动，造成战役上各个击破敌人，取得胜利的必要条件"。（《彭德怀军事文选》，第41页）游击战"应成为整个抗战的重要部分"，"为欲达到长期地消耗敌人的力量，唯一的就是发动群众的游击战争"。（《彭德怀军事文选》，第40、44页）

二、游击战争是群众直接参战的最高形式

彭德怀明确指出："游击战争的定义应该是群众战争，是群众直接参加抗战的最高形式。"（《彭德怀军事文选》，第44页）

怎样才能发展游击战争呢？彭德怀认为答案只有一个，就是要广泛发动群众，"只要有群众，就能够发展游击战争，因为游击战争是群众参加抗战的最高形式"。（《彭德怀军事文选》，第44页）他强调指出：游击战争并没有丝毫神秘的地方，"只要你认识到开展游击战争的重要，只要你相信群众的力量，只要你相当的给以推动与帮助（如少数武器），你便可以号召起广大的群众加入游击队，进行抗日的武装斗争。任何人、任何军队都有组织抗日游击战争的任务。而且任何军队都有这个平凡的本事"。（《彭德怀军事文选》，第41页）

他认为，发动群众游击战争，在敌人后方建立小块根据地，来分散敌人的力量，削弱和疲惫敌人，这是在战略上着眼争取主动造成战役上的各个击破，取得胜利的必要条件。在战役战术上则应该以主力用于突击方面，以大步进退的战术原则，深入敌人后方，攻敌要害，调动敌人，在敌后方左冲右突，破坏敌人的作战计划，争取主动。

在他看来，游击队只要有很好的政治纪律，相信群众，依靠群众，帮助群众，它不但能够存在，而且能够发展。对周恩来把游击队和群众的关系比

喻为鱼和水的关系，他非常赞同，说"这是最恰当不过的比喻。鱼在水中必然活跃自如，鱼离开水自然只有死亡。游击队只要具备了群众的条件，再加入巧妙的游击动作，它是一定能够在抗日战争中，发挥其非常伟大的作用的"。（《彭德怀军事文选》，第41页）

彭德怀深刻论述了发动群众进行游击战争的重要性："要长期坚持敌后抗战，还必须把一切人民动员起来，组织起来。为达到这个目的，必须灵活地采取不同的方式和方法，不论在敌占区或我占区，不论男、女、老、幼，都要深入地动员和适当组织起来。"（《彭德怀军事文选》，第187页）"有了民众的动员，前方的人力可以得到如意的补充。军队作战的人力消耗是很大的，加上我们还需要组织更多的新的军队，才能应付战局开展的需要，这就非要全民族的动员不可。""有了民众的动员，可以增加后方的生产，特别是军需工业的生产，保障战争需要的源源供给，可以使军队得到民众无量的帮助。"因此，结论是十分明确的："全民的动员，是持久抗战胜利的保障。"（《彭德怀军事文选》，第49页）

抗日战争中，朱、彭指挥八路军依靠群众的力量，战胜了强大而险恶的敌人，战胜了一切困难。

彭德怀一方面注重抓抗日根据地的建设，另一方面十分重视进行整体战，注重抓人民战争几种斗争形式相结合的工作。他按照各个不同的具体环境，采取各种不同的编制。他要求正确处理地方军与主力军的关系；充分发挥民兵的作用，组织"普通民兵和基干民兵、村镇小组，区有区队，县有独立团、营支队"。他强调发展武装工作队（武工队），指出它是党、政、军、民统一的组织形式，一般政策水平比较高，善于分析具体情况；他们对每一个斗争对象非常灵活机动，处处为人民利益着想，把各种形式的斗争结合得特别巧妙。

彭德怀领导和指挥八路军，紧紧依靠人民群众，一切力量都出自群众身上，一切办法也都由群众创造出来。人民群众不仅创造发挥了麻雀战、地道战和地雷战的威力，而且还创造了许多越来越巧妙的打击敌人的战法，如埋伏在敌人碉堡附近，敌人一出门便给以痛击的"堵门战"；埋伏在树林村边活捉零散人员的"捕捉战"；敌人走到哪里民兵就打到哪里的"车轮战"；同敌人转圈子的"推磨战"；一村打响四处驰援的"蜂窝战"等等，真正造成了陷敌于灭顶之灾的人民战争的汪洋大海。彭德怀几乎走遍了华北的广大地区，和群众一起创造、总结了包括地雷战、地道战、麻雀战、破袭战、水上游击战等在内的各种巧妙的群众性游击战法，有力地配合了主力部队作战。

他强调要重视民众武装。"没有民众武装和游击战，正规军便失去了耳目，失去了羽翼，它的力量将会大大减弱，它的困难将会增多。民众武装，在后方可以镇压汉奸，维持地方秩序；在前线它可以袭击敌人，配合作战。它的力量是伟大的。同时，民众武装和游击队又是补充正规军的重要源泉之一。"（《彭德怀军事文选》，第41页）

经过艰苦奋战，八路军创造了华北等地的大片解放区，由几万人发展壮大成40万人的大军，取得了人民战争的辉煌战绩。正如他所指出："八路军的战术，人民战争的战术，它是建筑在人民群众的基础之上，来自人民又为了人民的。抗日战争是反对日寇侵略我国的民族战争，它本身就具有极其广大的社会基础。除了极少数死心塌地的汉奸之外，人民中各个社会阶层，都能动员起来，为保卫民族独立，为保卫国土而奋斗。正因为如此，八路军的一切行动，获得了广大人民的支持与援助，与人民利益密切结合，从而保证了取得胜利的可能。"（《彭德怀军事文选》，第187页）

三、积极作战，只打弱敌

游击战争一定要树立积极作战、打击敌人的思想。要以消耗敌人为主，但不放弃一切可能消灭敌人的机会。要切实掌握力争主动、避免被动的原则，用积极的动作打乱敌人的部署，为打击敌人创造有利条件。

红军初创时期，力量十分弱小，只有进行游击战，才能不断地消耗和歼灭敌人，锻炼和壮大自己；只有充分利用敌人内部战争的混乱时机开展攻势作战，才能迅速地发展游击战争。1930年初，国民党军主力都被调去参加蒋冯阎桂之间的大规模军阀混战，同红军作战的主要是国民党的一些守备部队、地方部队和地方武装，这在客观上给红军和革命战争以有利的发展时机。彭德怀率红五军，乘敌人混战之机，以进攻的姿态，有计划地开展攻势作战，或依托根据地，采取积极防御的方针，打破敌人的"进剿"和"会剿"，使红军游击战争不断发展，红军的战斗力不断提高，苏区也得到巩固与扩大。

抗日游击战争也是如此，必须用自己的积极动作，改变敌人的部署，为我军歼敌造成有利条件。对付敌军的围攻、"扫荡"，敌后游击战争宜采取敌进我进、内线作战和外线作战相结合的方针，以分散对集中，以集中对分散，正规军与民兵、游击队相配合，以"麻雀战"等战法袭扰疲惫敌人，集中主力寻机歼敌。

（一）专打小敌，力避大敌和强敌

处于弱小的游击力量，要保存自己，消灭敌人，必须找到适合自己的战法。彭德怀指出，当革命军队处于弱小的发展时期，不具备同敌人打大仗的力量。敌人的强大和红军的弱小形成了尖锐的对比，这就决定红军只能在敌人后方神出鬼没地活动，避实就虚，避免同敌主力交战，积小胜为大胜，以最小的牺牲换取最大的胜利，逐步消耗敌人和壮大自己，最后战胜敌人，这是游击战争的重要指导原则之一。"敌人兵力较少，我就打他，较多我就避免。这是我们多次得来的经验。"

1936年彭德怀在接受斯诺采访时，对红军游击战争的战术原则作了详尽的阐述，提出了"红军力量所系的十条作战原则"，其中特别强调在作战指导思想上，不打没有优势的仗。游击战的特点是进攻，而进攻目标的确定却必须建立在打得赢的基础之上。彭德怀提出："游击队不能打打不赢的仗。除非有很大的胜利把握，否则不同敌人交战。"在同敌军正常交战时，游击队的人数必须超过敌人，"游击队要避免同敌军主力交战"。

在土地革命战争和抗日战争中，彭德怀正是运用这种避实就虚的手段与强敌作战，不断消耗敌人的力量，壮大自己的力量，最终赢得战争的胜利。

平江起义后，面对十倍于己之敌对红五军的"会剿"，彭德怀明确提出一次作战"消灭白军一个营为目的，尽量避开打硬仗"，（《彭德怀自述》，第109页）正是运用这一作战方针，粉碎了敌人的三省"会剿"。一年后，彭德怀总结平江起义后游击战争的经验教训时指出：在红军队伍初创时期，在各地革命势力发展未平衡，离全国范围总暴动期间尚远的时候，红军唯一的良好战术，即是力避硬战，打破恃险死守，以避实就虚，专击小敌为上策。在环境较好的时候，宜迅速集中部队，进占政治经济中心地点。如遇敌人进攻和"会剿"时，则采用有计划的适当的分散，但部队不宜过小，亦不宜过小。在敌人"进剿"时，可乘间至敌人之背后击其虚处，使敌有顾此失彼、鞭长莫及之虞。

抗日战争中，日军对我抗日根据地进行一次比一次更凶恶疯狂的围攻和"扫荡"，且不断变换战术。敌人从"长驱直入、多路围攻"到"四面包围、分进合击"；从由点到面、逐步推进到集中重兵、铁壁合围，但均告失败。这是因为，无论敌人怎样变换招法，彭德怀始终坚持力避硬战、只打弱敌的原则。在敌人采取多路进攻时，只以部分兵力（一路）在人民群众的配合下牵制敌人，主力则跳出敌包围圈，选择有利于机动的地区隐蔽待机；当出现有利战机时，则集中主要兵力歼灭敌之一路。

（二）以分散对集中，以集中对分散

孙子曰：以分合为变。作战时必须迅速地、隐蔽地从不同方向集中，给敌人以突然猛烈的打击；一旦战机消逝，再迅速地、隐蔽地疏散。分合变化，对于攻守都是必须做到的。游击战的特点要求部队必须在战场上能分能合，善分善合。

以我之分散破坏敌之集中。在敌强我弱的条件下，只有各个击破才能实现强弱转化，而各个击破的前提是要造成敌人的分散。因此，当敌兵力相当集中时，我要求得战机，最有效的办法是以我之部分兵力分散袭扰敌人进攻部队和袭击敌之供应基地、后方战略要点、交通枢纽要害部位，从而迫使敌分兵防范，使其难以集中更多的机动兵力，或迫使其把已经集中起来的兵力再分散开来，为我集中优势兵力各个歼灭敌人创造条件。

红军初创时期，彭德怀就指出：红军的游击战术，"务须按照地形、敌情而采取适当的集中与分散来应付客观环境较为妥善，不宜呆板来用何种方式"。（《彭德怀军事文选》，第3页）要根据战争进程的发展，当利于集中则集中，利于分散则分散。抗战中彭德怀将这种对策称之为"以分散对集中，以集中对分散"，"即以班、排、连为单位，组织战斗小组，配合当地民兵、游击队，在日军前进或宿营时，进行袭击扰乱，达疲劳削弱敌人。集中主力，采取敌进我进，从敌间隙转换阵地，寻找有利战机，歼灭敌军弱小部分"。（《彭德怀军事文选》，第636页）

分散兵力是指根据作战的客观需要，把兵力分为几个部分，用于不同的战场和作战方向，即"化整为零"。

彭德怀认为，兵力的分散使用大体是依以下几种情况实施的：敌取守势，暂时无集中打仗之可能，需要对敌进行普遍的袭扰和破坏时；在敌大兵团进攻面前，由于敌之兵力集中而我之兵力有限需要分散敌之兵力时；遭强敌围攻，一时无法打破其围攻，为减小目标转移兵力以脱离敌包围时；为保证我在主要攻击方向上形成兵力上的绝对优势，需要在其他方向上对敌进行牵制和阻援时；需要在广大地区进行群众工作和帮助地方政权进行根据地的建设时。显然，这里所说的分散，是指与集中兵力相辅相成的分散，而不是与集中兵力相背离的那种分散。彭德怀在论述红军游击作战中的分散时指出："部队不宜过大，亦不宜过小。过大行动不敏捷，难免不遭意外的硬战；过小则类穿山甲，倘遇挨户团、靖卫队都难抵御……以三四十人一股为适宜。"但"有特殊任务……如肃反、打土豪等，适宜于一二十人枪为一股，方能行动敏捷迅速"。（《彭德怀军事文选》，第15页）

1937年11月，侵华日军在有了几次挨打的教训之后，为不给我军歼其一路的机会，变过去围攻时的长驱直入为逐步推进，大力修道路，设据点，企图以这些新的点线来分割我根据地，尔后再分区"清剿"，各个击破，以实现面的占领。敌人在兵力的部署和使用上，采取先集中后分散，即"扫荡"开始时，首先集中主力四面包围，分进合击，并建立新的点线，尔后高度分散部署兵力，依托点线进行所谓的"神速机敏的讨伐"。

对此，彭德怀指挥华北敌后抗日根据地军民采取广泛分散的游击战，以分散对敌之集中，以集中对敌之分散。即在敌开始"扫荡"之后，避其锐势，我主力分散转移，到各路"扫荡"之敌侧后，打击敌人，切断敌后方补给线，以主力一部与地方武装和民兵游击队相结合，于内线袭扰、消耗、疲惫敌人。当敌分兵转入建立新点线，采取高度分散部署时，或敌在我根据地内难以立足实行撤退时，我则集中兵力，逐一摧毁敌之据点或在敌撤退中选择好打之敌予以歼灭性打击。执行这一作战指导原则的结果，不但敌人围攻、"扫荡"被我粉碎，敌人的有生力量受到极大的消耗，而且我敌后抗日根据地军民的力量不断增强，到1939年，八路军开辟的华北敌后根据地已成为抗击在华日军主要兵力的广阔战场。

（三）盘旋式打圈子

在游击战中，由于我方力量弱小，为避免硬战、争取主动，总是采取退却和转移行动，而敌人随之穷追不舍，企图一举消灭我军。这时，我军必须利用有利的地形和群众条件，充分发挥自身轻便灵活的优长，与敌人盘旋绕圈子。正如彭德怀指出，在这种情况下，"可作盘旋式的绕圈子。如遇到万分险恶敌人追击不已时，须准备向导多人，分置前卫后卫，利用秘密式的夜间行营，稍至数十里远的地方或至普遍有组织的区域作短期间的休息，并力将消息封锁，勿使泄露，使敌军失去目标，遗忘去向"。（《彭德怀军事文选》，第15页）

这种方法使得敌人难以找到我军，更打不着我军，有的甚至被我军拖垮而被迫停止进攻。这样，我军便达到了保存自己、待机破敌之目的。这种方法，还可以分散敌人的兵力，暴露其弱点，利于我军抓住有利战机，集中兵力歼敌一部，恢复主动地位。这是在游击战争中，处于弱小的我军对付强大敌人追击的有效战术。

1929年8月，彭德怀率新成立的红五军撤出平江后，向湘鄂赣三省交界的罗霄山脉东北部转移，9月中旬到达修水以南的铜鼓地区。这时三省的敌人联合行动，"会剿"红五军。湖南何键部陈光中旅进到平江东北之龙门土龙铺、大口段一线；湖北鄂军戴垣部进至咸宁、崇阳、通城地区；江西的鲁涤平也从江西派出朱培德主力五个团进至武宁、铜鼓、万载南北两线。敌人气焰嚣张，步步向修水推进。敌人总兵力约三万人，而红五军不足三千人。

面对异常险恶的形势，彭德怀采取同敌人打圈子、打推磨仗的战法，跳到敌军侧后方，使敌摸不着头脑，疲惫不堪。

彭德怀率红五军避开敌人正面主力，向万载大桥转移。湖南张辉瓒的三个团突然向大桥我军袭击，敌我众寡悬殊，彭德怀指挥部队向平江、浏阳、修水、铜鼓四县边界山区转移。湘赣两省敌军尾追过来，彭德怀便利用罗霄山脉北段的良好地形，从土龙山向北沿着幕阜山直插东北的九宫山，又巧妙地西进鄂南。当敌人疲惫地追到鄂南时，彭德怀早已率领红五军向通城、通山前进了。

不等敌人追到通山，彭德怀出敌意料杀了个回马枪，从敌侧翼折回，向九宫山和修水、武宁间南进。当接近修水渣津时，侦察得知江西省府的一个宪兵大队和"靖卫团"驻在渣津。彭德怀考虑红五军突然来到，敌人毫无察觉和准备，而我军兵力又超过敌人数倍，可乘其不备，出其不意，全歼敌人。遂命令部队发起突然攻击，守敌猝不及防，全部被歼。此战缴获了大批枪支弹药和军需物资。

敌人得知渣津失守，气急败坏地向渣津扑来。而彭德怀早已率部撤出，转向罗霄山脉北段以东的大山区修、铜、万边界去了。敌人扑空后仍不甘心，又跟随过来。他们被彭德怀牵着鼻子在崇山峻岭、密林峡谷中艰难跋涉，不但无法找到红五军主力决战，还时常被袭扰，天天都有伤亡减员，弄得疲惫不堪、垂头丧气。

敌人被拖到10月中旬，精疲力竭，再也无力和红军周旋。这时彭德怀又率红五军从东北转到西南铜鼓幽居，休息了五天。三省敌人士气低落，不愿再翻山越岭跟着红军打"推磨"战，只得带着满腹无奈打道回府。经过45天的艰苦奋战，红五军终于粉碎了三省敌人的"会剿"，开创了湘鄂赣边界根据地。

（四）善于调动敌人，力避恃险死守

游击战是分散流动的作战形式。流动性、无固定作战方向和作战战线，是游击战的一个显著特点，也是开展游击战争的弱小军队之所以不会被强敌消灭的护身法。彭德怀认为，坚持这一作战指导原则，就是要避免打势均力敌的消耗战，尤须力避对敌坚固的防御阵地的攻坚战和为防守某一地区的"恃险死守"。

在1929年初的井冈山守卫战中，彭德怀率红五军800余名将士，以少量的轻武器和每人仅有的10多发子弹，抗击十几倍于己的敌人，守卫在黄洋界、八面山、桐木岭等哨口，凭险抗击，与来犯之敌激战两天，但终因寡不敌众，黄洋界、八面山相继失守，在这种万分危急的情况下，彭德怀考虑到，如果继续坚守硬拼，不仅不能阻止敌人前进，而且会全军覆灭。他与党代表滕代远当机立断，决定按计划收拢原红五军大部及伤病勤杂人员，从敌人力量较为薄弱的荆竹山成功突围。

这说明，只有打破恃险死守，才能保存弱小游击部队的有生力量，从而恢复和开辟革命根据地。彭德怀的这一思想，是对敌我力量对比悬殊情况下弱军获得生存和发展的客观规律的深刻认识。可是当时许多游击战争的领导者对此是认识不清楚的，他们总是超出自己的实际能力去企求不可能的胜利，结果往往损失惨重。

1929年7月初，彭德怀率部回师井冈山，后中共湘赣边特委、永新县委、红五军军委召开联席会议讨论部队发展方向问题。中共湘赣边特委书记邓乾元和与会多数同志主张夺取安福城，以逼退莲花、永新两城的敌人，解决经济困难，发展苏区。

只有彭德怀独持异议。他认为刚整编不久的红五军还不具备这个实力。他向大家分析敌我情况时指出，安福虽然不大，可是城墙高，又很坚固，不易攻克。红军一旦攻城，敌必定从永新、莲花、吉安三面增援，而我力量较敌薄弱，无力打援，可能陷入被动。可是邓乾元等绝大多数人都主张打，彭德怀只好服从。

结果不出彭德怀所料，红军向安福城进攻，在离城30里的红福桥和敌军刚一接触，敌军便撤回城内，红军追至城下，发现有敌人一个多团严阵以待。彭德怀立即意识到敌人早有准备，企图诱使红军攻坚，调莲、永两敌从后背进攻红军。为避免损失，彭德怀决定原路撤回。在返回途中遭敌三面援军的伏击，陷入重围，经过拼死血战才杀开一条血路突出敌围。这一仗红五军伤亡300余人，并牺牲多名将领，给红五军造成了难以弥补的损失。由于彭德怀在作战过程中仍坚持了力避硬战的主张，没有强行攻城，果断撤出战斗，才避免了全军覆灭。

彭德怀后来在回忆这场争论时说："争论的结果，他们是全体，我是完全孤立的一个人，就采取少数服从多数，决定了一次非常错误的行动，几乎全军覆灭。"（《彭德怀自述》，第132页）彭德怀认为，游击战必须具有最大的弹性，一旦看出对敌人兵力或准备或火力的估计有错误，游击队员应该能够像发动进攻那样迅速地脱离接触而后撤。

彭德怀还认为，在敌我力量对比悬殊情况下，死守一城一地"御敌于国门之外"也是必定要失败的。他指出，即使是井冈山这样地势险要、工事坚固、群众基础很好的地区，在敌大我小的情况下，恃险据守都是要失败的。"其最大的原因，就是敌人军事势力与我们武装力量，众寡悬殊。如敌人进攻井冈山而言，敌人作战时可以换班，消耗子弹有接济，伤亡官兵有补充，有西医诊治，而我们往往都成反比例，很难持久抵御，以致保守归于失败。"（《彭德怀军事文选》，第16页）后来他在同美国记者斯诺的谈话中又强调指出，游击部队的"极大有利条件就是优势运动能力，在运用这种能力方面如有错误就意味着灭亡"。（《西行漫记》，第250页）

四、创造新的游击战法

1938年2月4日，朱德和彭德怀在总结入晋抗战以来经验教训的基础上，曾提出运动战、游击战的五条基本原则：（一）自主的有计划的去进攻和进扰敌人，切忌被动的应战。（二）集中优势兵力，突然包围袭击薄弱之敌而消灭之。（三）避免无把握的战斗。万一被迫应战，见无胜利把握时，应毫不留恋地向安全及便利于进行作战地带撤退。（四）如遇敌人进攻，只以极小部与敌作有弹性的周旋，主力应隐蔽的迅速的转向敌侧后突然袭击。（五）战斗胜利，应估计敌之援兵可能与否，自己部队应作战斗准备或转移适当地带，不要久驻一地。（《朱德军事文选》，第316页）

彭德怀认为，游击战术，进攻时主要是奇袭，速打速决速撤，避免同敌军打阵地战。游击战的特点是进攻，进攻战术是奇袭，乘敌不备，出其不意地攻击。要充分运用声东击西等方法，打击敌最薄弱、最致命的环节。

关于游击战的战术，彭德怀总的认为应采用毛泽东和朱德提出的"敌进我退，敌驻我扰，敌疲我打，敌退我追"的十六字诀，具体提出下列10条：

（1）红军不能打打不赢的仗，尽力避免可能遭受损失很大的战斗；

（2）以奇袭为主要战术手段，必须避免进行阵地战；

（3）游击战必须具有最大的弹性，每战制订周密计划，特别要制订退却计划；

（4）充分运用声东击西的战术，战斗必须有很大的灵活性，如遇情况变化，应迅速撤出战斗；

（5）要充分发挥自己优势的运动能力，否则就意味着灭亡，全面运用诱敌、欺敌、激敌、埋伏等战术；

（6）在与敌正常交战时，兵力必须形成优势，行动要迅速坚决，应向敌最薄弱、最致命的地方攻击，避免与敌军主力交锋；

（7）要经常变换集中位置，神出鬼没是取得成功的必备条件，严格警戒，不使敌人发现自己所在地，为不使敌发现而遭袭击，游击队应经常变换

驻地;

（8）不能和群众分开，以便组织群众侦察敌情，决定自己的行动;

（9）游击队应具备勇敢、敏捷、机灵、秘密等作风;

（10）争取农民援助和参加自己的队伍，否则就失去了存在和发展的基础。

这10条，集中体现了游击战的进攻性、灵活性、主动性、速决性、分散性、群众性等特点。彭德怀还强调，无畏、迅速、周密、机动、保密、神出鬼没和坚决果断，是红军进行游击战争的基本要求。

依据作战对象、目的和方式的不同，游击作战的战术一般可分为袭击、伏击、破击和袭扰等主要战法。彭德怀指出："在技术弱于敌的军队方面，奇袭、伏击、夜袭胜过正规对战。"（《彭德怀军事文选》，第42页）

（一）乘敌不备，奇袭制敌

由于进行游击战争的军队在军事力量上处于明显的劣势，一切双方有准备的正面交锋都不可能是敌人的对手，这也正是敌人所希望的和游击战争领导者应当努力避免的。彭德怀认为，革命游击战争有自己的拿手战法，这就是袭击，这是在敌后作战的主要战术手段，游击战争的基本作战形式是袭击。

袭击战，是以歼灭和部分歼灭敌人为目的，乘敌不备，对驻止之敌出其不意地攻击。它是游击战的主要战法之一。在中国共产党领导的军队和游击队中，袭击是非常重要的战术。袭击、奔袭，都是游击战争的主要战斗方法。袭击战、奔袭战，不仅适用于对进入根据地的敌军作战，而且也适用于对根据地以外的孤立之敌作战。袭击的主要特点是：敌静我动、以动制静、速战速决、以奇制胜。在游击战争中，处于弱小的一方，要战胜强大的敌人，在作战行动上，必须秘密和神速，出敌不意，速战速决。抗日战争中，袭击战成为彭德怀指挥八路军对日作战的主要战法之一。袭击的目标主要是敌之交通线据点、后方兵站、机场等。

［故事一］

1929年3月，彭德怀率红四军第三十团主力，进至莲塘和东山一带，遭到赣军驻雩都的第五师刘士毅十五旅的攻击。

正在这时，彭德怀侦察得知，敌刘十毅只留一个营在民团配合下守雩都城，遂决定采取避强击弱的战法，奔袭雩都县城。

3月6日晨，红三十团主力由莲塘、东山出发，日夜兼程强行军18个小时，行走140里，夜半时分赶到雩都，兵临城下。

黎明时分，彭德怀亲自架梯带头爬向城墙，率领部队以迅雷不及掩耳之势包围并攻入敌营房。雩都县城守敌毫无所知，束手被擒。红五军以283人枪歼灭敌600余人，俘虏300余人，活捉了县长，缴获一批枪支弹药，筹措了军款。这次成功的袭击，恢复了红五军的元气，打击了敌人的气焰。赣南的群众奔走相告，称赞彭德怀的队伍是长了翅膀的神兵。

仅在1937年10月，八路军发动的较大的袭击战就有四次，其中最著名的阳明堡夜袭战，一举炸毁敌人作战飞机24架，是继平型关大捷后对日军的又一次重大打击。这次作战是在彭德怀的指示和部署下进行的。

［故事二］

1937年10月8日，彭德怀陪同周恩来赴忻口，与第二战区副司令长官卫立煌商谈忻口布防及八路军的配合问题。卫立煌心情焦虑地谈到，每日清晨即有日军飞机来我方阵地侦察，随后以数十架飞机轮番轰炸，对我方阵地威胁极大，每天的损失几乎有一个团的兵力。

彭德怀对这一情况严重关注。第二日拂晓，他就来到总部院内仔细谛听在重峦叠嶂中隐隐回响的飞机声。起初大家以为飞机是从北平飞来的。彭德怀根据飞机的航速、航向和到达忻口的时间判断，忻口附近必有日军的临时机场，即下令侦察。

10月12日，朱德和彭德怀电告蒋介石、阎锡山等："发现代县已有敌机着陆场，因我袭击敌人后方交通，故连日敌机运输粮弹。"同时，彭德怀命令刚刚开入晋北的一二九师之六七九团（团长陈锡联）进入代县，实地侦察。发现侵华日军在代县西南滹沱河北岸阳明堡建有前线机场，对忻口友军阵地进行轰炸的飞机即是从这里起降的。彭德怀得知这一情况后，下令以突然袭击的手段击毁敌机场。

陈锡联进一步周密侦察，查明敌机场有飞机24架，驻有警卫和地勤人员200余人，机场周围设有铁丝网和简单的防御工事。据此，陈锡联等决心夜袭阳明堡机场。

10月19日，陈锡联指挥部队向敌机场发起进攻，经一小时激战，击毁敌机24架，歼敌100余人。六七九团官兵顺利撤出战斗。这是八路军继平型关大捷后又一次振奋人心的胜利。忻口上空一度见不到日机的踪影，消息传到友军营连，官兵奔走相告，拍手称快。

［故事三］

1938年4月上旬，从东、西、北三面进犯的日军相继侵入抗日根据地，大肆烧杀抢掠，大小村庄及城镇皆成焦土。其中，南面日军一〇八师团步骑兵，分两路北犯。左翼一一七联队经段村攻占武乡，兵力较弱；右翼二十五旅团旅团长苫米地亲率一〇五联队等部，经蟠龙、墨磴进占辽县，烧毁了历史悠长的武乡县城。

4月11日，朱德和彭德怀令待机的一二九师主力从涉县北星夜赶赴武乡，予敌以严惩。

苫米地是日军中一位凶狠毒辣、刚愎自用的将领，自诩精通八路军的游击战术，叫嚣要打垮八路军的主力部队。这一次，见苫米地一味地孤军深入，不与友邻协调行动，根本不顾忌自己侧背暴露，一二九师师长刘伯承判断，苫米地又犯了好大喜功的老毛病，企图独占九路围攻的头功，决定将计就计，把苫米地的部队放到武乡、辽县之间来打。这一带地形有利，山高路险，蟠龙、墨磴一带是很好的伏击战场；群众深受日寇蹂躏，又经过发动，积极要求帮助八路军消灭日军。刘伯承发现，单独吃掉比较弱的左翼一路更为有利，便故意放苫米地北去辽县，派出部队密切监视敌一一七联队的行动，等候最有利的战机。

4月13日，这两路日军6000余人窜入辽县、武乡，立即遭到当地抗日游击队的袭扰，加上广大群众实行了"坚壁清野"，日军很快陷入饥饿和恐慌之中。

刘伯承得知这一情况，立即抓住战机，于14日指挥陈赓旅、陈锡联旅和一一五师徐海东旅一个团协同动作，由涉县以北地区向西急进，配合国民党曾万钟军围困段村。

当天夜里，刘伯承率部涉浊漳河抵段村北面的黄岩、马牧地区，转到日军一一七联队的左翼侧，造成歼敌的有利态势。

第二天，有侦察情报说：武乡日军进到榆社后，因城中群众"空舍清野"，无法获得粮秣给养，去辽县的道路又遭严重毁坏，所以又返回来了。

当天夜里，刘伯承得到报告，段村和武乡城里的敌人向东撤退，其后卫部队还在马庄停留，感到这是"击其惰归"的极好时机，决定及时把原来的围困改为急袭，紧紧地咬住这股东窜之敌，进行急袭，令七七一、七六九两个团沿浊漳河南岸，七七二、六八九两个团沿浊漳河北岸山地实施平行追击，隐蔽快速猛追。

一二九师的两路纵队，于16日早晨在浊漳河北岸的长乐村地区追上了日军。此时，日军正行进在狭窄的河谷里，一面是浊漳河，一面是山崖，战机稍纵即逝。在另外两个旅还没有赶到的情况下，陈赓率部抢占有利地形，先敌开火，把日军阻击在河谷中，并将其截为数段，分割围歼。激烈的战斗从清晨打到下午3时，日军伤亡2200余人。这时一二九师刘伯承得知从辽县增援的日军部队即将赶到，已无歼灭此股援敌的把握，果断命令主力部队立即撤出战斗。

长乐村急袭战，歼灭了九路日军中最骄纵、精锐的一路，各路日军闻风丧胆，纷纷回撤。

彭德怀认为，袭击有两种，一种是对敌人的静止部队，即普通的袭击；一种是对敌人运动的部队，即所谓伏击。

实施袭击战之前，制定详细进攻计划，选择有利条件，乘敌人不备向敌人力量薄弱的一点突然进袭。如果当时没有这种条件或是条件不够，就要设法创造，设法补足。他认为，根据敌人的素质、指挥者的个性以及战术等，创造这种条件是可能的，只要抗日游击队能根据争取主动的原则随机应变，例如声东击西、忽南忽北、虚张声势、散播谣言、围村打扰、清野空舍、利诱敌人、激怒敌人等，总可以找到一个非常好的袭击机会。

彭德怀认为，正确地选择袭击目标和时机，是袭击成功的前提。袭击目标主要是驻止的敌人，应根据战斗目的和掌握的情况权衡利害作出选择，其基本原则是：目标既是敌之要害又是其兵力薄弱或疏于防范之处，同时不利于敌之增援而便于我之隐蔽接敌和迅速撤离。袭击的时机，视敌人的活动规律和我之运动接敌及撤离战场的时间而定，通常应选择在夜间、拂晓或黄昏。在气象不良的条件下，如浓云密雾等利于我运动而敌孤立无援时，也可在昼间进行。

袭击战成功的关键，在于出其不意，攻其不备。因此，秘密隐蔽接敌，是袭击行动所必不可少的条件。彭德怀指出，袭击战"在未与敌接触时，必须秘密隐蔽，使敌不发觉"。（《彭德怀军事文选》，第73页）通常应根据敌情、地形任务和战斗编组，选择数条极其隐蔽的小路或越野路线，尽量取捷径，有时为了避开敌人的警戒或为了迷惑敌人则应绕道接近目标。在条件可能时，化装成敌军或其他不使敌人识破的人员，也是隐蔽接敌手段之一。

袭击战的实施必须是突然而迅猛的。要乘敌无备，以突然的动作，猛击敌人要害，歼灭敌人有生力量。彭德怀特别强调，与敌"一接触时，要突然投入战斗，白刃冲杀与敌混战，使敌人的优良兵器不能发挥作用"。如在接近敌人被发现实施强袭时，应注意发现敌之薄弱环节趁敌未完全展开之际，以猛烈的近战火力，摧毁敌人的火力点和指挥部。我之"火力与运动密切配合，就是说，在运动时集中火力于攻击点"，力求迅速解决战斗。而当"袭击不奏效或估计无法奏效时，应当机动灵活地、适时地退出战斗"。（《彭德怀军事文选》，第73页）如袭击一开始就发觉敌人有了准备，或敌情有了较大变化一时难以得手，或敌增援兵力较大等，都应毫不犹豫地撤出战斗，以免遭受损失。袭击成功后，必须尽快撤离战场，以免遭敌援兵的围攻或火力报复。

（二）示形动敌，设伏聚歼

伏击战，是对正在运动之敌施行的战法。即预先将部队隐蔽地埋伏在敌必经道路之侧，当敌进入伏击圈时突然发起攻击，迅速歼敌于运动之中。孙子在《势篇》中对伏击战有一段非常精辟、非常完整的表述："故善动（调动）敌者，形之（示假隐真），敌必从之；予（饵兵诱敌）之，敌必取（贪取）之。以利动之，以卒待之。"

伏击又通常分为待伏和诱伏。待伏是已经掌握敌人的行动规律或获得敌准确的情报后，将部队埋伏在敌必经地域而加以歼灭。诱伏，是使用主力预先在选定的伏击地区埋伏，以部分兵力引诱敌人进入伏击圈，突然攻击歼灭之；或者以"围点打援"的办法引敌上钩。伏击的特点是敌动我静，歼敌于不意和无准备之中。彭德怀在指挥八路军八年敌后抗战中，用于歼灭敌人有生力量的主要手段是伏击战。

伏击战就性质而言，属于遭遇战，有预期的、不预期的两种。预期的采用埋伏的形式，不预期的采用急袭的形式。

埋伏，就是在敌之进驻地内，或经路线侧，配备所要兵力，以突击敌人之意。因其实施地域之不同，又分地区埋伏、经路埋伏两种。（1）地区埋伏。系在敌之进驻地内，预先配置多数队员，化装潜伏，利用各种行艺、游技，接近敌人，窥探其内容，以期伺机扰乱，或歼灭之。（2）经路埋伏。在预想敌人必须经过路线之侧方，配置所要兵力，以俟敌来而突击之，常能以少而击众，唯在敌人严密搜索之下，常是不易收功，故在地形之遮蔽上，应加意研究之。

彭德怀认为，伏击战要领主要包括：首先，事先有严密而周详的计划，有详细的布置；其次，侦察哨关系整个伏击的成功与失败，最好由最高指挥官亲自担任；最后，在选择伏击地的时候，最好不要有房子及其他建筑物可为敌用来做支点（因为我炮兵弱，敌人倘若据房子顽抗，常不易迅速解决战斗），居民多的地方也不好，即使消息封锁得再好，也容易泄露秘密。

伏击战同袭击战一样，作战目标的选择非常重要。所不同的是，袭击一般是消灭驻止之敌，而伏击则是消灭运动之敌。因此伏击目标通常选择战斗力比较弱、孤军深入之敌，如敌人的侦察分队、后勤保障分队、运输车队、单独行动的其他一切有可能就我所范的部队。在地形选择上，伏击战地形有较大的选择余地。伏击地区应有良好的地形条件，便于隐蔽足够的兵力、兵器和发扬火力，便于观察与指挥，便于突击与撤出战斗；便于建立阻援掩护阵地，能够限制敌人的行动和阻止增援之敌；群众条件好，能得到群众的援助等。

［故事一］

1935年10月中旬，毛泽东、彭德怀率陕甘支队一、二、三纵队前脚刚踏进陕北保安县的吴起镇，剽悍的马家军、装备精良的东北军四个骑兵团即气势汹汹地接踵而至，还有两师一旅的步兵跟踪追进。

疲惫不堪的中央红军急需休整，但后卫部队与敌先遣骑兵已经接火了。不想打也得打，不能把敌人带进苏区。形势危急，刻不容缓。

毛泽东当即对彭德怀说：“我们打退追敌，砍掉这个尾巴，不要把它带进根据地。”彭德怀和周恩来等都赞同毛泽东的主张，经过研究和分析后，决定由彭德怀亲自指挥这次战斗。

彭德怀立即布置歼敌阵势。为了打好红军长征后的这一场恶仗，他翻山过沟，爬坡上洼，亲赴前沿察看地形，周密布阵。吴起镇地处西北黄土高原丘陵沟壑区，洛河的源头，行人翻山过沟，爬坡上洼，十分困难。他利用吴起镇一带的有利地形，在塬上的深沟内设伏，并以第二纵队在左翼，第一纵队在正面，两纵队协同作战。

这时，国民党军骑兵四个团已经追了上来，主力已到达唐儿湾、刘家亭子一带，正向吴起镇逼近，其中一个团向吴起镇北面迂回。

10月21日，彭德怀率师在吴起镇西南山上，向马鸿宾第三十五师两个骑兵团发起进攻。经数小时激战，将其击溃。随后，又转兵向杨城子以西的齐桥、李新庄地区进攻，击溃国民党东北军何柱国部两个骑兵团。敌人遭此迎头痛击，溃退回去，不敢进入陕北根据地。

1936年11月19日，彭德怀根据军委指示精神，赶赴陕甘两省交界甘肃境内的山城堡前线。

这里川塬相交，沟壑纵横，地形复杂，便于大部队设伏。山城堡住户很少，却有一股难得的泉水。彭德怀预计胡宗南军为得到饮水，非到此地不可，随即召开前敌总指挥部会议，拟定山城堡作战部署。

当天，各部迅速到达指定地点，就地构筑工事，隐蔽待机，群众坚壁清野，封锁消息，军民协同，布下阵势，准备打击深受蒋介石倚重、一贯骄横的胡宗南第一军七十八师。

11月20日，胡军第七十八师果然开来，占了山城堡，翌日放胆向东进攻，红军突然发起攻击，全歼该师一个旅又两个团。进攻盐池之部，也被红二十八军击溃。

这次战斗，迫使胡军撤到萌城、甜水堡以西地区，停止了对陕甘根据地的进攻；还进一步争取了东北军，促进了抗日民族统一战线的发展。

［故事二］

抗日战争初期，在日本侵略军的疯狂进攻面前，国民党军节节败退，武器装备较差的八路军，能不能战胜日本侵略军？彭德怀充满信心。他分析，日军在中国不可能得到老百姓的支持，他们不熟悉地形，对山地作战的训练也不够。虽说武器装备比较先进，但武器不是万能的，要在一定条件下才能发挥力量。同时，任何武器都可能找到制服的办法。另外，日本是小国，兵员和经济力量都有限。基于这种分析，彭德怀和周恩来等决心选择有利时机，到敌人的侧后方山西打个胜仗，给全国人民一个振奋，进一步扩大共产党和八路军的影响。

1937年9月，彭德怀率八路军东渡黄河奔赴抗日前线时，平绥线日军正分兵两路南下，其中一路是刚从日本国内调来的精锐板垣师团，由蔚县、广灵、涞源进攻平型关。

9月5日，彭德怀抵太原，陪同中共中央军委副主席周恩来赴崞县及大同前线，与第二战区司令长官阎锡山等商讨防守山西及红军的作战问题。双方迅速达成了八路军以太行山脉及太行北端为根据地，运用运动战和游击战（独立自主的游击运动战）的战术打击日军、配合友军的协议。阎锡山提出在平型关、沙河、繁峙一线与日军作战的方案，要求八路军予以配合。

就此，彭德怀提出了八路军配合友军的作战方案：以友军坚守平型关正面，八路军第一一五师隐蔽集结于敌前进道路的灵丘至平型关公路一侧，利用平型关及其东北便于隐蔽和突击的有利地形，采取伏击的战术手段，从敌侧后夹击进攻平型关之敌，配合防守平型关的友军歼灭敌前卫部队。阎锡山表示同意。

21日，朱德、左权率八路军总部抵太原，召开中央军委华北分会会议，讨论山西战局和八路军作战计划。大家一致赞同彭德怀提出的关于以一一五师侧击向平型关进攻之敌的作战计划。

9月23日，阎锡山电告朱德、彭德怀：22日夜，日军忽然奇袭了平型关中国军队阵地，双方发生激战，要求八路军配合作战。

朱德和彭德怀认为，这是八路军伏击杀敌的极好时机，同一天，率八路军总部经五台抵五台东北之南茹村，指示一一五师集中连以上干部召开紧急会议，部署平型关战役。朱、彭下达关于侧击进攻平型关之敌的命令："一一五师应即向平型关、灵丘间出动，机动侧击向平型关进攻之敌，但须控制一部于灵丘以南，保障自己之右侧。"同时将部署报告了毛泽东并刘少奇、张闻天。

平型关，是山西东北部古长城上的重要隘口，关前有一条公路，蜿蜒在群山之间，通向灵丘、涞源，地势险要。此时，八路军第一一五师在林彪、聂荣臻的指挥下，正向平型关附近开进。

24日，八路军总部指示第一一五师派部分营以上干部，火速到平型关前线侦察敌情。当天深夜，林彪、聂荣臻指挥第一一五师主力，在黑夜中冒着倾盆大雨向平型关以东进发，于拂晓前抢占了通向平型关的公路两侧高地，在这里冒雨设伏。事先，林彪、聂荣臻对这里的地形进行了现场勘察，此处是日军开往平型关的必经之地，公路两侧的高地，居高临下，地形很好，正适合设伏。

指战员们冒雨等到上午7时许，见板垣师团的第二十一旅团进入伏击圈。林彪、聂荣臻下令攻击，随着冲锋号吹响，指战员们立即向山沟中的日军直冲杀去，把日军的长蛇阵截为两段。八路军利用有利地形，采取伏击手段，发挥了作战的突然性和近战特点，使日军的飞机和火炮难以派上用场。经过一天激战，将日军后卫部队辎重部队板垣师团第二十一旅团1000余人全部消灭，缴获大量军用物资和秘密文件，取得了全国抗战以来第一个歼灭战的胜利。

［故事三］

1938年3月上旬，侵华日军攻占了山西临汾、汾阳、离石等重要城镇，打通了邯（郸）长（治）大道和同蒲铁路南段，进入晋东南和吕梁山区，并继续向晋西黄河各渡口猛进。邯长大道和从长治至临汾的公路就成了日军一条重要的后方交通运输线。彭德怀令一二九师在邯（郸）长（治）大道、涉线、潞城一线机动作战，寻机打击敌人。

一二九师首长率部沿正太路南下寻歼邯长大道之敌。邯长大道是日军西进的主要交通运输线，地形复杂，是比较理想的伏击战场。师首长经现地勘察后，部署第七六九团一部袭黎城，团主力则伏击涉县可能来援之敌；以陈赓第三八六旅设伏于神头岭，准备歼灭潞城方向可能来援之敌。

3月16日凌晨4时许，第七六九团第一营按预定计划强袭黎城。黎城的日军向涉县、潞城求援。涉县援敌被第七六九团主力在东、西黄须击退。潞城援敌1500余人，于9时30分全部进入第三八六旅伏击区。陈赓、王新亭指挥部队从东、西、北三面突然向敌发起冲击，血战至16时，日军除后尾的100余人逃脱外，其余全部被歼。

神头岭伏击战，是八路军继平型关战斗之后进行的又一次较大规模的伏击战，以小的代价取得了大的胜利。就连日军统帅部也把它看成是八路军的

"典型的游击战"。

为进一步打击西犯日军，迟滞敌军的行动，第一二九师首长决心在邯长大道上再次伏击日军的运输部队。副师长徐向前根据敌情和地形条件，决定把伏击地点选在东阳关和涉县之间的响堂铺一带。这一带的公路，是一条小河的河滩，碎石满地，路南是高山，悬崖陡立，不易攀登，路北为起伏高地，谷口较多，便于隐蔽出击和兵力展开，进退两便。在这里伏击日军的汽车运输队，把握比较大。

3月30日午夜，一二九师首长指挥各部队神速、秘密、隐蔽地开进响堂铺大道以北之后宽漳至杨家山一线山地。

第二天拂晓，东阳关日军300余人向负责警戒的七七二团连队发起试探性的进攻，该连机警应对，日军觉得太平无事，乱打一气后返回了据点。8点半许，日军两个汽车中队的180多辆汽车和170余人的护送队，排着长龙式的队伍，由黎城经东阳关向响堂铺开来。9点左右，日军的车队完全进入伏击区。日军的汽车开到碎石路上，不得不减慢速度，170余辆汽车足足拉了10里长，活像一条缓缓蠕动着的长蛇。

埋伏在右翼的第七七一团率先向日军车队的后尾射击。日军毫无防备，被这突如其来的打击弄得摸不着头脑，在山沟里乱冲乱撞。

就在日军混乱之际，埋伏一夜的一二九师主力，犹如猛虎下山冲了下去，用手榴弹、刺刀解决了那些顽抗之敌。激战两个多小时，战斗结束。这一仗毙伤敌400多人，还缴获了许多枪支弹药。日军从东阳关和涉县出动的援兵，也被埋伏在那里的部队打了回去。

（三）釜底抽薪，破敌交通

《三十六计》中第十九计讲的是"釜底抽薪"之计，本意是说沸水借助火力，火力则以薪为魄，抽其薪，火力自消，沸水自止。借指当敌人力量强大而我方不能直接与之相抗争时，应当首先瓦解它的气势。断敌交通，历来是达到釜底抽薪目的的重要手段。抗日游击战争的拿手好戏，就是釜底抽薪，破敌交通。

　　20世纪三四十年代，日本从发动侵华战争的那一天起，就十分看重对交通线的控制，甚至认为"只要交通有保障，灭亡中国绝对不成问题"。在战略上，它的进攻主要是夺取交通线和占领交通要点，然后利用已经夺取的交通线和交通要点，作进一步的战略展开，再去夺取新的交通线，控制新的交通要点，从而不断扩大其占领区乃至实现对整个中国的占领。在战术上，日军则把铁路和公路作为作战轴心，凭借着交通线作突破攻击，体现出对交通线特别是铁路的强烈依赖性。交通线是日本侵略军之薪。因此，在交通线上给其打击也就具有必然性，是釜底抽薪之举。

　　抗日战争中，敌我双方围绕交通线展开的战斗十分频繁和典型。日军侵略军的进攻作战，主要是夺取交通线和占领交通要点，然后再利用这些线、点作进一步的战略展开，同时他们利用交通线机动和实行"囚笼政策"，以"铁路为柱，公路为链，碉堡为锁"，分割抗日根据地。交通破袭战，便成为八路军的拿手好戏和经常实施的作战行动。

　　彭德怀从参与指挥抗日战争一开始，就认识到开展交通斗争的严重性和艰巨性。对交通斗争问题，当时在抗日队伍的内部存在着不同的看法。有的看不到日寇强化交通，借以残暴地推行其殖民统治的严重性；有的虽然看到了日寇利用交通线之便利，加紧对抗日根据地"扫荡"，企图消灭抗日力量，以巩固其后方，但又认为敌人防范严密，我们对此无能为力；有的则在严酷的斗争面前，采取硬拼、硬碰的办法，企图在一个早上就砸烂敌人的交通线。彭德怀对此有着十分清醒的认识，他把交通斗争作为对日作战的主要斗争形式之一。

　　彭德怀一方面从军事、政治、经济、文化等各方面形象地教育部队认清开展交通斗争的重要意义，另一方面指挥八路军和根据地军民积极开展破坏敌人交通线的斗争。

　　在1938年春、夏，朱德和彭德怀指挥八路军各部队进行过两次较大规模的破击战。

　　1938年春，侵华日军为打通津浦铁路，以其华北方面军和华东派遣军各一部，采取南北对进的方针，夹击徐州，企图消灭第五战区国民党军主力。为钳制和打击敌人，配合友军作战，八路军总部发动了第一次破击战。朱德和彭德怀于2月4日令晋察冀军区部队积极向平汉、津浦铁路北段发展，打击与钳制敌人，破坏敌之铁路交通；5日，令一二九师派出得力支队出平江铁路以东，破击津浦铁路沿线之敌。

遵照朱、彭的命令，首先由晋察冀军区所部在平汉线北段、正太线井陉段、同蒲线北段展开破击战，攻占定县、望都、新乐县城，袭入保定及方顺桥、清风店等车站，歼日军500余人，毁坏铁路50余公里，焚毁车站6处，一度切断了平汉线北段的交通。紧接着，一二〇师主力于同蒲铁路阳典至忻县段发动破击战，攻占平社、田庄等车站7处，炸毁敌军火车3列、汽车10余辆，破坏铁路桥梁8座，拆毁铁路10余公里，歼灭日军500余人，切断了同蒲线北段的交通。不久，一二九师主力及一一五师之三十四旅等部，对正太线阳泉至忻县段进行破袭，一度切断正太线的交通。

第二次破击战是4月底至5月初，晋察冀军区部队对平汉路北段破坏铁路80余公里，歼敌一部，争取伪军2400余人反正。7月上旬，朱、彭又命令晋察冀军区和一二〇师之三五九旅对平汉、平绥、正太等铁路进行第三次破击战，破坏铁路50余公里，毁机车3台，毙伤日伪军1400余人，俘伪军130余人。这三次战斗，使敌人后方交通受到严重破坏，达到了牵制敌人、援助友军和巩固发展敌后抗日根据地的目的。

这些公路线上的伏击战，大灭了日军的气焰，严重挫败了日军速战速决的企图。日军不得不从正面战场抽调主力，对八路军的活动地区进行多路围攻，并逐渐把注意力的重点转向中国共产党领导的抗日武装。这表明，八路军开展的交通斗争确实打在了侵华日军的痛处。

抗日战争进入相持阶段后，日军把交通线主要用来推行其包含了军事目的、政治目的、经济目的和文化思想目的的"总力战"，更加重视对交通线的控制，竭尽全力保障铁路和公路的通畅。彭德怀也日益把交通斗争作为战略手段来运用。他认为，敌我在相持阶段中的交通斗争，是争夺战略优势的主要斗争手段。所谓交通斗争，就是我们方面想尽一切办法，用尽一切力量，以求畅通我之交通，斩断敌之交通。反之，在敌人方面也是如此。日军对交通线的依赖，既可以造成它的优势，使其获得种种便利，但也造成它的弱点，只要交通线一被切断，其战斗力便会大大被削弱，而绵长的交通线是防不胜防的，很容易被切断。也就是说，交通线既是日军不能放弃的生命线，也是它的致命弱点。

朱德和彭德怀看准了日军的矛盾所在，把破击和袭扰它的交通线，作为化敌人的优势为劣势、化我的劣势为优劣的主要斗争手段，频频向日军占领和控制的交通线发起攻势作战。

在这个时期，日军对我敌后抗日根据地反复进行残酷异常的"扫荡"。我抗日军民与之进行了反复的艰苦卓绝的斗争。在反复的较量中，彭德怀不失时机地组织对日军交通线的破击战，或者乘日军主力深入我抗日根据地后方空虚之机，主力部队跳到外线破击它的交通线；或者乘日军结束"扫荡"退回据点、我军腾出了手的时机，组织交通线破击战。常常是日军在我根据地烧杀抢掠，我军民在它的后方破击铁路和公路；常常是日军刚刚结束"扫荡"退回据点，我军便开始了铁路、公路破击战。

随着抗日游击战争的发展，随着人民群众的普遍发动，随着我军的发展壮大，八路军的交通破击战的规模越演越大，愈来愈大打大闹。进入1940年后，针对日军推行的"囚笼"政策，交通斗争以更大的规模，更有计划、有组织地开展起来。

1940年初，日军自回师华北后，即大肆增修道路据点，以铁路为柱，公路为链，据点为锁，实行"囚笼政策"，封锁、切割和蚕食各抗日根据地。日军依靠"囚笼"加强其"扫荡"，又以"扫荡"掩护其修路筑堡。1939年到1940年，日军在华北增修铁路400余公里，修通了白晋路，将晋东南切割为太行、太岳两个区，新筑的碉堡据点达2000余个。抗日根据地从103个县减至60个县，县城几乎全部被占。

敌后军民迫切要求给日军的"囚笼"政策以重重打击。朱德在离开太行返延安之前，与彭德怀向各师、军区下达了对敌交通线进行总破袭的命令。4月25日，朱、彭再电各兵团，指出日军拼命筑路的严重情况，要求密切侦察，确谋有效之对策。在聂荣臻率部北返之前，太行区和晋察冀区有合两区之兵力对正太路进行一次大破袭之议。

经过数年的交通战——敌人筑路，八路军破路，八路军破袭的经验越来越丰富，敌人防御的手段也愈来愈严密。这一次，将以怎样的战术进行破袭来打破敌人的"囚笼"，是彭德怀考虑的中心问题。经过近两个月的侦察和酝酿，一个出奇制胜的战役设想，在彭德怀和左权的缜密运筹下形成。

7月22日，彭德怀签署发布了朱、彭、左给聂（荣臻）、刘（伯承）、邓（小平）、贺（龙）、关（向应）并报中央军委的关于破袭正太路的战役预备命令。8月8日，发出了破袭正太路的战役行动命令。命令要求：聂集团以十个团破袭平定东至石家庄段正太线，刘、邓集团以主力八个团（另决死队以两个主力团参加）破袭平定至榆次段正太线，贺、关集团以四至六个团破袭同蒲线北段。同时，要求三个集团均以一部兵力对北宁、津浦、德石、沧石、白晋铁路及各主要公路进行宽正面破袭，相应克复若干据点，限于8月20日开始战斗。

8月20日夜，在华北广大战场上，八路军、决死队和根据地民兵在敌人毫无觉察的情况下，利用青纱帐掩护，绕过密布的堡垒群，向以正太路为主的敌人交通网发起攻击。一夜之间，正太路上的车站、桥梁、水塔大部被炸毁，枕木、铁轨被搬走或架起来焚烧，据点被拔掉，驻守正太路的日军被打得晕头转向，彼此失去了联系。

由于军民对残暴的民族敌人的强烈仇恨，参战极为踊跃，大大超过预定兵力。到22日，投入战斗的兵力（包括民兵）达到105个团。22日午，彭德怀与左权发出致各团电说："这次战役定名为百团大战。"

百团大战第一阶段奇袭式的破击战，取得了巨大的成功。连接平汉、同蒲路的交通动脉正太路和正太路东端的重要煤矿井陉矿，受到严重的破坏。北宁、同蒲、沧石、德石等路亦被截断。蛛网般的公路、路基、路面被挖得千疮百孔。敌人苦心构筑的"囚笼"，一时间被砸得支离破碎。

百团大战的第二阶段，进行了晋察冀之涞（源）、灵（邱）战役，晋东南之辽（辽县）、榆（社）战役，晋西北之同蒲路宁武南北段破击战役，冀中之任（丘）、河（间）、大（城）、肃（宁）战役，及冀南之德石路破击战役等，拔除了深入各区的千余个据点，第一二九师一度攻克了榆社城。

这些大规模的铁路、公路破击战，不仅有力地斩断了日军的交通线，消灭了其大量的有生力量，更重要的是严重动摇了日寇的军心，使日军的士兵深感战争前景黯淡，前途堪忧，确实收到了"夺气攻心"之效，为战略相持阶段转变敌我力量对比及战争态势创造了条件。

破敌交通的几个原则：破坏交通线，以不妨碍正规军作战为原则；熟悉敌情，来去迅速，隐遁无踪；划分掩护队和作业队；破坏的时间、时机和地点要选准；对附近群众要进行解释；要有掌握爆破和各种技术人才的执行和指导者，不能盲目蛮干。

在现代战争中，交通线获得了更加重要的意义。现代战争对后方的依赖更大，因而对交通线的依赖也就更大。一旦交通被切断，对于拥有现代化装备的军队来说，就意味着失败与灭亡。

五、独立自主，操纵敌人

彭德怀在论述游击战争的指导原则时，强调最多的是必须握有作战的主动权。他指出，毛泽东、朱德关于游击战的十六字诀战术，是完全以独立自主为原则的。强调游击战的"基本原则，最忌被动的应战，而须绝对的独立自主，操纵敌人"。（《彭德怀军事文选》，第46页）真正善于指挥的，不仅能力争主动，避免被动，而且必须能指挥自己，脱离被动，转入主动，操纵敌人而不被敌人所操纵。

一般来说，因为进行游击战的军队大多是弱小的一方，处于无后方作战的状态等，所以游击战争要争取主动，就更加困难。但彭德怀认为，游击战争是能够建立其主动权的，关键是能够抓住敌人的弱点而发挥自己的优势，以己之长击敌之短，即使在劣势的条件下，仍可以获得作战的主动权。彭德怀在论述抗日游击战争问题时分析指出，敌人的军队实力与我相比虽占有很大优势，但"这种优势是有时间性与地域性的。以敌人力量衡量，不可能在全华北普遍地取得这种优势，即在平原地区，亦不能同时取得这种优势。这样，敌人虽然对我一定的地区可以进行极疯狂的扫荡，但在另一些地区，兵力又感不足，顾此失彼，于我军有可乘之机。这是敌人进行战争最苦恼的事，且是它不能克服的弱点。我应及时地掌握敌人这一弱点，相互密切配合，争取主动，有力地打击与消耗敌人。"（《彭德怀军事文选》，第141页）

要善于发挥自己行动敏捷的优势，在"走"中争得主动。彭德怀认为，游击战的一个根本特点是无固定的作战战线和战场，在游击战中，要做到在出敌不意的方向、地点集中出敌不意的兵力打击敌人，都有赖于快速而隐蔽的兵力机动。在遭强敌攻击时，要摆脱被动，同样必须依靠灵活的兵力机动。军队兵力机动能力受到许多因素的制约，武器装备较先进的部队机械化程度高，虽然具有较强的机动能力，但它受地形、道路和气候制约较大，其灵活性受到限制，且行动隐蔽性的难度提高。装备落后的游击部队，虽在便于机械化部队行动的道路上"跑"不过敌人，但它有着行动敏捷、聚散自如、便于隐蔽行动的优势。因此，游击战的主动权是建立在扬自己行动敏捷之长的基础之上的。土地革命战争和抗日战争时期，彭德怀就是利用这一优势，指挥部队在我之神出鬼没的进退、袭扰、袭击和尾追中，打乱敌人的部署，疲惫、消耗和歼灭敌人，从而获得作战的主动权。

要善于抓住敌人失去民心的弱点，发挥我之人民战争的优势，依靠人民的帮助获得主动。群众的优势是革命游击战争的根本优势，发动和依靠广大人民群众，也是争取主动的根本途径。即依靠人民群众对敌封锁消息，使敌变成瞎子、聋子；动员群众坚壁清野，使敌人缺粮饿饭；组织群众武装不分时间地点地袭扰敌人，使敌人的精神始终处于高度紧张的状态之中；借助人民群众的掩护，灵活地转移兵力，神出鬼没地打击敌人，从而使敌人陷入被动的境地。"敌人深入一步，则被我群众武装重围一层。敌人集中，则以游击战争方式包围它，经常地袭击和扰乱它，断绝其交通运输"，"使敌人精神上受到重大打击，资材上受损失，消息不灵，接济困难"，最后不得不退出根据地，我则逐步获得战场的主动权。（《彭德怀军事文选》，第44页）

1937年11月，日军以2万余人，由平绥、平汉、正太和同蒲路沿线，分八路围攻八路军一一五师初创的晋察冀抗日根据地，企图消灭或驱逐我军，以确保其后方和交通线的安全。

朱德和彭德怀一方面指示晋察冀军区以部分兵力在人民群众的配合下，在根据地开展游击战，不断袭扰、消耗、疲惫进入根据地之敌；以部分游击队深入敌占区，日夜袭击敌后方据点和交通线，主力则选择有利于机动的地区待机歼敌。同时，指示一二〇师和一二九师以一部兵力分别对同蒲路北段和正太路沿线展开破袭战，调围攻晋察冀根据地之敌回援其交通线。从而使敌人不但在我根据地内处处被动挨打，而且后方据点和交通线频频告急，迫使围攻晋察冀边区之敌大部退回铁路沿线，粉碎了日军对我抗日根据地的首次进攻。

进入战略相持阶段，敌人的"扫荡"规模动辄万人，多时达五六万人，而且战术翻新，什么铁壁合围、梳篦清剿、反转电击、纵横抉剔；烧杀抢掠也越来越残酷，声言要消灭八路军的生存条件。但彭德怀发现敌人在战略上有两个根本弱点：一是敌人兵力不足，顾此失彼，捉襟见肘，常常顾了前方则后方空虚，对根据地只能集中兵力进攻一区，而我则可在一个区进行反"扫荡"作战时，由其他各区配合出击，袭扰敌人后方，使敌人不敢久事"扫荡"，形成此起彼伏的形势。二是敌人愈残酷，愈加激起民众的仇恨，敌人进入根据地后，处处遭到打击。彭德怀紧紧抓住敌人的这两个弱点，坚定地号召敌后军民咬紧牙关渡过困难。1941年后，在频繁的反"扫荡"作战中，八路军减员至30万人，但在彭德怀关于加强军区工作的指示下，到1941年底，地方部队、民兵都增加了近一倍。蒋介石停发武器，总部就发出大造地雷的训令。彭德怀还和左权一起亲自指导兵工厂制成掷弹筒，生产大批炮弹、地雷、手榴弹。群众性的地雷战、麻雀战遍地开花，配合主力军打破了敌人一次又一次的"扫荡"。

彭德怀指出，在游击战中，由于我作战物质条件的劣势决定了争取主动主要靠指挥员主观能动性。利用敌人的弱点错误，抓住有利战机，固然是变被动为主动的最重要手段，但是在敌处主动、我处被动的情况下，消极等待敌人犯错误是不行的，只有通过我之积极行动，造成敌人的过失，才能迅速将我之被动转化为主动。

1941年8月，日军在对晋察冀抗日根据地的北岳、平西地区"扫荡"中，以五万之众对转移至阜平地区的晋察冀边区党政军领导机关进行大规模合围。由于边区党政军领导机关近万人，行动不便，未能适时跳出敌人的合围圈，陷于东西约25公里、南北约35公里的狭小地区内，处境非常危急。彭德怀指出，在此种情况下应以积极迷惑敌人的手段将敌引开，而不能强行突围。

9月1日，军区首长派出侦察分队携带电台到阜平东北的台峪地区，采取声东击西、制造假象、迷惑敌人、隐蔽自己行动意图的办法，以"军区的呼号"与各方联络，造成敌人的判断错误，以利我机关转移。

9月2日下午，敌果然集中重兵向台峪攻击，并以飞机对台峪轮番轰炸。晋察冀边区党政军领导机关和主力一部，即乘机于当晚向阜平以西隐蔽转移，进至棠家渠一带山区，同时中断与各方的无线电联络，并不准生火做饭，靠当地人民供应红薯、瓜果充饥，从而在敌人重兵包围中成功地隐蔽了五天。7日，军区领导机关安全转移至平山县的东西玉文地区继续指挥反"扫荡"作战，摆脱了被动而转为主动。

由于游击战争中我军处在敌大我小、敌强我弱的环境中，而分散流动作战又是其基本的作战形式，情况千变万化，我之通讯联络手段又相当落后，因此，为争取主动权，需要游击战的各级指挥者都必须有独立自主处置作战行动的权力和能力。

彭德怀认为，游击队的指挥，要机动灵活，胆大心细，当打则打，不能打则跑，这完全要靠指挥者精细审慎，瞬息决断。至于其他关于游击战术的细小动作，本无不变的成法，那更需要指挥者夫灵活地运用与大胆地创造。

"欲在抗日战争中永远争取主动的地位，首先就必须有指挥如意、质量——特别是政治质量优良的军队。同时，指挥员必须从死啃操典中解放出来，必须认真从当前的具体环境里，从中日战争的规律性里，研究出真正主动灵活的抗日战略战术来。"

彭德怀认为，游击战在全局上是要有明确作战要求和计划的，但这种计划只能是方向性和原则性的，而不可能像正规作战那样具体。上级应给下级以较大的机动权，下级要富有"自动性"，自动地处置各种紧急情况，自动地打击敌人。即使当下级因机断专行去消灭敌人而吃了亏，也不要过分责备。因为在游击战的环境下，如果事事等待命令，不但会失掉许多歼灭敌人的战机，而且还可能招致不应有的惨重损失。因此，他强调，游击队的领导者必须具有灵活机动的指挥才能和独立作战的丰富经验。一方面，要善于把握战机，不放过任何可能打击敌人的机会。战机即有利于我作战歼敌的时机，它往往是稍纵即逝的，对赢得作战的胜利至关重要，只要出现这种战机，就要果断决策勇敢出击，切忌犹豫不决。另一方面，要善于根据变化了的情况调整和改变自己原定或上级赋予的作战行动。当进则进，当退则退，从而避免不应有的损失。

六、敌进我进

"敌进我进"，是毛泽东在抗日战争时期，为中国共产党领导和发展抗日游击战争，建立抗日根据地所制定的方针和原则。在敌强我弱的条件下，一般都采取诱敌深入、内线歼敌的作战方针，即敌在外线，我在内线。但不应为这种情势所束缚，在某些情况下，采取敌进我进的方针，恰恰是打乱敌人的作战部署，调动敌人和分散敌人，达成被动中的主动，防御中的进攻，劣势中的优势，歼敌于运动之中的有效方法。

所谓敌进我进，指的是在敌强我弱的情况下，"敌至何处我至何处"，即当敌人以强大的兵力逐步向我根据地纵深进攻时，我军不与敌人决战，而是迅速转移到敌人的后方去，占领敌人后方的广大地区。敌人占领了铁路、公路等重要交通沿线以及大城市，我则占领铁路沿线的县城与乡村，积极活动，逐步扩展，在空间上对敌形成反包围之势，主动寻找战机，打击敌人，保存和发展自己，消磨和消灭敌人。

井冈山时期，毛泽东、朱德创造了"十六字诀"，强调"敌进我退"，就是在敌我强弱悬殊的情况下，充分利用农村的政治、经济和地理条件，趋利避害，避实就虚，灵活机动，以保存自己，消灭敌人。中央苏区时期，毛泽东、朱德、周恩来领导的反"围剿"，有较强大的红军主力，根据地也经过了长时期的建设，所以基本上采取运动战的方式，消灭其中一路，"围剿"也就打破了。

彭德怀深得毛泽东、朱德、周恩来所创造的这一红军游击战略战术的精髓，然而，他从来不是教条式地对待这一战略战术，从不把它看作是一种现成的模式照搬照抄，而总是根据当时的实际情况，灵活地运用和创造性地发挥，实施"敌进我进"作战样式。

抗日战争时期，日军进入到我根据地来"清剿""蚕食"，八路军有两种办法对付：一种是正面抵抗，阻敌入侵，在根据地内与敌死打硬扛，这样做的结果不仅直接破坏了根据地的建设，而且还要增大根据地的消耗，保卫根据地的效果也不会好。另一种则是在敌人入侵根据地的同时，我也派出精干部队深入到敌后去，开展广泛的游击战，乱敌部署，破敌目标，打敌要害，釜底抽薪，断敌补给，以此来密切配合根据地的正面抵抗，这样既可以有效地保卫根据地，还可以减少根据地的损失。两者相权，后者为利。

起初，八路军采用"十六字诀"的游击战术，给日寇以沉重打击。后来日寇摸清了我军"敌进我退"的规律，使我们吃了不少亏。所以，朱德和彭德怀根据对敌斗争形势的变化，坚持游击战为主的原则，提出了"敌进我进"的方针，当敌人主力来"扫荡"时，我军也派主力打到敌人的后方和交通线去。强调选择适当的时机和地点，跳出敌人的"铁桶"，乘虚而入，袭击敌人守备薄弱的据点，或者以基干军队主力转移到外线背击敌人，让敌人由"且进且击"变成"且进且挨打"。这一方针是对"十六字诀"的灵活运用和发展。

彭德怀认为，敌人向根据地前进，我们向敌占区前进，敌人掌握敌占区，我们开展敌占区工作，将形成错综复杂、互相插花的斗争局面。我们将以多种的形式和灵活运用的政策去与敌人斗争。今后我们必须有计划地去开展敌占区的游击战争，开辟隐蔽的小块游击根据地。这不仅是从积蓄力量准备反攻和战后着眼，而且是坚持山地根据地和平原游击战争的重要环节之一，是熬时间争取胜利的重要手段。这些论述，丰富和完善了"敌进我进"方针的内容，使这一方针的战略意义更加显著地体现出来。

彭德怀认为，在敌强我弱的条件下，我一般都采取诱敌深入、内线歼敌的作战方针，即敌在外线，我在内线。在某些情况下，采取敌进我进的方针，恰恰是打乱敌人的作战部署，调动敌人和分散敌人，达成被动中的主动、防御中的进攻、劣势中的优势、歼敌于运动之中的有效方法。抗日战争时期，他在论述敌后反"扫荡"作战时指出："当敌人进行围攻'扫荡'时，我们采取内线作战和外线作战的原则。我们虽居于内线作战地位，但不应当为这种情势所束缚。主力要适时运动到敌人侧背后方，正面则以小股节节抗退……我们的目的是使敌人分进合击，扑一个空，在敌之运动中间选择敌之弱点，集中主力歼灭其一路或数路。"（《彭德怀军事文选》，第72页）

1941年11月，在日军大举"扫荡"太行山区时，彭德怀在离敌15公里处召开北方局会议，提出了粉碎敌人"治安强化"阴谋的方案，强调大力开展敌占区、接敌区群众的工作与瓦解伪军、伪组织的工作。他指出，在被敌人蚕食的地区，建立秘密的游击小组坚持隐蔽斗争是可能的。这一号召在实践中发展为派遣武工队深入敌后的敌后，实行"敌进我进"的方针。

彭德怀亲自研究制定了武工队的人员组织、任务要求、斗争方式、政策纪律方案；北方局、军分会发出指示，要求以地区一级及县级干部担任武工队长。武工队在被敌人蚕食及占领的区域，重新点燃了游击战争的烈火；配合对伪军伪组织实行的两面政策（表面应付敌人，实际为抗日工作），和在敌占区实行合法斗争与非法斗争的结合，在敌后之敌后建立起许多小型的隐蔽的抗日政权，使根据地在敌人的严密封锁线后发展起来。敌人重新构筑起的"囚笼"——数万里的封锁沟，密如蛛网星点的交通线、碉堡群，再次被砸碎。敌后到处都是八路军的活动地区，到处都是敌人的前线。

察彼度己，把握敌进我进的时机。敌进我进不是盲目地强调进攻，而是在积极防御思想指导下，为夺取战争主动权而采取的一种行动样式。是否实施敌进我进，完全取决于敌我双方的实际情况。因此战争指导者必须在整个战争进程中对敌我态势变化作出及时而准确的分析判断，"然后决定自己的作战方针，当进则进，当退则退，当防则防，当攻则攻，时刻掌握主动，避免被动"。（《彭德怀军事文选》，第646页）

以敌进我进的方针调动和歼灭敌人一般在下列时机实施：一是当敌优势兵力四面包围我根据地时，我内线作战难以打破敌之作战企图，不能实施有效的战略退却，就应该考虑敌进我进。在土地革命战争时期的第五次反"围剿"中，当十九路军发动"福建事变"时，彭德怀曾积极建议中央"集中一、三、七、九四个军团向闽浙赣边区进军……威胁南京、上海、杭州"，以打破敌人对中央苏区的"围剿"。二是在敌人兵力过大，且猬集一团，步步为营，我军不能各个击破敌人时，就应该集中主力，敌进我进，一举突破敌之包围圈，转至外线。三是当多路敌军向我军分进合击时，必须乘合击之势尚未形成之际，主力转移至外线，或以一部兵力出击外线，调动敌人，以伺机打击敌人较为薄弱的一路。四是当敌战略进攻开始减弱时，应选择敌人进攻正面较为薄弱的方向，果断实施外线出击，将战争引向敌占区，为我军全面转入战略进攻创造条件。

正确选择敌进我进的目标与方向。敌进我进要达到预期的战略和战役目的，最关键的是悉心研究敌之阵势的弱点与"要穴"，选准我之出击方向和攻击目标。只有窥破敌之阵势中的弱点与要害，以我之力量攻其防护薄弱的

"要穴"，方能奏效。

通常敌进情况下之我进主要有以下三个方向：一是敌人力量薄弱之处。由于受到进攻地形、道路和不同部队任务区分等条件的制约，敌人任何强大的攻势中均存在着相对薄弱的部位，如两支敌军之间的结合部等。在敌已经形成大的包围圈的情况下，采取敌进我进方针以跳出敌之合围，其方向必须选择在敌之战线间隙或力量薄弱之处。二是敌人的后方与侧翼。三是敌人的战略重地。战略重地是在战略全局中居于至关重要地位的地区，在敌之进攻面前，以我之主动的外线出击威胁敌人的根本重地，是打乱敌人作战部署以瓦解其攻势乃至实现战略转折的重要手段。

当然敌进我进的方向远不只是这几个方面，战争指导者应根据战争形势的变化、敌我力量对比的消长以及地理等方面的条件，灵活地选择出击方向，以达到粉碎敌人进攻之目的。

从具体情况出发，确定敌进我进的规模和作战样式。彭德怀认为，敌进我进的实施规模和方式，应视敌之战场态势和我之作战意图而定。可以是一部牵制，主力跳出外线，进攻敌战略后方，以从根本上改变敌方战略布局；也可是主力阻击敌人，以一部跳出外线在敌占区左冲右突，以在敌人回援时配合主力内外夹击，陷敌于腹背受击的有利态势；此外，敌进我进还表现为敌对我这一根据地进攻时，我相邻的其他根据地军民则对当面之敌展开进攻，以牵制敌人，策应被攻地区军民打退敌之进攻。

七、创建和巩固革命根据地

彭德怀坚持毛泽东的人民战争思想，十分重视根据地建设，提出要把革命根据地的建设和武装斗争放在同等位置上看待。人民军队一定要把建立、巩固和发展农村根据地作为重要的战略任务。

（一）根据地是游击战争的根本依托

彭德怀把根据地看作是进行革命战争的战略支撑点，是人民军队的"家"。他明确指出："游击战争必须要有根据地，否则游击战无力，且难

持久。"（《彭德怀军事文选》，第143页）

彭德怀真正形成对根据地重要性的认识，始于1929年1月从井冈山突围。他在《彭德怀自述》中写道："从井冈山突围到雩都桥头约三十天，没有根据地的依靠，得不到群众的支持，使红军作战、行军都遇到很大困难。……开始认识到根据地和民众的重要，但在当时还没有农村包围城市的战略思想。敌占井冈山时，成了反革命高峰；红军奔袭雩都胜利后，即由防御转为进攻，对根据地的重要性，在认识上又加深了一层。从那时开始，彭德怀就懂得了没有根据地，武装斗争就不能持久；没有武装斗争，也建立不起根据地。"（《彭德怀自述》，第138页）红军要生存和发展，必须把武装斗争同根据地建设结合起来。

创建根据地，依托根据地进行战争，是红军游击战争的一条重要原则，也是红军游击战争同历史上有些农民起义军到处流动游击的根本区别。当时，毛泽东、朱德就非常重视根据地建设。毛泽东常说，人不能老走着，老站着，也得有坐下来的时候，坐下来就靠屁股，根据地就是人的屁股。朱、毛运用"分兵以发动群众，集中以打击敌人"的领导方法，把武装斗争与根据地建设有机地结合起来，反对缺乏根据地观念的流寇主义。彭德怀对此感触很深，真正领悟到打仗是为了建设根据地，建设根据地又是为打更大的胜仗创造条件，认为影响革命游击战争发展的各种因素中，其中心一环是建立和巩固革命根据地。

随后，彭德怀率领红五军、红三军团在开辟、建设和保卫中央革命根据地的斗争中，对毛泽东建立农村革命根据地，以农村包围城市，最后夺取城市的战略思想有了更深刻的理解，并同轻视根据地建设的倾向作了坚决的斗争。1930年，彭德怀率红三军团离开鄂东南时，留两个营坚持游击战争，后来组建了红八军第四、第五纵队。彭德怀一直重视巩固和发展湘鄂赣根据地，把它视为可靠的后方。他在谈到第五次反"围剿"的失败教训时指出，这主要是由于当时中央的领导者"不懂得根据地在中国革命中的重要性"，"不懂得武装斗争如不与根据地结合，是非常脆弱的，容易为敌人所消灭"。他还追溯历史上农民起义的经验教训，认为，"历史上不知多少次农民暴动就失败于没有根据地；石达开在大渡河安顺场被消灭，只身就擒，也就是这个缘故"。（《彭德怀军事文选》，第149—150页）

彭德怀还认识到，在同拥有现代化交通运输和通讯联络手段的敌军作战时，没有根据地是不行的。1930年春，他总结平江起义后一年多的斗争经验，更加清醒地认识到，"没有根据地，武装斗争就不能持久"。（《彭德怀自述》，第138页）

抗日战争中，他提出要把巩固抗日根据地作为我军坚持敌后抗战、争取全国抗战局面转机的重要任务来对待，明确提出"巩固根据地是坚持敌后抗战的最基本任务"。他说："只有巩固根据地，树立强固的作战后方，实行崭新的进步的作法，以保障物质的供应和兵员的源源不断的补充，才能坚持长期的持久的战争。否则，敌后抗战的坚持便无从设想。"（《彭德怀军事文选》，第56页）结合华北敌后抗日根据地的斗争实际，他制定了一系列有效的措施，使人民战争和根据地建设在抗日战争中得到新的发展，使华北敌后抗日根据地成为中华民族坚持长期抗战、夺取最后胜利的重要战略基地。

与此同时，朱德和彭德怀一起指挥八路军在兵力、干部和物力上，大力支援新四军开辟、发展和巩固华中抗日根据地。1939年夏，遵照中共中央、中央军委的指示，朱德和彭德怀即令原活动于微山湖以西的苏鲁豫支队主力南越陇海路，进入肖县、永城、夏邑地区，尔后大部兵力留在路西，进入亳县、鹿邑、柘城、商丘地区开展工作。该部与八路军山东纵队之陇海南进支队相配合，开辟了华中根据地组成部分的皖东北抗日根据地。

八年抗战，彭德怀先后发表了《巩固敌后抗日根据地》《敌后抗日根据地的武装政策》《论革命根据地与武装斗争》等论著，对根据地在游击战争中的地位作用、建设根据地的任务和发展巩固根据地的途径等问题，从理论和实践的结合上作出了正确的回答。

首先，革命根据地是游击战争获得一切物质和精神力量的源泉。战争是敌我整体综合实力的全面较量。革命游击战争是人民战争，是以军事斗争为主，充分发动人民群众综合运用军事、政治、经济、文化等各种形式同敌人开展殊死搏斗的战争。根据地正是适应这一要求，将各种对敌斗争的形式结合在一起，从而形成与敌人进行长期斗争的坚强堡垒。只有有了根据地，才能获得人民群众对战争的支援。强大的、可靠的后方战略基地，是赢得任何一次战争的必备条件，革命游击战争是在敌人的包围和"围剿"之中进行的，没有一般意义上的战略后方。彭德怀指出，解决这一问题的唯一途径就是建立巩固的革命根据地。

其次，巩固和发展根据地是消耗敌人力量争取战略主动的中心环节。彭德怀认为，游击战的根本任务，在于消耗敌人的物力、人力，引起战局的变化，改变敌我形势。而在敌后开辟和建立巩固的根据地，就是在战略上着眼争取主动，造成战役上各个击破敌人，达到最后取得胜利的必要条件。他在分析将抗日战争中的战略防御转变为战略相持条件时指出："也只有巩固根据地，坚持敌后抗战，确保敌后人力财力以及一切物质资源勿为敌人利用，打击敌人'以战养战'计划，抑留敌人进攻和'扫荡'敌后的大量兵力，才能使敌人无法向全国无限度地进攻，才能造成全国抗战的相持阶段的局面。"（《彭德怀军事文选》，第56页）他要求抗日军民，"要以巩固根据地的积极行动，来粉碎敌寇连绵不绝的围攻与'扫荡'，同时要在反围攻反'扫荡'的连续的胜利战斗中，力求根据地的巩固，要做到经过一次围攻和'扫荡'，根据地的巩固程度更增加一分，最后成为敌后坚持长期战争的坚强堡垒。"（《彭德怀军事文选》，第56—57页）他说："巩固根据地是坚持敌后抗战的最基本任务，也是夺取全国战局得到转机的重要任务之一。"（《彭德怀军事文选》，第56页）

第三，从游击战争作战过程来看，根据地的依托作用贯穿于始终。对我军来说，战前，军队需要训练与备战，这需要有一个安定而可靠的基地；战中，需要保证为作战所必需的物资供应，以及部队迅速而秘密的转移，这要求有一个可靠而巩固的后方；战后，部队需要休整，这需要有一个良好的环境。这一切均取决于有无根据地和根据地的大小及巩固程度。对于敌军来说，在根据地内作战，它不但得不到所需要的情报、粮食等一切作战必不可少的保障，而且它的一举一动都在根据地人民的监视之中，其战斗力大大减少。

（二）着眼于敌后战略要点的夺占

游击战争布局中，都存在若干对战争全局有决定意义的重要战略支点。战略要点的得失，往往关系到战略布势的成败。清楚地认识战略要点所在，先于敌人占领它或从敌人手中夺取它，并尽最大的力量控制在自己的手中，是任何一个具有战略头脑的游击战争指导者所要解决的问题。

在抗日战争中，八路军之所以能在华北敌后开辟战场，不断扩大和巩固敌后抗日根据地，就是因为朱德、彭德怀早在抗战之初即着眼于敌后战略要点的夺占。

抗日战争爆发后，身为八路军副总司令的彭德怀，思考着如何以三万之众在广阔的华北战场上打开局面。出师之初，他在提出并组织八路军配合山西友军侧击平型关之敌的同时，同朱德一道，在五台山地区实地考察，提出开辟晋东北抗日根据地新的战略设想。1937年9月28日，朱德和彭德怀致电毛泽东等，就八路军的战略部署提出建议："敌人深入山西后，我们在山西发展前途，应以山西人民、地形、交通诸具体情形及华北大势来做一总的估计"，河北涞源、山西灵丘和广灵地区山脉很大，地形比晋西北好，人口不少，粮食不缺。在上述地区连同山西浑源、繁峙、五台、孟县及河北阜平一带创建根据地，与晋西北相呼应，这无论对现在和长远都是上策。从现实的情况看，整个黄河北岸被敌人占去，有极大的可能。无论怎样，我们应有决心争取晋东西两大山脉，巩固游击区，使入晋之敌陷入我群众的重围中。我们应以一切力量争取抗日运动的扩大，只有我们有力量才能克服国民党的动摇。我们执行独立自主的作战原则，在有胜利的把握下，部分袭击敌人，以扩大我军声威，提高友军士气。

朱德和彭德怀这一具有战略远见的建议立即得到中共中央和毛泽东的赞同。一个月以后，在聂荣臻的领导下，敌后第一个抗日政权——晋察冀边区政府在这个地区诞生，它在战争实践中的作用正如朱、彭所预见的那样，成为华北敌后战场一个主要的支柱。

针对日军从山西北部入侵山西腹地的计划，10月21日，彭德怀又和朱德部署一二〇师在晋西北、绥东发动和组织群众；一一五师除聂荣臻率部留晋察冀创建抗日根据地外，主力移至汾河流域和晋南，创建吕梁山根据地；一二九师到达正太路以南，进入太行山区开展游击战。

11月，太原失陷后，朱德和彭德怀等八路军领导人，坚决执行党中央和毛泽东关于留置主力在敌后坚持长期游击战争的指示，立即命一一五师直属部队及三四三旅南进，转移到吕梁山建立抗日根据地。

很快，一一五师一部在聂荣臻领导下，建立起以五台山为中心的第一块抗日根据地——晋察冀边区，成为闻名全国的模范抗日根据地；师主力转入晋西南，开始创建晋西南抗日根据地。一二〇师进入管涔山脉，创建晋西北抗日根据地。一二九师进入以太行山区为依托的晋东南地区，开创晋冀豫抗日根据地。至此，八路军在敌后建立了三大战略支点，初步实现了战略转变。

1938年2月初，日军从太原沿同蒲线两侧大举南下，同时又以大迂回的战术，由平汉路的第一军第一〇八师自邯（郸）长（治）路直趋临汾，企图打通同蒲线夺取风陵渡，逼中国军队渡过黄河。面对敌人的三面进攻，朱德和彭德怀又作出一个极具战略胆识的重大决策——八路军总部向晋东南敌人后方挺进，指挥中国军队利用太行天险，建立新的抗日支点。

这一举动使日军惊恐不已，即调集重兵三万余人分九路大举进攻晋东南。可在朱德、彭德怀的精心应对下，九路围攻被彻底粉碎，歼敌4000多人，收复县城18座，将敌人赶出了晋东南。此后，八路军一二九师以太行山脉为依托，开辟了晋冀鲁豫抗日根据地。八路军总部和中共中央北方局也一直转战于晋东南太行山上，指挥整个华北敌后抗战，直到胜利。

1938年初，朱、彭遵照中央关于进一步开展平原游击战争的指示，对八路军进行了新的部署，逐步把八路军三大主力各分兵一部，深入到冀中、冀东、冀南、冀鲁边和冀鲁豫边广大平原地区。不仅开辟和发展了平原抗日根据地，而且使山区根据地与平原根据地相互依托，形成了广阔的华北敌后战场。

冀中是华北平原的心脏，在军事上它控制着日军赖以生存的平汉、津浦、北宁、沧石四条铁路干线。1938年2月14日，朱德和彭德怀首先电令聂荣臻、刘伯承各派一部东出津浦线。我军经数月苦战，至1938年8月初，成立了冀中行政主任公署，华北敌后第一块平原抗日游击根据地正式建立。它的创建，为我党开辟平原抗日根据地提供了宝贵经验，也是彭德怀和朱德的一大创造。

山东是华北与华中两大根据地的主要枢纽，是八路军在敌后的重要战略基地，朱德和彭德怀根据中央的战略方针，积极部署一一五师主力挺进冀鲁边、鲁西等地区。

朱德和彭德怀还率先提出并指示一二〇师派李井泉率第七一五团及一个骑兵连北出到绥远大青山建立抗日根据地。这支部队，历经艰辛，仅用了三个月时间，就开辟了大青山抗日游击根据地。它是晋绥抗日根据地的组成部分，是中央联系华北敌后各抗日根据地的重要通道，在战略上具有十分重要的地位。

到1938年10月，八路军在敌后控制了华北各主要战略要地，晋绥、晋察冀、晋冀豫、晋鲁豫、山东等抗日根据地基本形成，开创了华北敌后抗战的新局面。

（三）建设强大的根据地

如何建设革命根据地？彭德怀在《论革命根据地与武装斗争》一文中，具体论述了革命根据地建设的原则："在某些地区有了革命的武装、革命的政权、革命的群众组织、革命的政党——共产党（而且前面三种组织都在共产党的领导之下），这四种组织在一定地区能够公开的合法的存在，各自执行自己的职权（如政权执行自己的法令、纪律、各种制度），这样的地区，就叫作革命根据地。"（《彭德怀军事文选》，第146页）同时指出，革命根据地巩固不巩固，健全不健全，就决定于上述四种组织巩固和健全与否。此外还有一个决定革命根据地能否坚持的条件，这就是党的路线正确与否。

根据地的建设包括根据地的开辟、巩固和发展，其基本任务就是围绕创造上述根据地的条件而斗争，武装建设、政权建设、党与群众工作是建设革命根据地的三大任务。

武装建设是根据地建设的首要任务。武装建设包括建立地方武装及加强正规军。彭德怀指出："根据地总是产生与生存于反革命的包围中的，甚至在根据地内，也还有敌人（内战时是阶级敌人，现在是民族敌人），因之，要创造根据地与保卫根据地，主要是依靠武装斗争。"（《彭德怀军事文选》，第155页）这就是说，无论是开辟还是巩固发展根据地，武装建设都是第一位的。没有革命的武装，或者有而无力，根据地建设的其他一切问题都无从谈起。因此，革命游击战争的领导者必须以全部的精力去建设根据地的武装力量。同时指出，根据地的武装建设必须走正规军与群众性武装结合的道路，实行野战军、地方军、民兵三结合的武装力量体制。

群众武装的发展，是坚持根据地的必要条件。彭德怀认为，无前方后方之分的游击战争环境，使群众武装的地位和作用大大提高。只有群众武装发展起来，正规军才有所依托。群众武装不仅给予正规军许多帮助，而且有维系民心的作用。群众参加革命游击战争的积极性，是需要有武装作基础的，有了武装，胆量才会大，精神才会振奋，他们的力量才会有所表现。哪个战略区能使正规军与群众武装结合更好，则打击敌人的成绩就更大，积蓄的力量也较多。敌人一旦深入，就会"行不安，坐不稳"，在疲惫消耗之后，就不能不退出根据地，我们的党政军民四种组织，仍能合法存在。因此他在抗日战争中，提出要"建设数百支脱离生产的强有力的游击队，建设数百万不脱离生产的有战斗力的民兵，一般应做到有全体人民的百分之五至百分之七参加为标准。把游击战争开展成为普遍的群众运动，成为八路军坚持敌后抗战的主要助手"。（《彭德怀军事文选》，第122页）正是在这一思想的指导下，抗日根据地的群众武装得到了迅速发展，到抗战结束时，华北敌后根据地的脱产地方武装发展到100多万人，它不仅为抗日根据地的发展和抗日战争胜利提供了根本保证，而且成为解放战争中打败国民党反动派的重要力量。

正规军的扩充发展和战斗力的提高，是革命根据地得到根本巩固并促使游击战过渡到正规战最后战胜敌人的决定因素。彭德怀指出，"长期坚持敌后抗战"，"首先必须有优良的正规军"（《彭德怀军事文选》，第69页）。群众性武装的主要作用在于分散和消耗敌人，大量歼灭敌人还必须依靠正规军。因此，不断壮大正规军，是根据地武装建设的重要任务。由于革命力量一开始总是处于不掌握政权的弱小的地位，既没有相应的物力财力走"招兵买马"的扩军道路，也不可能有成套的训练教育机构对军队成员进行系统的培训。要不断提高正规军的数量和质量，就必须从人民游击战争的特点出发，走由群众性武装发展到地方性武装，再发展到正规军的道路。抗日战争时期，八路军从奔赴华北敌后战场时的3.7万人发展到100余万人，正是正确执行了这一发展方向和发展道路的结果。

反"扫荡"是根据地的重要斗争任务之一，它关系着根据地的生存与发展。彭德怀同朱德密切合作，制定严密正确的反"扫荡"作战方针，有力地保证了华北各地反"扫荡"斗争的胜利。他指出："我们要以巩固根据地的积极行动，来粉碎敌寇连绵不绝的围攻与'扫荡'，同时要在反围攻反'扫荡'的连续的胜利战斗中，力求根据地的巩固，要做到经过一次围攻和'扫荡'，根据地的巩固程度更增加一分，最后成为敌后坚持长期战争的坚强堡垒。"

1938年4月，日军调集二万余兵力对晋东南抗日根据地发动九路围攻，朱德和彭德怀积极部署八路军展开了激烈的反围攻作战，以游击战和运动战相结合的战术，使主力在广泛的群众游击战争的配合下运动自如，寻机歼敌。经过半月的反围攻作战，歼灭日寇4000余人，收复县城18座，将敌全部赶出了晋东南，使以太行山为依托的晋冀豫抗日根据地得到了进一步的巩固和发展，以后发展为晋冀鲁豫抗日根据地。

政权建设是根据地建设的中心内容。政权建设就是要彻底改造旧政权，建立完全新型的民主政权。政权建设是建立根据地的基本问题，当革命武装力量已在一定的区域内取得较为稳定的控制权，如果不及时建立革命政权，就达不到建立根据地的目的。因为没有革命政权，便不能建立起革命的统治，人民便不可能被发动起来，党的政策和革命的法令就不可能在这一地区的全社会得到贯彻，也就不可能保证有计划地解决长期支持战争的一切人力、物力、财力动员问题。更重要的是，根据地革命政权还担负着为共产党掌握全国政权积累经验、培养干部和检验政策的任务，必须从这个高度认识根据地政权建设的重要性。

彭德怀指出，要长期坚持敌后抗战，必须在根据地内彻底改造旧政权，建立完全新型的民主政权，建立并实行崭新的民主政治制度。"民主政治是动员全民族一切生动力量的推进机。这是由抗战的实践证明了的，只有实现民主，才能提高人民的抗战热情，参战热忱"。他根据敌后抗日根据地的具体情况，提出了"应首先从下层做起，先要建立起若干的模范村区政权，然后以之来推动全县、全区整个抗日根据地，以至整个敌后方，以及全中国"。（《彭德怀军事文选》，第62页）

政策和策略是党和红军根据地建设的生命，彭德怀领导创建革命根据地，非常注意灵活运用党的政策和策略。

抗日战争进入相持阶段后，彭德怀根据中央的方针，组织建立"三三制"抗日政权，加强财经建设。抗日根据地依靠自力更生，在敌人的封锁下支持抗战，扶助被敌人摧残地区的民众重建家园，敌后200余县的农村陆续进行了村民普选，把毛泽东提出的"三三制"政权建立到社会的最基层。人民不仅成千成万地加入了八路军，而且组织起数十万民兵与游击队，拿起武器，保卫自己的乡土；他们不仅坚持反对敌伪政权，而且极力拥护抗日民主政府。在敌人"三光"政策之下，他们克服了空前严重的灾荒，帮助八路军封锁消息、侦察敌情、保护伤病员。

1942年，敌后斗争最为艰难的时期，彭德怀十分重视抗日根据地本身的巩固和建设，实行精兵简政，开展减租减息，改善群众生活，使抗日根据地的政权在与敌人的较量中更加巩固。这年4月，彭德怀以坚强的信念宣告："不管敌人如何进攻，我们仍像一把利刃刺在敌人的心腹之上"，"巩固根据地是坚持敌后抗战的最基本任务"。

华北敌后抗日根据地，是在一次又一次粉碎日军围攻"扫荡"中巩固发展起来的。彭德怀指出："我们要以巩固根据地的积极行动，来粉碎敌寇连绵不绝的围攻与'扫荡'，同时要在反围攻反'扫荡'的连续的胜利战斗中，力求根据地的巩固，要做到经过一次围攻和'扫荡'，根据地的巩固程度更增加一分，最后成为敌后坚持长期战争的坚强堡垒。"反"扫荡"是根据地的重要斗争任务之一，它关系着根据地的生存与发展。作为华北前线负责军事指挥的八路军副总司令，彭德怀同朱总司令密切合作，制定了严密正确的反"扫荡"作战方针，有力地保证了华北各地反"扫荡"斗争的胜利。

党的建设是根据地建设的根本保证。党是根据地建设的领导核心，根据地建设的一切工作都是在党的领导下进行的，党的组织的坚强和领导的正确，是建立和巩固根据地的决定因素。彭德怀指出："要发动群众性的游击战争，建立和巩固根据地，进行各种战时的建设工作，没有一定数量和质量上足以作为领导核心的各级党的组织，是不可能的。"（《彭德怀军事文选》，第196页）

经济建设是根据地生存和发展的基础。根据地区域内必须广泛发展群众性的游击战争，藉以粉碎敌军的围攻或"扫荡"，这样才能求得根据地的巩固和发展。根据地处在敌人的包围之中，孤悬于敌后，根据地又建在广大的农村特别是偏僻山区，经济不发达，再加上敌人的封锁、"扫荡"，造成了根据地财政经济的严重困难。

根据地要巩固，必须坚持自力更生，发展经济，保障部队的供给和人民最基本的生活。在抗日敌后根据地建设中，彭德怀高度重视发展生产合作事业。他认为，要冲破敌人的封锁，"基本的是发展我们的生产合作事业，求得经济上的自给自足，巩固自己的经济基础。简单说来，便是发展农业生产和工业生产，开办生产合作社和消费合作社，自己生产必需品，自己来运销。敌后方的全体军、政、民应该把此看作是巩固根据地的重要事业之一"。（《彭德怀军事文选》，第63页）

　　彭德怀领导创建革命根据地，从不照搬固定不变的模式，而是因时因地因敌制宜，具体情况具体分析，灵活创造出多种类型、多种形式的革命根据地。

第五章
巧打阵地战

　　阵地战是军队在相对固定战线上，进行阵地攻防的作战形式。它是一种典型的正规战，因此有人称之为"堂堂之阵"。在人类战争史上，它作为一种最古老、最基本的作战形式之一，受到历代战争指导者的高度重视，形成了许多"规范"式的作战指导原则。彭德怀作为中国人民解放军著名将领中战争经历最为丰富者之一，对阵地战的作战指挥表现出了非凡的创造性。他既善于从兵家熟知的阵地战的"规范"和原则中汲取精华，又敢于突破习惯的思维定式，创造出许多新的战法。

一、要敢于打阵地战

中国古代兵圣孙武不主张硬碰硬的攻城战，认为"攻城之法，为不得已"。（《谋攻篇》）中国革命战争，是在敌我力量对比特别是装备技术相差非常悬殊的情况下进行的，因此大量歼灭敌人、用以解决战争命运的主要作战形式是运动战，一般都力争在野战中消灭敌人而避免阵地攻坚，阵地战多是为运动战创造条件的辅助作战形式。只是到了解放战争的后期，阵地战才成为歼灭敌人和夺取大中城市的重要手段。

在阵地进攻作战中，最为难打的是带决战性质的攻坚战，因为它所进攻的目标一般都是敌人的重兵集团且有完整防御体系和坚固防御工事，它的成败对战争的进程和结局将产生决定性的影响。彭德怀认为，进行带决战性质的攻坚战，其着眼点必须是只能成功，务求全歼。兰州战役是中国革命战争史上少有的几个带有决战性质的阵地攻坚战之一，充分体现了彭德怀攻坚作战的指挥艺术。

在长期的革命战争中，由于我军一直依靠落后的装备与强敌作战，因此，一般避免进行城市攻坚性质的决战，而争取以运动战来与敌作决战性较量。但当战争进程发展到以攻坚战的形式与敌决战对战略全局更为有利时，即要毫不犹豫地定下攻坚决战的决心。

1949年7月扶眉战役后，胡宗南的主力部队基本被歼，防御体系被打乱，残部分散退守凤县、佛坪、东江口及陇南地区，企图依托秦岭阻止解放军南取汉中，已成惊弓之鸟；青海马步芳、宁夏马鸿逵部西撤至静宁、平凉等地区，胡马彼此远离。彭德怀根据中央军委指示，决定抓住"二马"孤立的有利时机，歼击"二马"。

"二马"原想在平凉举行会战，合力阻止我军西进，但由于他们各自都想保存实力，其"平凉会战"计划很快流产，分别向兰州、宁夏退却，撤回各自领地。

彭德怀根据青宁"二马"形势变化，乘势发起陇东追击作战，分割"二马"作战联盟，第一野战军一部直逼马步芳部防守的兰州。

兰州是国民党西北军政长官公署所在地，是西北的政治、军事中心，是甘、宁、青、新四省的交通枢纽，战略地位极为重要。彭德怀分析，敌人必定死守兰州。

兰州城北是滔滔黄河，并有白塔山作依托，四周群山环抱，地势险要，易守难攻，尤其是城南的南山，系全城的天然屏障。国民党军在抗战时期就修筑了坚固的永久工事，青马又不断构筑加固。主阵地修有钢筋水泥碉堡，形成碉堡群，通向城里的各主要环山公路与主要阵地相连。外面有环形人工峭壁1至2道，高6至10米，峭壁腰部有暗藏的侧射机枪火力点，峭壁外有一两层3至6米深的外壕，各壕之间又有暗堡和野战工事，阵地前还设有大量的地雷和铁丝网。守军凭借坚固工事，既利于发挥火力，又便于组织反扑。国民党军兰州总指挥马继援宣称：兰州是"攻不破的铁城"。

而且，这一次马步芳把兰州决战看作他生死存亡的关键，周密地研究对策，储备了充足的粮弹，精心部署兵力，以其战斗力最强的两个军五万余人据守城区；另以三个军三万余人为左翼，于兰州东北的靖远、景泰及打拉池地区布防，相机攻击野战军；以新组成的骑兵军二万多人，控制临洮、洮沙地区，以保障右翼安全。青马企图依托兰州强固工事正面抗击，由宁马、胡宗南军两翼包抄，歼灭野战军于兰州城下。

彭德怀认为，在兰州与青马决战，将是一场艰巨的攻坚战，可能付出重大牺牲，但从战略全局出发，利大于弊，拖住青马在兰州决战对我军有利。西安解放之后，解放西北这个第二大城市和反共中心，就基本上解决了西北问题。如果让青马跑回他的老窝青海，那里是辽阔的少数民族地区，人烟稀少，粮食短缺，将增加我军作战的困难，势必延长解放大西北的时间。他在阐述进军西北的作战方针时说："我们不怕他守，而是担心他跑掉。如果他真的不跑，就到了我们把它消灭的时候了。"所以决心发动兰州战役。1949年8月4日上午，他向第一、二、十八、十九兵团，发布了进军兰州、歼击青马的命令，具体布置分三路围攻兰州、直取西宁的前进路线。8月20日，攻城部队进抵兰州城郊，包围了兰州。

在抗美援朝战争中战略防御阶段，阵地战则成了中国人民志愿军的主要作战形式。

入朝之初，彭德怀根据志愿军的技术装备处于绝对劣势和朝鲜地幅狭小的客观情况，提出"阵地战与运动战相配合"的作战方针，强调："敌人进攻，我们要把他顶住，不使他前进；发现敌人的弱点，即迅速出击，深入敌后，坚决消灭之。""我们的战术是灵活的，不是死守某一个阵地，但在必要时又必须坚守某一个阵地。我们不是单纯防御，要不失有利时机，大量地消灭敌人。"（《彭德怀军事文选》，第324页）

前五次战役，由于敌我火力和技术装备差距空前悬殊，在敌未构筑坚固防御阵地的情况下，志愿军对美军营一级单位有野战工事依托的阵地都难以攻克，因而主要靠在运动中歼击敌人。

第五次战役后，尤其是当战争呈现敌我战略上的均势相持局面后，拥有绝对技术装备优势的"联合国军"，在"三八线"附近修筑了坚固的防御工事，并拥有空、炮、坦克相互配合的立体防御手段。如何对敌实施阵地进攻，这是彭德怀遇到的新问题。

彭德怀和志司首长分析后认为，我军要想争取主动，大量歼敌，就必须解决阵地进攻问题。为此，彭德怀适时把阵地战提到重要的战略位置，作为志愿军的主要作战形式，在部队中进行了"持久作战，积极防御"战略方针的教育，动员全军利用朝鲜山多林多的有利地形，构筑工事，依托阵地，轮番作战，轮番休整，改善运输供应，用"零敲牛皮糖"的打法不断削弱敌人有生力量，积小胜为大胜，以配合停战谈判中我方的斗争。

在这种情况下，彭德怀不断总结全军上下创造的新经验，逐步形成了一套对拥有技术装备绝对优势和防御手段先进之敌实施阵地进攻战的理论和原则。1951年6月，彭德怀在志愿军常委扩大会上作了《关于持久作战方针和今后作战的指导原则》的报告，在论述坚持持久作战方针的基础上，提出了整个阵地战阶段作战指导方针，主要有："1. 有阵地地稳步前进，不要冒进。2. 不断轮番，各个歼敌。3. 反复拉锯，逐渐消耗敌人有生力量。4. 做好必要的准备再战，不打仓促无准备的仗。5. 由小敲小打，争取逐渐发展到大打。6. 集中优势兵力、火力，有重点地钳击敌人。7. 机动灵活，量力而行。8. 攻防密切结合，双管齐下。9. 战略上的持久战，战斗上的速决战。10. 开展敌后游击战争，配合正面作战。"（《彭德怀军事文选》，第405页）

二、阵地歼灭战要贯彻由小到大原则

歼灭战，是我军作战的基本指导方针，也是实现战争目的的重要手段。阵地进攻战更要贯彻打歼灭战的思想。

一般来说，对于技术装备处于劣势的一方来说，由于火力一般弱于对手，对于一定数量的运动中的敌人或立足未稳之敌有可能达成歼灭战，而对坚固阵地防御之敌就难以实现。因此，实施阵地进攻战一般要由打小歼灭战逐步过渡到打大歼灭战。

第五次战役后期，彭德怀发现，打歼灭战不能张口太大，必须当夜歼灭敌人，不然到了第二天敌人有大量空军支援，敌我力量对比就要发生变化，我们就无法吃掉敌人。毛泽东说："打法上同意彭德怀提出的不断轮番各个歼灭敌人的方针，即零敲牛皮糖部署的办法，每军一次以彻底干脆歼灭美敌一个营为目标。"

第五次战役结束后，当"联合国军"在三八线的附近组成坚固阵地防御时，彭德怀随即提出了"量力而行"，"由小敲小打，争取逐步发展到大打"的指导原则。

"零敲牛皮糖"，这是毛泽东对于集中优势兵力打小型歼灭战的一种形象的提法。在实践中，彭德怀集中群众智慧，作了具体的发挥。

在阵地战初期，我军展开小分队活动，在敌人经常出没的地区，用夜袭、伏击、反伏击手段，"速打、速撤、抓一把"，成班成排地歼灭敌人。后来，利用敌人"有失必反"的特点，打了不撤，吸引敌人离开工事向我反扑，以便我集中炮火予以大量杀伤，这叫作"肉上砧"。

对此，彭德怀于1951年11月2日通报全军说："我攻占一地时，估计敌必反击，应乘此时机大量杀伤敌人，甚至将其全歼。因此，在我攻击时，就必须准备打击敌之反击计划。又估计我反击得手后，敌将报复，此时，敌之兵力火力可能较第一次反击时加强。因此，更应调进预备队，加强火力，准备再度给敌以歼灭性打击，达到巩固我之阵地及大量杀伤敌人之目的。"

1952年3月10日，他又向毛泽东提出建议："为配合和平谈判，我采取局部歼灭敌人，在每个军正面，寻找敌人弱点，集中火力，每次歼敌（美军）一两个连，伪军一个营。"对于这种战术性反击，毛泽东在1952年10月24日给志愿军的电报中曾给予高度评价。

根据这些指示，志愿军对敌军阵地实施小规模的出击，一点一点去敲。各部队利用朝鲜山高林密的有利地形，构筑工事，轮番作战，轮番休整，"每次歼灭敌一部，大多数是敌一个营。打了不少这样的歼灭仗，每月大概打四五次"，积小胜为大胜，不断消灭敌人的有生力量，配合谈判桌旁的斗争。此即被毛泽东形容为"零敲牛皮糖"的著名战术。

在1951年秋季和1952年秋季志愿军举行的战术性反击作战中，对连排级目标攻击大多能迅速攻占阵地并完成歼敌任务，而对营以上阵地的攻击则往往发生困难。因此，彭德怀更进一步确定了"寻找敌之弱点……整排整连消灭敌人"的原则。虽然这种攻击在各个地区都采取以战术动作为主的作战形式，却是在统一计划下于一定时间内在全线实施，因而在全局上具有战役性质和规模。

1952年秋全线战术性反击作战，在9月18日至10月5日的第一阶段作战中，志愿军的六个军和人民军的两个军团在准备好后，不整齐地向"联合国军"的18个目标反击，每次都按预定作战计划攻克了敌军阵地，共打退敌人排至团规模的反扑160余次。至10月5日，巩固占领阵地六处，其余主动撤离，共歼敌8300余人。

从10月6日开始，中朝军队开始第二阶段的反击作战。这天，志愿军的

7个军，共组织了1个团另13个连又23个排和35个班的兵力，在760门火炮的支援下，在180公里的正面上，同时向"联合国军"防守的23处阵地发起攻击，各突击部队在炮兵部队和坦克部队的配合下，迅速勇猛地突入敌人阵地，先后占领敌人阵地21处，其中除两处阵地因敌人惧怕而先行逃跑外，有16处阵地敌人全部被歼，有三处阵地敌人大部被歼。

第二阶段反击原定于23日结束转入正常防御，因"联合国军"开始了"金化攻势"，向上甘岭地区志愿军阵地猛攻，为配合上甘岭防御作战，志愿军司令部决定将战术反击延长至月底。23日以后志愿军一线各军又先后攻击了14个目标，除三个目标未克、一个目标守敌撤逃外，其余均全歼守敌。31日，志愿军结束了第二阶段战术反击作战，共巩固占领阵地11个，歼敌8.9万余人。

由于此次反击是统一计划、同一时间在宽大正面上组织实施的，使"联合国军"顾此失彼，全线告急。这种积小胜为大胜的战法，达到了大量消耗敌人有生力量的目的，我军则越战越强，积累了对敌坚固阵地进攻的作战经验，进一步掌握了战争的主动权。

1953年夏季反击战开始后，随着我军军力的增强和攻坚能力的提高，阵地歼灭战逐步由小到大过渡。7月13日至27日第三阶段的金城反击战，则集中了五个军兵力对敌四个师的坚固防御阵地发起总攻，取得了歼敌大部并攻占敌防御阵地的胜利，共毙伤俘敌7.8万余人，攻占金城以南178平方公里的土地，从而成为我军兵团（集团军）规模的阵地进攻作战最成功的范例。

打阵地歼灭战必须达成火力上的优势。在对拥有现代化武器装备之敌的阵地进攻中，仅仅形成兵力上的优势是不够的，只有同时也达成火力上的优势，才能较有把握克敌制胜。也就是说，达成火力上的优势，是取得阵地进攻的胜利条件。彭德怀认为，在阵地进攻作战中，火力是歼灭敌人最主要的手段，"在攻击区域内，应集中绝对优势兵力、火力，向预定攻击线猛烈突破缺口，达到分割包围各个歼灭之目的"。（《彭德怀军事文选》，第358页）强调"要精密地组织火力，使所有火器同时发挥作用"。（《彭德怀军

事文选》，第324页）

　　抗美援朝战争进入阵地战阶段之后，志愿军的武器装备有了较大的改善，尤其是炮兵得到了加强。虽然同敌军相比，在质量和数量上仍处于劣势，但通过适时的机动，却可以在某一地段或某一点上形成局部的火炮优势。因此彭德怀要求部队在战术性阵地进攻作战中，注意尽可能集中战役集团拥有的火炮，加强和支援阵地进攻部（分）队的作战，以达成火力优势。实践证明，只要做到了这一点，一般都能较好地完成任务。

　　在1953年夏季的反击作战中，进攻敌团的阵地，集中火炮250～400门，火力密度每公顷面积平均落炮弹200～400发，有的达800发。在金城战役中，志愿军司令部给第二十兵团加强火箭炮兵、高射炮兵各一个团，榴弹炮兵一个团另一个营，反坦克炮兵三个连，工兵四个营。加强后的金城正面五个军，共有八二迫击炮以上的火炮1094门，平均每公里44.8门，还有坦克20辆。

　　7月30日夜，志愿军出敌预料，突然发起攻击，上千门火炮一齐向敌阵地猛烈射击，经过7～28分钟的炮火准备，共发射炮弹1900吨，各作战集团的主要突破地段平均每公顷落炮弹250～400发，破坏敌地面工事平均达30%以上。在开辟通路的地段，破坏障碍物达80%～90%。这就有力地保证了步兵的顺利突破。在火炮准备之后，各作战集团同时向南朝鲜军展开了猛烈突击，一小时内即全部突破其前沿阵地。

三、打好阵地战攻坚战

（一）依托坚固阵地进攻

　　同时，对敌军阵地的进攻，我军本身亦必须有坚固的阵地作依托，这是彭德怀在对拥有现代化装备之敌实施进攻作战中所得出的又一个结论。通常，进攻一方拥有较大兵力，特别是在优势火力的情况下，只需在进攻出发阵地构筑一般的野战工事即可，但在敌拥有大规模杀伤兵器而我又无法与之抗衡的情况下，我之野战生存条件极为恶劣，在敌阵地前集结兵力都非常困难。

1951年，毛泽东提出了"零敲牛皮糖"的办法后，彭德怀当时就认为："这个办法很好，但需要有一过渡办法，使阵地稳固起来。站不稳脚就无法去敲别人。"（《彭德怀自述》，第263页）从这年秋天起，志愿军在前沿普遍修筑了以坑道为骨干的防御阵地，并在后方建成了网状运输线，从而为我军的阵地进攻创造了重要的有利条件。此后，我军在发起进攻前，一般都利用前沿坑道和屯兵洞隐蔽地集结兵力和机动地调集火炮，出敌不意地发起攻击。

在1953年夏季反击战中，我攻击时利用前沿坑道和夜暗，隐蔽地接近敌前沿挖修屯兵洞，有的屯兵洞距敌前沿仅80米，部队提前进入这些工事隐蔽潜伏，战斗发起后即能迅速突入敌阵。这样，在敌拥有大规模杀伤手段的情况下，我军仍能以较小的损失完成攻击任务。

（二）阵地攻坚要隐蔽接敌，速战速决

实施战役战斗要求打速决战，运动战是这样，阵地战更是这样，它还特别需要部队发扬英勇顽强的战斗作风。

彭德怀认为，在对敌防御阵地的进攻作战中，要达成作战行动的突然性，首先在于出敌不意地选择作战目标，要切实了解敌之对我行动的判断，反其意而行之，成功地实施战役欺骗，采取各种战役伪装措施，制订各种诈敌计划，组织战役佯动，隐真示假，迷惑和麻痹敌人，使之产生错误的分析判断。

1930年彭德怀指挥红三军团对岳阳城的进攻、第一次进攻长沙，都是这一谋略的成功运用。

岳阳原有13个团的重兵防守，而当时刚刚成立的红三军团尚不足一万人，公开把攻击方向指向岳阳，显然是难以攻克的。为此彭德怀采取了声东击西的战术。他调动部分部队迅速占领鄂城、金牛，虚张声势，佯攻武昌。鄂城、金牛距武昌百里左右，是长江南岸的重镇，武昌的南大门。红军兵临城下，敌人甚为惊恐，急调岳阳钱大钧部12个团星夜赶往武汉保卫城池。

此时，岳阳城内只有王东原旅直属队和一个团守城。彭德怀立即命令攻占鄂城、金牛的部队，以强行军的速度挥师南下，围攻岳阳，从而一举攻克了岳阳城。

红三军团攻占岳阳后，敌急调长沙、武汉兵力联合向岳阳反扑。彭德怀决定乘敌主力尚未集中之际，于7月6日主动撤出岳阳，7月中旬重返平江苏区。彭德怀和滕代远鉴于部队疲劳，同时考虑部队需按规定改编，决定在此作短期休整。

不久，彭德怀得知湘军何键第四路军主力追击军阀张李联军，集中在湘桂边界混战，长沙城守备薄弱，遂出其不意，以红三军团为主力，配合湘鄂赣边红军独立师，在当地工农群众武装支援下，沿平浏边界向长沙推进，夺占了长沙。

彭德怀认为，在阵地进攻作战中，必须隐蔽接敌，速战速决。这就要求在战前隐蔽作战企图和部队行踪，在敌人没有察觉的情况下接近敌人阵地，以超常的战斗行动实施突然猛烈的攻击，打得敌人措手不及，破坏其心理平衡，动摇其战斗意志，打乱其防御体系，以削弱和限制敌防御工事和武器装备的效能，使我能以较小的代价换取较大的胜利。

1933年2月下旬的黄陂战斗中，国民党军第五十二师前卫第一五五旅主力于2月27日到达桥头地区后，从激烈的枪声中判断大龙坪方向和霍源方向发生战斗，因情况不明，遂就地停止，占领阵地，转入防御。

27日16时，红三军团先头第二师到达桥头以东以南的下庄、安槎地区，与敌接触。18时，军团主力到达，随即将敌一五五旅主力合围。

28日2时，彭德怀决心乘敌混乱之际，集中兵力迅速歼灭该敌。以第二师向下庄、安槎之敌攻击，主力集中于安槎方向；第三师向桥头、安槎之敌攻击，主力集中于安槎方向；第三师向桥头、安槎之敌攻击，并适时向军坪方向迂回，断敌退路；第七军向蛟湖之敌攻击，协同红一军团继续围歼敌第一五四旅残部；第一师为预备队，集结于拿山附近，随时准备支援桥头与蛟湖方向的作战。

28日6时30分，彭德怀红三军团对被围之敌发起攻击。8时，第二、第三师在安樵、罗山一线与敌展开白刃格斗，逐次夺占安樵以南阵地，但遭到罗山之敌的阻击。

9时，彭德怀适时以第一师从安樵、蛟湖两敌之间揳入敌阵，迂回至安樵之敌的右侧背；第二、第三师乘势占领安樵北罗山一带敌人阵地，并向西堵截。激战至11时，将桥头地区之敌全歼于摩罗嶂东麓山谷中。

遵义会议结束后，遵义城已经处于敌军数十万兵力的逼近包围之中。党中央和军委决定放弃遵义，北渡长江，与红四方面军会合，实现"赤化四川"的战略计划。可是敌军早有防备，封锁了长江。红军遂西渡赤水河，转移至敌兵力空虚的云南扎西（今威信）地区休整。长征出发以来实力锐减的红三军团被取消了师的番号，缩编为四个直辖团。彭德怀率领这支敢打硬仗的队伍，在二渡赤水之后，抢占娄山关，重夺遵义城，打出了士气，打出了威风。

娄山关是大娄关山脉的主峰，海拔1400多米，北接桐梓县，南临遵义城，崇山峻岭环绕四周，悬崖峭壁立于两侧，只有一条崎岖陡险的山路贯通南北，地势险要，可谓"一夫当关，万夫莫开"，自古乃兵家必争之地。敌军一个旅另一个团据守着这座娄山关。

2月25日拂晓，彭德怀按照中革军委的命令，指挥红三军团跑步进发，乘敌不备抢占了有利地形。以第十三团从北向南对娄山关之黔军发动猛攻，经激战，于当天晚上攻占娄山关，控制了制高点金山。

守军为夺回失去的主阵地，调集约六个团的兵力，组织多次反扑，彭德怀和杨尚昆统一指挥红一、红三军团，以一部兵力从正面钳制该军，集中主力分别从两翼向其后方的黑神庙、板桥迂回，歼其一部，敌守军被红军的气势所吓倒，慌忙弃关而逃。红军打退了国民党军的反扑，胜利占领了战略要地娄山关。

红三军团乘胜一路猛追猛打，乘胜向遵义方向追击。

2月27日，再次攻打遵义的战斗打响了。国民党守军司令部里慌乱不堪，坐镇在这里的国民党贵州省主席王家烈气急败坏地对着电话喊："'共匪'已经逼到城下，我们顶不住了。"

接电话的是国民党第六路军副总指挥吴奇伟，他正率两个师从乌江南岸驰援遵义，说："今晚以后我一定赶到，你必须顶住。"王家烈还想说些什么，可是吴奇伟已经把电话挂了。

红三军团的一位侦察员截获了这一消息，马上向军团长报告。正在前沿阵地用望远镜观察战况的彭德怀当即下令，从东西两面发起新的攻击，务必在今晚占领遵义城。

当天黄昏，彭德怀和杨尚昆指挥红一、红三军团，发扬连续作战的作风，奋力发起攻城战斗，经一个多小时的激战，占领了遵义新城。敌仓促弃城南逃。

28日晨，红三军团经过三四个小时的激战，重占遵义城。

（三）抢占制高点

一个坚固阵地的防御体系，是由一系列相互支援的要点组成的，但每个阵地在全局的地位是不一样的，只有找准其中最要害部位并倾其全力攻击之，方能迅速瓦解其防御体系并达成全歼。彭德怀认为，一般情况下，只有攻占敌借以阻击我军之重要屏障（通常是敌阵中的"制高点"），才能掌握打开防御体系之门的"钥匙"；全歼敌人的致命点则是敌退逃必经之点。战略和战役指导者必须将自己的注意力集中在这两点上，并以此来分配兵力。

1932年8月，红一方面军首长决定在乐安战斗结束后，乘胜直取宜黄城。彭德怀的红三军团负责在城南担任主攻。

19日天黑前，担任主攻任务的红三军团进至宜黄城南一带。当晚，军团组织军、师、团三级指挥员现地勘察，认为要夺取宜黄城，必先夺取峨嵋山。为使次日总攻易于奏效，决定以红二师一部先行夺取峨嵋山。

当晚深夜，红二师以两个连发起攻击，因山势陡峭，工事坚固，红军八次冲锋，均为敌军火力所阻，未能得手，与敌军形成相持。

20日拂晓，红军发起总攻。彭德怀令第三师歼敌一部，占领肖家排以北高地，逼近东城。但第一师攻击北华山、第二师攻击峨嵋山受挫，总攻未能奏效。红三军团首长决定改为夜间进攻，以发挥红军夜战的特长。调整部署后，于21时再次发起总攻。激战至23时，红一军团第三十一师从北门攻进城内，红三军团第二、第一师从西门、南门攻入城内，接着，红三军团第三师从东门攻入城内。红军各部密切协同，激战一夜，攻占宜黄城，击溃守敌全部。

1933年3月第四次反"围剿"中的草台岗战斗，彭德怀和滕代远统一指挥红一、红三军团，红二十一军和江西军区独立第五师为左翼队，迅速消灭草台岗附近之敌，尔后进攻并消火东陂之敌。

3月20日黄昏，敌第十一师陆续到达徐庄及其以南霹雳山地区。21日拂晓，彭德怀指挥红三军团首先发起攻击。第一师在界上地区向霹雳山之敌发起进攻；第二师和第七军由瓦城下、茅亭下一线向黄柏山之敌进攻；第三师为军团预备队在界上待命行动。

9时许，红一军团第十、第十一师在张山附近地区展开，向黄柏山之敌进攻；红二十一师由大公田、西岭地区向东陂之敌进攻，断敌第十师与东陂之敌第九师的联系，保障主力围歼第十一师；预备队红二十二军在张山附近待命，并以一部向东陂警戒。

与此同时，红五军团之第十五军、第三十九师及红十二军分别向霹雳山、雷公嵊和摇篮寨之敌发起进攻；红军右翼队预备队第三十八师进至焦坊待命。10时许，红三军团第一师主力，在迫击炮火掩护下向霹雳山之敌发起猛烈攻击。至12时30分，全部占领霹雳山这一瞰制敌军整个阵地的制高点，然后居高临下，向敌发起猛攻。

在兰州战役中，彭德怀认真分析敌人的布防，发现敌人主力在南山，敌东西两翼虽兵力不强，但两侧都是悬崖绝壁，不利于大部队行动，北面黄河铁桥是敌人唯一的退路。据此认为，攻占南山是攻打兰州的重点，而能否夺取黄河铁桥则是能不能全歼敌人的关键。并以此部署兵力，集中五个军由南向北进攻敌之南山主阵地，同时用一个军进攻西关，全力夺取铁桥。这样，一方面，在我绝对优势兵力的猛攻下，敌之南山核心阵地和各制高点在总攻的当日下午即被我攻占，兰州的全部"钥匙"已掌握在野战军的手中。

当敌人看到防御被突破，决定撤离兰州时，担任夺取黄河大桥的第三军于26日凌晨攻占西关，抢占了黄河铁桥，堵死了敌人的唯一退路。经过激烈巷战，野战军于当日中午肃清了城内残敌，越过铁桥占领白塔山，兰州全部解放。西北解放战争史上规模最大、战斗最激烈的一次城市攻坚战，西北战场上最后的一次大战役胜利结束，宁马主力基本被歼灭。

（四）采用敌人意想不到的攻击手段

在阵地进攻作战中，将突破口选在哪里，攻击部队采取何种方式运动到进攻和冲击出发阵地，以何种方式实施突破，不但直接关系到部队的伤亡代价，而且关系到能否迅速在敌阵中打开突破口，所以要尽可能地将突破口选在利于我隐蔽接敌的部位上。

为此，彭德怀特别强调阵地进攻战要周密侦察、精心准备，讲究战术和技术的密切配合，尽可能地采用敌人意想不到的攻击手段。他说："弹药器材等必须事先有准备。开进、展开、分进的道路，敌阵地工事的强度、火力、兵力配备之诸情况，必须有周密之侦察。根据敌我条件加以客观的研究，决定攻击手段，选择突破口。总之，敌人既已占领阵地且有防御设备，就必须采取阵地进攻的打法。"如果"不善于组织火力，不讲究战斗队形……不善于利用地形、地物，隐蔽接近敌人，单凭勇敢，蜂拥冲锋"，就必然造成不应有伤亡，乃至进攻受挫。（《彭德怀军事文选》，第425页）

彭德怀一生打过不少成功的攻坚战，其要诀之一就是"根据敌我条件加以客观的研究"，出敌不意地"决定攻击手段，选择突破口"。在我军缺少炮兵等重武器的攻坚作战中，这点就显得尤为重要。

1934年1月，彭德怀作为司令员，率部入闽作战，指挥部队攻打沙县县城。县城由卢兴邦部两个团把守，武器精良、城高墙厚，蒋介石给他们下了死守命令。守敌也认为沙县城有又高又厚的城墙，只有四个城门可以出入，他们欺红三军团无重武器，无法靠近城池，气焰十分嚣张，在城头挂起了一盏盏汽灯，不断狂呼："有本事你们飞上来！"许多干部战士为敌人的嚣张气焰所激怒，纷纷请战攻城。

1月12日，主攻部队在火力掩护下，架云梯登城，强攻三个小时没有攻下来。入夜，敌人在城楼上点燃汽灯，虚张声势。

彭德怀下令停止进攻，和政委杨尚昆、参谋长邓萍到前沿仔细察看地形，了解敌人的城防工事后认为，攻城的关键是把敌人所仰仗的又高又厚的城墙炸垮！可是硬攻势必付出重大伤亡的代价。此时，他想起了当年曾国藩攻打太平天国首都天京的战例。公元1864年6月，洪秀全逝世，使得太平军的士气受到影响，曾国藩决定抓住时机对天京发起总攻。为了确保攻城的成功和突然性，曾国藩想出了一个绝妙手段。他命其弟曾国荃从紫金山下把地道挖到了太平门城墙根，然后，用棺材装着炸药，对城墙实施爆炸，最终炸倒太平门附近城墙七八丈，湘军蜂拥而入，打下了天京城！想到这里，彭德怀决定把当年曾国藩的办法用到红军的战术中，精心制订了一个挖地道炸城的计划，亲自目测了距离，严格规定了地道挖多深及长、宽、高的尺寸。

可是，当时部队并没有足够的炸药，于是，彭德怀就亲自开了一个方子，买来原料，让战士们自己动手制作炸药。炸药做好以后，彭德怀又让战士们赶制了一口大棺材。起初，战士们都不明白司令员的用意，彭德怀说，到时候你们就会知道它会被派上什么用场了！

棺材做好以后，彭德怀让人把炸药装了满满一棺材，接着他又根据现场考察的情况，在地道挖好后，亲自指挥战士们把装满炸药的棺材抬进地道的墙根下，并用土将四周的空隙填紧、压固。此时，只要把引线点燃，这个巨大的"炸药包"就会爆炸！彭德怀对大家说：一定要侦察清楚城墙的厚度，把炸药埋到中心处，才能打开缺口，不然只能炸塌半边城墙，功亏一篑。

守城之敌见红军围而不打，还以为是他们的城墙和武器把红军给吓住了，于是更猖狂了，就在城墙上对着红军阵地疯狂地叫喊：彭德怀，带着你的红军飞进城来吧！他们根本没有想到，只要彭德怀一声令下，真正"飞"起来的将是他们自己！

在一切准备就绪后，这天凌晨，彭德怀下达了攻城的命令。随着一声惊天动地的巨响，城墙被炸开一个大的缺口，守城之敌正在准备开早饭，就在敌人被这突如其来的爆炸吓得魂飞天外的时候，早已做好攻击准备的红三军团官兵飞速从缺口冲进了城内，敌人的两个团还没明白是怎么回事，就被歼灭了！

中央红军长征途中，在冲破敌何键的湘军在汝城一线设置的第二道封锁线时，首先面临的是要攻克汝城。为此，彭德怀将红三军团分成两路，向汝城包抄过来。

1934年11月6日，红三军团对汝城发动了全面的进攻，先头部队开始向汝城冲击。

可是，汝城之敌早已筑起了牢固的碉堡群，敌人仰仗这些工事，火力很猛，形成交叉火力网的地堡不断喷射出火舌，防守十分严密，我先头部队打了几次冲锋，都没有把该城拿下来。

此时，彭德怀非常焦急，他深知只有拔掉这些"乌龟壳"，拔除前进道路上的这些障碍，才能保证大部队安全通过，否则，再拖延下去，红军将会陷入敌人前后夹击的危险之中。焦急之中，彭德怀想到了自己手中的秘密武器——大炮，他果断地下令："把炮兵调上去，一定要打开通道！"

当时，彭德怀的手中确实有几门大炮。那是1930年7月，红三军团成立后不久，彭德怀率红三军团攻占岳州城，缴获大批武器，其中有四门七五野炮和几门山炮，彭德怀如获至宝，非常高兴。可以说，从那时起，彭德怀的红三军团就有了自己的"炮兵"。

面对汝城之敌，彭德怀命令炮兵轰掉他们的碉堡，炮手纷纷就位，开炮射击，但是，虽然部队早在1930年就有了大炮，但由于不断转战，对炮手的训练很少，技术不高，缺乏经验，加之当时炮位距敌人的碉堡较远，打了十几发炮弹，都没能有效地击中目标，而剩下的炮弹却不多了。这时，彭德怀这位老炮手见此情景，决定亲自上阵，他对焦急万分的炮兵说："不要慌，沉住气，先看我的。"

说着，这位毕业于湖南陆军讲武堂的军团长来到炮前，冒着敌人雨点般的枪弹，和战士们一起奋力把炮推移至距敌人碉堡只有百十来米的地方，走到一门炮前亲自当起了炮手，他沉着地瞄准碉堡群，连发数炮。只听"轰""轰"几声，炮弹在敌人的碉堡上空开了花，敌人的碉堡有的被炸塌了，有的被炸开了一个大洞，有的冒烟起了火，敌人的机枪也一下子全都变成了哑巴！一个处于关键位置的敌堡飞上了天。

彭德怀一挥手，刚才还被敌人的火力封锁在田埂下的红军战士们，欢呼着呐喊着发起了冲锋，乘势冲杀过去，与敌军展开了激烈的肉搏战。敌军见赖以依靠的碉堡被摧毁，顿时乱了阵脚，当红军冲上来时，虽然敌军官督促士兵拼死抵抗，但终难挡住红军战士们的猛烈攻击，敌人溃不成军，从汝城落荒而逃。敌军的第二道封锁线就这样被冲垮了。红三军团夺取了汝城，从右边为中央红军打开了通道。

（五）勇猛顽强，坚持到底

彭德怀认为，打阵地攻坚战，特别需要部队发扬英勇顽强的战斗作风。

1933年3月，第四次反"围剿"，彭德怀奉命率红三军团在广昌西北的东陂伏击国民党王牌军第十一师。

该师是黄埔系将领陈诚的起家部队，在1930年中原大战中，是蒋介石打败对手的主力部队之一。蒋介石十分看重这支部队，为了"剿灭"共产党，特地把这支嫡系部队调入苏区战场。第十一师在师长萧乾指挥下进入苏区后，恃强自傲，如入无人之境，横冲直撞。

面对这样的强手，彭德怀没有丝毫胆怯。战前，他对红军战士们动员说："这一仗，就是要抓住敌人的傲气，还要养它一养，然后来个反手，把他打下马来。"

3月21日，当敌第十一师接近伏击地域时，彭德怀命令红一师师长彭绍辉派出一个连，将敌军引入伏击圈。

谁知，派出去的一连红军战士刚与敌接触，就乒乒乓乓地打了起来。彭德怀一听枪声，不禁勃然大怒，他拿起电话对着彭绍辉吼道："如果把敌人打跑了，你要负完全责任！"

这时，敌十一师很快抢占了东陂的制高点——霹雳山主峰。彭德怀清楚，如果这个制高点被敌人控制，不仅不能伏击敌人，而且红三军团的处境也将十分危险。他立即命令彭绍辉无论如何要夺取这个制高点，控制隘口，切断敌军的退路。

彭绍辉接令后，立即组织部队连续发动三次冲锋，均未攻下。彭德怀十分焦急，他来到前沿阵地，抓起话筒，高声吼道："彭绍辉，我在看你们行动，要特别冷静，一定要组织好火力，利用一切机会猛攻。"

彭绍辉是参加过平江起义的老战士，作战十分勇猛，是彭德怀一手培养起来的红军高级指挥员。他接到电话后，当即爬上山头，亲自组织部队冲锋。

看到彭绍辉亲自上阵，彭德怀立即命令紧随其后的军团司号员吹起冲锋号。嘹亮的冲锋号响彻山谷，大大地鼓舞了红军战士的士气，国民党军则闻声丧胆。

彭绍辉听到激昂的冲锋号，便知道军团长亲临第一线了，他跃出工事，带领红军战士旋风般地冲上主峰。经一场激战，红一师拿下了主峰。

彭德怀不给敌人喘息机会，立即指挥红三军团主力向敌第十一师阵地发动全面攻击。激战一日，敌第十一师大部被歼，师长萧乾也被击毙。在这一仗中，彭绍辉的左臂被打断，成为人民解放军一位著名的独臂将军。

四、建立纵深的、据点式的坚固阵地

进行阵地防御作战，首先必须有坚固的阵地作依托。特别是现代条件下大规模杀伤兵器的发展，对防御工事结构形式和强固程度都提出了新的要求。

彭德怀在指挥作战的实践中，注意根据不同时期敌之装备和进攻手段的特点，研究探索既能有效防敌杀伤以保存自己，又便于发扬火力打击敌人的阵地防御手段，在抗美援朝战争中，领导志愿军创造了人类战争史上阵地防御作战的奇观——被称为"地下万里长城"的坑道防御战。

抗美援朝战争在我军进入阵地防御阶段之后，在三八线附近，我们能不能守得住，这是直接关系到朝鲜反侵略战争能否取胜、和平能否实现的大问题。敌人依恃其钢铁多，在1951年的秋季攻势中，集中大量的航空兵、炮兵、坦克兵，对我阵地倾泻了巨量炮弹和炸弹。

为了有效地保存自己，消灭敌人，守住阵地，我指战员们火线上开展军事民主，大家出主意、想办法，起初在山上挖"猫耳洞"，后又把两个相邻的"猫耳洞"挖深并且拐弯，在内部连接起来，形成一个有两个洞口的马蹄形的小坑道，当对方炮火袭击时，除留少数哨兵监视敌方外，其余的都隐蔽在洞里，避开敌方火力杀伤。当敌步兵逼近我方阵地前沿，敌炮火向我纵深延伸时，洞外的监视哨发出信号，战士们便从坑道中一跃而起，展开近战，打退敌人的进攻，并给敌人很大杀伤。这就使敌人的飞机大炮失去作用，从而达到守住阵地、消灭敌人的目的。

彭德怀对这一群众性发明创造高度重视，他认为在敌人飞机火炮占有绝对优势的情况下，构筑坑道工事是保存自己杀伤敌人的最好手段。

彭德怀对志愿军加强阵地构筑非常重视，入朝作战前他在谈到阵地防御时明确提出："关于阵地战，应采取纵深配备，每班为三四个小组，每小群堡垒挖成梅花形的，距离以二三十米为宜，构成火网，互相交叉支援。这种工事在敌人轰炸与炮击时，可以减少伤亡。并可有意识地做些伪工事，吸引敌人火力，消耗敌之炮弹。敌人坦克前进时，可使用爆炸手段，多做隐蔽工事，待敌人接近时，突然出击，进行近战，可以歼灭敌人。炮兵亦应构筑隐蔽工事，不要使之暴露目标。"（《彭德怀军事文选》，第324页）

彭德怀得知志愿军挖坑道的情况后，又亲自到现地调查研究，提出改进的具体措施，根据抗日战争中八路军地道战的经验，指示各军设法解决坑道通风、伪装、防毒、防炸、防淹、防困等问题。1951年10月，志愿军司令部发出指示，要求在全志愿军加以推广。

于是，从1951年秋季起，整个志愿军掀起了挖洞子的热潮。在彭德怀指挥下，志愿军全军遂在监视敌人行动的同时，集中人力物力挖掘坑道。在实践中，广大指战员将两个口的坑道发展成三个口或四个口的坑道，这样就能够囤积更多的兵力。彭德怀发现后，又要志愿军领导机关集中广大官兵的经验再加以推广，很快使整个前沿阵地筑成为巨大规模的交织连贯的地下长城。到停战时，在250多公里宽的防御正面和东西海岸，构筑总长约1250公里的战斗坑道，相当于陇海铁路连云港至西安的长度，相当于在朝鲜东西海岸之间筑起五道地下长城，形成了以坑道为主与野战工事相结合的支撑点式的完整的防御体系，这在历史上是仅有的，是军事筑城的一大发展。

这一宏伟的坑道防御体系，不仅使我军能够长期储存粮弹，节约第一线兵力，加强纵深机动兵力，以劣势装备与现代化装备的敌人对垒，而且能够对付敌大量炸弹、炮弹的轰击，在我实施进攻时，也有了可靠的冲击出发地。我军的防御获得空前的稳固，经受住了敌人空前集中的炮火的严重考验。著名的上甘岭战役，就是我军依靠自己发明的坑道防御体系，以寡敌众、以少胜多的光辉范例。在我军这个不到3.7平方公里的阵地上，敌人倾泻了190多万发炮弹，5000多颗炸弹，山头被削低了一层，但阵地仍在我方手里，就是由于坑道起了巨大的作用。所以，志愿军依此扛住了敌人四次猛烈的攻势，屹立在"三八线"上，使敌人无数次的进攻归于失败。我军还以此为依托，多次对防守坚固阵地的敌军进行攻坚战。

与此同时，志愿军还挖掘了一条石质隧道；共挖堑壕6240公里，接近于万里长城的长度；共挖土石6000万立方米，以一立方米为单位排列，可绕地球一周半。

1953年夏季进攻战役中，依托坑道，中朝军队歼敌12万人和收复土地

240平方公里。正如毛泽东在1953年9月12日的讲话中所说："我们的军队是越战越强。今年夏天，我们已经能够在一小时内打破敌人正面21公里的阵地，能够集中发射几十万发炮弹，能够打进去18公里。如果照这样打下去，再打它两次、三次、四次，敌人的整个战线就会被打破。"（《毛泽东选集》，第五卷，第102页）正是在这种情况下，敌人才被迫同我签订了停战协定。

坑道在抗美援朝战争中起了很重要的作用。这一战争史上的奇迹，是以彭德怀为首的志愿军党委集中广大群众智慧创造的。对于这一战争史上的奇迹，毛泽东给予很高的评价："能不能守，这个问题也解决了。办法是钻洞子。我们挖两层工事，敌人攻上来，我们就进地道。有时敌人占领上面，但下面还是属于我们的。等敌人进入阵地，我们就反攻，给他们极大的杀伤。我们就是用这种土办法捡洋炮。敌人对我们就没有办法。"

彭德怀在指挥志愿军依托坑道实行防御作战的过程中，还形成了一整套坑道战的战术思想和独特的战术方法，主要是：构筑阵地时要将保存力量的坑道和打击敌人的野战工事紧密结合，在敌人以猛烈的炮火进行袭击时，多数守备人员进入坑道隐蔽，待敌人接近时，再以少而精的兵力逐次跃出实施短促的反击。在敌人火力过于猛烈，我军表面阵地无法立足时，防守部队也可以暂时全部进入坑道，坚持坑道战斗，然后和纵深部队相配合实行反击，尽快恢复表面阵地。在依托坑道隐蔽或退守坑道时，基本手段又是积极的战斗活动，以此粉碎敌人对坑道的攻击和破坏。志愿军采取了这种防御战术后，迫使敌人在整个战线上，只能实施重点进攻，无法进行正面突破，我方则可以在敌人重点进攻的前沿吸引敌众多的兵力、兵器，使每一阵地的防御战都成为消耗敌人的"无底洞"。

在朝鲜战场上，坑道阵地的出现和坑道战术的完善，标志着我军防御作战水平大幅度提高和阵地防御战术思想的成熟。我军有了坚固的阵地作依托，还大大节约了第一线的兵力，加强了纵深的机动力量，使整个防御体系更加完善和巩固。

五、防中有攻，以积极手段巩固阵地

彭德怀历来强调，阵地防御必须和积极主动的反击结合，即防中有攻，以积极消灭敌人的手段来达到防御目的。他说："防御方面为了节约兵力用于进攻方面，以劣势兵力钳制敌人优势兵力……在相等的兵力下造成歼敌的优势。因此担任防御任务的部队，不仅要坚决阻击敌人，还须灵活地进行反突击。吸引敌人于自己当面愈多愈好，愈容易使进攻方面奏效，所以我们的防御，无论从一个战役、战斗或战术来说，都是积极防御的动作，而不是消极防御或单纯防御。"（《彭德怀军事文选》，第338页）"我们的战术是灵活的，不是死守某一阵地；但在必要时，又必须坚守阵地。"

（一）拉锯对峙，反复争夺

在抗美援朝战争阵地对峙的第一阶段，为消耗敌人的力量，彭德怀采取持久作战、反复争夺的防御战法。

1951年6月中旬以后，中朝军队和"联合国军"交战双方沿着"三八线"地区形成了相互对峙的局面，战线亦随之相对稳定下来。随后交战双方开始了停战谈判。

此时，彭德怀预计到谈判不会是一帆风顺的，向部队提出要求，"必须树立持久作战的思想，绝不能对敌人停战谈判抱有幻想"。他命令一线部队利用有利地形，构筑坚固的防御阵地，相应提出"以运动防御与反击相结合的拉锯形式，即积极防御与短促出击相结合的作战形式，以大量杀伤敌人，配合谈判"。

8月，"联合国军"在东线对人民军防御阵地发动了夏季攻势，西线志愿军根据彭德怀的命令，配合东线人民军作战，对敌第一线阵地开展战术反击，攻占了许多制高点和前沿阵地，改善了中朝联军中部战线平康地区的防御态势。彭德怀估计敌人还会发动新的进攻，要求各军指战员学会打阵地战，他指出："在防御中应是积极防御，节节抗击，对每一阵地进行反复争夺，不得轻易放弃阵地，用不断地阵地反突击杀伤敌人；在阵地攻坚中，应对突出部之敌，进行小型攻坚战，稳扎稳打，求得每次歼灭美军一个连至一个营。""阵地防御作战中应是积极防御，对每一阵地必须反复争夺；同时采取反击及小出击，歼灭敌人。"

在这一作战方针的指导下，志愿军各部队在抗击"联合国军"的秋季攻势中，有重点地部署兵力、火力，以坚决阻击和连续冲击，英勇地同敌人战斗，每一个阵地均经过十余次的反复争夺。

10月24日，志愿军司令部指示第一线各军："选择敌之弱点，集中绝对优势火力和适当兵力，每次以消灭敌两个连至一个营为目的"，连续打几次这种小反击，具体时间自行决定。

各部遵照这一指示，自10月30日至11月底，均分别在各自的正面，选择敌人突出、暴露或防守薄弱的营以下单位阵地进行了连续不断的攻击，取得了很大的成功，共歼敌1万余人，攻占敌阵地21处，经过与敌反复争夺，巩固占领了9处。通过这种反复争夺，迫使敌人因伤亡过重而停止进攻。

（二）冷枪冷炮，狙击袭扰

在阵地对峙中不断袭扰和消耗敌军，也是志愿军为保持阵地稳定而采取的重要战法。进入阵地对峙阶段后，根据彭德怀的指示，志愿军司令部即提出了"采取积极手段，巩固现阵地，不放过任何有利战机，歼击运动的暴露的敌人，相机挤占地方"的作战方针。

在这一方针的指导下，志愿军指战员把我军在游击战中袭扰疲惫敌人的战法创造性地运用到阵地对峙作战中，广泛开展了小分队出击和狙击活动（当时称冷枪冷炮运动）。一方面以阵地前伏击、偷袭、侦察等活动不断袭扰对方，另一方面各部都挑选优秀射手和炮手，灵活巧妙地消灭暴露的敌人，并组织游动火炮，实施机动射击，对付运动中的敌坦克和车辆，摧毁敌炮兵阵地。

狙击活动的开展，一方面大量杀伤了敌人的有生力量，据不完全统计，志愿军一线部队仅1952年5～8月份的狙击作战，即歼敌1.3万余人（不含游动火炮狙击效果）。另一方面，大大恶化了敌第一线的生存环境，有效地限制了敌人白天在其阵地的活动自由。此前，敌人白天三五成群地在阵地前晒太阳、打扑克、跳舞，在志愿军开展狙击活动后，敌人只得白天躲在工事内不敢露头。敌人疲惫、沮丧和厌战，对我军前沿阵地的威胁大大减轻。

（三）控制强大突击队

在阵地防御作战中，我对敌人主攻方向、进攻规模和时机只能作出基本的判断，我之防御部署也只能建立在这个基础之上。然而，进攻的主动权毕竟是在敌人手中，战场情况出现预计之外的变化是不可避免的，如我之某个防御阵地被突破、发现敌人在运动中转移兵力等。而要对变化了的新情况作出正确的处置，手中就必须有可供使用的力量。

因此，彭德怀认为，在阵地防御作战中，战役指挥员必须掌握有强大的预备队。他指出："控制强大的突击队（预备队）于自己纵深侧翼之适当地点，待敌向我包围、暴露其侧翼时，即以迅雷不及掩耳的手段，给以猛烈的突击；工事纵深内控制的预备队，采取适时的配合，施行反突击。这样常常可以收到很大的效果。也只有这样的防御，才能完成防御本身的任务。"（《彭德怀军事文选》，第42页）

在抗美援朝战争阵地战阶段，志愿军之所以能在敌人每发起一次新的攻势后，都能进行战术乃至战役规模的反击，并取得胜利，均是与各级指挥员都控制着强大的预备队分不开的。

（四）少摆多屯，前轻后重

在与拥有优势技术装备之敌的阵地防御作战中，一方面要尽量减少敌人的火力杀伤，另一方面又必须有足够的兵力以击退敌人的进攻。彭德怀的对策是少摆多屯，前轻后重。

抗美援朝战争中，在志愿军依托野战工事进行防御作战时，彭德怀就强调："在阻击兵力配备上，应采取前轻后重，尽量多控制机动力量。"（《彭德怀军事文选》，第378页）"各担任机动防御、阻敌进犯的部队，必须确实掌握前轻后重、纵深配备的原则，特别加强工事，以减少自己的伤亡。"（《彭德怀军事文选》，第401页）当志愿军进入坑道防御作战阶段后，他进一步提出了"少摆多屯"的兵力配备方针。

依据这一方针，志愿军将大部分人员都隐蔽于坑道防御工事之内，表面阵地只"摆"少量人员甚至在敌炮火最猛烈时表面阵地不留人员，全部退守坑道，从而大大减少了伤亡，保持了阵地稳定。

六、阵地防御与机动防御相结合

阵地战包括阵地防御和阵地进攻，防御方面是为了节约兵力用于进攻方面，以劣势兵力钳制敌人优势兵力，采取战国时代孙膑赛马的方法：以我一个团牵制敌三个团，集中我三个团歼灭敌人一个团，在相等的兵力下造成歼敌的优势。因此，担任防御任务的部队，不仅要坚决阻击敌人，还须灵活地进行反突击，吸引敌人于自己当面愈多愈好，愈易使进攻方面奏效，所以我们的防御，无论从一个战役、战斗或战术来说，都是积极防御的动作，而不是消极防御或单纯防御。

进攻处于主动地位，容易实行机动灵活；防御处于被动地位，可否实行机动灵活呢？彭德怀作战指挥的实践作了肯定的回答。

1933年9月，蒋介石采取持久战和堡垒主义的新战略，以50万人的强大兵力，发动了向中央革命根据地和红一方面军的第五次"围剿"。其中，北路军34个师在以江西省抚州为中心的地区构筑碉堡封锁线，步步向南面的广昌推进，企图寻找红军主力决战。南路军在赣南地区，东路军7个师在闽西地区，配合北路军作战。红一方面军处于敌人重兵四面包围之中，形势非常严峻。

红一方面军当时只有10万人，为进攻之敌的1/5。在敌我兵力悬殊的条件下，如何打破敌重兵"围剿"，本来已有朱德、毛泽东提出的"诱敌深入"、实行灵活机动作战，并已为前四次反"围剿"所证明是正确的方针。若能继续贯彻这一方针，定能粉碎敌人的第五次"围剿"。但是，"左"倾冒险主义领导者无视敌强我弱这一根本特点，过分夸大自己的力量，轻视敌人的力量，提出"不让敌人蹂躏一寸苏区"的方针，企图用阵地战阻止敌人于根据地之外,这在当时是根本做不到的。

而"左"倾冒险主义领导者却按照自己的方针,命令正在福建省南平、顺昌地区作战的红三军团北上就敌,进攻江西省抚州东南南城县的硝石。

硝石有敌一个师防御,工事、火力都很强,地形又是易守难攻。红三军团10月9日晚进攻硝石,打了一夜,既未攻克,伤亡又大。有鉴于此,彭德怀和滕代远于10日3时,致电红一方面军总司令朱德、总政治委员周恩来:"认为硝石东南为何北(水)所阻,恐亦不易强攻,东方军(注:红三军团入闽作战的番号,此时仍沿用)应以一部继续作有力佯攻,催促敌援,主力集结机动,消灭援敌,并努力求得先打击其策应部队。"

这是一个攻点打援、机动作战的建议。朱德和周恩来也同意这一建议,将此电转报中革军委代理主席项英,要求"同意否请立即电复,以便命令"。中革军委未予答复。结果,部队连攻四天未克。13日,南城之敌四个师进抵硝石,红三军团被迫于当晚撤出战斗。这时,中革军委才来电,决定不再"向硝石作任何攻击,对硝石仅限于监视已足"。

硝石战斗未打好,红军反"围剿"一开始就丧失了主动权,给后来的作战带来不良的影响。如果接受彭、滕的建议,尽早实行机动作战,那是可以避免的。

"左"倾冒险主义领导者不但不采纳彭、滕的正确意见,实行机动作战,反而变本加厉地贯彻其错误方针,实行阵地战。在敌人于20公里宽的正面上摆开了7个多师吸引红军时,他们便集中三个军团又二个师同敌人决战,下冒险的赌注。

彭、滕见这样同敌人死拼不行,便于进攻开始后第二天(10月23日)11时,向中革军委提出向外线出击进行机动作战的建议:"我军应迅速集中和充实现有主力,集中第一、三两军团及七军团两个师,战略上向东北突击,背靠资县,向金溪、贵溪、东乡挺进,首先解决信河流域赵观涛所指挥之各部,以调动薛、周、吴各纵队北进。五军团配合地方武装钳制和迟滞资(溪)黎(川)潭(头)硝(石)地域敌人。"

就是说，以一部分兵力在内线钳制当面敌人，主力离开敌人堡垒和封锁线地区，从翼侧迂回到敌人后方和我之外线，调动敌人，在无堡垒地区机动作战，这样就能使红军摆脱被动，处于主动和有利的地位。

但是，"左"倾冒险主义领导者认为这一建议不符合他们的战略方针，不仅不予采纳，反而于10月2日批评彭、滕的积极建议："军委肯定地认为，彭、滕23日11时来电所提议的机动目前是不能实行的。其主要原因如下：（1）主力有与基本苏区切断的危险，因为在目前敌人步步为营的战术下，以后再能南进是可疑的；（2）如果我们不抓住金溪、贵溪及其至南城间的封锁线，这个机动是不会达到目的的；（3）当我们实施这个机动时，广昌、建宁、泰宁地区没有掩护，敌人侵入到我们中央苏区的危险，则随之增长。"就是说，为了不丢失这个地区，红军只能在内线作战，不能向外线机动，继续坚持其错误的战略方针。

彭、滕认为中革军委这样的解释和不采纳10月23日的建议，都没有道理，于10月25日再次向中革军委提出进行外线出击和机动的建议，并充分申述理由。建议说："至如23日建议电在充实现有部队，仍可分离作战，三军团及七军团可自金（溪）、贵（溪）、东乡以至景德镇，单独作战；一、五两军团暂位置黎（川）东南，随时抓紧运动之敌打击。如三军团、七军团恐被敌人截断，在广大的地域，特别是在东面弱敌可供穿行，建立（赣）东北作战，为威胁江（苏）、浙（江）、芜湖、景德镇"，"望以远大眼光过细考虑"。

这个建议，不仅外线出击距离远，范围广，而且提出了打运动战的方法，切实可行。

"左"倾冒险主义领导者基于坚持自己的方针，也出于无理，便玩弄组织手段，于10月27日电告朱德、周恩来："军委已决定了战役问题，望转告彭、滕，停止建议。"

彭、滕虽对错误方针再三提出纠正的意见，尽到了自己对革命事业的责任，但在"左"倾冒险主义领导者既不采纳又下死命令的情况下，也就只好服从了。以后，红三军团在第五次反"围剿"中所进行的阵地战，都是在"左"倾冒险主义领导者的命令下进行的。

由于彭、滕多次提出与错误战略方针相反的意见，所以滕于不久被调出红三军团，彭的中革军委副主席的职务也被免去。尽管如此，彭德怀并没有停止对"左"倾冒险主义领导者错误指挥的批评。1934年4月1日，他在给中革军委的信中指出：战略决心迟疑，战术不免机动，失掉了许多先机，使应得到的胜利推迟，或使某些战役流产。而在战术上企图挽救过时的战略动作，结果把战术动作限制得过分严格，失掉了下级的机动，致使不能根据敌情变化和地带、地形特点，灵活机动地完成所给予的任务。

虽然这三次建议都未被采纳，但其中也充分反映出彭德怀很早就提出了阵地防御与机动防御的思想。

第六章

掌握主动，避免被动

　　力争主动，避免被动，是指导战争的一条重要原则，也是彭德怀指导战争的重要方法论原则之一。行动自由是军队的命脉，失去了这种自由，军队就接近于被打败或被消灭。军队只有掌握主动权，才能达到保存自己、消灭敌人的战争目的。一切战争的敌我双方，都力争获得战争中的主动权，这种主动权即是军队的自由权。也是军队获得行动自由，争取战争胜利的根本条件。谁掌握了主动权，谁就能够取得胜利。一支军队的进退攻防均自己做主，不受敌人的控制与支配，就是握有主动权；被客观形势所摆布，失去了行动的自由，就失去了主动权，处于被动地位。而军队"陷于被动，虽握优势之兵力，卒不能克劣势之敌人。如能经常保持主动，虽劣势之兵力，亦能战胜强敌"。（《彭德怀军事文选》，第41页）

许多军事家都非常重视主动权对战争成败的作用。《孙子·虚实篇》指出："善战者，致人而不致于人"，说的就是主动权的重要性。德国的古德里安在《坦克——前进》一书中讲的"永远要左右敌人"，表达的也是这个意思。毛泽东说："无论处于怎样复杂、严重、惨苦的环境，军事指导者首先需要的是独立自主地组织和使用自己的力量。被敌逼迫到被动地位的事是常有的，重要的是要迅速地恢复主动地位。"

一、发挥主观能动性，夺取战争主动权

战争力量是决定战争主动权的客观物质基础，在战争全局上，战争力量居于优势的一方，一般占有主动地位，而居于劣势的一方，则处于被动地位。前者往往采取战略上的进攻，后者往往采取战略上的防御。这种战略态势与战争指导有关，但主要是由战争力量的强弱决定的。彭德怀指出："战争双方兵力优势或劣势，是决定交战双方在战争中的主动和被动的客观物质基础。"（《彭德怀军事文选》，第632页）他在《关于作战指导原则》一文中分析指出：土地革命战争中，"蒋介石在半年时间内对红军能够举行三次大规模的'围剿'，这是因为他在各个方面——兵力、人力、物力、财力都占有优势。"（《彭德怀军事文选》，第632页）

彭德怀认为，在劣势情况下争取主动，是一件难事，但只要主观指导正确，经过双方主动能动的竞赛，又是完全可以做到的。主观指导上的正确与否，是主动与被动的决定因素。毛泽东指出："战争是力量的竞赛，但力量在战争过程中变化其原来的形态。在这里，主观的努力，多打胜仗，少犯错误，是决定的因素。"（《毛泽东选集》，第二卷，第487页）

战争中主动和被动是经常变化的，在敌强我弱的条件下，被迫到被动的地位是常有的，在作战行动中陷入被动就更是不可避免的，重要的是要迅速恢复作战行动中的主动地位，如果不能恢复这种地位，其结果只能是失败。彭德怀指出："如能经常保持主动，虽劣势之兵力，亦能战胜强敌。这样的例子在中外的历史中不胜枚举。"（《彭德怀军事文选》，第41页）作为战

略上处于劣势的军队，以劣胜优，必须经历一个由被动转变为主动的过程。

长期以来，人民军队一直处于劣势地位的客观现实使彭德怀对军队的主动权非常重视。彭德怀认为，战略上要藐视敌人，战术上要重视敌人。尤其是打大仗、打强敌，必须定出系统的斗争方针，战斗开始必须懂得摆布敌人，掌握主动权。他以抗日战争为例指出：中国军队（指正面战场上的国民党军队）在抗战中失利的教训就在于丧失了主动权，只为防御而防御，一味等待日军的进攻，而没有坚决从防御的优势变到进攻。而日军则在战争中完全处于主动的地位，想战则战，想休息则休息。中国军队只等着挨打。

机动灵活的战略战术，是人民解放军从小到大、由弱变强的重要因素，也是我军作战的优良传统。机动，就是争取战略或战役的主动权或有利态势，有组织、有计划地移动兵力、兵器和火力。究其实质，就是"灵活"，因敌变化。彭德怀认为，我军无论在任何时机，均须站在主动的地位，这样才能算着敌人而不为敌人所算。

彭德怀在阐述争取抗日战争主动权时指出："我们怎样争取抗日战争的主动呢？……发动群众游击战争，在敌人后方建立小块小块的根据地，来分散敌人的力量，削弱和疲惫敌人，这是在战略上着眼争取主动，造成战役上各个击破敌人，取得胜利的必要条件。目前指挥作战的方针，在使用兵力上，主力应用在主要战区与利于反攻的方面。在战役战术上，主力应用于突击方面，而不应以多数或半数兵力应用于防御与钳制方面。在防御时，主力应控制为预备队，待机出击。在进攻时，主力应用在突击方面，不必多留预备队，以求一举而歼灭敌人，以大步前进的战术原则，深入敌人后方，攻敌要害，调动敌人，在敌后方左冲右突，破坏敌人作战计划，争取主动。"（《彭德怀军事文选》，第41页）

这就是说，战略上的劣势和被动是靠战役战斗的优势和主动来改变的。因为在战略上处于劣势的情况下，存在着获得战役战斗上优势的可能性，这就为变被动为主动提供了可能性。而通过许多战役的局部优势和局部主动地位，就能逐渐地造成战略的优势和战略的主动地位，从而摆脱战略上的劣势和被动。弱小的一方之所以能够获胜，客观条件是具有"局部的优势和主动"，主观条件是积极地、能动地"向着敌人局部的劣势和被动"攻击，一战而胜，再及其余，各个击破，全局因而转成了优势，转成了主动。

彭德怀强调，当陷入被动地位的时候，脱出这种被动的方法必须视情况而定，而不是凭主观臆断而定。在战略上，要着眼主动，预筹先机，在敌方尚未引起重视时，预先"布眼"。如抗日战争中，八路军、新四军在敌后到处建立根据地，以逐渐造成对敌的战略包围态势，使敌逐渐由主动转为被动，我方则由被动转入主动。要善于隐蔽自己的企图，勿为敌察。在敌对我之总体实力已有了解的情况下，隐蔽我之行动企图，则是争取形成局部优势和达成战役突然性，争取主动权所必需的。彭德怀指出，战争指导者应"尽力隐蔽自己企图，勿为敌察。如此才能经常保持主动，克敌制胜"。（《彭德怀军事文选》，第633页）在抗美援朝战争中，彭德怀坚持战略上的后发制人，同时争取达成战略战役上的突然性，以先机之利，取得攻其不备的效果。

在许多情况下，摆脱被动、恢复主动的一个重要办法是"走"，就是"游"。可以说，走是脱离被动恢复主动的主要方法。彭德怀认为，有把握的仗就打，没有把握的仗就不打，不打就"游"。彭德怀在论述敌后抗日战争的战略战术时指出："敌人来了，分兵把口子以拒敌，这就是被动，这是在敌后进行战争所最忌的。"（《彭德怀军事文选》，第71页）而要避免这一点，必须不计一城一地的得失，放敌前进，钳制、消耗、分散敌人。主力大部则避敌锐势，或集结于内线机动位置隐蔽待机，或乘敌之隙转至外线待机。使敌人对我主力之行踪或揣测不定，或以虚为实，犹如盲人骑瞎马，找不到目标，而我则对敌之一举一动了如指掌，从而将在什么时间、什么地点、同什么对象作战的主动权完全操在我之手中。待敌人在我内线军民不断袭扰打击下，已疲惫沮丧、战斗力受到削弱时，抓住有利战机，选择敌之一路，以战役战斗的袭击战歼灭之。

除了"走"的办法外，争取主动还有一种办法就是在战役战术上，示形欺敌，通过我之积极行动，造成敌人的过失，将我之被动转化为主动，包括：示形设虚，对敌大摆迷魂阵，使敌虚实难辨、迟疑不前的缓兵之计；虚而虚之，使敌疑心我有伏兵而引兵后撤的退兵之计；以少数兵力虚张声势，麻痹敌人，主力秘密脱离接触的金蝉脱壳之计；攻其必救，打乱其部署的调虎离山之计等。

坚持你打你的，我打我的，是获得主动权的有效途径之一。共产党人的兵法，历来是"你打你的，我打我的"；让敌就我，我不就敌，绝不会按照敌人的设计应战，强调打乱敌人的预定部署，使其步入我之步调，在作战时机、作战方向、作战对象上，打乱敌人的预定作战部署，使其步入我之步调，听命于我，而不被动地应付于敌。就是说，第一，你发挥你的优势，我发挥我的优势，你打我时，叫你打不到我，而我要打你时，就一定要吃掉你；第二，选择对我有利的时间、地点、方式与敌作战，决不在敌人限定的时间、地点、方式与敌交锋。

在朝鲜战场上，我志愿军的主要作战对手，是头号帝国主义国家的现代化武装力量。他们拥有先进的军事装备和极强的火力，拥有强大的空军、海军，还有装备精良的摩托化步兵、炮兵、坦克兵、空降兵、海军陆战队等兵种，是诸军兵种联合作战。而我军则基本上是以"小米加步枪"的劣势装备和以步兵为主的单一军种与其相抗衡。交战初期，这种敌强我弱、敌优我劣的态势尤为明显。面对如此强大的敌人，这个仗究竟应该怎么打？彭德怀坚持你打你的、我打我的原则，抓住敌人的弱点，从敌我双方的实际情况出发，根据不同阶段的战略目的和任务，制定不同的作战方针和主要作战形式。

第一次战役，彭德怀根据敌军分兵冒进，我不可能先敌到达预定防御地区的客观形势，果断放弃原计划志愿军入朝后先进行防御，半年后再谈攻击的预案，改为在运动中以进攻作战迎击敌人，从而使我军由被动变为主动，取得初战的胜利。

第三次战役，彭德怀不给敌喘息机会，不待休整补充，即令我军迅速突破"三八线"既设阵地；而当我军进至"三八线"附近时，他当即识破敌人是有组织的退却，企图诱我南下，以便从侧后登陆进行夹击，于是下令全军停止追击，避免陷入被动。

第四次战役之初，彭德怀察觉敌人全线反扑的企图后，立即组织坚守防御，并准备以强有力的反突击粉碎敌人的进攻。在纵深作战不顺利时，立即停止反突击，并根据敌我情况转入机动防御，在被动中争取了主动，为战略预备队调动赢得了时间，从而为第五次战役的胜利创造了条件。

1950年底，我军突破"三八线"后，打到"三七线"以南地区。此时，敌阴谋诱我深入到洛东江既设阵地，迫我重蹈朝鲜人民军冒进的覆辙。毛泽东和彭德怀识破敌人阴谋，部署部队就地转入积极防御作战，为后来的第四、五次战役和两年多的阵地防御作战创造了条件。但另一种主张反对转入防御作战，要求继续向南猛追，直至解放全部朝鲜国土。如果按后一种意见打，其后果是不堪设想的。

必须正确运用攻守形式。就战争力量的客观性而言，多胜少、强胜弱、优势装备胜过劣势装备是战争运动的普遍性规律，必须根据力量的强弱大小来决定攻守进退。采取攻还是防，是受兵力兵器、军心士气、敌我态势、军需给养等客观物质因素所制约的，不是指挥员主观随意选择的。孙子明确指出，根据敌我力量的比较，力量强就采取进攻作战的方式，力量弱就采取防御作战的方式，所谓"守则不足，攻则有余"。攻是守之机，守是攻之策，都是必要的作战形式。面对强敌的进攻，要"藏于九地之下"，以守疲敌，以守误敌，保存军力，待机破敌。

二、深察利害，反对轻敌

孙子主张：智者之虑，必杂于利害。在利思害，在害思利，趋利避害，胜利地指导战争。对于敌人，要尽量造成和扩大其困难，使其变利为害，变小害为大害。

战争中的利害，是指影响实现战争目标的主客观条件。针对不断变化的战争形势、敌我力量对比等利害关系进行综合分析判断，是作出战略谋划和决策的起点。任何战略思考，都是在权衡利害的基础上进行的。彭德怀在《关于作战指导原则》一文中对此作过深刻的阐述："战争领导者必须反复思考，透过纷繁复杂的现象，认真分析敌我利害，深察敌人企图。"（《彭德怀军事文选》，第633页）他认为，只有做到了这一点，才能真正做到"知己知彼，百战不殆"。

战争中的利与害，既有绝对性的一面，又有相对性一面。在某一个具体的军事行动中，针对双方的胜负结局，利与害有着绝对的意义，对一方有利，对另一方必定有害，反之亦然。但在发展变化的对抗过程中，利与害只具有相对意义。比如，在战斗范围内出现的利，对于战役、战略任务来说，未必都有利。在许多情况下，一味地争夺小利，反而会影响战略大局。相反，有时因战略大局的需要，则要主动放弃战斗乃至战役的利益。同时由于对阵双方相互示形用诈，常常在战场上出现许多害中有利、利中有害、利害相杂的复杂情形。因此，辩证地认识利害关系，善于从不利中看到有利因素，坚定信心，以己之长克敌之短；在发展顺利时看到不利条件，不为敌所算，乃是深察利害的关键所在。

彭德怀戎马一生，打过许多在战争史上堪称为奇迹的胜仗，而绝少有指挥上的失算，重要一条，就是善于反复权衡，辩证地认识敌我利害，趋利避害。

1949年8月10日前后，第一野战军各兵团紧接着陇东追击战，不顾酷暑灼热，战胜狂风暴雨、冰雹洪水，分左中右三路向西进军。第二兵团和十九兵团于19—20日顺利进抵兰州城郊，从东、西、南三面包围了兰州。

兰州城三面环山，北有天险黄河、白塔山可依托，南有南山作屏障。国民党军在抗战期间就修筑了坚固的工事，"青马"又不断构筑加固。马步芳部凭借坚固工事，既能发扬火力，又便于组织反扑。兰州战役打响前，马步芳在对其部属的命令中宣称：本署以诱敌于有利地形与之决战，凭天然屏障筑工严密部署，如敌来犯，决举全力一鼓而歼灭之。敌兰州总指挥马继援则扬言兰州是"攻不破的铁城"。

第一野战军由于陇东追击战打得比较顺利，产生了轻敌麻痹思想，认为敌有可能放弃兰州，怕失去战机，急于歼灭之。部队抵兰州外围的第二天，在准备很不充分的情况下，野战军司令部就下令向"兰州锁钥"古城岭、营盘岭、狗娃山等几个外围阵地发起试攻。由于对地形侦察不细，没查明敌军的兵力火力部署，对敌之坚固工事和敌军的顽强性估计不足，野战军步炮协同不够，所以在外围攻打了一天，未夺得一个阵地，双方均有不小的伤亡。

在这种情况下，彭德怀断然下令全线停止攻击。要求各兵团总结经验教训，仔细侦察敌情，查看地形，开展军事民主，讨论攻击战术。并将情况报告了中央军委。根据彭德怀指示，部队用三天时间做了各方面准备，普遍进行阵地总结，深入政治动员，克服轻敌思想；发扬军事民主，研究进攻战术；认真侦察地形，反复夜摸道路，挖壕沟接近敌人阵地；大力组织骡马和勤杂人员，动员一切人力、物力运输物资器材。

8月23日，中央军委根据彭德怀等关于试攻兰州的报告来电指示：马步芳既决心守兰州，有利于我军歼灭该敌。为此，"似须集中三个兵团全力于攻兰战役"，攻击前似须有一星期或更多时间做充分战斗准备，"并须准备一次打不开而用二次、三次攻击去歼灭马敌和攻占兰州"。

当天，彭德怀来到猪嘴岭第十九兵团指挥部。兵团司令员杨得志、政委李志民向他检讨说："这次仗没打好，责任主要在我们兵团领导人身上。"

彭德怀严肃地告诫他们说："部队试攻受阻，主要原因是轻敌，次要原因是敌工事坚固，敌人顽强。这次试攻是我决定的，时间仓促，部队准备不够。不过通过这次试攻也达到了了解敌人的目的。你们要告诉部队沉住气，总结经验教训，仔细研究敌人，扎扎实实地做好准备工作，待命向敌人发动总攻。"

当时，有的干部仍认为当前形势已是"秋风扫落叶"，马步芳未必会固守兰州。彭德怀提醒大家说：马步芳、马继援都是反动透顶的家伙，他们就像输红了眼的赌棍，把最后一点赌注全押在兰州。我们部队大部分还没有同他交过手，不是有个"困兽犹斗"的成语吗？对敌人切勿疏忽大意。马军惯打反扑，在占领敌阵地后，改造工事未完成时，最需注意。

在抗美援朝战争这样一种全新的现代化局部战争考验面前，彭德怀不仅能够做到知利之利，知害之害，而且注意看到利中之害，害中之利，进而两利相权取其重，两害相衡取其轻，作出正确的决策。

抗美援朝第一次战役，西线作战于1950年10月25日打起，到11月5日，彭德怀就发布命令，结束第一次战役。按说，如果继续追击敌人，也是能够再消灭一些敌人、扩大些战果的。但彭德怀考虑到此时敌军已完成部署调整，形成新的防线，且兵力集中，志愿军继续南进，必须强渡清川江，与敌军进行阵地战。同时，志愿军由于仓促应战，火力不足，且已连续作战近10天，部队比较疲劳，粮弹供应也发生困难，因此他没有被眼前的小胜所迷惑，在还能打的时候，果断地停了下来，还后撤了几十公里。正在志愿军势如破竹，乘胜追击时，彭德怀在作战室中突然命令："各部队停止追击！"当时，作战室的人都愣住了，感到很纳闷。彭德怀看出了大家的心思，解释说："麦克阿瑟错误地估计了我军的出国兵力，认为我们过江的部队人数不多，只不过是一支象征性的部队。麦克阿瑟狂妄得很，他求胜心切，还会卷土重来。所以我考虑采取诱敌深入，适时地放弃阵地，诱敌进入预定战场，再合围歼灭。"

有些人对这样的战略部署不理解，询问为什么不乘胜向清川江以南追击。彭德怀作了解释，坚持了自己的意见，这才造成了第二次战役分割歼敌的有利态势。

彭德怀特别强调在胜利的情况下，应保持清醒的头脑，看到敌人的实力和自己的弱点。"全军士气旺盛时，干部战士均易产生轻敌、疏忽思想，招致各种各样的损失；以致妨害应得的胜利，值得引起我们高度注意。""军事上先胜后败，多半出自骄傲轻敌。"（《彭德怀军事文选》，第293页、645页）他强调指出，聪明的指挥员，要能够在战局发展有利时保持清醒头脑，善于适时果断地结束战役行动，快速转移战场，特别是作战的发展与原作战行动方案出现预料之外的新情况时，必须及时果断地作出正确的决断。

在战争进程中，有时会遇到这样一种情况：自己的作战意图已基本实现，而战场仍呈现某些有利于我连续作战扩大战果的态势。是结束作战行动还是不顾疲劳连续作战？彭德怀认为，在这种情况下指挥员尤须头脑冷静，从保持战略、战役全局主动着眼，当打则打，当停则停。当战局确实有利于我扩大战果时，当然要敢于连续作战，不放过夺取更大的胜利的机会。但在许多情况下，利害相杂，表面的有利因素背后隐藏着实质上的不利因素，在这种情况下，果断而迅速地结束作战行动才是上策。

志愿军入朝后在不到两个月的时间内，接连取得了第一、第二次战役的胜利，收复了朝鲜民主主义人民共和国的领土，把敌人从鸭绿江边赶到"三八线"，这时一些同志产生了速胜的思想。

但彭德怀看到，敌虽遭两次打击，但主力未受大的削弱，敌人占有制空权、制海权，志愿军的运输车辆和物资被毁严重。因此于12月19日致电毛泽东，对敌我双方情况及对策解释说："苏大使说美军将速逃，要我军速进，朝方也有如此要求。据我看，朝鲜战争仍是相当长期的，艰苦的。敌人由进攻转入防御，战线缩短，兵力集中，纵深加强，对联合兵种作战有利。美伪军士气虽较前低落，现在还有26万多兵力。从政治上看，敌人马上放弃朝鲜，对其阵营很不利。英、法也不要求美国这样做。我军目前仍应采取稳进，对部队不要太伤元气。"

毛泽东复电说："你对敌情的估计是正确的，必须做长期打算，速胜的观点是有害的。在打法上完全同意你的意见，感到不顺利，则适时收兵休整再战。"

12月31日黄昏，志愿军发起第三次战役，一举突破"三八线"。1951年元旦，敌军全线败退，新上任的第八集团军司令官李奇微为避免他的前任所遭受的打击重演，决心放弃汉城并向汉江南岸撤退，并接受前两次战役失败的教训，在"三八线"至"三七线"之间设立了五道防线，并在我突破其第一道防线后，每日后退30公里左右。撤退的时间，一般是主力部队在白天，掩护部队在黄昏以后。这样，当我军夜间攻击，拂晓停止前进时，正处在敌人预设阵地之前和其炮火控制之下。

为不使敌人据守汉江南岸，彭德怀即令各军越过汉江，向仁川、水原和横城追击。中朝军队八昼夜向南推进了80至110公里。志愿军于1951年1月4日收复汉城，给朝、中两国人民以及全世界人民以极大的鼓舞。

在胜利的欢腾中，志愿军中也有些同志滋长了轻敌速胜思想，主张乘胜追击，一鼓作气，把侵略者赶下海去。战士中也流传"从北到南，一推就完"的说法。而彭德怀的头脑非常清醒，敌人这种有组织的退却，引起了他的注意，他周密分析了敌我双方的情况，认为：第一，敌虽遭我沉重打击，但其主力尚未明显削弱，后备力量仍很强大，技术装备仍处于极大优势，我军连续作战，在战场上已经竭尽全力，不但技术装备无改善，兵员也未得到补充，敌我力量对比未发生明显的变化，决战时机尚不成熟。第二，敌人在"三八线"虽有坚固工事，但并未拼死抵抗，且有的敌军未经接触便迅速后撤，说明敌人是有组织的退却，有意保存实力，伺机反击。第三，我军运输线延长，在敌机轰炸破坏下，物资供应更加困难，部队连续作战，十分疲劳，极需休整补充。

在这种情况下，敌人主力不战，显然是企图诱我南下，造成我东西两岸防御空虚，侧翼暴露，以便利用海空优势，从我侧后重演仁川登陆，夹击我军。一旦出现这种情况，那将是危险的。

根据这些分析，为确保战争主动权和防止麦克阿瑟诱志愿军穷追，再来一次"仁川登陆"，当我军于1951年1月7日前进到"三七线"以后，彭德怀当即决定各军自8日起停止追击，占领有利地形严阵以待，防敌反扑，全军休整，使自己完全掌握了战役的主动权，从而挫败了敌人的阴谋。

为此，彭德怀承受了巨大的压力。1月10日晚上，金日成和外相朴宪永走进了君子里中朝联军司令部。他们一再对彭德怀统率的志愿军抗美援朝的胜利表示祝贺与感谢，同时也关切询问：下一步中朝军队将如何打算？在听取了彭德怀对敌情的有说服力的分析以后，金日成赞同了彭德怀的看法。

苏联驻朝鲜大使拉佐瓦耶夫也到联军司令部会晤彭德怀，两人之间发生了激烈争执。他对彭德怀说："你要一鼓作气，把美国人赶到海里去！"

彭德怀："我是司令员，我要对人民负责，要对几十万将士的生命负责！"

拉佐瓦耶夫向斯大林告了"御状"，彭德怀也将与苏联大使的分歧意见如实向毛泽东作了汇报。毛泽东同意彭德怀的意见，并将朝鲜战场的情况电告了斯大林。斯大林以军事家、战略家的直觉，很快回电说："彭德怀是当代天才的军事家，朝鲜战场的一切军事行动应听从彭德怀指挥。"斯大林还将拉佐瓦耶夫调回国，并撤了他的职。

彭德怀后来回忆说："了解敌人是不容易的，了解自己也不容易，受了挫折往往低估自己，胜利了又往往高估自己。我打了一辈子仗，从来没有害怕过，可是当志愿军越过'三八线'，一直打到'三七线'后，我环顾前后左右，确实非常害怕。眼看着几十万中朝军队处在敌人攻势的情况下，真是害怕得很，几天睡不好。我军打到'三七线'后，左、右沿海是美军的舰队，敌人不下船就可以利用舰炮打我军。不能把几十万军队的生命当儿戏。"

实践说明，不能贻误战机，也不能盲目地一味进攻，不注意客观情况，求胜心切，采取冒险的行动，都会导致惨败。

战略上布势关乎战争胜负，战役上的胜利不一定等于战略上的胜利，一着有失，步步被动，所以彭德怀对战略布势非常慎重。

战局发展的态势很快表明，彭德怀的决策是正确的。仅过了一个星期，1月15日，李奇微将退逃的部队稍事整顿，即以所谓"磁性战术"发动了试探性进攻，几天后又发展为较大规模的全线反扑。而志愿军前线各军兵员没有得到任何补充，物资补给的困难状况没有得到任何改善，中朝军队在兵力上同李奇微的地面部队相比已没有多少优势，作为后续部队的志愿军第十九兵团，在国内还未完成入朝作战准备。因此，前线各军面临着巨大的困难。

面对战略上的可能失势，1月27日，彭德怀致电毛泽东：为增加帝国主义内部矛盾，可否播发中、朝两军拥护限期停战，人民军与志愿军从乌山、太平里、丹邱里线北撤15至30公里的消息，如同意请由北京播出。建议部队后撤15至30公里，休整再战。但毛泽东从政治上考虑，回电不同意，要求我军必须立即发起第四次战役。彭德怀遵令发起第四次战役，但深感忧虑，认为中央对战局的预期过于乐观，便于1951年1月31日致电毛泽东：第三次战役即带着若干勉强性（疲劳），此次战役则带着更大的勉强性。如主力出击受阻，朝鲜战局有暂时转入被动的可能。

在作出具体作战部署时，彭德怀同样非常慎重。2月4日，他在与前来商讨作战事宜的金日成研究后共同认为，经过三次战役，上下都产生了轻敌思想，对敌人估计不足，以为敌人不可能这样快地向我反攻，因此要作充分准备，不能轻敌，确定第四次战役力争停止敌人前进，稳步打开战局，并从各方面加紧准备，仍作长期打算的方针。这一分析，得到了毛泽东的赞同。

第四次战役以后，中朝联军在彭德怀卓越指挥下取得了重大成果，但一线兵团连续作战，大量减员，前线部队衣、鞋、粮、弹均未补充，而第二番轮战部队还远在鸭绿江边。第四次战役激战正酣时，彭德怀于2月21日回到北京，当面向毛泽东汇报说明敌我现实情况，阐述朝鲜战争不能速胜的看法。毛泽东在听了彭德怀的汇报分析之后当即表示："根据现在的情况来看，朝鲜战争能速胜则速胜，不能速胜则缓胜。"从而为志愿军确定了持久作战的正确方针。

止是由于彭德怀在军事指挥中注重趋利避害，志愿军在战争中很快打开了局面，而未出现一些军事指挥家大胜之后骄傲轻敌遭敌反扑导致全局失败的情况。正如彭德怀所指出："在胜利之后，发生骄傲轻敌，往往是有群众基础的，即使领导者英明，也易受其影响。因骄傲轻敌而遭受失败，这在历史上是不可计数的。""骄傲轻敌的原因：一是对战争局势缺乏全面的深刻的分析和认识；二是在胜利后，不易看到自己存在的弱点，忽视敌人的优点，因而产生轻敌情绪。过分谨慎，过分照顾疲劳，又易失去战机。要做到适可而止是不容易的事。"（《彭德怀军事文选》，第293页、645页）

三、先强后弱，各个击破

彭德怀特别强调："要善于各个击破敌人，先打弱的后打强的，不要想一口吞。"（《彭德怀军事文选》，第237页）"在战术上进攻，应当先找弱一点的消灭，如此，强的亦将变为弱的。"（《彭德怀军事文选》，第74页）

战争是力量的较量。战争力量的强与弱是战争胜负的基础，强胜弱败是战争的普遍规律。我军在战略上的以弱胜强，并不是对强胜弱败规律的否定，而是对它的灵活运用，即通过争取局部的优势来实现的。彭德怀指出，正因为敌人军事力量占有优势，特别是技术装备相差悬殊，"所以在战略方面，我们还是以弱抗强；然而，在战役和战术方面，我们必须求得以强攻弱，即使在战役上自己的力量小于敌人，也要求得战术上来解决以多胜少的问题"。（《彭德怀军事文选》，第39—40页）

而要取得这种局部的优势，就必须贯彻先打弱敌的原则。即在多路运动之敌中，"应当先找弱一点的消灭，如此强的亦将变成弱的，倘若先攻强的，就是攻得下，损失也必大；攻不下，则弱的也变为强的，更难攻了"。这就是说，拣弱的打，容易使我军形成绝对优势，实行四面包围，速战速决，全歼敌人。先消灭了弱敌，强敌失去了羽翼，受到削弱，就会出现有利于我继续歼敌的新形势。同时有利于我军迅速转移兵力，连续歼击他部敌军。

弱军是当面敌军之间相比较而言的。他说："所谓弱，指的是敌人在兵力上比较弱，配备上比较弱，素质上比较弱，或者处在不利地形下的敌人。"（《彭德怀军事文选》，第74页）

拣弱的打，除了寻歼战斗力较弱之敌外，凡运动之中、立足未稳、态势孤立、饥疲困乏、疏于戒备以及由进攻转入退却之敌，都易于歼击。这就需要战场指挥员正确判断各方面的情况，适时抓住有利战机，果断定下决心。

彭德怀认为，先打弱敌通常遵循以下原则：

一是先打分散孤立之敌。即为分散控制其占领区和交通线之敌；分路向我进攻，各路相距较远，无法相互协调之敌；脱离主力，或位置突出，不能及时得到支援之敌。

抗美援朝第一次战役，针对敌人对我军入朝作战估计不足，分兵冒进的情况，彭德怀决定采取分途歼敌的作战方针。当时西线南朝鲜军第六师先头营进占楚山，第八师和第六师主力进至熙川地区，第一师主力进到云山地区；美军第二十四师、英军第二十七旅分别进至龙山洞、博川地区。先打哪一路最为有利呢？彭德怀分析认为，美第二十四师、英第十七旅和南朝鲜第一师虽然分散，但相距不远，我如打这三路中的任何一路，都有胶着的可能，于我不利。而熙川南朝鲜军孤立冒进，属于好打之敌，遂决定集中六个师首先歼灭西川南朝鲜军第六师、第八师各一部，从而确保了首战告捷。

彭德怀在陕北战场上指挥的青化砭、羊马河、蟠龙镇三战三捷及此后不久的沙家店战役，选择的是脱离主力，或位置冒进突出，不能及时得到支援之敌。

二是先打战斗力较弱之敌。如兵力少，武器装备差，训练素质低，内部矛盾深，指挥官无能，非嫡系杂牌军，新组建的部队等。

1930年6月，中革军委指示在湘鄂赣边地区活动的红三军团进攻武汉："帮助鄂南与鄂东南地方暴动"，"占领大冶，切断武（汉）长（沙）路"和进攻武汉。

在军团前委会上，彭德怀明确提出不赞成攻打武汉，他分析指出，武汉有敌军重兵五个团据守，且有坚固的城防工事。长江又正是涨水季节，南湖水满，沿江只有一条通向城墙的大堤。而且，岳阳、阳新分别有钱大钧12个团和罗霖一个师驻守。红军如进攻武汉，钱、罗两部必然尾随夹击。红军前有坚城，后有重兵，侧有长江，背有南湖，前后受敌，左右无路，处境十分危险。他根据实际情况，提出了一个妥协方案，先消灭鄂东南之鄂城、埠圻六县的地主武装，进而西进攻占湖南岳阳，作为攻打武汉的准备。

这一方案得到大家的赞同。于是，红五军、红八军奉命合编组成红三军团后，向西南进击，开展攻势作战。

6月16日，彭德怀率红三军团主力，由大冶地区分兵向鄂城、通山攻击前进，先后攻占了铁山、金牛、鄂城等重要市镇，并扬言进攻武汉，以迷惑和调动敌人。

与此同时，红二军团、红一军团和武汉周围一些地方的游击队，也逼近武汉，引起敌人的恐慌。

国民党武汉行营主任何应钦信以为真，急调驻岳阳的钱大钧部12个团，星夜赶往武汉，加强武汉的防御。岳阳守敌仅剩一个旅的直属队和一个团的兵力。

彭德怀认为岳阳城内兵力薄弱，立即决定避实击虚，转向岳阳方向前进，先后攻占通山、崇阳县城，同时控制了咸宁县的大部地区。

6月25日，彭德怀在通山县城主持召开中共红三军团前委会议，认为攻打岳阳的条件已经成熟，遂决定抓住这一有利战机，乘岳阳城敌兵力空虚，夺取该城。

随后，彭德怀挥师进抵羊楼洞、赵李桥、羊楼司一带，扫清外围敌人，完成对岳阳的包围。

7月4日，红三军团兵临岳阳城下。彭德怀下令发动攻势，经过两小时激战，一举攻占该城，歼敌两个营，缴获物资装备众多，特别是有四门野炮和十二门山炮，从此红三军团建立了自己的炮兵。

即算是完成了"切断武长路"的任务，但岳阳也不能久占，为避免敌人迅速围攻，便立即主动撤出，沿武长路东侧南下，进入红五军诞生地、群众条件好的平江地区，伺机行动。

这时，湖南敌人第四路军总指挥何键正以其军队的主力由长沙南下，向衡阳、宝庆（今邵阳）方向，追击张发奎、桂系联军。为了保障其后方长沙的安全，不遭红军的袭击，何键采取以攻为守的手段，以约七个团的兵力由长沙向东北红三军团待机地区进逼。

彭德怀在指挥部队击败进攻之敌后，趁其态势孤立、仓皇逃跑和长沙城敌兵力空虚之机，果断指挥部队进行追击。

平江离长沙约有120公里。第三军团连行军带作战，只用五天时间，就于7月27日攻占长沙城，俘敌4000余人，缴获长短枪约3000支、机关枪28挺、手提机关枪20余支、迫击炮20余门、山炮2门、电台9部，是中国工农红军建军三年来歼灭敌人和缴获最多的空前的大胜利。

在朝鲜战场上，南朝鲜军与以美军为首的"联合国军"相比，无论武器装备、技战术水平，还有指挥员的素质，都相对较弱，因此彭德怀在抗美援朝的各次战役中，都将南朝鲜军作为首先攻歼的目标。第一次战役中，主要歼击对象为南朝鲜军的两个师；第二次战役，彭德怀又将主要反击方向选在南朝鲜军第二军进占的德川、宁远地区，结果一举打开了战役突破口；第三、四、五次战役，彭德怀亦主要以战斗力较弱的南朝鲜军为目标，这样，一般都能迅速打开缺口，造成整个敌军战线的溃乱，战斗力较强的美、英军也不得已随之败退。

三是先打处于不利地形条件之敌。地形的好坏，对于战斗力的发挥有很大的影响，军队战斗力虽强，但处于不利地形亦将变弱，而战斗力相对较弱的部队占据有利地形亦可使战斗效能倍增。因此在区分强弱时，要将地形条件作为一个重要的因素加以考虑。

四、扬长避短，以长击短

古人云：兵形似水，"兵无常势，水无常形"。毛泽东曾形象地把战略战术比作战争海洋中的游击术。在战争的海洋里，如果不想被火海铁流所吞没而达到胜利的彼岸，就必须选择最适合自身优势发挥的作战形式和战略战术。可以说，扬长避短，以长击短，是最大限度地发挥自己的战斗效能而减杀敌之作战威力的重要手段。在古今中外的战争史上，能以少胜多、以弱胜强、以劣胜优的统帅，有一共同的特点，就是能够高瞻远瞩，冷静客观地分析敌我情况，巧妙地采取计谋，趋利避害，以己之长击敌之短。任何一支军队无论就其实力还是战法上都会有其所长和所短，只有充分发挥自己的长处而攻击敌人的短处，避强击弱，扬长避短，才能最有效地保存自己消灭敌人。

抗日战争进入战略相持阶段，在敌强我弱的总态势下，华北八路军敢不敢打一场大规模的进攻战役，能不能取得大规模进攻战役的胜利？彭德怀的回答是：尊重客观，造势制敌。

百团大战前夕，彭德怀对华北战场的局势进行了精密的分析和研究：

关于华北战场态势。彭德怀指出，抗日战争是长期艰苦的，犬牙交错的，此来彼去的，拉锯式的。敌人占领的主要是大城市和交通要道，我们占领的主要是乡村和较小的城市。敌人的大城市和交通要道包围着我们，我们的乡村和小城市又包围住了敌人。敌我双方斗争的主要形式是"扫荡"和反"扫荡"。从总的态势上看，敌人是在进攻，我们是在防御。

关于敌我兵力情况。彭德怀指出，自武汉失守以来，日军对华用兵呈骤增趋势；华北八路军在抗日斗争中亦有较大发展。自1939年以来，日军在华北战场的总兵力达到44万人，占当时侵华总兵力的一半，另还有伪军15万多人。而八路军此时也已发展到40余万人。但从总体上讲，还是敌强我弱。我军不仅在数量上少于敌人，而且武器装备也劣于敌人。

关于双方战略战术。彭德怀指出，在占领武汉后，日寇将其战争重心放在对敌后八路军的进攻方面，在华北实施"囚笼政策"，加紧对解放区军民的"扫荡"；华北八路军深入敌后，开辟敌后战场，建立并巩固抗日根据地，展开反"扫荡"斗争和"交通破袭战"。而我军许多次战役或战斗都是被动的，只是在作战过程中我军才由被动逐渐转为主动。

总之，华北战局的情况是敌强我弱，敌进攻我防御，敌主动我被动。如何改变这种敌我态势，如何扭转华北战局？

彭德怀认为，解决问题的办法是：选准敌人的弱点，造势制敌。敌人的弱点在哪里？彭德怀着重指出，日寇虽然占据了华北的许多大城市和交通干线，但却使其兵力愈加分散，交通线空虚。这是敌人的弱点和短处，同时又是我们的优势所在。于是，主动发起百团大战，从客观实际出发，选择敌空虚的交通线为作战目标，确立破袭敌占交通线为战役手段，采取在防御中求进攻的作战方针，取得战役的重大胜利。

由于强军不是一切方面都强，弱军也不是一切方面都弱，而是强中有弱、弱中有强，这就为弱者辩证地运用强胜弱败规律，以弱胜强，以劣胜优提供了客观条件，而实现的基本手段即是扬长避短，以长击短。

1948年春，彭德怀召集西北野战军高级将领开军事会议。他在会上分析了西北战场我军应该进攻的方向。当时，我军三攻榆林不下，部队憋着一股气，指战员们想再次进攻处境孤立的榆林邓宝珊部，以解心头之恨。彭德怀认为，榆林敌军工事坚固，难以在短时间内攻克，对惯于打运动战的我军不利，况且这股敌人不是西北敌军的要害，取胜了也没有向北发展的余地，因此主张不攻榆林。有人提出西进陇东，打击"二马"（马鸿逵、马步芳）。彭德怀认为，"二马"也不是西北敌人的要害，而且该地路途遥远，我军粮食补给困难，不能全部集中兵力，但却利于敌骑运动。还有人提出攻占延安。彭德怀认为，虽然歼灭延安之敌，政治影响大，但守敌有两旅之众，并且工事坚固，易守难攻，势必形成久攻不下的相持局面，同样对我不利。那么，到底进攻哪里呢？彭德怀主张进攻刘戡，把战场设在宜川、瓦子街地区，实施围城打援。

当时，宜川之敌兵力薄弱，只有一个旅2700余人把守，处境孤立，宜川是敌人在陕北的战略要地，被蒋介石称为"关中屏障"。若宜川受攻，胡宗南必然会督令位于洛川、黄陵、宜君一带的刘戡集团前往增援。这样，我军就可集中优势兵力，半道设伏，歼敌援兵，然后再行攻城。

抗美援朝战争中，我志愿军在力量对比悬殊的情况下，又加上在朝鲜这样狭长的半岛，回旋余地太小，按照一般的作战原则，志愿军怎么能和高度现代化的进行立体战争的对手进行较量呢？但是，彭德怀灵活运用兵力与战法，采取一切办法避开敌人的优势与长处，充分发挥自己的优势与特长，发现、利用和扩大敌人的弱点，及时修正作战计划，随机应变，趋利避害，避敌之长、攻敌之短，扬我之长、避我之短，牢牢掌握战场主动权。在战役战斗上，采取夜战、近战、白刃战；采取围点打援，从运动中歼灭敌人；采取从敌人的侧后攻击敌人。

麦克阿瑟在遭到第一次战役的打击后，仍骄傲自大，轻视志愿军，认为以绝对优势的空军就可以打败志愿军，遂于1950年11月8日开始实施空中战役，每日出动上千架次的飞机，对鸭绿江及其以南地区狂轰滥炸。他不顾国际间的基本准则，还命令空军轰炸鸭绿江边中国的安东（今丹东市），炸断中、朝共有的鸭绿江桥，企图阻止志愿军后续部队和后方支援物资入朝，并对朝鲜清川江以北所有的交通运输线、城市和村庄、工厂和一般设施进行全面打击和摧毁。

面对新的作战对象和作战环境，彭德怀及时总结经验，从变化了的实际出发，分析敌人的长处和短处。彭德怀分析认为，美军地面部队炮火很强，坦克也多，习惯于白天作战，以便于诸兵种协同。他们先是航空兵轰炸、扫射，各种口径的炮火轰击，然后以坦克为先导，步兵跟随其后，实施进攻。其虽然拥有现代化的武器装备，但步兵战斗精神差，离开飞机大炮，攻不能攻、守不能守，"怕近战、夜战和切断后路"。

彭德怀要求志愿军充分发挥指战员勇敢、机智的政治优势和具有丰富作战经验的优势，利用夜战和近战，"迅速捕捉战机，敢于断敌后路，敢于逼近敌人"，并将近战和夜战作为歼敌的主要手段，将传统夜战之战术手段发展为战役规模。

夜间进攻，冲入敌军阵地，使敌人的空军和炮兵都无法支援；和敌人拼刺刀，敌人更怕，拼刺刀不仅只是凭个儿大，更主要的是靠勇敢与无畏，凭机动灵活制胜；敌人也很怕志愿军从侧后进攻，敌军的火力主要在正面，翼侧是敌人的薄弱部，志愿军抄他的后路，不仅完全打乱敌之部署，而且也瓦解其士气。

在第五次战役中，志愿军采取战役上的迂回包围和战术上的分割包围相结合的战法，隔离美军步兵与坦克的联系，派小分队直捣敌军团、营指挥所和炮兵阵地，实行近战，集中力量打其步兵。

为充分发挥我军善于夜战的优势，进攻时通常是白天准备，黄昏开始运动接敌，几乎一切行动都在夜间进行，在夜间运输，在夜间开进机动，在夜间发起进攻、打乱敌军布势，在夜间包围歼敌，在夜间进行物资补充等等，然后集中主力于一个夜间突破敌军防御，插入敌军战役纵深，断其退路，完成战役包围，动摇其整个战役布势，以利战术上的分割包围，各个歼灭。次日拂晓，乘其混乱继续攻击，或转入防御，巩固胜利，待黄昏后再行攻击。每个战役，一般利用一两个夜间，从战役上实行大胆穿插迂回包围，割裂敌方布势后，再用几个夜间在战术上分割包围，各个歼灭敌人，完成战役任务。这样，一个夜间或几个夜间完成战役作战任务。

第一次战役中的云山战斗，我三十九军于11月1日17时发起进攻，激战至2日凌晨，攻占云山，歼灭美军和南朝鲜军各一部，并在云山以南堵住由云山撤退的美骑兵第一师第八团直属队及其第三营的退路，将其压缩包围于诸仁桥地区。2日至3日间将该敌围住不使其突围。3日夜，我再次进攻，将被围之敌全部歼灭。

志愿军巧妙地打近战和夜战，大大限制了敌人飞机大炮的作用。我切断敌后方运输线，敌坦克和大炮因缺少汽油和弹药的供应就变成了死家伙。对此，敌人无可奈何地哀叹："前面一堵，后面一断，这种打法从未见过。"

实践证明，在当时没有制空权和武器装备落后这种非常悬殊的条件下，扬长避短，实施战役规模的夜战和近战歼敌，是达成速战速决的有效战法，也使美国人吃尽了苦头。美国海军陆战队官方战史写道："只有这种经验的美国人才能体会到半夜被偷袭时的惊恐心情，因为偷袭者像从地底下钻出来的妖魔鬼怪那样用手榴弹和冲锋枪的子弹射击我们。"

战争后期，彭德怀又根据自身装备特点和作战能力确定打法，创造性地提出了战术小包围理论，形成了"零敲牛皮糖"、以坑道为主要支撑点的阵地战等战法。

由于志愿军武器装备落后，开始时主要依靠步兵和少量炮兵作战，攻击力弱，虽然依靠灵活机动的指挥艺术，能够对美军实施战役包围，但由于运输补给困难，攻击火力弱，持续进攻的能力弱，难以全歼被围之敌。为弥补志愿军自身的弱点，遂改变战略战役性大迂回大包围的战法，实行战术性的小包围，打小歼灭战，"零敲牛皮糖"，以军或师为单位，选择美军营以下建制单位为目标，集中兵力、火力达到局部优势，一举包围歼灭之，积小胜为大胜，逐步向打大歼灭战过渡，取得了理想的歼敌效果。

在阵地战阶段，志愿军创造了地面战场上以坑道为骨干的坚固阵地防御体系，并采取相应的坑道战术，以及在战术上积极活动的方针打击敌人等，大大减少了敌优势兵器的作用，确保了防御的稳定性，解决了能不能守的问题，达到了更有效地保存自己和消灭敌人的目的。志愿军还在第一线展开了冷枪冷炮狙击歼敌活动，杀伤昼间出没前沿阵地的敌军，使我军越战越主动。此外，还充分发挥我兵力优势，在战场上采取轮番作战的方针，解决部队的休整问题和保持战场上充裕的作战力量。采取这些对策，有效地限制了美军优势武器装备的作用，较好地发挥了我军的优势和特长，很快就解决了能不能打的问题，并且也解决了能不能守的问题。

在战争全局上的扬长避短，主要是发扬和发掘我在战争力量诸因素的比较中，优于敌军的因素，以确定促进强弱转化、实现以劣胜优的战略。在任何一次反抗阶级压迫的国内革命与反对外敌入侵的民族解放战争中，被压迫者和被侵略者的军队在综合力量的对比中一开始总是处于劣势，然而亦有自己的优势。如在中国革命战争中，敌拥有军事力量的优势，而我拥有人民群众支持这一人心上的优势，实行人民战争，就可以陷敌于人民战争的汪洋大海之中；敌拥有现实的军事优势，而我之战争潜力则比敌人深厚，实行持久战战略，就可以在我之战争潜力不断发挥的过程中"改变强弱现势"，最终战胜敌人。

在每一个战役、战斗中的扬长避短，则主要着眼于采取适合我军装备技术水平特点的战术。因为任何一种具体优势与劣势的本身，同样具有相对性，在一定条件下可以相互转化。也就是说，每一个强的因素之中，亦包含着其对立的否定因素。如军队的机械化程度高，占有火力、突击力、防护力、机动力强的优势，但它同时存在着目标大、消耗大、后方补给难度大和受自然条件的限制大的弱点。而无重型装备的部队虽在火力、突击力、防护力等方面处于劣势，但它有行动灵活，对地形、气候条件适应性强，对后方勤务保障依赖性小的优势。对自己的优势运用得当，同样可以达到以弱击强的目的。彭德怀在分析八路军对日军作战的战术时指出："敌人的长处，主要是技术的优良，我亦避其长而攻其短，如深入敌人后方或远后方，在其不意的方面突然施以猛击，一开始就求得白刃战，是避开敌人技术优势的最好办法。"（《彭德怀军事文选》，第40页）

五、灵活变换作战形式

彭德怀认为，要掌握和夺取战争主动权，必须善于灵活选择和运用作战形式，实行运动战、阵地战和游击战相互配合。

彭德怀历来强调有什么敌人打什么仗，在什么时候打什么样的仗。在激烈角逐的战场上，对阵的双方都是根据对手的情况来确定自己的作战方针的，根据不同的作战对象、不同的时间采取与之相适应的战略战术手段，对不同的作战对象、不同的时间采取不同的战略和策略，当对手的实力和作战指导发生变化之时，也要随之改变自己的对应之策。

人民军队在长期的武装斗争中，有两种作战形式是拿手好戏，一是游击战，二是运动战。当革命力量处于非常弱小而敌人异常强大时，一般实行的是游击战；当革命力量有所发展时，主要是进行运动战或带游击性的运动战。直至抗美援朝战争中，志愿军在朝鲜才进行过比较正规的阵地战。在这三种作战形式中，最能达到歼敌目的的还是运动战。

游击战与运动战这两种作战形式有着十分密切的联系，两者都是速决的进攻作战，不过规模大小不同而已。后者一般由正规军执行，作战规模较大，有时还伴随着阻援所需的运动防御或阵地防御等作战形式；前者则规模较小，常由小部队、游击队或民兵执行，作战更为灵活和分散。在抗日战争中，在有正规军的情况下，要较多地消灭敌人，要创造和保卫根据地，就不能不打运动战。抗战初期，八路军在总的战略方针指导下，根据不同情况，完全允许交替使用游击战与运动战这两种作战形式。

游击战争以消耗敌人为主，但不放弃一切可能消灭敌人的机会。要用积极的动作错乱敌人的部署，为打击敌人创造有利条件。对付敌军的围攻、"扫荡"，敌后游击战争宜采取敌进我进、内线作战和外线作战相结合的方针，以分散对集中，以集中对分散，正规军与民兵、游击队相配合，以"麻雀战"等战法袭扰疲惫敌人，集中主力寻机歼敌。

阵地战，是军队在相对固定的战线上，进行阵地攻防的作战形式。它是典型的正规战。作为一种作战形式，分阵地防御和阵地攻击。在人类战争史上，它是一种最古老、最基本的作战形式，特别是在现代战争中，阵地战被世界许多国家军队奉为主要作战形式。在第一次世界大战中，协约国和同盟国攻防相持主要是这种战线固定的阵地战。但对于处在弱势的我军来说，始终注重的是侧翼迂回攻击的运动战和敌后活动的游击战，阵地战是必须尽量避免的，它多是为运动战创造条件的辅助作战形式。

彭德怀认为，红军的长处是野外攻击，是游击战和运动战，无论是阵地防御还是阵地攻击，对红军都是一场灾难。前者如第五次反"围剿"。在外国军事顾问李德的指挥下，红军采取以堡垒对堡垒的阵地防御战，迫使红军以己之短击敌之长。彭德怀对此非常不满，告诫他不能打阵地战死守，不能处处设防。后者如1930年夏攻打长沙，1932年2月攻打赣州，都是红军阵地攻击的战例，结果均是受损撤围。

在土地革命战争和解放战争时期，中国共产党及其领导的人民军队采取的作战形式基本上是运动战和游击战。之所以采取这种作战形式，除了从人民军队比较弱小、装备处于劣势的特点出发外，另一个重要因素就是从敌人的特点考虑。国民党军无论从数量还是从质量（主要是武器装备）上说，都要超过共产党领导的人民军队。但是国民党军也有他固有的弱点，这就是内部派别林立，貌似统一而实不统一；官兵士气不高，人心不顺；战线过长，机动兵力不足等。人民军队采取游击战或运动战战法，正可击中敌之短处，利于各个歼灭。

土地革命战争初期，由于红军力量十分弱小，游击战争必然成为红军作战的主要形式。红军必须集中力量作盘旋式的游击，力避硬战，以避实击虚、专击小敌为上策。在战术上务须按照地形、敌情而采取适当的集中与分散对敌，不呆板拘泥于任何形式。红军的游击战术，进攻时主要是奇袭，速打速决速撤，避免同敌军打阵地战。

到中央苏区时期，运动战可以充分发挥红军的优长，是红军反"围剿"作战的主要形式。尽管红军力量得到一定的加强，但总的格局仍然是敌强我弱，所以仍然要极力避免阵地战。

在没有强大兵力，没有弹药补充，每一根据地打来打去仅只有一支红军的条件下，阵地战对于红军是基本无用的。不但防御时基本不能用它，就是进攻时也同样不能用。但是"左"倾冒险主义领导者却机械地看待敌人在第五次"围剿"中的堡垒，以为在敌人三里五里一进、十里八里一推的条件下，红军失去运动战的机会。其实，运动战的机会依然存在。如洵口、团村、建宁等战斗中，都有进行运动战的战机。温坊战斗，就是战场指挥员违背"左"倾冒险主义领导者的指示，进行运动歼敌的成功战例。然而，"左"倾冒险主义领导者却畏敌如虎，不敢举行本来有利的向敌人后方出击的进攻，也不敢大胆放手诱敌深入，聚而歼之，而是命令红军处处设防，节节抵御。实际上，就是硬要较弱小的红军同优势的敌人在固定的阵地上拼消耗。广昌一战，红军伤亡达5000余人，不但未能阻止敌人的进攻，保住广昌，反而使中央苏区的反"围剿"形势急剧恶化。

抗日战争时期，彭德怀指出，在战略上，我们打的是持久战，消耗敌人的战斗力量和补给。在战术上，我们打的是速决战。因为我们在军事上比敌人弱，力避阵地战，发展游击战，扰乱、吸引、分散和消耗敌人，而混合使用运动战和游击战，打击敌人的有生力量。当我方力量发展壮大到强于敌人时，又必须重视阵地战。

抗日战争伊始，中共中央、毛泽东制定了抗日游击战争的战略方针，即基本上游击战，不放弃有利条件下的运动战，及某些必要与可能袭取敌人堡垒据点之阵地战。游击战、运动战与拔取敌据点之阵地战，三者必须有机地互相配合。如果没有运动战，敌人肆行无忌，到根据地内到处筑堡垒打钉子，游击战争也将不能坚持。

彭德怀在论述我军从土地革命战争到抗日战争战略方针的转变时指出，我军由土地革命战争时期"集中统一指挥的运动战，转变为分散的游击战，从战争形式来看，是降了级的。没有这种形式的改变，就不可能适应敌后形势的发展"。（《彭德怀军事文选》，第635页）

抗日战争时期，对付侵华日军，用基本的游击战和不放松有利条件下的运动战，以代替内战时的旧原则，是完全正确的。正是坚决地实行了这一转变，敌后抗日根据地才得到了不断的发展，才成为中国人民赢得抗日战争胜利的希望所在。1942年，彭德怀在《论革命根据地与武装斗争》一文中对此作了明确的阐述："今天我们是处在敌后，敌人武装力量的顽强，是超过第五次'围剿'时的敌人的。那时阶级敌人的军队，武装配备虽也是现代化的，但士兵在政治上的顽强性，则远不如日本士兵。苏区时期敌军的许多士兵同情土地革命；而日本帝国主义的军队，则受武士道的麻醉相当深。"（《彭德怀军事文选》，第150页）

战略上的持久，需要灵活运用游击战和运动战。游击战与运动战二者间并没有一道长城间隔开来。游击战争虽然十分重要，但不能解决战争的最后胜负问题，须随形势的发展和革命力量的壮大，逐步向运动战发展，增加运动战的分量，扩大运动战的规模。地方游击队也应逐步向配合正规军打运动战的方向发展。

抗美援朝战争初期，毛泽东、彭德怀根据美军拥有现代化的武器装备，骄狂冒进，而志愿军要远离后方，在异国作战的特点，灵活运用运动战和阵地战，掌握作战的主动权，巧妙打击强大的敌人，取得了一个又一个胜利。

我志愿军出国作战前，根据敌我双方武器装备优劣悬殊这一突出特点，曾拟订了"第一个时期只打防御战"的方针，在平壤、元山铁路线以北，德川、宁远公路线以南，建立防御阵地，站稳脚跟，待六个月后，从苏联订购的武器装备到达，完成装备和训练，在空中和地面均具有压倒优势时，再配合朝鲜人民军实行战略反攻。

但我志愿军过江后，发现敌前进甚速，我已不可能按原计划先敌到达原定防御地区组织防御，且敌尚未发现我军入朝，有七个师兵分七路，甚至一个师也分成几路冒进，形势有利于我在运动中各个歼敌。此时，彭德怀顺应敌情的发展变化，审时度势，果断放弃了原来的防御作战计划，而根据战场形势采取了在运动中歼敌的方针，立即发起了战略反攻。1950年10月11日，彭德怀给志愿军师以上干部做报告，指出："根据敌情和地形的条件，过去我们中国所用运动战大踏步地前进和大踏步后退，不一定适合于朝鲜。"在国内战争中贯彻"积极防御"的战略方针，主要进行运动进攻战，基本上不进行阵地防御战。这在当时的条件下是非常正确的。但在出国作战的新的条件下，应该有所变化和发展。有鉴于此，彭德怀在出国作战前就说："朝鲜地面小，敌人暂时还占某些优势，所以要采取阵地战与运动战配合。敌人进攻我们，要把它顶住，不使前进。"党中央和毛泽东也根据战场情况变化，及时电示我军"寻机打一些运动战"。后来，又随着战场情况的发展，将战争第一阶段我军的战略方针改为"以运动战为主，与部分阵地战、敌后游击战相结合"。在这一战略方针指导下，志愿军充分利用战略上的突然性，在运动中各个歼灭敌人，夺得了第一次战役的胜利。

美军退到清川江左岸后，自恃优势，骄横麻痹，急于取胜，毛泽东和彭德怀抓住这一特点又制定了"节节抵抗、诱敌深入，集中优势兵力，各个歼灭敌人"的战略方针，发动了第二次战役，待敌进入我预设战场后，我以迂回包围穿插战术，各个歼灭进攻之敌。一举将敌赶到"三八线"，收复了平壤，初步扭转了战局，夺取了朝鲜战争的主动权。

从第三次战役起，志愿军改变了无固定战线的大步进退方式，进行运动战时也保持一条战线。在进攻时，依托这条战线进行准备；在防御时，依托这条战线节节抗击，创造了有限地域条件下运动战的新理论。

在第四、五次战役中，志愿军也均将运动战和阵地战有机地结合起来，这两种方式的配合，为运动战阶段的胜利提供了重要保证。

第五次战役后，尤其是当战争呈现敌我战略上的均势相持局面后，拥有绝对技术装备优势的"联合国军"，在"三八线"附近修筑了坚固的防御工事，并拥有空、炮、坦相互配合的立体防御手段，彭德怀适时提出了打阵地战的作战指导方针，把阵地战提到重要的战略位置，作为志愿军的主要作战形式，逐步形成了一套对付拥有技术装备绝对优势的先进防御手段之敌的阵地战战法，将敌人打到谈判桌前，并取得了抗美援朝战争的最后胜利。

第七章
谋势造势，以弱胜强

　　《孙子兵法·势篇》中讲道："善战者，求之于势，不责之于人，故能择人而任势。"也就是说，善于指导作战的将帅，注意力主要放在造成全局有利的态势上，寻机战胜敌人，而不应放在对下属人员的依赖和苛求上，因而能够选择胜任的部属，充分利用有利的态势。谋势造势，就是利用"势"之道，达到"任势取胜"的目的，是战争指导者在掌握敌对双方军事实力和政治、经济等各种条件基础上，通过主观的精心谋划，争取到时间、空间、力量上的我方优势敌方劣势，我主动而敌被动，我有利而敌不利的态势，进而控制和把握战争主动权，把胜利的可能性转变为胜利的现实性。彭德怀用兵打仗，总是能够以弱胜强，以劣胜优，其关键就在于在与敌对峙处于劣势时，能够创造出和利用好对己有利的态势，最后战而胜之。

一、诱敌深入，持重待机

所谓诱敌深入，是在强敌进攻面前，为了避免与敌人打硬碰硬的阵地战，在战略或战役上有计划地放弃一些地方，待敌分散、疲惫和不意，诱其至预定地区加以歼击的作战方法。孙子说："军争之难者，以迂为直，以患为利。故迂其途，而诱之以利，后人发，先人至，此知迂直之计也。"弱军要想战胜强军尤需懂得迂直之计，先退后进，以退为进，不怕打烂坛坛罐罐，将取之，先予之。诱敌深入是彭德怀让敌就我、我不就敌，战胜对手的一贯的拿手好戏。

诱敌深入作为中国革命战争的战略方针，最早是毛泽东于1930年中央苏区的第一次反"围剿"作战前夕提出来的。这一方针在其酝酿和讨论之初，就得到了彭德怀的坚定支持和坚决贯彻。

彭德怀在指导革命战争的实践中，成功地将诱敌深入的战法运用于抗日战争中的华北敌后战场、解放战争中的西北战场、抗美援朝战争中的朝鲜战场，创造了不同条件下诱敌深入的一系列新战法，实现了歼敌于运动之中的战略或战役目的。

1930年10月，蒋介石命令第九路军总指挥鲁涤平率三个纵队、七个师的兵力入赣，向江西苏区扑来，对红一方面军进行大规模"围剿"。

当时，红一方面军内少数干部坚持按照中央和军委的指示，主张进攻南昌、九江，以迫使敌人转入防御，放弃"围剿"企图。

毛泽东认为，在红军和苏区还不巩固、全国范围内敌强我弱的基本情况还未改变的条件下，对于敌人大规模的"围剿"，红军应采取诱敌深入的战略方针，先向苏区退却，依靠苏区人民的支持和有利的地形条件，发现和造成敌人的弱点，使敌我力量发生有利于我而不利于敌的变化，然后来个关门打狗，集中兵力实施反攻，各个歼灭敌人于运动之中，打破敌人的"围剿"。

10月下旬，红一方面军接受毛泽东的建议，东渡赣江，向根据地内退却集结，"待其疲惫而歼之"。

红一方面军主力东渡赣江后，是在边沿地区消灭敌人，还是退到中心区域一网打尽？毛、朱反复研究，认为红军刚转入运动战，必须慎重作战，没有十分把握不与敌人决战。于是决定实行"向中心退却"，到根据地中心区歼灭敌人。因为那里的条件对敌人会更不利，消灭敌人更有把握。

为将敌军进一步诱入根据地中部，再寻机歼灭，红一方面军又命令红军主动放弃吉安、吉水、东固、东安、永丰等地，有计划地进行第二次大规模战略后退，逐次向苏区中部的东固、龙冈地区转移，待机破敌。

12月上旬，蒋介石又调兵遣将，使"围剿"大军达到10万余人，并设立了"陆海空军总司令南昌行营"，以鲁涤平为"剿匪军"总司令兼南昌行营主任，张辉瓒为前线总指挥，采取数路分进、南北合击的战法，从江西的吉安、福建的建宁一线，分八个纵队向苏区中心区域发起总攻，在八百里战线上，"围剿"只有四万多人的红一方面军，打算在东固地区歼灭红军。

毛泽东、朱德、彭德怀召开紧急军事会议研究对策，决定将敌人诱至苏区腹地的黄陂、小布、洛口一线，相机歼敌。而后，红一方面军先打谭道源，后歼张辉瓒，胜利地打破了蒋介石的第一次"围剿"。

此战，红军的作战方针是，当敌大举进攻时，诱敌深入，避免过早决战，实行大踏步战略退却，以保存军力，促成敌我力量对比发生有利于我、不利于敌的变化；当敌深入苏区、弱点充分暴露时，则抓住战机，择其要害，集中兵力打敌一路，尔后转移兵力，寻歼另一路，各个歼灭敌人。

蒋介石的第二次"围剿"，总兵力达到20万余人，采取"稳扎稳打，步步为营"的战术，在西起赣江、东至建宁的800里战线上，形成一条弧形阵地，并在富田、东韶、广昌一线筑起了坚固的工事，企图诱使红军脱离根据地去攻坚，然后"分兵合击"，置红军于死地。

1931年4月中旬，苏区中央局多次召开会议，讨论第二次反"围剿"的战略方针问题。一种意见认为，在有20万敌军严密包围的情况下，应采取"分兵退敌"的方针，将红军分散到中央苏区去打游击；另一种意见主张红军退出中央苏区，转移到云南、贵州、四川去建立新的苏区。毛泽东主张继续诱敌深入，集中优势兵力，寻找敌军行进时暴露出来的弱点，先打弱敌，各个击破的战法。彭德怀赞同毛泽东的意见。经过反复讨论，会议接受毛泽东的建议，并决定红一方面军主力由青塘集中到东固，在运动中相机歼灭敌人。

随后，彭德怀指挥红三军团，从赖村出发，经永丰县古龙冈、良村，向龙冈圩、上冈集结。尔后，向西到达东固山区隐蔽。部队在敌人眼皮底下静静等待了20多天后，终于等到王金钰第五路右翼部队脱离富田坚固阵地，进入红军白云山埋伏圈。

5月13日，敌王金钰部第四十七师一个旅和第二十八师正由富田向东固开进。当天，彭德怀收到方面军的命令：为"各个击破"敌军，决心先消灭进攻东固之敌，乘胜攻击王金钰主力，努力歼灭之，以转变彼我攻守形势。红三军团一部警戒崇贤方向之敌，其余部队从左翼抄击由洞口方向前进之敌。

第二天黄昏时分，红一方面军从敌电台中得知，敌第二十八师师部现驻富田，明晨出发前往东固。同时还获悉，敌右翼部队正分两路向东固开进。见敌人已经上钩，红一方面军决定采取一个大胆行动——钻牛角尖，令红军主力从南、北两面的敌两个师之间50里的空隙中隐蔽西进，以两翼包抄的方式攻击敌军后背，消灭王金钰的两个师。

14日拂晓，各路红军奉命迅速出动。王金钰和公秉藩的部队果然于15日晨离开富田，向东固开来。彭德怀指挥红三军团进至江树头隐蔽，断绝交通，严密封锁消息，配合红一军团迂回至敌后，截断敌人归路，从后面包抄敌人。

5月16日清晨，黄公略率领的红三军全速赶到中洞，占据了将军帽制高点。中午，彭德怀指挥红三军团主力，占领中洞南侧，处于居高临下的有利地形，待敌第二十八师的后尾全部离开中洞时，突然从山上向山下发起猛攻，很快将敌人分割包围，激战一昼夜，歼敌大部。随后，红军跟踪追击，向东横扫敌人。

19日，彭德怀率红三军团主力，在白沙截住逃敌，乘敌军心恐慌之际，一阵猛打，全歼撤退中敌第四十三师一个旅和第四十七师一部。

21日中午，彭德怀指挥红三军团，沿地盘源、丁家岭、西源垅三路向中村之东北方向攻击。此时，敌孙连仲第二十六路军的高树勋第二十七师也向中村进发。几乎同时，其第八十一旅的先头部队已到达这里。

彭德怀抓住有利战机，在红一军团第四军的配合下，指挥红三军团主力，向高树勋师的先头部队发起突然攻击，只用了一个上午即全歼敌先头旅，重创高树勋的师指挥机关，打得高树勋急忙下令全线撤退。

5月30日夜，彭德怀又遵令指挥红三军团，以迅雷不及掩耳之势，秘密向东开进，于当天拂晓前进抵建宁城，从建宁城背后，出敌不意向城内守敌发起猛烈进攻，并以一个师从建宁河下游迂回至建宁城前面，前后包抄城内守敌，全歼敌刘和鼎部三个团，俘敌3000余人，蒋介石的第二次"围剿"被打破。

蒋介石的第三次"围剿"，兵力增加到30万人，采取所谓"长驱直入，分进合击"战略，准备先乘红军远在闽西北地区之机，以主力迅速南下占领赣南，摧毁红军根据地；尔后寻找红军主力作战，一举全歼。

7月1日，蒋介石发出对苏区总攻击的命令，30万大军分左右翼两个集团，以疾风骤雨之势向中央苏区"长驱直入"，企图把红军驱赶到赣江边一举歼灭。

7月2日，红一方面军总前委得到这一情报后，考虑到敌人进攻迅速，且已逐步深入我苏区前部地区，红军主力向赣南苏区前部和腹部集中已来不及，于是，决定采取"诱敌深入，避敌主力，打其虚弱"的作战方针，回师赣南，将敌人吸引至中央苏区中心区域兴国、宁都、瑞金一带来打。

7月10日前后，彭德怀率红三军团，随红一方面军总部从闽西北的建宁出发，顶着七月骄阳向赣南挺进，于7月底退却到江西兴国西北的高兴圩地区，绕道千里，完成了回师赣南集中、调动敌人的战略任务。

蒋介石、何应钦发现红军转移到其侧后兴国地区后，判断红军主力有向西渡赣江的意图，便集中九个师的兵力，分路向西向南急进，进占南丰、吉安、广昌和宁都，直逼红军面前，企图压迫红军于赣江边而消灭之。

总前委识破了敌人的诡计，决定发动反攻作战，从敌侧翼打起，由兴国经万安突破富田一点，然后由西向东，向敌之后方联络线上横扫过去，让敌主力深入赣南根据地置于无用之地；待敌回头向北，必甚疲劳，乘隙打其可打者。这就是"磨盘战术"，即利用红军在根据地的有利条件，大胆地穿插于各路敌兵之间，使敌人晕头转向，摸不清我方底细，随后，决心避敌主力，打其虚弱。彭德怀赞成这一打法。

彭德怀是善守的。在力量弱小、态势不利时坚决实行积极防御的方针，隐忍待机，不急于求成，先站稳脚跟。并密切重视对敌情的观察，"以观其变"。观察敌人力量上的变化、态势上的变化、策略上的变化、战术上的变化，等等，总之，要观察一切敌情上的变化。要耐心等待，坚定果断。作为一个指挥员，决心一旦形成，就要坚定不移，决不三心二意，优柔寡断。要主动积极，不能消极被动。防御在形式上是被动的，等待敌人的进攻，但是在被动中要做最终赢得主动的准备，决胜料势，决战料情。

在与敌周旋时，我诱敌部队甚至主力被敌形成合围之势的情况是难以避免的。在这种情况下，周旋的功夫在于从敌人的包围圈中安全脱出。彭德怀指出，在敌多路重兵合围时，主力从敌人合围的缝隙中突围转移至外线的成功在于掌握"利害变换线"，即掌握敌人在运动中进至最有利于我突围的位置。敌人分进合击，我行动过早转移不到敌后，行动迟了又突不出去。最好的时机是敌人准备接近其预定合围圈而尚未合拢之时。

8月5日，彭德怀率部从兴国高兴圩乘夜通过蒋鼎文、蒋光鼐、蔡廷锴等敌军之间40里的空隙地带，踏着山间小路，翻越陡壁悬崖，沿着深壑峡谷，神秘而迅速地向东穿插。于8月6日中午，部队到达莲塘地区，巧妙地跳出了敌人的第一个包围圈。

刚到莲塘，彭德怀即得知敌上官云相第四十七师前哨部队一个旅，已进至莲塘附近，并与红三军团的警戒部队发生接触。该旅是各路"进剿"军中较弱的一路，遂决定迅速歼灭该敌，尔后向北发展，求歼第三路军主力，要求各部当夜迅速展开。

8月6日晚，担任前敌总指挥的彭德怀，指挥部队秘密接近第四十七师前哨部队，突然发起攻击，红军指战员迅速冲下山冈，与敌军展开肉搏战，两个小时即解决战斗，全歼敌先头旅另一个侦察营，上官云相慌乱中逃回龙冈。

当天，敌郝梦麟得知上官云相败逃后，即率部退守良村。红军乘胜追击，彭德怀指挥红三军团迅速配合红一军团，将敌包围于良村，一阵猛攻，几个小时就胜利结束战斗。

敌毛炳文师得知其他两个师受重创，忙将其第八师集结于黄陂，企图截击红军。彭德怀抓住有利战机，指挥红三军团，从良田日夜兼程赶至黄陂，从上坑、下坑分别迂回包抄敌人，断敌退路。随后于8月11日晨，从东侧攻击黄陂之敌，并很快突破敌人阵地，歼灭该敌四个团，敌残部向宁都方向溃退，红军取得第三次反"围剿"斗争的第三次大捷。

这时，敌向南、向西之主力八个师，全都转向东集结于黄陂，以密集大包围姿态，企图寻歼红军主力于宁都地区。红一方面军陷入非常危险的境地。要做到诱敌深入，必须善于与敌周旋，以分散的小部队伪装成大部队，采用牵牛战术，拖着敌人大旅行，而主力部队则隐蔽、休整，待机破敌。

为避免与超过自己数倍的敌军决战，红一方面军决定采取"声东击西"的战术，改变原来由西向东的战略，转为由东向西，以一部伪装主力诱敌，向东北方向开去，主力从敌之两路中间，隐蔽向西突围，回到兴国的北部和西部隐蔽待机。

彭德怀率红三军团随同红军主力从敌几支大军之间一个20华里间隙大山中，在敌人合围形成之前偷越过去，返回兴国境内集中，待机歼敌。与此同时，罗炳辉指挥红十二军，一路扬旗吹号，铺设路标，与敌人周旋，且保持一定距离，牵着敌军的牛鼻子走。这就是将敌人"肥的拖瘦，瘦的拖死"，弄得敌人疲惫不堪。

果然，敌人以为罗炳辉的部队就是朱毛红军的主力，一路尾追而来。罗炳辉把敌人主力拖了近半个月，直到8月底，蒋介石才摸清红军的战略意图，速派重兵到兴国北部地区寻找红军主力。

待敌主力开到兴国时，已不见红军的踪影。敌军在中央革命根据地来往奔走两个月，已疲惫不堪，进退维谷，无力再战。蒋介石感到短期内"剿匪"成功无望，不得不下令向北总撤退。

得知敌军要撤退，红一方面军总前委决定"敌退我追"。9月7日，彭德怀指挥红三军团两个师，向高兴圩的蒋光鼐两个师发起进攻。可是，由于兵力不够集中，在徒涉高兴圩以西河流时又遭到较大伤亡，蒋光鼐部已抢先占据了有利地形，且战斗力很强，激战两天，双方形成对峙，为争取主动，彭德怀主动撤出战斗。

9月12日，敌军第九师、第五十二师又从高兴圩退回兴国，企图从崇仁、方石岭经东固向吉安逃跑。彭德怀率红三军团尾随追击，于9月15日，在东固东方石岭全歼第五十二师和九师的一个炮兵团和一个步兵营，活捉敌师长韩德勤，从而胜利粉碎了敌的第三次"围剿"。

在第五次"围剿"中，蒋介石采取了持久战与堡垒主义相结合的新战略，企图逐步消耗红军的有生力量和物质资材，紧缩中央苏区，尔后寻求红军主力决战，以达到消灭红军的目的。在这种情况下，红军应该继续运用毛泽东为红军制定的符合中国革命战争实际的一系列正确的战略战术，充分地利用敌之弱点与我之优点，紧紧依靠人民群众的力量，采取"诱敌深入"的方针，以保存军力，准备反攻。但是，"左"倾冒险主义领导者却不了解和不承认敌大我小、敌强我弱的实际，而是机械地照搬国外的经验，命令红军实行冒险进攻，企图"御敌于国门之外"。结果，红军从9月下旬至11月中旬，苦战近两个月，先后进行了硝石、资溪桥、浒湾、八角亭、云盖山和大雄关等战斗，不但未能阻止敌人的进攻，反而使红军遭受很大损失。这对尔后的作战，造成了极为不利的影响。

诱敌深入，绝不是单纯地退却，而是要以主动的动作，在"诱"字上大做文章，牵着敌人的鼻子，引诱敌人步入我之圈套。如果说，战略上的诱敌深入，在敌人进攻初期我之退却主要是为保存军力待机破敌的话，那么，在战役、战术上的诱敌深入，则是已经布好口袋让敌人钻。此时，成功的关键，就在于"诱敌"的文章做得如何。

在朝鲜战场上，我军实施诱敌深入较之以往国内作战更为复杂和困难。彭德怀首先是采取以精兵诱强敌，以稳妥可靠的行动诱歼骄兵。其次是灵活变换诱敌方法，如节节阻击，迷惑敌人，使敌在试探性进攻中放胆前进；或主动后撤，示弱于敌，使其不遭杀伤，消除疑虑，取得了出敌意料的效果。

第一次战役结束，"联合国军"败退到清川江以南后，麦克阿瑟未能窥破我意图，仍对我力量估计不足，错误地认为我是"象征性的出兵"，其目的只不过是为保卫边防和永丰水电站，于11月6日命令其远东空军全部出动，企图发动空中攻势来阻止志愿军部队和物资进入朝鲜境内。

第二次战役，彭德怀利用美军西线沃克指挥的第八集团军与东线阿尔蒙德指挥的第十军建制不统一、间隙过大、分兵冒进的弱点，采取"诱进来、打出去"的战法，一举夺取了战略和战役主动权。

经过半个多月对朝鲜北部和鸭绿江沿岸的狂轰滥炸，麦克阿瑟错误地"相信全面的空中进攻已达到了其目的"，认为中国军队入朝参战是一种"政治讹诈"，"不堪一击"，命令第八集团军和第十军向鸭绿江、图们江冒进，扬言"战争在两个星期之内就会结束"，他的士兵可以回国过圣诞节。

彭德怀准确地抓住敌人恃强骄傲和轻视我军的心理，而且敌收缩不便歼击，决心采取节节抵抗，诱敌深入，集中优势，各个歼敌的方针，故意示弱于敌，"牵牛进宰场"。他说："敌人主力还未被我击破，敌人对我军力量还没有正确估计，敌人迷信其空军威力，还没有放弃进至鸭绿江边的野心，这些都造成我诱敌深入的可能。"因此，"让敌人更放胆深入，使敌人拉的更长，退缩时也就会慢些"。他指挥各军采取故意示弱，纵敌、骄敌和诱敌深入的战术，在清川江一带设下罗网，表演了"姜太公钓鱼"战法。

为了扩大敌人的错觉，彭德怀有计划地将主力隐蔽后撤，故意后退示弱诱敌进至预期的战场上，给敌以出其不意的打击。担任进攻的部队要敢于断敌后路，敢于逼近敌人，敢于实施迂回、包围、穿插；担任防御的部队不仅要坚决阻击，还必须灵活地进行反突击，吸引更多的敌人，使进攻部队易于奏效。当敌人以部分兵力向我实施试探性进攻时，我军当即按彭德怀的计划，以小部兵力节节抗击，引敌进攻。同时，主力随之向后转移，西线我军主动撤出飞虎山一线阵地，东线我军主动放弃黄草岭地区，隐蔽待机。

诱敌深入的最终目的是将其歼灭，而要做到这一点，关键在于当敌人进入我之预设战场之后，迅速断其退路，形成关门打狗之势。如果切不断敌人的退路，到了嘴边的肉还可能溜掉。因此，彭德怀在指挥此类战役中，最关注的问题是迂回部队是否能按时插到指定地点，是否能把口子扎紧，扛住敌人的突围与增援。而且，他总是把最善打硬仗恶仗的指挥员和最有战斗力的部队用于执行迂回任务。

彭德怀一方面将前线部队后撤30至50公里，诱敌分散兵力，一方面令第九兵团迅速渡江，以求集结最大优势兵力，准备歼敌。

鉴于第一次战役第三十八军迂回不好，致未能取得更大战果，彭德怀特令善打硬仗恶仗的韩先楚组成前进指挥所，统一指挥第三十八军和第四十二军作战。

临行前，彭德怀特意嘱咐韩先楚：这次还让第三十八军担任西线迂回任务，一定要让第三十八军直插交通要道三所里，像钢钉一样，狠狠地钉在那里，成为截断敌军南逃北援的一道"闸门"。

他特别嘱咐说："这次阻击关系到整个战役的成败。你们沿途遇敌不要恋战，必须不顾一切，直插交通要道三所里，这是我军断敌南逃北援的一道'闸门'，一定要按规定的时间插到底。""在占领三所里和龙源里后，要不惜一切代价，像钢钉一样，狠狠地钉在那里！没有我的命令，不许后退！"

同时，彭德怀不忘打政治仗，令杜平放一部分俘虏回去，宣传我志愿军优待俘虏的政策，"释放俘虏对美军震动很大，在第二次战役中，有两起共280名美军士兵向中国人民志愿军投降"。

果然，麦克阿瑟认为这是志愿军慑于他们强大的攻势而"怯战败走"的表现，并且判断中国志愿军不超过七八万人（其实我军共45万人），就更加放胆地挺进。11月24日，麦克阿瑟总部发表了一个特别公报，吹嘘它们"老虎钳的东西两翼将按预定的时间压缩和合拢，现在正向敌人退却的道路开始总攻击"，等等。敌人遭我军继续后退行动迷惑，错误地判断我军是"怯战退走"，于是加快了进攻速度。彭德怀的诱敌策略起到了作用。当敌向我发起全面进攻以后，我军继续引诱敌人向我预定作战地区行动。

11月25日，当西线和东线之敌分别被诱至我预定作战地区时，彭德怀当晚即令西线我军向敌发起强大攻势。至26日，我军在德川歼南朝鲜第七师大部，在宁远歼南朝鲜第八师大部；为配合西线，九兵团于27日在东线向敌发动进攻。

第三十八军在韩先楚的直接指挥下，坚决执行彭总的命令，27日夜派一一三师一夜长驱70公里，于28日8时抢占了敌军南逃北援必经交通要道三所里，使几万敌军乱成一团，全线动摇。

在我第三十八军占领德川、嘎日岭后，美军见势不妙，企图南逃，而此时，第三十八军已经按彭德怀的命令派一一三师卡在了三所里，拥挤在西线的美、英、土军几万人已全部被包围，部署在清川江畔的美军三个师和南朝鲜、英、土军一个师两个旅残部全线动摇。志愿军一一三师真的犹如钢钉一样钉在了那里。

敌人在飞机、大炮、坦克的支援和引导下实施突围，一一三师在三所里和龙源里顽强坚持了50多个小时，使南突北援之敌相距不到一公里，却始终可望而不可即，无法会合，这对西线战役的胜利起到了关键作用。

二、攻其必救，吸敌打援

围点打援，攻其必救，歼其所救，这是彭德怀惯用的作战方法。《孙子》曰："故我欲战，敌虽高垒深沟，不得不与我战者，攻其所必救也。"意思是说，我军要打，敌人即使高垒深沟也不得不脱离阵地作战，因为我军所攻击的是敌人要害，是敌人必救的地方。孙膑说："攻其所必救，使其离固，以揳其虑，施伏设援，击其移庶。"

彭德怀极为熟悉中国传统兵法中的"攻其必救"的战法，并多次从实际情况出发，创造性地进行运用。他认为，攻其必救、围点打援，是创造和捕捉有利战机，从而达到歼灭敌人的有效手段，关键是选点。选敌至关痛痒之点，同时也是其较为空虚之处，常能收牵一发而动全身，击一点而震全局，调动敌人之效。

古兵法有云："大抵围师必阙，阴之前面多有险伏。"其意是说，实行包围的军队要故意留下一个缺口，而缺口的前面常常要设有伏兵。这一用兵谋略的精神实质是，首先要从心理上给敌人造成败势，以防止困兽犹斗的局面发生。通过优势兵力的包围或围攻，给敌人造成心理恐慌，由此产生寻机突围之意。而突围就使其必然失去原有的完善的防御设施等有利条件，变成了在运动中，在我预有准备的、设伏的战场上将其全歼。可见，围师是虚，设伏是实。围师是为设伏创造条件的，设伏必须是通过围师来实现的。这就是围师必阙，虚留生路与多有设伏，进而全歼之间的辩证关系。两者互为条件，密切衔接，方可战而胜之。彭德怀在实施作战指挥中，熟谙此理，运用之达到了炉火纯青的程度。

1933年夏，彭德怀率东方军东征作战中，打敌之补给基地泉上，围攻顺昌、南平等，都是采取了围城打援的战法。

东方军入闽后，彭德怀根据敌情，第一仗决定先取泉上。

泉上位于宁化县东北部，是宁化县的重镇，扼宁化至归化的交通要道，是红军扩大苏区的一个重要障碍。这里储备大批的粮食、食盐等物资，又是敌人重要补给点。泉上周围筑有高八米、厚七米的土墙，并构筑有坚固工事，环墙外挖有河沟，沟外是一片水田。

驻守泉上之敌是卢兴邦的第三〇七团主力，另有地主武装400余人。第三〇七团的另一个营驻在泉上附近的归化县城。

彭德怀的作战意图是进攻泉上，调动敌人来援，在运动中消灭之敌援兵。

7月7日，红五师进围泉上之敌。该敌一面加强防御工事，一面向师部求援。卢兴邦即以驻永安的新二师第三〇九团由旅长张兴隆率领向泉上增援。

8日，彭德怀、滕代远决定迅速占取清流、归化，消灭敌新二师及其增援队，部署以红五师主力继续围攻泉上之敌，该师第十三团袭取归化；红四师在独立第七师配合下打击援敌。

正当东方军围攻泉上和打击援敌的作战计划顺利实施的时候，中革军委于7月10日电令红一方面军将东方军主要突击方向指向清流、连城，"只留一团围攻泉上"，并要求从这个团中抽出一部分兵力在当地游击队的配合下向归化东北一带游击，巩固归化。同时直接电令东方军首长立即将主力移师至清流以南适当地点截击清流撤退或连城增援之敌。

彭德怀接中革军委10日电令后，立即致电方面军首长朱德、周恩来，认为："围攻泉上，巩固归化，留一团兵力万万不足，因泉上敌之兵力较多，我主力南移，连（指连城）敌如不动，清流敌可北向解泉上围，我成隔岸观火，迂回过河须三天行程。"同时，他还介绍了东方军入闽以来，粮食相当困难，许多部队每天只能吃两餐稀饭，也不利于匆忙南下作战等情况。

朱德、周恩来同意彭德怀的意见。11日，朱、周致电中革军委，除将东方军首长的意见转报外，同时强调指出：首先袭取泉上，尔后逼近清流，才易于打击援敌，是早在博生（即宁都县）就商定好了的。现敌情又没有发生变化，军委却再三要求东方军主力过清流河向南猛进，是不妥的。并电告中革军委，方面军已复电东方军"令其按预定计划步骤争取胜利"。

朱德、周恩来还建议中革军委在决定部队行动时，要顾及东方军多是在山区作战，时值雨季，河水猛涨，水深流急，不利于大兵团运动，加之天气炎热，部队病员不断增多等实际情况。

盘踞在清流地区的新编第二师三个团，在东方军胜利进军的震慑下，于14日晚乘夜暗向永安撤退。红三十四师得悉这一情况后，立即经安乐桥向嵩口坪东南截击。由于敌先于红军通过该地区，截击未果。此时，第七十八师一个团由连城向清流增援，进至雾阁、马屋附近，被红三十四师击溃。红军乘胜追击，一举占领上堡。红四师第十、第十一团和独立第七师乘机进占清流，第十二团向嵩口坪、秋口进逼，牵制连城守敌。

至此，敌新二师在宁化、清流、归化地区的部队，仅剩下泉上的第三〇七团，这就为东方军攻克泉上创造了极为有利的条件。

泉上之敌鉴于待援与突围无望，决心凭坚死守。东方军第五师为减少攻击时的伤亡，决定采取坑道爆破。18日晚，红军挖通了通向围墙的地道，把装满炸药的三口棺材安放于围墙底部。19时拂晓，红五师第十五团引爆炸药，将围墙炸开一个大缺口。该团乘势冲入镇内，在兄弟部队的配合下，全歼守敌。从而扫清东方军东进的障碍，为开辟新的苏区创造了条件。

接下来的顺昌、南平之战，彭德怀也是采取了围城打援战法。

8月中旬，彭德怀命红十九师主力转向西进，围攻顺昌；东方军主力红四、红五师翻越三千八百坎大山，进围南平。此前，东方军的两个师另两个团已包围离顺昌不远的将乐。

顺昌县城濒临富屯溪，东、南、西三面环水，北面已由守军筑起高大坚固的砖墙、炮楼，很难接近。将乐县城北至西南均靠高山，东和东南濒临金溪河，加之守军构筑有坚固工事，也很难攻克。

南平是座山城，城墙高大坚固，易守难攻。据此，彭德怀决定采取"围城打援"的战法，以调动第十九路军部队增援，在运动中加以歼灭。

国民党军第五十六师师长刘和鼎因部队被红军东方军分割包围在将乐、顺昌、延平几座孤城中，惊恐万状，以十万火急电向第十九路军总指挥蔡廷锴求援。8月31日，蔡廷锴命令第六十师由龙岩进至永安，第六十一师由泉州经大田向沙县集中，亲率补充师由福州、闽清沿闽江增援南平。

9月3日，东方军除留一部分兵力继续佯攻南平外，以红四师、红五师第十三团沿闽江北岸向水口方向急进，截击援敌，当红军行至夏道附近时，得知补充师一个团由数条汽轮牵引的十余条大木船，停泊在夏道码头，有的部队已上岸做饭，有的仍在船上。随军指挥的彭德怀即令先头红十三团迅速对敌发起攻击，并令跟进的红四师第十团从夏道码头上游渡江，两路协同作战，夹击敌人。红军迅速接敌，突然发起攻击，以猛烈的火力将敌打得乱作一团，当即歼其一个营，追击中再溃其两个营。

夏道战斗后，东方军仍采取"围城打援"的战法。一面继续围困将乐、顺昌，一面加紧佯攻南平，集中主力待机打援。17日，敌第十九路军补充师五个团夹闽江而上，增援南平。当晚，其北岸先头部队已占领距南平城不远的十里庵、玉屏山一线，南岸部队进至夏道地区，并可能于18日向水南街前进。沙县援敌第六十师第三六六团，已进至青州地区，并可能于18日向西芹前进，以策应补充师的行动。18日，东方军首长决心首先消灭兵力比较薄弱、态势比较孤立之敌第六十一师第三六六团和可能来自沙县的其他援敌，以便转兵击破西援之敌补充师。

担任红五师前卫的第十三团，在开进途中于芹山附近与敌第六十一师第三六六团遭遇，双方从北南两坡抢占芹山主峰。红军不顾满山荆棘和长途行军疲劳，奋力攀登，终于先敌抢占了主峰。接着，居高临下，猛打猛冲，与敌人白刃格斗，将这支号称"铁军"的部队基本消灭。

解放战争时期的宜川战役，也是彭德怀运用攻其必救、围城打援谋略的杰作。

1948年1月底，刘戡率国民党军两个整编师集结于洛川、黄陵、宜君地区机动，另以两个旅守备延安，一个旅守备宜川。

毛泽东和中央军委的战略意图是，先向延安、宜川线出击，得手后向该线以南、渭水以北进攻，以建立渭北根据地。

宜川东依黄河，西连洛川、富县，是陕东战略要地，胡宗南视之为关中屏障。

为收复延安和配合中原战场，彭德怀决定发起宜川战役，提出围城打援——围宜川城打刘戡援军的作战方案，即以一部兵力围攻宜川，调动黄陵、洛川等处敌军来援，野战军集中优势兵力在运动中歼灭援敌，然后夺城。

当时，胡宗南集团以整编第七十六师一部守备韩城及禹门口，阻挡在晋南的我第二纵队西渡；以其第二十四旅防守宜川；以整编第十七师两个旅及陕西保安十一团守备延安及延安至富县的公路一线；由刘戡率主力整编第二十七、第九十师集结于洛川、黄陵（原中部）、宜君、临真镇地区机动，以便北援延安，东援宜川，阻止西北野战军南下，实现其所谓"监视三面"，并保护其后方补给供应线。

彭德怀认为，运用"围城打援，攻其必救"这一谋略，所选择的攻击目标，必须具有重要的战略地位。此点的得失，将对整个战局产生重大或较大的影响。只有这样，敌人才必救无疑。在西北战场上，宜川正是这样一个战略要地。对于胡宗南来说，宜川是把守关中的屏障，如宜川失守，关中门户洞开，将危及他自己的老巢。而对于解放军来说，宜川像是黄龙区同晋绥、太岳解放区之间的一颗钉子，拔掉这颗钉子，解放黄龙山诸城，可进一步打通与晋西北的联系，巩固后方，造成解放大西北的有利态势。因此彭德怀在考虑战略进攻方向时分析说，宜川是胡宗南棋盘上的一个重要棋子，敌人一向对我军实力估计不足，刘戡还有股蛮劲，所以一定会来增援。这就便于我军以逸待劳，选择有利地形，在运动中各个歼灭敌人。正是这一正确决策，奠定了宜川战役胜利的基础。

1月29日，彭德怀在米脂县吕家沟召开野战军旅以上干部会，根据毛泽东和中央军委的指示，决定第一步以围城打援的战术攻宜川。

能不能钓得来呢？彭德怀分析：胡宗南不甘放弃宜川重镇，又低估我军力量，一定会命令刘戡来援，刘戡愿意不愿意都得来。

会议确定进行宜川战役，先以一部兵力围攻宜川，调动黄陵、洛川等处敌军来援；野战军集中优势兵力，在运动中先歼援敌，然后再夺城。

彭德怀在部署攻打宜川的同时，即着手进行打援的准备。他依据侦察得来的情报，分析敌军从黄陵、洛川等地增援宜川，可能走三条路线：

经瓦子街到宜川。这是一条公路，便于大部队机动，距离近，增援快，可迅速解宜川之围，但有遭伏击的顾虑。

经石堡（黄龙）到宜川。虽也是一条公路，但路况差，距离远，不利速援。

沿第一条道路以北的进士庙梁到宜川。这是条山间小路，地形复杂，翻山越岭，行动缓慢，且重武器不易通过。

敌人究竟会走哪条路呢？彭德怀在野战军司令部全神贯注地估量着，像是问自己，又像问其他同志："来不来呢？可能从哪条路来呢？"

一科副科长接着他的话茬说："敌人胆小，我估计不敢走小路。"

彭德怀说：你这个估计基本正确。如敌从后两条路救援，我军则不易将其全部歼灭。根据敌军过去的作战行动规律，刘戡从自身的安危出发，是会走小路的。但下命令的是胡宗南，而刘戡上次增援清涧时来得慢，受了处分。这一次他一定要走得快，要走公路。彭德怀进一步分析，胡宗南要兼顾守军与援军，经瓦子街往宜川，既近且好走，可以达到迅速解围；此人又主观成性，对下骄横，必然命令刘戡经第一条道路驰援，因而决定把部署打援的重点放在第一条路线上。另一方面，也准备"如敌不援，则夺取宜川后继续南进，夺取韩城、白水、合阳、大荔等城"。

决心下定，彭德怀风趣地说："围城打援，钓大鱼。我们钓刘戡，钓来钓不来两种可能。刘戡只要进来，就别想出去。"

按照围城打援的作战意图，西北野战军主力于1948年2月12日，分别由志丹（保安）、米脂、绥德、清涧地区向南开进。16日到达甘谷驿、延长待机地域集结，进行战役准备工作。同一天，并密调当时在山西的王震第二纵队星夜过河，参加宜川地区作战。

为了不暴露西北野战军的企图，彭德怀将打援部队集结于离预伏地区20多里之外，待敌作出错误判断上钩后，再令各纵队以急行军进入伏击地区。

2月20日，彭德怀和副司令员张宗逊、赵寿山联名发出宜川战役"进字第一号"命令，令各纵队于24日到达指定位置。命令所作的兵力部署，构成三个歼敌方案，不论增援宜川的敌军是取道瓦子街或经石堡（黄龙），或者走进士庙梁，野战军均能从所在地区出发，进入预伏区，合围歼灭增援之敌。

按照野司的部署，第三纵队和第六纵队的任务为"协同歼灭宜川守敌，夺取宜川并准备打援"，于24日完成对宜川城的包围。27日，占领了宜川外围主要据点。准备打援的第一、第四纵队也于23日到达瓦子街以北进攻的出发位置。同日夜，王震率领第二纵队开始由禹门口强渡黄河，集结于宜川以南约50里的圪台街附近。（《张宗逊回忆录》，解放军出版社1990年版，第345页）

彭德怀认为，打好围城打援，必须把握好攻城时机和程度。既要将敌人打痛，使其觉得岌岌可危；又不可过早攻破，要给敌人造成我已尽全力攻击的错觉，使其觉得救援有望。但是如果只围不打，或打得不猛烈，就会暴露打援的企图。他指示围攻宜川的部队：攻城要猛，但要攻而不克，以逼敌呼救求援。

彭德怀根据这一带的地形条件，决定把歼灭敌援兵的"陷阱"设在瓦子街一带。在包围了宜川之后，彭德怀及各纵队的首长前往伏击地域察看地形。

瓦子街是洛（川）、宜（川）公路咽喉。距宜川约25公里，东经片石、任家湾、王家湾至铁笼湾，长约15公里。在狭窄的公路两侧，山高坡陡，沟深谷狭，遍布梢林，便于野战军隐蔽集结，是理想的天然设伏阵地。

彭德怀察看地形后十分满意，说："敌军如走这条路，可打他个措手不及。这真是歼敌的天然好地形啊！"但直到深夜，他仍在反复推敲作战方案，检查是否有什么漏洞，还将身旁刚到职不久的副司令员赵寿山推醒，问："你看还有什么漏洞没有？"赵寿山回答说："嘿！就看胡宗南肯不肯往里钻了。"

宜川被围后，守城的第二十四旅旅长张汉初连电向在西安绥署的胡宗南呼救求援。胡宗南又一次低估了西北野战军的力量，以为彭德怀只有五个纵队，部队经连续作战伤亡大，又无重炮，不能攻坚。他判断第二纵队渡河后必先夺取韩城、合阳，不可能用在宜川方面。其余四个纵队，可能以三个纵队的兵力围攻宜川，只有一个纵队用于阻击援兵。因此，胡宗南命令张汉初依据宜川的险要地势和巩固工事，坚守待援，令刘戡率四个旅的兵力，即日前往解围。

刘戡接命令后，连会都没有来得及召开，就下达出发命令。于2月26日由洛川、黄陵出发，沿洛宜公路日夜兼程增援宜川，27日进到瓦子街地区。

由瓦子街到宜川西南的铁笼湾，洛宜公路的两侧是东西走向的两道山脉。刘戡的参谋长刘振世建议说，不要直往东走，可先向北绕打共军一翼。刘戡对这一带地形熟悉，怕西北野战军打伏击，也想从左侧向观亭绕进，遂请示西安绥署。胡宗南回电：宜川紧急，按原定计划，不顾一切，兼程向东驰援。还说：找共军大队找不到，现在到了你们面前了，不打还行？

2月28日晨4时，彭德怀等下令：决于明日拂晓发起总攻，歼灭来援之敌。命令适当调整了部署，以三纵、六纵各一个旅继续围攻宜川，诱使援敌深入就范。全军集中九个旅的兵力，在瓦子街至铁笼湾之南北高地按预定方案进入阵地。同时电令二纵队集结于圪台街与瓦子街之间，准备由南向北侧击瓦子街及以东的援敌。

当日白天，刘戡的援军在任家湾、丁家湾地区遭西北野战军第三纵队与第六纵队部分兵力的阻击。刘戡判断阻援部队只有一个纵队，几千兵员，不能阻其驰援，命令部队继续攻击前进，限于当天到达宜川。这样，连其后续部队均于当日进入瓦子街以东的隘路。28日下午起，天降鹅毛大雪，漫天飞扬不止。野战军第一、四纵队和第三、六纵队各一部，冒着雨雪由预伏地区隐蔽接敌。

2月29日晨2时，负责扎口袋的第一纵队于瓦子街以西尾敌前进，6时攻占瓦子街，断敌后路。但这时担任控制瓦子街以南高地的第二纵队，因距离远，雪路难行，尚未到达。而敌人正向该地集结。如不迅速堵塞这一缺口，敌人将有突围逃窜的可能。在这紧要关头，一纵队司令员贺炳炎、政委廖汉生在前卫独一旅三团插过公路开始攻击之后，又主动命令三五八旅一部向瓦子街东南高地攻击，以切断敌人南逃退路。

同一天，主力部队击退了企图夺路突围之敌。担任攻击敌右翼的第二纵队亦赶到投入战斗。到黄昏，野战军紧缩包围圈，将敌人压缩在乔儿沟、任家湾、丁家湾及其附近高地的东西不到10公里长、南北宽约5公里的狭小地区内，形成铁桶合围的态势。

3月1日拂晓，彭德怀下达总攻击命令。一纵队沿公路及其两侧高地由西向东，二纵队由南向北，四纵队由北向南，六纵队一部由东南向西北，三纵队一部由东北向西南，向敌人发起总围攻。枪声、炮声、军号声、冲杀声，震天动地。这一天，全线战斗十分激烈。

经过连日激战，至3月1日下午4时，西北野战军占领了公路两侧全部阵地，整编第二十九军军部被歼。残敌都被驱赶到沟里，狼奔豕突，争相逃生。但到处都是解放军，哪儿也跑不出去。刘戡走投无路，以手榴弹自戕。敌整编第九十师师长严明被野战军击毙。下午5时，增援宜川的胡宗南军全部被歼。

3月2日，西北野战军包围宜川的部队发起总攻，再歼守敌一个旅，旅长张汉初跳山逃跑时，腿摔坏被俘。宜川战役胜利结束。

随后的西府战役，为调虎离山，也是一种围城打援的打法。

1948年3月底，乘胡宗南部主力集结在渭河以北、洛河以东地区，而后方兵力薄弱之机，彭德怀决定大踏步向西府挺进，进一步调动、分散洛川、延安守敌以及裴昌会兵团，在运动中捕捉战机各个歼灭，并夺取敌人的军需物资和武器弹药，解决给养，改善我军装备。

西府位于西安以西，泾河与渭河之间的地区，古称西府，首府凤翔，包括宝鸡、咸阳等地，地处关中、汉中和四川的咽喉要冲，自古以来就是兵家必争之地。然而，这里远离解放区，深入敌人后方作战，敌众我寡，彭德怀对此还是深有顾虑的。西北野战军副司令员赵寿山也表示：部队是在胡宗南和青马（马步芳）的接合部作战，不宜深入过多，否则有一定的危险。经过反复权衡，在请示中央并获得同意的情况下，彭德怀最终还是下定了西进的决心，决定乘胡宗南部主力集结在渭河以北、洛河以东地区，而后方兵力薄弱之机，大踏步向西府挺进。

4月13日，彭德怀在马栏镇召开西北野战军旅以上干部会议，一针见血地指出：此次西府战役是调虎离山，我们威胁胡宗南的战略后方，搞他的补给基地，他就顾不上延安了，可以迫使敌人不战自退，撤出延安。只要能把敌人调过来，就可以在运动中消灭他。

4月16日，西北野战军三路大军同时开拔，揭开了西府战役的序幕。

西北野战军主力从北起职田、南到高王庄30多公里宽的正面上，在胡宗南与马步芳两个集团的接合部，以雷霆万钧之势，长驱直入，席卷而下，先后攻克麟游、扶风、岐山等九个县城，切断了西兰公路，兵锋直指宝鸡。

宝鸡，是渭河平原西部的工业重镇，是陇海铁路与川陕公路的连接点，是重要的战略交通枢纽。胡宗南多年来已经将宝鸡经营为他的军事供应基地，在这里建有兵工厂等相当一批军事设施，并储存了大量的军事物资。守将徐保号称胡宗南的四大金刚之一，异常骄横。

老巢告急，胡宗南像热锅上的蚂蚁乱了手脚，接连电令裴昌会部分三路驰援宝鸡。洛川被围的时候，胡宗南就考虑收缩防线，放弃延安，调国民党军整编第十七师南下。然而出于"政治"上的考虑，一直没有下这个决心。待彭德怀大军兵临宝鸡城下之际，胡宗南再也顾不得什么面子了，命令整编第十七师南下。

何文鼎如蒙特赦，4月20日接到命令，次日凌晨即率部队仓皇撤出延安，逃向洛川。

整编第十七师到达洛川后，没有进城，而是和洛川守敌一起继续南逃。一路上遭到西北野战军的多次打击，损兵折将，丢弃了大量装备和物资。

4月24日，胡宗南电告徐保，已令马家军星夜增援，要求他以现有的兵力固守。25日深夜，西北野战军一、二纵队主力向宝鸡发起了猛烈进攻。至26日上午，一纵、二纵相继攻入城内。徐保见情况不妙，将师部转移到铁甲车上，准备西窜。但是开出不远，即因铁路遭到破坏，无法继续前行。我军解放了重镇宝鸡，缴获了足够使用两年的弹药物资。

胡宗南为保住后方补给基地宝鸡，忍痛放弃了他损兵折将得来的延安城。可宝鸡最终还是被西北野战军于4月26日攻克了。

至此，彭德怀提出的调虎离山的战略意图，已经基本上实现。

三、"蘑菇"战术，创造战机

敌在战略上处于优势和进攻地位时，往往以绝对优势的兵力寻求与我主力决战。而我既要避免这种不利条件下的决战，又必须创造各个歼敌的条件，就必须善于与敌巧妙周旋。彭德怀认为，在我一时难以找到其弱点时，必须通过"磨"来为"打"创造条件，把"待机"变成创造战机。而要"磨"出战机，则首先是想法使敌人像"毛驴拉磨"一样不停地转起来，以分散的小部队伪装成大部队，采用牵牛战术，拖着敌人大旅行，而主力部队则隐蔽、休整，待机破敌。彭德怀在抗日战争中指挥八路军粉碎日军的"扫荡"与合围，在解放战争的陕北战场上战胜10倍于己之敌的重点进攻，正是靠着与敌巧妙周旋的功力。

解放战争中，彭德怀在陕北战场上以两万之众，迎战胡宗南的20万大军，且武器装备也远远落后敌军。但就是在这种情况下，胡宗南连吃败仗，整旅、整师、整军地被歼灭。其中的奥妙，就是彭德怀发明创造了"蘑菇战术"。

"蘑菇战术"是适合陕北地形特点和群众条件，对付胡宗南的集团滚进战术的有效战法，其基本特点是：凭借陕北黄土高原沟壑纵横的特殊地形和与共产党同心同德的群众条件，针对敌军专走高原小道、集团前进的特点，牵大吃小，以小部队与敌主力保持不即不离，引诱、牵制、缠住敌大部队，将敌拖瘦拖垮；以主力隐蔽休整，寻机歼灭敌小部队和孤立之敌。

对此，彭德怀采取了两个招法：一是用"诱"的办法牵着敌人走，即抓住敌人急于找我主力决战的心理，令部分兵力装成主力，与敌若即若离，领着敌人在塬峁沟壑之间大游行，拖得敌人精疲力竭。二是用"扰"的办法不让敌人有片刻的安宁，即以连为单位各带电台，分布于敌主力周围，采取敌进我退、敌退我进、敌驻我扰的办法，与敌纠缠，磨得敌人坐立不安，锐气顿消。敌人由于战线拉长，补给困难，兵力损耗，不得不抽出一部分兵力驻守要点。这样一来，其弱点就必然暴露出来。

中共中央和毛泽东撤离延安时就预见到，胡宗南部进占延安后，必然急于寻求解放军主力决战，指示彭德怀等利用胡宗南占领延安后的狂妄情绪和急于寻我主力决战的心理，除以一部在延安西北方向诱敌深入外，主力隐蔽在延安东北方向待机歼敌。

开始，彭德怀以一部兵力将敌主力诱向延安西北的安塞，另将六个旅的主力隐蔽集结于延安东北七十里处的青化砭附近，在此设伏待敌。1947年3月23日晨，彭德怀和习仲勋等亲自到青化砭一带察看地形，部署野战军主力沿咸榆公路两侧，布成一个向南张开的口袋阵势。

确定内线作战，诱敌深入利用运动战方式寻机歼敌后，具体到如何打法，还需要在实践中探索。1947年3月11日，中共中央决定在必要时放弃延安后，彭德怀即从这一设想出发部署作战，安排转移和疏散。13日，在完成掩护中央机关疏散转移的任务后，彭德怀即命令除以一部兵力与敌保持接触外，主力转移集结待机。

可以说，青化砭之战，是早就酝酿于彭德怀胸中的一着棋。敌向延安发起进攻的第三、四天，彭德怀命令新四旅即刻派人到延安东北的青化砭详细侦察地形。撤离延安前一天，他又命教导旅派人到青化砭侦察，预设战场。

要走好这步棋，关键是调走胡军主力。3月18日，彭德怀在送毛泽东撤离延安后，马上同前方部队通话，告诉了意图和撤退时间。他特别指示：三五八旅装成主力大摇大摆向延安西北的安塞以北撤退，待达成诱敌北进目的后，即向青化砭方向靠拢；命令一纵一个营伪装主力，节节抵抗，引诱敌主力向安塞进攻，达到远离青化砭预设战场的目的。西北野战兵团主力则埋伏于青化砭隐蔽待机。

胡宗南误以为野战兵团主力向安塞方向撤退，随即于3月21日以五个旅的兵力，由延安沿延河向安塞前进。为保障其主力的侧翼安全，另以整编第二十七师三十一旅（欠一个团）由临真镇向青化砭前进，建立据点。

3月21日晚，野战军电台截获并破译了胡宗南发给第三十一旅的电报。彭德怀为抓住战机，不顾已是三更半夜，立即到作战值班室查看地图，分析研究敌情。在判明敌军动向后，彭德怀决心采取伏击战术，歼灭侧翼之敌第三十一旅，打好撤离延安后的第一仗。

按彭德怀最初部署，以主力待机，休整七天，待判明敌人动向后再作决定，不料鱼儿很快上钩。

为确保初战胜利，彭德怀率旅以上指挥员到青化砭四周察看地形，在现地分配战斗任务，具体部署了兵力。彭德怀把部队部署于青化砭附近蟠龙川东西两侧及以北地区。第一纵队在川之西山，第二纵队和教导旅在川之东山，北面新四旅在青化砭东北，布成了对沿咸榆公路北进的敌军张开口的口袋阵。待敌后尾通过房家桥后束紧袋口，截断敌之退路，进行两侧夹击。另以独一旅为预备队，并监视安塞、延安方向之敌。

青化砭位于当时陕北的唯一公路——咸（阳）榆（林）公路上，在延安东北50余里处。公路两侧为连绵起伏的山地，便于隐蔽的部队出击，是打伏击的理想战场。彭德怀判断，敌在占领延安后是一定要打通这条公路的。

观看地形后，指挥员们都佩服彭德怀的这个布阵，认为敌第三十一旅只要钻进"口袋"，等待他们的只能是灭亡的命运。但这一带山地都是光秃秃的，不容易隐蔽好，彭德怀一再交代："一定要注意隐蔽。敌人来了就不顾一切地杀下去！要突然，要猛，一鼓作气把敌人歼灭在这沟槽子的公路上。"边说边挥手作出围歼的姿势。

3月24日设伏一天，未见敌人踪影，大家担心消息走漏，敌人不会来了。彭德怀了解了这些情绪，果断地说：老根据地的群众是不会去向敌人告密的，情报也是不会错的。敌人是一定会来的。今天伏击不成不要紧，就当成咱们的一次演习。告诉大家要有耐心。他解释说：你们要掌握敌人的心理嘛！胡宗南虽然是个草包，但是他的主力由延安北上安塞之后，需要派兵保障其侧翼安全，这一点军事常识他还是有的，不然他怎么能捞一个陆军上将当呢？何况他有大炮、坦克，有汽车，又想捕捉我主力部队，这陕北唯一的一条公路，他能不走吗？所以说，他一定要来。于是，下令3月25日仍在原地设伏。

彭德怀料事如神。25日上午10时，敌第三十一旅果然从延安东之拐峁沿咸榆公路北上，径直钻入野战军伏击圈内，被包了饺子。此时距胡宗南占领延安不足一星期，此地离延安只有50里。

这一仗胜利的主要原因是陕北优越的群众条件和有利地形，正如彭德怀说的："青化砭这一仗，要不是在陕北，是很难打的。"这一仗同时也表明，由于地形、群众条件优越，运用小部队伴动，牵着敌人主力转圈，以主力寻机歼灭孤立、突出之敌是完全可能的。经过青化砭一仗，这种适合陕北战场特点的运动战战法就初步形成了。

青化砭之战给胡宗南一记闷棍，他检讨青化砭之失，认为是兵力单薄，疏于搜索和走川道未占领高地的缘故，因而采取国防部为其制定的"方形战术"：在南北长35里、东西宽45里的地面，以十个旅布成方阵，集结几个旅为一路，数路并进，缩小间隔，互相策应；白天走山峁岭，轻易不下山沟，每日前进10至15公里，夜间露宿山头，构筑工事，稳扎稳打。这样既可避免分散孤立而被歼，又可以使西北野战兵团在其正面进攻面前无处藏身。

胡宗南的宽大方阵，对于只有两万人的西北野战军来说，看起来确实成了一块难以啃动的硬骨头。在敌兵力集中、不利于我分割围歼的情况下，彭德怀审时度势，很快找到了破敌之策，组织小部队在敌兵团前后左右不断袭扰，长时间疲惫消耗敌人，我主力则选择有利于机动的地形隐蔽，耐心等待敌人弱点暴露和分散再行聚歼。彭德怀形象地说，你大部队滚筒式一跃再跃，我就让你在滚动中推磨转圈，把你当小毛驴一样赶着走。

3月26日，彭德怀致电毛泽东："胡宗南目前寻求我主力决战"，"我们拟顺应敌人企图，诱敌向东。以新四旅之两个营，宽正面位置于青化砭东及其东南，节节向延川方面抗击。"集结五个旅，隐蔽于青化砭西北山梁后与安塞之间。此区地形好，粮多，群众好，能封锁消息，待敌深入至甘谷驿、岔口之线及其以东地区时，我可争取三至五天休息，然后东进敌后，寻求机动，歼敌第九十师、第一师。每次只歼一个团至多两个团，求得在一个月内连续打两三仗，停止敌进攻，才可争取较长时间休息。这个电报同时还提出，以新四旅主力位于青化砭至永坪之线纵深"防敌北进"。（彭德怀1947年3月26日给毛泽东的电报）

彭德怀作这一打算，是想保持以瓦窑堡为中心的一小块相对稳定的解放区。在同一天的另一份电报中，他说："我们正在部署力争停止敌人于蟠龙、永坪、延川之线以南，此种可能是较大的存在着，唯力争此种可能实现。"

这时，一直对从外线配合不抱希望的彭德怀还建议："陈谢纵队应开始向同蒲路南段进攻"，以牵制胡军北进。

第二天，毛泽东在回电中除称赞彭电方针"极为正确"外，也设想光诱敌东进还不够，因东出不远即是黄河。所以毛泽东提醒他："现在不怕胡军北进，只怕他不北进。"另外还指出："陈谢迟几天行动来为不利。"（《毛泽东军事文集》，第四卷，第13页）

这时，胡宗南集中10个旅8万大军，一直在崇山峻岭中打转。除了占去几座空城外，连西北野战兵团的影踪也没发现，反而部队疲惫不堪，给养发生极大困难。4月5日，除以一部守备外，不得不将主力南撤蟠龙、青化砭休整。这就是人们讥讽的胡宗南第一次"武装大游行"。

毛泽东曾指示彭德怀准备于青化砭附近再打第二仗，歼灭敌一三五旅。

依据毛泽东的这一想法，彭德怀于3月31日和4月3日，连续致电各纵队、各旅，提出主力隐蔽待机，让敌大胆前进的想法："敌愈深入愈分散，歼敌机会亦愈多。"他要求各部队采取诱敌深入，扰袭与分散敌人，利用根据地条件，寻找敌之过失，各个歼灭敌人；应动员党政军民团体在预计敌可到之处，进行坚壁清野，埋藏粮食，增敌困难，饿敌肚皮，饱自己肚皮，这是达到战胜敌人最有效的办法之一。

彭德怀也曾几次准备伏击东进之敌，"但因敌间隔很小，纵深大，在南北卅五里东北四十五里深以十个旅布成方阵，故停止伏击，隐蔽撤至蟠龙西北地区集结"。（彭德怀、习仲勋1947年4月2日给中央军委的电报）

4月2日，毛泽东根据青化砭大捷，指示西北野战军采用"正面及两翼三面埋伏"的部署，并提出全力取瓦窑堡，然后攻绥德的方案："甲、在瓦窑堡、青涧之间（丹头、杨家园子一带）设伏，准备打青涧西进之敌；乙、在永坪附近设伏，准备打延水西进之敌。"

彭德怀认真思考毛泽东的指示电，认为胡宗南已经改变了战法，以重兵集团密集行动，我以不足三万的兵力，对挤成一团的敌八万之众，既难包围，又难分割，因而我方需改变战术。他同习仲勋等商量后，当即向毛泽东报告，说明自青化砭战斗后，敌异常谨慎。不走大道平川，专走小道山梁，不就房屋设营，多在山头露宿，不单独一路前进，而是数路并列，纵横三四十里以十个旅布成方阵，以致三面伏击已不可能，任何单面击敌均变成正面攻击。

为此，彭德怀提出了一种对付敌人的新战术："敌人此种小米碾子的战法，减少我各个歼敌机会，必须耐心长期疲困他消耗他，迫其分散，寻找弱点。目前敌疲劳掉队落伍逃亡日渐增加。为对付敌人此种强大集团战法，拟分散三个营兵力，以一连至两连为一股（现群众游击战未开始），派得力指挥在敌前后左右四面袭扰，断敌交通，将敌疲困，使敌不能不分散部分守备交通，达到打击分散与打援敌之机会。"（《彭德怀军事文选》，第220页）

毛泽东复电赞许彭的看法，并说：作为一个指挥员，就是要善于根据情况的变化，独立地作出判断。

彭德怀的这个作战指导思想，为后来毛泽东提出西北战场的作战方针作出了贡献。

于是，彭德怀利用敌人急于寻歼野战军主力的心理，仍采取诱敌之计牵着胡宗南的大军在陕北延川、延长、清涧、子长间的千山万壑中兜圈子。敌人处处奔击，处处扑空，陕北军民戏呼之为"武装大游行"。边区民众痛恨国民党反动军队，"不给敌人颗米寸薪"，将敌拖得人困马乏。

很快新的战机来了。此时，陈赓部在晋南展开强大攻势，胡宗南不敢再北进转圈，便以第七十六师守备延川、清涧，以第一三五旅留守瓦窑堡，主力于4月5日南下蟠龙、青化砭集结补充。彭德怀乘敌南撤之机，于4月6日在永坪地区对刘戡的第二十九军打了一次小伏击，歼敌600多人后撤出战斗。这一仗打得并不理想，但倒吊起了胡宗南的胃口。

永坪战斗后，胡宗南判断西北野战兵团主力已转移到蟠龙、青化砭西北地区，遂顾不得休整，于11日集中八个旅分别由蟠龙、青化砭向西北方向"扫荡"，寻西野主力决战，同时调守卫青化砭的一三五旅南下接应，开始了第二次"武装大游行"。

第二天，野战兵团司令部查明董钊、刘戡两个整编军的主力，正由蟠龙、青化砭向西北方向移动。彭德怀经过对敌军调动情况的综合分析，判断敌一三五旅可能南下向其第二十九军靠拢。决定抓住这一战机，来一个"虎口夺食"，在其同第二十九军会合前予以歼灭。

彭德怀分析敌一三五旅沿路程短、离主力近的瓦窑堡、蟠龙大道行动的可能性比较大。当敌主力前进态势显示敌一三五旅行动完全符合这一判断时，他当即决定，将南面进攻之敌主力吸引到蟠龙西北，把一三五旅歼灭于瓦窑堡以南。为了不暴露意图，他命令伏击部队让出一三五旅可能经过的高地，务必诱其就范。

4月13日，彭德怀召开旅以上干部会，他分析敌军态势及其企图，具体提出歼灭一三五旅的作战方案。他风趣地说："敌人游行了十多天，寻找我军主力，到处扑空。他们认为这次找到了，急匆匆扑了过来。好吧，这次就答复他们的要求，就在这个地方来个虎口夺食。"边说边在地图上的羊马河一带画了一个圈。

在一切部署停当以后，已是深夜，窑洞外呼啸的冷风卷着沙土，不时钻了进来。彭德怀半躺在炕上，反复琢磨：全歼第一三五旅，关键在于能不能把敌军北上的八个旅拖住，不使其增援。他觉得有必要具体了解一下阻击地区的情况。于是起身走出窑洞，跨上马，带着随行人员，直奔第一纵队独一旅旅部，查看阻击地区地形和作战部署。

彭德怀询问了独一旅旅长王尚荣关于阻击的准备情况后，指着地图上蟠龙西北的榆树峁子、云山寺、元子沟一线说："你们一纵队今天就在这一线摆出一个决战的架势来，把敌人一大坨坨引过去。""三五八旅已把第一军吸引向西，你们如能把二十九军阻在羊马河以南，歼灭一三五旅的任务就完成了一半。只要你们能坚持到下午两点钟，就算完成了任务。"王尚荣表示：再大的困难也保证完成任务。

佯装野战兵团主力的第一纵队，在"每天只让敌前进五至十公里"的命令下，采取运动防御，积极顽强抗击，以两个旅的兵力拖住了董钊和刘戡八个旅的主力。

这时，胡宗南根据我方的坚强阵势，断定西野主力在蟠龙以西地区，命令整编第一军和二十九军猛进，同时命令一三五旅火速南下，以便围歼野战兵团主力。

4月14日，在胡宗南命令下，驻瓦窑堡之第一三五旅南下，企图与由蟠龙、青化砭北上的九个旅围歼野战军。

彭德怀下令以第一纵队阻击北进之敌，而以第二纵队和教导旅、新编第四旅共四个旅，设伏于瓦窑堡至蟠龙大道东西地区。由于此役的关键，在于一纵队能否有力地阻击住敌刘戡亲自率领的九旅之众，彭德怀亲自察看地形，部署兵力，向部队作了动员。

当天，敌第一三五旅在南下途中，被野战军围歼于羊马河西北高地，代旅长麦宗禹被擒。刘戡率九旅之众，在野战军一纵队的顽强阻击下，距战场仅数里之遥而无可奈何。此役全歼敌一个整旅。

羊马河之战，再显"蘑菇"战术威力。这一仗从战机上说并不理想，关键是迟滞南敌八个旅的北进速度。阻击之所以成功，除了阻击部队顽强抗击外，经过两次"推磨"式的"武装大游行"，敌战斗力大受挫折也是重要原因。

毛泽东向各战略区通报了羊马河战斗的经验，完整表述了西北战场的作战方针，概括出了"蘑菇战术"的形象称谓——将敌磨得精疲力竭，然后寻机歼敌。他在电报中说："我之方针是继续过去办法，同敌在现地区再周旋一时期（一个月左右），目的是在使敌达到十分疲劳和十分缺粮之程度，然后寻机歼击之。我军主力不急于北上打榆林，也不急于南下打敌后路。应向指战员和人民群众说明，我军此种办法是最后战胜敌人必经之路。如不使敌十分疲劳和完全饿饭，是不能最后获胜的。这种办法叫'蘑菇'战术，将敌磨得精疲力竭，然后消灭之。"（《毛泽东军事文集》，第四卷，第37页）

彭德怀说：我们贯彻毛主席的方针是采取不即不离，把敌人缠住，找准机会消灭它。1947年，他在阐述我陕北战场的作战方针时指出："我采取诱敌深入，扰疲与分散敌人，利用根据地条件，寻找敌之过失，各个歼敌主力，才能收复失地，保卫边区，发展西北。只有此方针才是积极的。应动员党政军民团体积极拥护这一方针，立即进行各种战斗部署，立即动员与组织人民拿起土枪、梭标、手榴弹、地雷杀敌和袭击敌人，封锁敌人消息，扰敌人，捉敌探与掉队落伍的。在预计敌可到之处，进行坚壁清野，埋藏粮食，增敌困难，饿敌肚皮，饱自己肚皮，这是达到战胜敌人最有效方法之一。"（《彭德怀军事文选》，第227页）

正是由于实行了这一方针，才使得胡宗南的20多万大军被彭德怀两万子弟兵各个击破。他正确地解决了磨和打的关系，磨是为了消耗疲劳敌人，达到消灭敌人的目的。

四、巧借名义，果断出击

1928年4月，彭德怀以他的智慧和胆略，选择了党的影响大、敌人统治薄弱的平江，作为起义的地点，在准备起义过程中，突然出现意外事件，彭德怀为掌握主动，避免被动造成革命损失，果断决策，巧借闹饷名义，出其不意，发动武装起义。

当时，彭德怀的部队一共有两千多人，军队里党的力量很薄弱。为了发展军队中党的力量和起义骨干，彭德怀利用师长周磐对他的信任和周磐想要扩张自己势力的野心，以培养下级军官为名，说动他办了随营学校。校长由彭德怀推荐的共产党员黄公略担任，下设二个中队。其中两个中队长，是由共产党员贺国中和黄纯一担任的。学校共有学员一百几十人，其中收纳了一部分被国民党追捕的共产党员，从而加强了党对部队的领导力量。彭德怀又将中共南华安特委派来的共产党员邓萍安排到第一团团部任书记官，调张荣生到第一团团部任传令排长。不久，由于随营学校党的工作已有了基础，彭德怀向周磐推荐黄公略到第三团任三营营长。这样，不但第一团，而且第三团三营的兵权也掌握在共产党员手里，从而为起义创造了有利条件。

为了进一步发动士兵，加快起义的进程，彭德怀还从关心士兵生活入手，主动组织发动士兵闹饷活动。1928年春，部队在湖南南县九都山练兵，已有14个月没有发饷，士兵的生活很苦，身上没有一个铜板，大家非常不满。为此，中共团党委决定有计划地发动一次闹饷活动，在不少连队组织了秘密的"士兵委员会"，团结进步士兵，积极筹划闹饷活动，各连很快串联起来。7月上旬，全团闹饷有了进展，形成统一的领导。

1928年6月，彭德怀作为国民革命军独立第五师第一团团长，率部随独五师师部横渡洞庭，移驻平江。

平江县地处湘东北，当湘鄂赣三省要冲，为兵家瞩目之地。这是一个三面环河、一面靠山、风景秀丽的南方小城。这里早已建立共产党组织，工农运动很有基础。但由于土豪劣绅横行霸道，肆意盘剥，弄得市面冷落，民不聊生。1927年"马日事变"以后，平江地区的国民党反动派，疯狂残杀镇压共产党和革命人民，一片白色恐怖。但是，共产党并没有被杀绝，人民也没有被吓倒。在毛泽东领导的秋收起义影响下，1928年二三月间，在中共平江县委负责人罗纳川等领导下，平江东南各乡组织了一次有十数万农民参加、规模空前的围攻平江城的"扑城"运动，不幸失败。近千名革命群众被捕入狱，城内天天杀人。平江城成了一座反革命堡垒，白色恐怖异常严重。土豪劣绅们听说彭德怀亲自带队进驻，就纷纷出城迎接，大摆筵席，要求"剿匪""安民"。

在这极端危险的情况下，彭德怀机智勇敢地坚持斗争，努力扩大党的影响，壮大革命力量。为了迷惑敌人，他假意应承这些家伙的请求，以待时机。他和团内党的骨干一方面设法寻找平江地下党组织，一方面通过士兵会，采取各种方法制止屠杀。彭德怀不止一次地教育大家，说我们剿的不是什么"匪"，都是受不了欺压剥削起来造反的农民。他告诉部队上山"剿匪"时，只要见到游击队，就朝天放空枪，地下撒子弹，然后往回跑，让游击队拾去。

彭德怀早已期待打破这旧社会和旧军队的牢笼，4月入党后，暴动之炬更是在他的胸中点燃。但按照党的指示，他还需要进一步精心准备，特别是需要争取和掌握独五师全师，等待时机的成熟。他满怀信心，为此，他连自己的薪饷都大部积存起来，以准备起义之用。

彭德怀经常深入士兵，找人谈话。他给士兵讲工人、农民为什么穷，资本家、地主为什么富，军阀、土豪劣绅如何欺压剥削劳动人民，启发士兵的阶级觉悟。彭德怀在全团享有很高的威望，他很快把士兵们团结起来了，为起义做了力量准备。

7月18日，彭德怀赴驻平江思村之第二营巡视，中午时分，第二营营长陈鹏飞的一位亲戚从长沙来，密告陈说，共产党的南华安特委组织被破获。周磐认出特委人员所持通行证是黄公略亲笔签发。陈鹏飞是黄公略和彭德怀在湖南陆军讲武堂的同学，思想开明，与黄公略友谊尤深，故对彭据实相告，促黄速逃。

彭德怀顾不上吃饭，当即骑马赶回城内，从电报局截得周磐从长沙发给留平江副师长的电报，内容是要立即逮捕黄公略、黄纯一、贺国中三人。与此同时，彭德怀得到周磐的马弁、救贫会会员陈玉成的密电，报告黄公略身份暴露、逮捕令已下的消息。

黄公略等人身份的暴露，牵连到整个党组织的安全，情况十分严重又十万火急。彭德怀决心立即举行起义。

正在这关键时刻，湖南省委特派员滕代远从长沙来平（江）浏（阳）巡视工作，与第一团党员邓萍取得了联系。滕代远是湖南省麻阳县人，1925年参加中国共产党，曾在长沙从事农运工作，组织农民武装，是湖南党内知名的农运领袖。他的到来，使彭德怀感到由衷的高兴。

当天晚上，在医院的一间病房里，彭德怀组织召开了第一团党员秘密紧急会议。彭德怀谈了当前的严重局势，说明黄公略等人已经暴露身份，有被捕的可能，主张立即举行起义。

有的同志认为发动起义的条件尚不成熟，准备工作亦不够充分，有人主张让黄公略离开部队，起义仍按计划在年关时进行。彭德怀坚决反对这种意见。他强调指出："敌人要对一团下手了，只有决心起义，才能保存革命力量！"他特别详细地分析了当前的情况，认为应当提前举行起义，第一团的条件已基本成熟；对第二团可争取其中立；第三团反动，但战斗力很弱。现平江周围敌情不算严重，对起义不能犹豫，犹豫就是失败。他说："一团已有80%的力量掌握在党的手里，这是起义的基本力量。起义发动后，虽然会遭到二、三团的围攻，但在这些部队中，绝大部分士兵和中下层军官都是受苦人出身，不会卖命地为反动派出力，只要起义军尽快消灭掉平江城里的反动武装，占领平江城，就能争取时间，巩固胜利。"

最后，彭德怀果断地说："必须决心起义，一点也不能犹豫，犹豫就是失败！"彭德怀的话使大家受到鼓舞，但一部分人仍然迟疑不决。这时，滕代远站了起来，他作为地方党的代表，根据《中共中央关于湘鄂赣总暴动和平江问题决议》的精神，坚决支持彭德怀的主张。

经过说服讨论，最后大家一致同意于7月22日举行起义。由彭德怀负责武装起义的部署指挥，滕代远负责政治工作。

为了迷惑敌人，彭德怀以李慧根副师长的名义，发密电给在长沙的周磐："砥公师座，巧电奉悉，遵示三人已逮捕。随校已令开来平江，勿念。"

由于当时部队中党的力量有限，在那样严峻的时刻发动起义，一下子就捅明了，不易成功。同时也为了做到师出有名，最大限度地动员广大官兵参加，彭德怀决定利用闹饷的名义，发动全团的官兵举行起义。他说："第一营和团直属队的秘密士兵会要主动自下而上的要求恢复士兵会。今晚召集秘密士兵会员，做好准备，说明要闹饷。现在欠饷比南县更久，快五个月未发，从三月起只预支两元。闹饷是发动起义的主要手段，由秘密到公开，争取营、连、排长参加或同情，也可以说团长同意这样干。只有闹饷，才可冲破师特务营这个堡垒，团结全团绝大多数人；才能有效地防御二、三两团可能的进攻。"

大家听了以闹饷为手段，信心百倍，劲头大增，说有过去闹饷的经验，一定能胜利。

由于独五师又有几个月没有发饷，士兵怨气很大，会议同意彭德怀的意见，决定立即恢复士兵委员会的公开活动，通过士兵委员会，三天时间，士兵就发动起来，从要求发还欠饷到要求枪毙经济不清、欺压士兵的反动军官，解散残害民众的清乡委员会，释放被关押的革命群众等。

彭德怀对以闹饷名义发动起义并没有充分把握。7月20日深夜，第三团团长刘济仁来电话说：黄公略是共产党，20日黄昏借闹饷为名，杀死他的侄子第十一连连长，在嘉义镇向商会借了三千元，率队伍向南山逃跑了。刘济仁威胁彭德怀说："石穿！黄石（公略的字）是你推荐的，他叛逃你有责任哪！"

彭德怀没有被吓住，他说："是呀！责任以后再说，现在如何办？闹饷是一个大问题。现在五个月不发饷，这个问题可能波及全师，那就成了大问题呀！"

刘济仁一听，吓坏了，马上改口说："是呀！不好办！"

从刘济仁的口气变化中，彭德怀感到闹饷打中了他们的要害。

不一会儿，第二团团长张超也给彭德怀打来电话，说：第三团三营营长率部叛变，原因是发动军队闹饷。

彭德怀说：这个问题真令人不安，现在五个月不发饷，一团素有闹饷习惯。二团规矩些，比较安心。

张超说："这很难讲，谁能安心，担保他们不闹饷，下级军官也难免。"

彭德怀说："以后我们多联络吧！"

接了这两个电话，彭德怀心里有了底，感到领导第一团以闹饷为手段来发动起义，他们是没有勇气来进攻的，于是心中松了一口气！

7月22日，以闹饷名义起义的时刻终于到来了。上午，在平江县东门外天岳书院举行起义誓师大会。湖南陆军独五师一团800名勇士，在彭德怀等领导下，颈系红带，全副武装，誓师起义。彭德怀在第一营大会上亲自进行了起义动员。

彭德怀讲："同志们！今天集合做什么，你们知道吗？"接着说："你们几个月都没有关饷了，连吸烟的钱也没有，大家时常说要打倒军阀，打倒土豪劣绅，今天，我们就要到城里去捉那些克扣军饷的军阀，打倒土豪劣绅，救穷苦的农民。"

接着又说："我们要捉活的，把他们的光洋金子拿出来，把班房里关着的人放出来……"最后，他命令："装好子弹，准备出发！"那坚强有力的声音，激励着士兵勇往直前。

平江起义胜利的消息鼓舞了平江一带的共产党、游击队和老百姓，他们扛着梭标、大刀，举着红旗，从四面八方向城里涌来。湖南反动当局闻讯震惊，慌忙由长沙调遣了六个团，以十余倍于我的兵力，向平江城扑来。起义部队在平江城住了一个星期，最后和敌人激战了一天，主动放弃了平江城，向北面山区黄金洞方向转移。

彭德怀、滕代远领导的起义部队，虽然撤离了平江城，却再次撒下了革命火种，壮大了红军队伍，为后来开辟湘鄂赣边界革命根据地打下了基础。

五、审时度势，因势制敌

彭德怀认为，任何高明的军事家，在战前对战争发展态势的分析都只能是较为原则抽象的，在这个基础上形成的战略方针、战役乃至战斗的决策，不完全适合实际情况在所难免。战争指导者的高下之分，不仅在于对战争进程的预见性，而且在于战争进程中的应变能力。这就是说战争指导者必须清楚认识和把握战局发展的客观情况，并适时调整自己的作战方针和部署。他强调指出："当时情况确实有了改变，也就要改变自己的部署，部分的改变，甚至全部改变自己的作战计划，切不可固守陈规，企图侥幸。也不要误虚为实，自失战机。"（《彭德怀军事文选》，第646页）

在彭德怀参与指导和直接指挥的战争中，无不体现着因势而变的战争艺术。

抗日战争中，在敌实施战略进攻、沿交通线长驱直入时，彭德怀协助朱德指挥八路军在敌翼侧和后方以伏击和袭击的形式，歼灭运动之敌，切断敌后方补给线，配合正面防御作战。当敌为解除后顾之忧，对我初创根据地实施多路围攻时，朱、彭则采取内外线结合，以内线歼敌为主的作战方针，即以一部兵力于内线消耗、疲惫和牵制敌人，为主力机动歼敌创造条件；主力则转移到围攻之敌侧后隐蔽待机，尔后抓住其孤立突出、疲惫沮丧的一路，予以歼灭或歼灭性的打击，再转移兵力击破其他各路，以粉碎敌之围攻。

当战争进入战略相持阶段，敌由战略进攻转为以保守其占领区为主，并企图变"点线"为面的占领，对我根据地由过去的长驱直入、分进合击的围攻，变为逐步推进、压缩包围圈、然后分割"清剿"的"扫荡"时，彭德怀则将以内线歼敌为主，转为以外线歼敌为主，即在敌分进合击逐步推进时，主力适时转入外线对"扫荡"之敌的后方交通线及据点展开积极的广泛的攻势，迫使进入我根据地之敌回援，从而粉碎敌之"扫荡"。

当敌利用点线对我根据地进行分割封锁，实行"囚笼"政策时，彭德怀则指挥八路军对敌占交通线发动不同规模的交通破袭战，以打破敌之分割封锁和变线的占领为"面"的占领的企图。在战略相持阶段中期，敌为巩固其占领区，使之成为太平洋战争的后方基地，对我根据地采取了"铁壁合围""辗转抉剔""拉网式扫荡"，并配合以"蚕食""治安强化运动"。对此，彭德怀的对策是：在敌展开合围时，采取"化整为零"，以分散对敌之集中，避敌锐势，保存力量；在敌分兵进行"辗转抉剔"时，则"化零为整"，以集中对敌之分散，给敌以有力打击，挫败其"扫荡"。尤其是针对敌之"蚕食"与"强化治安"，采取"敌进我进"的方针，派出大量的武工队和小部队，深入敌占区，把斗争的焦点引向敌占区，变敌之后方为前线，变我之被动为主动，从而有效地挫败了敌人企图，扭转了根据地收缩的局面。

在战略相持阶段后期，当敌人取守势时，彭德怀则指挥八路军转为主动地、有计划地对敌展开攻势作战，广泛采取围困战的形式，迫敌撤退，并在其撤退时歼灭之；同时集中较大兵力，对边沿区敌之城镇据点展开攻势，以恢复和扩大根据地，缩小敌占区。

正是因为彭德怀善于根据党中央和毛泽东确定的总方针，依据敌后游击战争形势的发展，敌变我变，才使八路军和根据地在极其险恶的环境中不断发展和壮大。

抗美援朝战争面临着与国内战争相比更为复杂多变的情况和战前难以预料的因素。在这种情况下要取得战场的主动权，更依赖于因势而变的高超艺术。

1950年10月8、10日，彭德怀即到沈阳与志愿军其他负责同志见面，检查作战准备情况，并与朝鲜代表内务相朴一禹会见，了解敌情。随即致电毛泽东建议："原拟先出两个军、两个炮师。恐鸭绿江桥被炸毁，不易集中优势兵力，失去战机，故决定全部集结江南，改变原定计划。"将四个军三个炮兵师全部集结鸭绿江南，待机歼敌。毛泽东同意了这一建议。这样，我军第一仗就出动18个师。当时敌军在朝鲜共有42万人，用于第一线的兵力为13万人，如果我军仅出动两个军，是不可能取得初战胜利的。

志愿军出国前，原定计划是抢占平壤以北的龟城、泰川、德川、宁远一线，控制要点，构筑工事，组织防御，稳住战局，然后再相机消灭敌人。"在我军装备训练完毕，空中和地上均对敌具有压倒优势条件后，再去攻击平壤、元山等处，即在六个月以后再谈攻击问题。"（《毛泽东军事文集》，第六卷，第122页）

志愿军入朝前，毛泽东、彭德怀根据敌我双方武器装备优劣悬殊的基本情况，由于我军人生地疏，又没有对美作战的经验，确定入朝后采取"积极防御、阵地战与运动战相结合，以反击、袭击、伏击来歼灭与消耗敌人有生力量"的作战方针，构筑工事，阻止敌人的进攻，稳住局势，取得经验，然后再相机消灭敌人。志愿军渡江后，由西向东，按照三十九军、四十军、三十八军、四十二军的顺序，在德川、宁远公路线以南，平壤、元山铁路线以北的龟城、泰川、球场等地区组织防御，以反击、袭击、伏击等战法消耗敌人有生力量，制止敌人进攻，稳定战局，为反攻创造条件。

可是此时，由于敌人尚未发现我军入朝，仍采取以南朝鲜军为先导，美、英军殿后，在10月19日志愿军入朝的那一天，已占领平壤，并以师甚至团、营为单位，毫无顾忌地分兵冒进。敌军前进的速度很快，抢先到达预定作战地区，在中国人民志愿军还没部署完毕前，南朝鲜军第六师第七团已经窜到鸭绿江边的楚山，向中国边境炮击。我军已不可能先敌到达预定的防御地区。

彭德怀顺应新的情况，当机立断，迅速改变了原定的作战部署，放弃了原定作战设想，改守为攻，即采取以进攻为主要特征的运动战为主，以阵地战和游击战为辅的作战方针。他指示各部队："李伪北犯，仍无顾忌地分途北进中。敌在没发觉我军行动前，将仍会向北冒进，因而使我军以运动战方式歼灭敌人之机会是完全可能的。你们应当极力争取与造成运动歼敌之良机，以求开始即打几个好仗，将敌气焰打下去。"

在具体部署上，毛泽东指示："集中三个主力军，各个歼灭伪六、七、八等三个师。"在志愿军进入战斗后，彭德怀发现，西线敌军以师或团为单位继续冒进，并各以数辆坦克和十几辆汽车组成一个支队，到处乱窜，使没有坦克和缺乏汽车的我军难以一仗聚歼敌两三个师。为了适时抓住战机，各个歼灭冒进之敌，彭德怀当即决定以军和师分途歼灭敌之一个团和两个团或两个师，求得第一战役中数个战斗歼灭敌一两个师，停止敌乱窜。并确定了先打南朝鲜军，再打美英军的原则。他一面命令部队执行，一面上报中央军委。因为"分途歼灭敌人"的方针符合实际情况，所以毛泽东主席很快批准，并指出"这个方针是正确的"。

10月25日，志愿军第四十军在朝鲜温井地区与南朝鲜军第一师、第六师先头部队遭遇，全歼了敌人一个加强营和一个炮兵中队。

面对首战胜利，彭德怀没有丝毫的喜悦，反而眉头紧锁。志愿军政治部主任杜平后来回忆说："我们原定计划是利用战役发起的突然性，一举歼灭伪军两三个师。现在这样一打，过早地暴露了我军，能否实现战役企图，就难以预料了。这天中午就餐时，彭德怀一言不发，边吃边沉思，后来转过身对大家说：'好事多磨，恐怕又要改变计划喽！'"

午餐后，彭德怀听取了志愿军第四十军一一八师师长邓岳的遭遇战汇报。为了适时捕捉战机，他又一次临机应变，果断地改变原定作战计划，命令各军：抓住战机，分头歼敌！以部分兵力钳制东线之敌，集中主力于西线，以迅雷不及掩耳之势，向敌人展开突然而猛烈的反击。战斗中，先打战斗力较弱的南朝鲜军，后打战斗力较强的美、英军，运用战役迂回分割包围敌人，使我军一开始就掌握了战场的主动权。

在这一方针的指导下，志愿军充分发挥自己的优势，连续进行了五次以运动战为主的战役，以积极的攻势行动，将敌人一直从鸭绿江边赶到"三八线"以南，为抗美援朝战争的胜利奠定了基础。

当战争转入相持阶段，敌人表示愿意举行和平谈判的情况下，彭德怀又适时提出了"充分准备持久和争取和谈达到结束战争"的战略方针。志愿军由战略性反攻转入"积极防御"，从以运动战为主转到以阵地战为主。在策略上则采取打谈结合，以战促和。正是由于适时实行了上述转变，才使志愿军愈战愈强，不但粉碎了敌人的一系列局部进攻，大量消耗了敌人的有生力量，而且还使我军有了巩固的后方，增强了现代化战争的作战技能。

彭德怀认为，审时度势，必须善于捕促和创造战机。"审时度势"的"时"，指的是时机，它反映战争力量在组合、对抗过程中和各种制约力量的条件在变化过程中所出现的最有利的情况。它是有利的"势"在某一时间段里的展现。所以，只有"审时"，才能够"度势"。

选择作战时机，是对战争时间因素利用的一种形式。它的实质，是选择有利于我而不利于敌的具有时间性的条件和机会。战机未至，不可以先；战机已至，不可以后。一个优秀的军事指挥员的能力，主要体现在对作战时机的理解、把握、创造方面。

我军打运动战、歼灭战离不开较大的战场，只有与敌在广大地区内灵活周旋，才有可能分散敌人，暴露敌人的薄弱部位，创造歼敌的良好战机。

在彭德怀的军事指挥实践中，一直贯穿着一条避免过早决战和寻机进行决战的思维主线。当条件不具备时，就改变和放弃原定计划，绝不轻躁作战；当条件成熟时，则坚定地把决战推向胜利。

彭德怀认为，战机问题，要作全面分析，既要看到不利因素，又要看到有利条件，还要创造有利条件。

选择作战时机，离不开对敌我形势、具体地域的综合条件、敌人弱点这三个因素的分析。不过，彭德怀侧重强调从时间的、动态的角度，用变化和发展的观点来看待这些要素。因此，他就要求动态地而不是静止地认识和把握战略全局，跟踪战略全局的变化，预测它的未来。

1948年初，西北野战军根据中央军委关于举行战略进攻，将战争引向国民党统治区的决策，决定由战略防御转入战略进攻，在外线大量歼灭敌人。

当时西北战场的态势是：彭德怀指挥西北野战军经过九个月的作战，歼灭敌正规军6.1万人，非正规军一万余人，迫使胡宗南部困守一些点线，采取机动防御部署，陷入了被动地位。而西北野战军已增加到7.5万余人。敌我兵力对比已由原来的10∶1变为5∶1，虽然敌大我小的形势仍然存在，但西北野战军已开始掌握战场主动权。这时，陕甘宁解放区失地已大部收复，与晋西南解放区相联结，支援前线的能力有了提高。在大量歼灭敌人和新式整军的基础上，执行中央军委关于举行战略进攻，将战争引向国民党统治区，在外线大量歼敌的主客观条件完全具备了。

抗美援朝战争无论是战争规模，还是作战方式和战争进程，都和国内战争迥然不同。彭德怀根据中共中央和毛泽东的指示，缜密地研究朝鲜战局的发展形势、战场条件，认真地估量敌我军事力量，解决了战略指导和战争准备、作战部署等一系列复杂问题。

1950年10月25日晨，窜入温井的南朝鲜军第六师的一个加强步兵营向北镇进犯。当该敌进至两水洞地区时，中国人民志愿军第四十军第一一八师突然发起攻击，经一小时激战，全歼敌人，并乘胜攻占温井。

当晚，彭德怀改变原一仗歼敌两三个师的计划，改为分途歼敌方针，目标是南朝鲜军队团级单位。10月26日，彭德怀鉴于各部敌军仍继续冒进，我第五十军、六十六军已开始过江向指定路线前进，我地面部队主力已占绝对优势，命令各军抓住战机，大胆穿插围歼敌人。当时全局的关键，在于我三十八军能否以迅猛动作攻占军隅里、价川、安州、新安州一带，割断南北敌人联系。11月2日，第三十九军攻克云山，将美军骑兵第一师和南朝鲜军第一师各一个团大部歼灭，我军取得对美军作战的第一次胜利。

在我军连续打击下，"联合国军"深恐后方交通线被破坏，于11月3日开始全线撤退，但第三十八军未能果敢地迂回敌后，断敌后路，致使未能大量歼敌，让敌主力全部撤至清川江以南。彭德怀鉴于歼敌机会已失，志愿军所携粮弹也已消耗将尽，乃于11月5日结束战役。

第四次战役后，我第三、十九兵团相继入朝，这两个兵团全副苏式装备。中央军委还调动了刚组建的四个地面炮兵师、四个高炮师入朝，火力较前一阶段有了很大的增强。而在兵力上中朝联军已达130万人（其中志愿军95万人），前线作战部队70万人，敌前线作战部队才34万人，我军在数量上对敌有较大优势。这样使第五次战役成了对我在一军对三军（我陆军对敌人陆海空三军）条件下能否取得一个较大战果的检验，这一点与前四次战役有所不同。

第五次战役是一次反击战役，目的是粉碎敌军企图在朝鲜蜂腰部建立新防线的计划，使中朝军队摆脱被动局面。战役发起前，洪学智曾经建议彭德怀把敌人放一放，一方面可让新入朝部队多些准备时间，一方面也可让敌人进入铁原、金化后再拦腰一截。否则一出击敌人马上收缩，不容易达到毛泽东所说的成建制歼敌的目的。彭德怀认为，洪学智的建议有道理。但一方面担心将敌军坦克放到铁原平原一带不好办，一方面担心美军侧后登陆，几十万大军掉头困难。所以，他还是决定尽快反击。

彭德怀既善于创造战机，也善于捕捉战机。而捕捉战机的关键，"隐忍待机，不求急效"，审慎观察战场上的细微变化，捕捉那些难以觉察到的战机。它要求指挥员必须以极其机敏的眼光审视战争进程中的每一个新的情况和变化，及时捕捉住敌人短暂的失误而加以利用。

就在西野与敌人"推磨"的过程中，1947年4月11日中央军委收到了西安地下党组织的情报：清涧敌第二十四旅一个团于本日调赴瓦窑堡，该团到后，第一三五旅可能调动。中央即将这个情报电告彭德怀。

这个动向引起了彭德怀的高度重视，根据野战兵团司令部侦察报告董钊、刘戡两个整编军的主力，正由蟠龙、青化砭向西北方向移动的情况进行综合分析，判断敌一三五旅可能南下向其整编二十九军靠拢，感到这正是歼敌的良好战机。于是，果断作出集中野战兵团主力歼灭敌一三五旅的决策。并结合地形对敌之可能行动进行了分析，认为敌一三五旅南下有三种可能：一是沿瓦（窑堡）蟠（龙）大道向南，与其主力会合；二是向西南，经安定窜安塞；三是向东南，经永坪或清涧南下。但从敌人企图和地形看，以第一种可能性最大，遂决心阻南打北，乘敌一三五旅南下之机，在运动中歼灭之。

在战场上，战机只表现为一个方向性，当战争或战役指导者朝着这个方向走向自己的目标时，常常会发现前进的道路上还是障碍重重，要把胜利的可能转变为现实，就必须从中找到破除障碍的关键环节，开辟出通向胜利目标的途径。

在此次战役中，当彭德怀定下抓住战机歼灭敌一三五旅的决心之后，在兵团司令部驻地四野湾召开旅以上干部会议，分析敌人行动企图，研究歼敌方案。讨论中，大家普遍担心我军兵力有限，将要两面作战，弄不好会遭到敌人夹击。

彭德怀听完大家的意见后指出，这种担心不是没有道理，但是只要部署得当，是可以避免这种局面的。并认为歼灭该敌的关键有两点：一是阻住敌人主力，不使其与一三五旅会合；二是速战速决。如不把敌军主力八个旅阻住或调开，不仅难以歼灭一三五旅，我军反将腹背受敌；如歼敌一三五旅用时太长，会增加阻击部队的困难，亦难以达到预期目的。据此，决心以第一纵队将敌主力吸引于西，集中四个旅歼敌一三五旅于东。

为确保将敌主力阻住，彭德怀还亲临独立第一旅指挥阻击作战。在一纵的顽强阻击下，敌主力八个旅虽离一三五旅只有数十里（最近的只有数里）之隔，但也无法靠拢。

彭德怀在指挥阻击敌军主力的同时，为速战速决歼灭敌一三五旅，决定首先集中三个旅歼灭该旅一个团，然后转用兵力，集中四个旅向一三五旅旅部和另一个团发起攻击，大大加速了歼敌的进程。

从战术上来说，对于处于不同状态的敌人，也要用不同的战法。比如，对狭路相逢的遭遇之敌和对防御之敌的进攻，就应采取不同的打法。抗日战争时期为对付日军的奇袭与合击，朱德与彭德怀总结出十六条战术原则，其中有：在敌分进合击中，应在敌诸支队暴露的外翼侧实行机动；应突击敌之后尾而不是先头，主要是采用伏击；对敌进攻保持高度的突然性质，迅速解决战斗，能迅速转移突击方向；行动极端秘密，利用昏暗夜间接近敌人，战斗过程主要是白刃战；对主要方向突击时，对次要方向以游击队袭击以迷惑之，等等。（《朱德军事文选》，第297-298页）

第八章
善打活仗，出奇制胜

兵贵定谋，先计后战，以"不战而屈人之兵"为最高原则，使自己不受损失，而达成降服敌人的战略目的，这是谋略的最高法则和理想境界。战争是人类社会最为剧烈的活力对抗，多变则是活力对抗中最为显著的特征。应以何种作战形式及战略战术迎击对手，取决于双方力量对比和战场的实际情况及其变化。《孙子兵法·虚实篇》曰："兵无成势，水无恒形。能因敌变化而取胜者，谓之神。"根据实际情况决定作战方针，灵活机动，随机应变，这是彭德怀一贯的作战指导思想和一贯的做法。彭德怀足智多谋，神机妙算，善于运用谋略上的虚实变幻，给敌人造成许多假象，迷惑和麻痹敌人，出奇制胜，攻其不备，讲究以小的代价换取大的胜利，讲究给敌人吃亏而自己不吃亏。敌人与之交手，常常是未战而谋划先输，他们还以为是按自己的意志行事时，就在不知不觉中落入彭德怀为之布置的圈套。

一、出其不意，攻其不备

出其不意，攻其不备，是孙子兵法"兵以诈立"的精髓，是进攻作战谋略运用的基本原则，被历代军事家奉为座右铭。战略上的攻其不备，在于迫使敌人实行错误的计划和方针，采取错误的战略行动，以保证首次打击的效果。战术上的攻其不备，常指战场上采取大胆而坚决的行动，巧妙地利用天时、地利和空间，以创新的战术使用现有的兵力、兵器，抓住战机，乘之敌隙。

彭德怀认为，为保障突然袭击的顺利实施，达成出其不意，攻其不备，首先是战前要秘密地决策，不使泄露。为了保守秘密的需要，一切军事行动的准备工作，都要隐蔽地进行，巧妙地伪装，以诱骗敌人丧失戒备，也就是孙子所说的"始如处女，敌人开户"。

红军东征期间，为了隐蔽战役企图，方面军采取了严格的保密措施。部队集结、开进、进入进攻出发地区等，都采取夜间行动，严密封锁消息，并提前派出地方独立营、游击队对渡河点附近敌军占据的清涧等城镇、道路，进行包围和封锁，控制来往行人，从而保证了战役准备的顺利进行和战役发起的突然性。

在解放战争中的陕北战场上，彭德怀之所以能指挥部队打败十倍于己的敌人，其取胜要诀之一是成功地隐蔽了自己的作战企图，真正做到出其不意，攻其不备。他在总结三战三捷的经验时说，撤出延安后，"一纵队将敌人主力引向安塞、高桥方向，使敌发生错觉。果然，敌人以为我们在安塞、保安方向，集中五个旅向安塞扑了一个大空。而我主力则在青化砭，后将一纵队亦调到青化砭，一仗消灭了敌三十一旅旅部及一个团。……打了三十一旅，敌知道了我们在东面，便将主力从安塞转向东，想把我们赶到黄河以东，乃扑向延川、延长，又扑了空。于是以为我们在清涧地区，又向清涧扑了一个空。又以为我们在瓦窑堡、永坪地区，再次扑了空。而我们实际在蟠龙附近地区。……敌一三五旅由瓦窑堡南下，我们埋伏在羊马河（离瓦窑堡三十余里），一仗将其全歼。……此后敌人又以为我们向东转了，故以九个半旅赶到绥德，想把我们撵到黄河以东。就在此时，我们又打了蟠龙一次胜仗，歼敌正规军地方军七千余人"（《彭德怀军事文选》，第233页）。

这充分说明，即使在敌我兵力对比悬殊的情况下，只要真正做到了隐蔽自己的作战行动方向和作战企图，同样完全能够达成战役的突然性，做到出其不意，攻其不备。

抗美援朝战争中，彭德怀认为，志愿军入朝作战取得胜利的关键在于出敌不意，达成作战行动的突然性。因此，要利用敌判断我参战可能性极小的错误，科学运筹，精心谋划。他一再指示部队在战斗打响前，一定要利用敌人判断我出兵可能性极小或是象征性出兵的错觉，切实隐蔽我军的参战行动和军队实力。

在志愿军进入朝鲜前，彭德怀就对志愿军出国后的宣传报道问题向毛泽东主席建议："在战斗打响之前，绝对保密，打响以后，新华社在报道和广播方面也应注意分寸。要设法转移敌人的视线，使其产生判断上的错觉，以便我军各路部队迅速隐蔽过江，取得战斗的主动权，力争初战胜利，以提高士气，稳定人心，扭转被动局面。"

他强调，部队入朝时，应选择黄昏和暗夜分路过江，使敌人不便进行空中袭击。明确规定："为严格保守秘密，渡江部队每日黄昏开始到翌日4时即停止，5时前隐蔽完毕，必须有切实检查"，确保不被敌人空中侦察发现。部队入朝后，要"避开主要道路隐蔽开进。否则就会过早被敌人发现"。为此，志愿军派出的侦察部队一律伪装成朝鲜人民军，而不称中国人民志愿军。

由于我军伪装隐蔽措施运用得好，从而达成了战役的突然性。不但赢得了入朝首次战役的胜利，而且为第二次战役中再次出敌不意创造了条件。

在为第二次战役作准备的行动中，彭德怀又命令后撤部队进入山林，严密伪装，昼不冒烟，夜不露光，消除各种可疑痕迹。正因为如此，敌人虽在空中和地面运用各种现代化手段进行侦察，竟然没有发现志愿军几十万人马的踪迹。美第八集团军司令，后来接任"联合国军"总司令的美军上将李奇微惊叹："这在当代战争史上可称为是一件奇迹。"并对此评价说："中国部队很有效地隐蔽了自己的运动。他们采取夜间徒步运动的方式，在昼间则避开公路，利用隧道、矿井、丛林和村落进行隐蔽。……因为中国人没有留下一点运动痕迹，所以统帅部怀疑是否有中国的大部队存在是有一定道理的。"（［美］李奇微《朝鲜战争》，军事科学出版社1983年版，第66—68页）

志愿军出国作战月余，连续取得了两次战役的胜利。从指挥上来说，是由于彭德怀巧妙地运用了"出其不意，攻其不备"的军事原则，发挥了志愿军机动灵活的运动战特长。

彭德怀认为，在作战中，当敌我双方都预有准备的情况下，隐蔽接敌，出其不意，功夫应主要下在主攻方向的选择上。防御一方，在其防御部署中，包含着对进攻一方主要突击方向的判断。对敌方主攻方向的判断错误往往会导致整个防御部署的致命弱点乃至失败。

在一般情况下，有利我进攻的地形，都是敌的防御重点。然而，有利和不利总是相对而言的，在敌人防御的重点方向上，有利的进攻地形将变有利为不利，而在易守难攻的方向，敌军往往兵力相对薄弱，而作战指挥上及作战心理上注意力亦不在此，难攻之点反而变得相对好打，在这种情况下，将主攻方向选在敌意想不到的部位，往往可以一举突破敌军防线。在对敌人较宽防御正面的攻击中，也可根据战役发展的态势，隐蔽而迅速地将主攻方向转移到敌之新出现的薄弱部位上，以达到攻其不备的目的。

第五次战役第一阶段作战的主攻方向是西线。彭德怀集中了九个军和朝鲜人民军的一个军团于西线汶山至春川段实施主要突击，战至4月28日，"联合国军"主力撤至汉城以南地区汉江、昭阳一线构成新的防线，在汉城周围地区集中部队，组成了绵密的火炮地带，企图引诱志愿军部队攻城。此时，整个战线呈由西南向东北倾的斜线态势，全部由南朝鲜军防御的从麟蹄西南自隐里、富坪里至东海岸襄阳里一线阵地突出出来了。

为继续歼灭"联合国军"有生力量，多歼南朝鲜军，孤立分散美军，创造今后消灭美军的有利战机，彭德怀当即决定抓住敌人这一弱点，迅速转兵东线，以南朝鲜军为主要歼击目标，发起第五次战役第二阶段作战。

为迷惑与钳制西线美英军队，给敌人造成我主攻方向仍在西线的错觉，他命令十九兵团（附朝鲜人民军第一军团）于高阳经议府至清平川之宽大正面内寻找两三个目标（每点一个营左右），集中绝对优势兵力，特别是炮火，彻底消灭之，以积极行动牵制住美军主力于西线。

由于第十九兵团和朝鲜人民军第一军团贯彻大胆迂回与分割包围，以达全歼敌人的作战思想，开展积极的袭击、捕俘活动，并公开调查汉城和汉江情况与准备大批渡河材料，在西线摆出了一副攻击汉城、渡江南下的态势，美英军果真被志愿军迷惑，令部队全力加强了西线汉城和汉江沿线地区的防御。

就在此时，志愿军第九、第三兵团，在第三十九军的掩护下，隐蔽地进入东线春川至兰田里之间的北汉江、昭阳江两岸地区完成展开，在朝鲜人民军三个军团的配合下，于5月16日黄昏，突然向县里地区的南朝鲜军的防御阵地发动猛烈攻击，由于完全出乎敌军预料，各路迅速突破了敌人阵地。战至19日，将南朝鲜军第三、第九、第五、第七师大部分割歼灭。

二、示弱纵骄，诱而歼之

面对骄狂之敌，如何调动其步入我之圈套？彭德怀认为，最管用的招法是"抓住敌人的傲气"，示弱纵骄，先给点甜头，"养它一养，然后来个反手把它打下马来"。

以弱示敌，是指用弱于敌人的兵力与敌周旋，使敌误以为我兵力弱小，好打易胜，或主动寻找交战，以求获胜；或对我掉以轻心，放松警惕，失之戒备；或对我轻举妄动，草率用兵，行动疏漏。我则可以在敌人受骗上当之中，预设战场、寻求战机，骗敌就范，围而全歼。彭德怀指挥作战，善于根据敌情、地形、我情，灵活创造战法，巧妙运用谋略，使敌常常受骗上当，屡战屡败。

　　1948年1月，彭德怀在回顾从延安以南抗击战到二次攻打榆林的经验时认为："要善于根据敌人之企图来诱惑敌人，以达到自己的目的。"

　　当时，为了调动胡宗南主力北过无定河，为陈、谢部渡黄河创造有利条件，彭德怀根据中央军委的指示，组织围攻榆林战役，相机打援。

　　由于敌三十六师走长城外沙漠而绕过西北野战军的打援部队，在敌进抵横山以北地区、先头部队进抵榆林城郊以后，为争取主动，彭德怀于8月12日果断决定撤围榆林。有的指挥员要求再攻一次，彭德怀斩钉截铁地说："说不打就不打，再有一个钟头能打下来也不打了。……我们要放长线钓大鱼。把敌人来回拖，找准机会再钓他上来。"

　　从榆林撤围之后，彭德怀将主力集结在榆林东南、米脂西北地区。毛泽东识破胡宗南逼西北野战军东渡黄河的企图，指示贺龙、习仲勋率中共中央西北局和各后方机关从葭（佳）县东渡黄河。陕甘宁晋绥联防司令部则抽出部分电台过往河东频繁活动，这一行动，给国民党军指挥上造成错觉。

　　胡宗南根据电台侦测、空中和地面侦察所得的情报，判断西北野战军攻榆林不克，"损失"巨大，"到了佳县已弹尽粮绝"，把重武器都埋了，"共军正在仓皇逃窜"，势将渡河东去，遂严令各军"迅速追击，勿失千载良机"。令刘戡的五个旅向佳县急速前进，于8月16日进到绥德义合镇地区；又令钟松率整编三十六师由榆林南下，与北进的主力会合。其意图是"迫敌于两河（黄河、无定河）之间决战"，将西北野战军围歼于该地区。

　　此时钟松的三十六师刚到榆林不到一天，经过沙漠长途行军，人马均已极度疲乏。但在自恃解榆林之围有功的钟松看来，这是再建奇功的良机。因此马不停蹄，率两个旅经归德堡南下。对彭德怀来说，这正是吃掉敌三十六师的良机。

　　但不利因素是，作战地点不但离两支劲敌会合的地点只有几十里，而地理环境十分险恶：北面是浩瀚的沙漠，东面是滚滚的黄河，西南是无定河和敌军，侧水侧敌，回旋余地很小，处境十分危险。

　　但彭德怀认为在特定的条件下，反常用兵，不但能化险为夷，还能化险为胜。因为越是险，就越是出乎敌人的意料之外，常常能获得出乎意料的成功。

他分析认为，这个师是胡军的主力，但经过长途行军，严重减员，已是疲惫之师。且钟松刚愎自用，利令智昏，为再立战功，已远离主力孤军冒进。根据其前进的态势，彭德怀断定其主力必经沙家店东进，决心在其与刘戡靠拢之前歼灭它。命第三纵队（并指挥绥德军分区两个团）以部分兵力吸引钟松的前梯队，以主力抗击刘戡部，阻止该敌与三十六师会合。集中一、二两个纵队和教导旅、新四旅歼灭三十六师。

8月18日，敌三十六师与野战军主力开始交锋，因天下大雨而退至沙家店地区之后，钟松虽发现野战军的主力并未渡河，而在他的主力附近之后，但仍未判断出野战军的意图，而彭德怀从敌两支军队的态势分析得出结论：敌军并没有摸清我军意图，因此仍决心按原计划先行歼灭敌三十六师，8月20日向钟松第三十六师发起猛攻，将其全歼。

1949年夏，在蒋介石的催促之下，胡宗南集团与青海马继援指挥的"陇东兵团"五个师，以及宁夏卢忠良指挥的"缓陕兵团"六个师，再次拼凑成"胡马联防"。他们各自借助对方力量，互为犄角，联合抗击解放军的进攻。但是，这个"联防"矛盾重重，步调不一。胡马各图自保，准备在形势不利时迅速后撤，以摆脱被歼灭的命运。

彭德怀决计利用敌人的矛盾，发起扶眉战役。他根据敌我情况，以军事家的胆略，戏剧性地把我军部署成一个"孤军背水守咸阳"的态势，采取示弱于敌的计策，引敌上钩。命令十九兵团在三原一带按兵不动，并把野战军主力收缩到渭河以南，命令第八军北上礼泉担任防御，以第六军十六师一个团及骑兵团离开咸阳，沿西兰公路北上，节节抗击从彬州方向进犯之敌马继援第八十二军及十一军一六八师。

敌人被彭德怀的部署所迷惑。集结于西安西郊、渭水南北的胡宗南集团，特意向马继援部通风报信，说解放军主力全部集中于渭河南岸，对付李振兵团，只有孤军一支，背水扼守咸阳。胡宗南企图以此煽动马部进攻咸阳，而自己则借机反扑西安。

未受重创的马继援接到情报，又见我第十六师部队节节后退，误以为情报属实，共军不堪一击，便督令所属骑兵部队快速挺进，直扑咸阳。

这时，彭德怀命令第六十一军以一个师的兵力昼夜兼程，秘密进入咸阳，抢修工事，抗击敌军。又命令十八兵团三个炮兵团，六军一个炮兵团，总部一个炮兵团，一共五个炮兵团400多门大炮，隐蔽部署于咸阳外围，待机而发。

马继援钻进彭德怀设计的圈套后，仍然盲目轻敌，命令骑兵下马，徒步攻城。这时，彭德怀一声令下，400多门炮猛轰敌军拴在咸阳城外的战马，第一八一师全体将士齐射徒步攻城的敌军骑兵。这一仗，使骄横已极的马继援集团受到重创，狼狈西逃。

抗美援朝战争中，与骄横的美军指挥官麦克阿瑟交手，彭德怀就多次成功地运用了这一战法。

麦克阿瑟参加过两次世界大战，他在第二次世界大战中作为盟军的高级统帅立下了赫赫战功，号称"常胜将军"。二战后任驻日盟军总司令、远东美军总司令、远东美国陆军总司令，朝鲜战争爆发后，又多了一顶"联合国军"司令的头衔，更使他踌躇满志，特别是他制定的仁川登陆作战计划，在力排众议而获得美参谋长联席会议的通过并取得了成功之后，更是得意忘形，不可一世。

麦克阿瑟的骄狂，正是彭德怀所希望的。抗美援朝第二次战役，彭德怀充分利用了敌人恃强骄横的心理，有计划地将主力隐蔽后撤，实而虚之，故意示弱，给敌人制造错觉，诱敌进至预期的战场上，给敌以出其不意的打击。

第一次战役后，麦克阿瑟错误判断我只派少数志愿军象征性地出兵，认为中国长期遭受战争破坏，百废待兴，无力支持这场战争，断言"战争在两个星期之内会结束"（李奇微：《朝鲜战争》，军事科学出版社1983年版，第74页），随即倾全力发起了"圣诞回国总攻势"。为了阻止志愿军增兵，他命令空军"全部出动，以最大力量摧毁鸭绿江上所有的桥梁和沿江一带北朝鲜的城镇和村庄"。与此同时，命令地面部队从11月6日开始进行试探性进攻。

就在美军每天出动1000多架次飞机进行狂轰滥炸之时，志愿军后续部队第九兵团15万人于11月中旬，先后巧妙地由辑安、临江秘密渡过鸭绿江，担任东线作战任务。此时志愿军第一线作战部队达9个军30个师约40万人，为"联合国军"一线兵力的1.7倍。

在此种情况下，如何部署志愿军第二次战役？彭德怀在志愿军常委全会上提出了一个"示弱骄敌""牵牛进屠场"的作战方案。他分析认为："麦克阿瑟虽然遭到第一次战役的打击，但美军主力未受损失，同时他对我军的兵力还不清楚，所以，肯定还会向鸭绿江大举进攻。我军虽然在兵力上占优势，但装备太差，如和敌军死拼硬顶，肯定要吃亏。不如先避其锐气，故意示弱，边打边退，迷惑敌人，诱其深入。我军可以后撤30至50公里以分散敌人，然后在运动中寻机歼敌，这是我军的拿手战术。我们要在清川江畔钓大鱼。"

当"联合国军"和南朝鲜军开始试探性进攻后，彭德怀即命令部队按照预定计划，以部分兵力实施节节抵抗，与敌保持接触，使敌摸不清我战役主力编成、部署和阵地。我主力则利用有利地形，严加伪装，进入敌侧翼隐蔽待机，把清川江、德川、戛日岭、杜日岭、球场之间的地区全部让给敌人。

敌一线部队由于有了上一次分兵冒进的教训，开始行动比较谨慎，前进速度缓慢，到15日，只前进了9到15公里。为解除敌人的顾虑，16日彭德怀电令各军一律停止向前进之敌反击，以诱敌放胆向我预定战场前进。各军在后撤时沿途丢弃一些枪弹衣物，似已溃不成军。

麦克阿瑟果然中计，判断志愿军是因为"兵力不足、装备低劣而怯战败退"。并认为"空袭战役"已封锁了战场，"中共的后续部队已经被阻止"，不能进入战场，断言志愿军的兵力"最多六七万人"，"不是一个不可侮的势力"，于是命令部队加快进攻步伐。到11月21日，"联合国军"和南朝鲜军已进至麦克阿瑟规定的战役展开线。麦克阿瑟十分得意，自信他的"总攻势"就要大功告成了，命令"联合国军"和南朝鲜军于11月24日8时在全线发起总攻势。麦克阿瑟本人还在东京发表公报，声言"要迅速打到鸭绿江，回去过圣诞节"。

这时，面对敌军的强大攻势，又有人对志愿军能否顶住飞机、坦克加大炮的敌人表示担忧，而彭德怀却成竹在胸，他说："要诱鱼上钩，你必须先给鱼尝点甜头。麦克阿瑟吹嘘说他从来没有打过败仗，看这次战役究竟谁把谁吃掉。"

为了进一步给敌人造成错觉，彭德怀命令部队继续以小部队边打边撤。到25日，西线"联合国军"和南朝鲜军完全进至了西起定州，经云山、球场，东至宁远以北一线我之预定战场，"联合国军"翼侧暴露，后方空虚。

11月25日晚，志愿军对"联合国军"的"圣诞总攻势"发起全线反击。彭德怀指挥主力乘敌立足未稳，分割包抄，以伪装的小部队插入敌军后方，与主力一起，以排山倒海之势冲入敌阵，使敌优势火力不能发挥，将敌军几个师压缩在一个狭小的地域内，攻势之猛烈，战法之高明，是敌人万万没有想到的。"联合国军"和南朝鲜军全线崩溃，陷于欲战无力、欲逃无路的境地。

三、避实击虚，打其要害

中国革命战争，大部分处于敌强我弱的战略态势中，一次战役，由于总兵力对比是敌多我少，我方在某一局部所造成的相对优势是暂时的，所以必须选准首歼对象，速战速决。这样才能使敌人来不及调兵增援，我军则能在歼敌一部之后，迅速转移兵力，用于下一步作战。

我军作战与国民党军不同。蒋介石及其高级将领也讲集中兵力，但他们往往是从防止被歼、相互壮胆的角度出发，先把兵力集中起来，再寻找作战目标。我军则相反，一般是先有作战目标，然后再调动、集中兵力，进行战役、战斗布势。因此，审慎地判断和选择作战对象，关系到我军作战的全局。

选择作战目标，是改变敌我态势、转换战局的关键，也是定下作战决心的最重要内容。它需要随着战场形势的变化，在计划具体战役时加以明确。彭德怀认为，选择攻击目标，最优先考虑的应该是敌之薄弱环节又是敌之要害部位。这样不但能歼灭敌人，而且能更有把握调动敌人，瓦解敌之进攻阵势或防御体系。

《孙子兵法》曰："夫兵形象水，水之形，避高而趋下；兵之形，避实而击虚。"其意是说，用兵的法则像流动的水一样，水流动起来是避开高处而流向低处，用兵的法则是避开敌人防守坚实的地方而攻击其空虚薄弱的部位。敌情的虚实制约着战争胜负，制胜的规律是避实而击虚。但敌之虚实是不断变化的，要做到避实击虚，就必须根据敌之虚实的变化，使自己之虚实也发生变化。

彭德怀的高明之处在于，善于从敌人的政治本质、内部矛盾、战场态势、指挥官素质、部队战斗力状况、战场民众和地形条件等方面，发现敌人尤其是强敌的致命弱点，创造条件促其由强向弱转化，并果断地选定作战目标，最终消灭。

1933年7月，彭德怀和滕代远奉命率东方军入闽作战。此时，国民党驻闽的部队主要是第十九路军的四个师和归其指挥的三个师等部。其中，第十九路军总部驻漳州，所属第六十师驻龙岩、新泉，第六十一师驻泉州、永春，第七十八师驻连城、漳平、朋口，补充师驻福州等地区。归第十九路军指挥的第四十九师驻永定、上杭，第五十六师驻将乐、顺昌、延平、建瓯、建阳，新编第二师驻尤溪、永安、清流、泉上、归化，新编第四旅驻邵武等地区。

7月4日，彭德怀和滕代远就入闽作战问题，提出三种意见，报请红一方面军总部和中革军委择定。一是，首先消灭泉上之敌，然后同时攻击嵩口、清流之敌。二是，以主力攻击嵩口，以一部攻击泉上。三是，以红三十四师钳制永安、连城一带之敌，以红十九师进占归化，集中红三军团攻击泉上之敌；得胜后，以主力进攻沙县，一部进攻延平，调动闽敌予以各个歼灭。

对上述三种意见的利弊，彭、滕作了具体分析，认为第一种意见虽有利于集结主力随时打击增援之敌，但泉上之敌有向归化、嵩口逃跑可能，且清流敌人工事坚固，不易攻取，有迁延时日之虑。第二种意见虽有利于迅速同时消灭敌人，但清流之敌凭险固守，袭击不克，势必影响士气。因此倾向于第三种意见。

7月5日，红一方面军首长朱德、周恩来复电彭、滕："如敌情无变化，三军团应首袭泉上，占领后迅速取得归化，以一部断嵩口通永安联络，相机截击永安或连城来援之敌。"根据方面军首长的指示，彭、滕于6日下达"迅速袭取泉上准备打击其由清流来援之敌"的作战命令。

中央苏区第五次反"围剿"初期，1933年10月，"左"倾冒险主义领导者，不顾客观实际，强令红三军团转到外线，攻打硝石。

硝石位于驻有重兵的黎川、南城和南丰之间，处于敌堡垒群中心。彭德怀致电中革军委，力陈硝石不易强攻，应以一部作有力佯攻，调动援敌，打击其策应部队。彭德怀的建议幸而获准，避免了严重的损失。

抗美援朝战争第二次战役中，志愿军某军的侦察支队携带电台，在战前就插入敌后，并查明位于南朝鲜第七师与第八师接合部的古城江，守备薄弱，水浅易渡。战役打响后，该军乘虚而入，猛穿插，巧迂回，在兄弟部队配合下，分割围歼了南朝鲜的这两个师。

选择敌人的要害目标一般包括：

一是战略、战役中枢。即在战略、战役的全局中处于核心枢纽地位的地区和部位。它的安危，关系到整个战争或战役的胜负。因此，以我之行动攻击或威胁敌人的战略、战役中枢，如果得手，就会从根本上动摇敌人的整个作战部署，动摇其军心，给我各个歼敌创造条件。即便由于敌人加强了防范而未能获得歼敌和拒敌的战果，也能使敌不得不将主要精力和兵力转到对其中枢的保卫上，从而起到打乱敌人部署的作用。

1948年初，陕北战场上的敌我兵力对比由一年前的10∶1转变为这时的

5∶1，我军已具备打更大歼灭战的能力。彭德怀决定西北野战军从内线作战转入外线的战略进攻作战，并将战略进攻的第一仗选在胡宗南的战略中枢宜川。宜川东依黄河，西连洛川、富县，胡宗南视之为关中屏障。西北野战军进攻宜川，胡宗南果然慌了神，一面令宜川张汉初部据险坚守，一面急令刘戡率四个旅的兵力由洛川、黄陵前往救援。结果援兵守敌全部被西北野战军歼灭于宜川，此役共歼敌五个整旅共2.9万余人，创西北战场空前大捷。

二是敌方战略补给基地。兵马未动，粮草先行。粮、弹的供给保障是军队行军和作战的基本前提。任何一支部队，一旦断绝了供给，就会陷入坐以待毙的绝境。因此补给基地乃军队作战之要害。尤其是我军在相当长的时期内，部队的补给主要靠取之于敌，攻占其补给基地确是"一举两得"。

解放战争中，彭德怀在同胡宗南的较量中，在撤出延安不久即袭取胡宗南在陕北的重要补给基地蟠龙镇，一年后，即1948年4至5月，又发起西府战役，指挥西北野战军大踏步向敌战略后方挺进，攻占了胡宗南在西北的最大补给基地宝鸡。这对于转变战略态势，由被动转入主动起到了重要的作用。彭德怀为调动攻占我延安、洛川的敌人，寻机各个歼敌，指挥西北野战军大踏步向胡宗南的后方西府进击。彭德怀在部署这一战役时说：我们威胁胡宗南的后方，搞他的补给基地，他就顾不上延安了，可以迫使敌人不战自退，撤出延安。只要把敌人调过来，就可以在运动中找战机消灭它。

三是扼其咽喉要道。通道在战争中犹如人体的血管、气管一样重要。部队进退、各部之间的战斗支援、后勤保障等均须有畅通的道路作为前提。一旦通道被切断，就会进退无路，供给无望，阵脚大乱。而扼其咽喉要道正是切断通道厉害的手段。彭德怀认为，对于驻守防御之敌，我应尽可能通过进攻其咽喉要道而调动敌人，变阵地战为运动战。对于处于进攻、退却或调整部署中的运动之敌，则应派主力部队迅速地攻占敌进退必经之要点，以形成关门打狗之势。

1933年彭德怀率东方军东征时，当东方军攻取泉上之后，中革军委命令东方军从北向南攻打连城。彭德怀认真分析了连城地区的敌情、地形，认为按中革军委的作战部署行动，红军完全处于仰攻地位，难以完成任务，因而提出攻打连城地区之敌，应以咽喉要道朋口为突破口，调动莒溪、连城敌人出援，歼敌于运动之中。经彭德怀的一再坚持，此方案得到批准。

朋口在连城南50里，莒溪北20里，位于龙岩至连城和龙岩至长汀两条大路的交叉处，是个四通八达的战略要地。7月30日，东方军集中兵力前后夹击，据守朋口的国民党军一个团和从连城出援的一个团全部被歼。东方军占领了朋口，为夺取连城创造了条件。连城守敌之七十八师师长区寿年得悉所部两个团被歼，急电十九路军总部请示对策。十九路军总部唯恐七十八师被歼，急令其弃城，撤向永安，东方军紧追不舍，急行军160里至小陶，再歼其一个团。东方军不但不费一枪一弹收复了连城，同时开辟了泉上、清流纵横百里的新苏区，胜利完成了第一阶段闽西作战任务。

彭德怀在对运动之敌实行包围迂回时，无不在锁喉上做文章。如在解放战争中的扶眉战役，当胡宗南发现自己的五个军已被西北野战军包围时，立即组织部队抢占撤退的咽喉要地罗局镇，但为时已晚，因彭德怀已派重兵迂回至此，先胡宗南一步卡死了这个口子，从而达成了全歼胡宗南主力4.4万人的战役目的。在抗美援朝第二次战役中，亦是派第三十八军迂回抢占敌南逃北援的要点三所里、龙源里，才取得了此次战役的辉煌胜利。

彭德怀指挥作战，着眼于打击对改善、转换作战全局最有利的目标。能对改善或转换战局产生影响的作战目标一般有两种：一种是位于要害地区、对我威胁最大但战斗力较弱的敌人；另一种是既位于要害地区，威胁也大，同时又有较强或很强战斗力的敌人。

选择作战目标，离不开具体的时间、空间条件。三者中每一个因素的变化，都可能迅速引起另外两者的变化。而其中作战目标是最活跃的因素，在同一战场、同一战机中，可能出现多个目标，既有预定的目标，又有新出现的目标。因此，彭德怀在选择作战目标时，总是把这一最活跃的因素，与选择作战地区、作战时机统筹考虑，强调为了适时作出新的选择，应当设想多种情况，预选数个目标，以免在情况发生突变时贻误战机，陷入被动。彭德

怀说："没有准备的优势并不等于真优势，有准备而加勇敢的军队，可以打败无准备的优势之兵。"（《彭德怀自述》，第121页）

四、兵不厌诈，隐真示假

在两军对垒中，双方都在尽力获得对方的作战企图和兵力部署等情报，以确定自己的作战方针和行动计划。双方指挥官，尽力通过设置假目标、组织佯动等手段，隐蔽自己的实力及行动而不为敌察，同时以假象使敌产生错误的判断，制造敌人过失，调动敌人而不为敌人所调动。彭德怀深刻地指出："我们应使自己不犯错误，而促使敌人犯错误，最好的方法是隐蔽自己实力，使敌估计不足。"（《彭德怀军事文选》，第241页）因此在战役的计划和组织中，必须把部队的隐蔽工作摆在首位。其主要方法有：

一是示形于东，攻击于西。

也就是在我不准备攻击或机动的方向示之以攻击或兵力机动，使之转移兵力以对应，而我则在其相反的方向窥其弱点突然一击，使其猝不及防。

青化砭战役中，彭德怀采取了"声西击东"的战术。胡宗南占领延安后，彭德怀派一个营的兵力，伪装成主力部队，造成向延安之西北安塞方向撤退的声势，调动敌主力五个整编旅向西北方向扑去，并用各种办法疲惫、消耗、困饿敌人，而将自己的主力部队向延安东北之青化砭地区隐蔽待机，布成口袋形阵势，待机歼敌，取得了青化砭伏击敌之三十一旅的胜利。

抗美援朝第二次战役，彭德怀调兵遣将，派一支小部队故意示弱，引敌上钩，把连续进攻30多小时疲惫不堪的敌军西线部队八个师和三个旅诱至志愿军预定战场，然后指挥志愿军西线部队，出敌不意，发起猛攻，取得了战役的胜利。

二是远而示之近、近而示之远。

采取这种方法，既可掩盖我真实企图不为敌所知，又可调动敌人就我所范，顾此失彼。这样我就可以乘敌兵散势虚之机，在我所选定的作战地点，出其不意，突然攻击，奇袭歼敌。

蟠龙镇战役，彭德怀为了攻取胡宗南的补给基地蟠龙镇，先在百多里以远的绥德、米脂以东黄河渡口示形，造成我军欲东渡黄河的假象，当敌九个半旅远赴绥德之时，彭德怀乘机攻克了孤立无援的蟠龙镇。

三是故意暴露——示以有利战机而诱其就范。

经过精心谋划的"暴露"，隐蔽自己的企图而引敌上钩，其所暴露的我情往往是诱使敌人上当的假象。

彭德怀指出："有时故意采用许多方法，在敌人面前暴露我们的兵力、驻地或企图，但又要适时地隐蔽起来，这样，就可以使敌神经错乱，而造成我主动消灭敌人的条件与机会。"（《彭德怀军事文选》，第76页）特别是在敌人急于获得我之行踪的情况下，这种有意暴露所产生的错误信息，更容易使敌人如获至宝，深信不疑。

1947年8月，为了调动胡宗南主力北过无定河，为陈、谢部渡黄河创造有利条件，彭德怀根据中央军委的决定，组织围攻榆林战役，相机打援。由于敌三十六师走长城外沙漠而绕过西北野战军的打援部队，在敌进抵横山以北地区以后，为争取主动，彭德怀决定撤围榆林，准备通过有意暴露、隐真示假的办法，钓敌三十六师这条大鱼。

从榆林撤围之后，彭德怀将主力集结在榆林东南、米脂西北地区，并根据胡宗南逼西北野战军东渡黄河的企图，将中共中央西北局和各后方机关从葭（佳）县移至黄河以东，而且指示陕甘宁晋绥联防司令部抽出部分电台过往河东频繁活动，同时以一部兵力掩护，显示大军将要过河的样子。

彭德怀故意暴露给胡宗南的"情报"果然生效。胡军的情报部门根据其电台测向及实地侦察，向胡宗南报告"共军正在仓皇逃窜"，并说共军到了佳县已弹尽粮绝，把重武器都埋了。

彭德怀为使敌人相信西北野战军主力准备渡江，不但以部分兵力摆出掩护大部队渡江的架势，而且真的将中共中央西北局和各后方机关转移到黄河以东，不仅如此，还让晋绥联防司令部的电台到黄河以东频繁联络。因此，敌人无论是空中、地面侦察，还是电台测向分析，都得出西北野战军主力将渡河东去的结论，这对于苦于找不到西北野战军主力的胡宗南来说，确实没有理由再去怀疑它的真实性了。

胡宗南因此断定西北野战军主力将渡河东去，严令各军"迅速追击，勿失千载良机"。令刘戡的五个旅向佳县急速前进，于8月16日进到绥德义合镇地区；又令钟松率整编三十六师由榆林南下，与北进的主力会合。其意图是"迫敌于两河（黄河、无定河）之间决战"，将西北野战军围歼于该地区。

此时钟松第三十六师刚到榆林不到一天，经过沙漠长途行军，人马均已极度疲乏。但在自恃解榆林之围有功的钟松看来，这是再建奇功的良机。因此马不停蹄，率两个旅经归德堡南下。

战争指挥者如果头脑膨胀，过高地估计自己，过低地估计对方，轻视对方，目无一切，在作战指导上必然会求胜心切，孤军冒进，争抢头功；在作战行动上，往往轻举妄动，草率用兵，漏洞百出，被人所乘，战而败之。彭德怀在指挥作战时，善于利用对方这方面的弱点，纵敌之骄，乱敌之心，夺敌之谋，使其麻痹大意，受骗上当，最终歼而胜之。

对彭德怀来说，这正是吃掉敌三十六师的良机。他分析认为，这个师是胡军的主力，但经过长途行军，严重减员，已是疲惫之师。且钟松刚愎自用，利令智昏，为再立战功，已远离主力孤军冒进。

根据其前进的态势，彭德怀断定其主力必经沙家店东进，决心在其与刘戡靠拢之前歼灭它。命第三纵队（并指挥绥德军分区两个团）以部分兵力吸引钟松的前梯队，以主力抗击刘戡部，阻止该敌与三十六师会合。集中一、二两个纵队和教导旅、新四旅歼灭三十六师。彭德怀将此报告毛泽东和中央军委，毛泽东立即复电表示完全同意。8月22日拂晓，西北野战军对敌整编三十六师发起攻击，激战至黄昏，全歼敌三十六师师部及两个旅共6000余人，俘旅长刘子奇，钟松和一六五旅旅长李日基化装逃脱。

隐真示假，目的是欺骗敌人，将敌诱至预设战场。然而，敌人也是有头脑的，他们也在对战场上的各种情况进行分析判断，只有当确信自己掌握了真实情况之后，才会作出决断。问题的关键在于，隐真示假所制造的假象必须足以达到乱真的程度。这就要求示假的各种迹象都要合乎一般战场败退的常规。彭德怀曾批评有的部队不会假戏真做，"常常是虚晃一枪，回马便走"，这就等于告诉敌人你想做什么。（《彭德怀军事文选》，第237页）

抗美援朝战争第二次战役，为了让麦克阿瑟将志愿军的主动后撤视为败退，彭德怀采取了节节抗击、"战"而退之的战术，并适时举行小的反击，如位于价川东北，瞰制着平壤至满浦公路的飞虎山，是敌人向球场、江界进攻的必经之路，根据彭德怀的命令，志愿军第三十八军一一二师自11月6日起，在这一地区抗击敌人五昼夜，击退敌百人以上进攻57次。因此，在麦克阿瑟看来，志愿军是经过苦战，实在顶不住了才败退的，丝毫没有发现志愿军诱其深入的蛛丝马迹。

五、顺详敌意，因势利导

孙子曰："故为兵之事，在顺详敌之意，并敌一向，千里杀将，是谓巧能成事。"（《孙子兵法·九地》）"故善动敌者，形之，敌必从之，予之，敌必取之。以利动之，以本待之。"（《孙子兵法·势》）意思是假装顺从敌人的意向，因势利导，欲擒故纵，把敌人的行动引向极端，然后乘机战胜之。

战场上制胜的关键在于调动敌人就我所范。然而在两军对垒中，双方都在力争"致人而不致于人"，采取一厢情愿、强加于人的办法，敌人是不会接受的。高明的军事家常常能做到叫敌人听指挥，其奥秘何在呢？彭德怀的"妙诀"是：因势利导，"顺势诱惑而纵其错"，主动地顺势，顺详敌意，出于其所必趋。他指出，要"深察敌人企图，顺施诱惑而纵其错，尽力隐蔽自己的企图，勿为敌察。如此，才能经常保持主动，克敌制胜"。（《彭德怀军事文选》，第633页）就是要顺着敌人的思路，"投其所好"，因势利导，把敌人的行动引向极端，使他犯错误，不知不觉地为我所左右。

羊马河战役后，胡宗南发现西北野战兵团主力在瓦窑堡以南地区，乃令整编第一军、整编第二十九军迅速进至瓦窑堡东南，企图围歼西北野战兵团。此时，西北野战兵团已转移至瓦窑堡至清涧大道以南及永坪东北地区隐蔽待机。为防伏击，胡宗南命令部队只走山路，不走大道，结果大兵团在陕北高原"旅行"数日，处处扑空，陷入兵疲粮缺的困境，不得不于1947年4月17日南下永坪、蟠龙地区休整补充。

4月下旬，国民党军空中侦察发现绥德、米脂以东黄河各渡口集中了一批船只，又发现解放军多路小部队向绥德方向前进。蒋介石据此判断："共军主力正向绥德附近集中，有东渡黄河模样"，遂命令胡宗南部迅速沿咸榆公路北进，又命邓宝珊部由榆林南下，企图将西北野战兵团夹歼于佳县、吴堡地区，或逼其东渡黄河。于是，胡宗南除留一个旅部带一个团、一个保安总队留守蟠龙外，命刘戡、董钊率九个旅于4月26日从蟠龙、永坪分两路向绥德前进。

彭德怀判断敌人的企图认为，敌算定此举定能逼我与其决战或东渡黄河，自以为得计，但它的补给基地蟠龙却成了孤立之点，我可将计就计，攻歼蟠龙之敌。

彭德怀迅速抓住这一有利时机，再设诱敌之计，发起蟠龙战役。当天，他命令部队加强侦察，准备围攻蟠龙之敌。为造成敌更大错觉，彭德怀顺详敌意，"投敌所好"，他以三五九旅一部，并从其他旅中各抽出一个排，配合绥德分区部队，伪装主力向北撤退，节节抗击刘、董军，且战且走，并故意在沿途丢弃各部的臂章、符号，造成西北野战兵团主力果欲在佳、吴一线东渡黄河的假象，诱敌加快北上。

胡宗南的几十里方阵，果真紧紧咬住了彭德怀为它准备的"主力部队"，从蟠龙、永坪地区，向数百里之外的绥德猛追而去。岂不知正中了彭德怀的声东击西之计。

彭德怀还指示记者发了两三条绥德地区的小战斗的新闻，还发了一条黄河沿岸的民兵游击队运粮支援解放军的消息。他对记者说："民兵用船运粮这句话，一定要写上。"记者想，彭德怀强调写上这句话，大概是有文章要做。果然，这句话引起了敌人的注意，他们的军事情报人员向上报告说，他们特派飞机到黄河边侦察，发现我军在几个渡口集中船只，说什么"敌军可能要东渡黄河"。彭德怀把这份情报给记者看，冲他挤挤眼，哈哈大笑说："你看敌人蠢不蠢？"

蟠龙镇位于延安的东北，是胡宗南部集散地，同时又是战区枢纽和前方补给基地，储备着大量的军用物资。胡军每次"武装大游行"之后，都要到此补给粮弹。守敌一六七旅是蒋介石嫡系整编第一师的主力旅，装备精良，火力强。加上地方反动武装"陕西人民自卫军"第三总队，兵力近7000人。且蟠龙四面环山，只有三条隘路东达永坪、清涧，南下延长，北通瓦窑堡、绥德。地势险峻，并修了坚固的工事，防守严密。在胡宗南看来，西北野战兵团重武器少，火力弱，还不具备攻打蟠龙的能力。而彭德怀对敌我双方情况作了全面分析后认为，只要敌人主力远离蟠龙，能至少有四天的攻击时间，就可以啃下这块"硬骨头"。

根据敌情变化，彭德怀立即调整部署，以第三五九旅一部，及绥德军分区部队、晋绥独立第五旅佯装主力，诱敌北上；集中第一纵队和第二纵队及新编第四旅围攻蟠龙，同时，以第三五九旅主力于清涧以西阻击绥德、清涧可能回援之敌；以教导旅阻击青化砭地区进犯之敌。4月29日，彭德怀发出了围攻蟠龙的命令：一纵、独四旅、新四旅攻歼蟠龙守敌，三五九旅一部和教导旅分别阻击南北可能增援之敌。

30日，西北野战兵团以迅雷不及掩耳之势，包围了蟠龙镇。

顺详敌意、因势利导这一谋略手段作为一个过程，是由许多环节和因素构成的。由于它和一般的作战行动相比，更具隐蔽性，要求每一个环节都不能出差错。而客观上，战场上的情况瞬息万变，意外的事情随时都可能发生。因此，指挥员和部队只有具备随机应变的能力，才能保证作战意图的实现。按原定计划，我军应于5月1日发起攻击，但因雨天行动不便，不得不推迟时间。

为了有足够的时间保证攻取蟠龙，彭德怀命令执行诱敌任务的第三五九旅，于5月2日将敌诱至绥德地区，配合主力作战。以更大的空间来保证攻击所必需的时间，从而保证了作战的顺利进行。

5月2日黄昏天气转晴，彭德怀命令部队发起攻击，各攻击部队先后攻占了敌外围阵地，但在继续向敌主阵地攻击时，由于我炮火弱，加之我部队缺乏攻坚作战的经验，攻击受阻，部队伤亡较大。鉴于这种情况，彭德怀当机立断，命令各部队暂时停止攻击，总结经验教训，进一步做好攻坚准备。

5月3日凌晨，指挥部队再次发起攻击，一举突破敌阵地。激战至4日，攻克了蟠龙以东、以北之主阵地及蟠龙外围制高点，当日黄昏结束战斗，全歼守敌6700人，俘敌旅长等三名少将，缴获军服四万套，面粉一万余袋。

在蟠龙战役打响之后，胡宗南极为震惊，急令主力从绥德日夜兼程回援蟠龙，当5月9日疲惫不堪的援军赶到蟠龙时，镇上已空无一人。

了解敌人的意愿，识破敌人的计谋，这是顺详敌意、因势利导的基础和前提。因此必须研究敌人的心理，从其一举一动中，看出他的用意在哪里，其葫芦里卖的什么药。

彭德怀分析，胡宗南放弃原定抽兵援晋的计划，集中九个旅的兵力从蟠龙、永坪出发北进，说明胡宗南认定我军主力已退向绥德方向，企图与榆林守敌南北夹击我军于绥德、米脂地区或逼我过黄河以东。正是由于彭德怀识破了敌人这一企图，才决心将计就计，调虎离山，趁敌主力劳师远涉、回援不及之际攻取蟠龙。

为了达到调离敌人主力远离蟠龙的目的，彭德怀投胡宗南所好，一方面，以一部兵力装成主力，采取节节抵抗，使其与胡宗南关于"共军主力正向绥德方向败退"的判断完全吻合；另一方面，以一部兵力在绥德以东制造东渡黄河的假象，虚张声势，从而更加深了敌人的错误判断。而我军之主力却在蟠龙附近的永坪东北地区待机，不露半点行踪。因此，当彭德怀指挥其主力开始向蟠龙运动，蟠龙之敌将其有"受到共军主力包围迹象"的情况报告胡宗南时，胡乃认为共军主力已被"咬住"，蟠龙方向可能是"共军游击队的袭扰"，直到彭德怀指挥我军对蟠龙发起攻击之时，胡宗南才如梦初醒，惊呼上当。

1949年，遭到重创的西北敌军拟定了一个"兰州决战计划"，企图以马步芳部依托兰州坚固城防和黄河天险，吸引和消耗西北野战军主力，然后与胡宗南集团残部、马鸿逵集团里应外合，"会歼解放军于兰州城下"。

彭德怀分析了马步芳的狂妄意图后，对指战员们说："这个马步芳真是夜郎自大。想在兰州消灭我们，好吧，咱们走着瞧，看谁把谁消灭在兰州！按照马步芳的计划，我们就来它一个将计就计，因势利导。"

于是，彭德怀上报兰州战役计划经中央批准后，立即进行兵力部署。然后，彭德怀亲自带领部队指挥员，登上兰州市皋兰山南麓观察地形，商讨具体进攻作战方案。他一再告诫指挥员：马步芳还有一股"牛劲"，"困兽犹斗"，我们万不可粗心大意。

一切准备就绪后，1949年8月25日拂晓，西北野战军向兰州守敌发起总攻，激战一天一夜，于第二天上午拿下全城，全歼马步芳部主力。马步芳、马继援等乘飞机逃走。战役结束后，彭德怀总结道："马步芳这一次给我们办了一件大好事。要是他当初丢下兰州继续撤退，想消灭他还得费点时间呢。他想用一计把我们消灭在这兵家必争之地的兰州。可是，他万万没有想到，我们却将计就计，来了一个釜底抽薪。"

第九章
纵横捭阖，攻心为上

　　中国历代兵家主张"攻心为上"，"心战为上"。战争从来都不仅仅是军事的较量，而且也是政治的较量。这里所讲的政治，就是指军心，其中包括军队内部的团结、官兵的士气和对战争的目的的认识等等。在历来的军事斗争中，激励己方军心、瓦解敌方军心都是头等重要的事情。中国共产党领导的人民军队不仅把瓦解敌军的"攻心""心战"摆在非常重要的地位，而且赋予其新的内容。彭德怀深得其道。他用兵打仗，善于从政治高度领导和指挥战争，因而更能突破单纯军事观点的束缚，更能从党的路线、方针、政策、策略的角度来思考、观察和解决问题，因而更能从战场之外来正确解决战场上的问题，从外部看到军队内部矛盾的症结所在，因此始终保持清醒的头脑，牢牢掌握对敌斗争的大方向，纵横捭阖地开展对敌伪和顽军的斗争，创造了丰富生动的历史经验，表现出高超的政治智慧和娴熟的策略手段。

一、化敌为友，建立联盟

战争是力量的竞赛，选择和争取最佳的盟友，建立和扩大统一战线有着极为重要的意义。彭德怀指出："要争取中国革命的伟大胜利，不仅仅是依靠红军打天下，而且要争取白军到我们这边来，这对于革命是有决定的意义的。"（《彭德怀军事文选》，第28页）

注意研究敌人营垒中的矛盾与斗争，从中选择与争取同盟军。彭德怀认为分化敌人力量与扩大自己力量，是建立战略联盟的根本目的。特别是在敌强我弱的严峻形势下，从敌人的营垒中寻找可能分化的对象，化敌为友，常常是改变不利战略态势的关键之着。对于这一点，彭德怀早在土地革命战争中就表现出了超人的远见卓识。

1933年八九月间，彭德怀率东方军入闽东征时，其对手是蒋光鼐、蔡廷锴领导的国民党第十九路军。十九路军系由北伐战争时期国民革命军第四军十师扩编而成，"九一八"事变后，调赴上海执行卫戍任务。

早在1932年1月28日，十九路军不顾蒋介石的不抵抗命令，奋起抗战，得到全国人民的支持。同年底，蒋介石为实现其既消灭红军，又削弱内部主张抗日势力的目的，调十九路军到福建与红军作战。彭德怀分析认为，存在着争取第十九路军成为红军同盟军的可能性，因此主动开展了对十九路军的争取工作。他在《自述》中写道："我们在闽西行动时，对他们是有争取也有批评。说他们抗日是对的，来闽'剿共'是错误的，也是蒋介石的阴谋，——'剿共'和消灭蒋光鼐、蔡廷锴，对蒋介石都有利。"（《彭德怀自述》，第182页）

十九路军在闽西、闽中与彭德怀指挥的东方军交战时连吃败仗，蒋光鼐、蔡廷锴等深感若再服从蒋介石命令积极"剿共"，不仅没有取胜希望，还有被歼灭的危险。同时，十九路军是一支有"一·二八"奋起抗日光荣历史的部队，同蒋介石的矛盾不断加深。在这种情况下，蒋、蔡为寻找出路，与陈铭枢密商决定响应中国共产党"在三个条件下与全国各军队共同抗日"

的号召，把反共变为联共，与共产党共同反蒋抗日。

随后，蒋、蔡联名用绸子写了一封给毛泽东、朱德的亲笔信，派陈公培携带信到前线与东方军取得联络。陈公培原名吴明，曾在法国勤工俭学，黄埔军校二期毕业生，参加过共产党，后脱党。

9月22日，彭德怀在延平王台东方军司令部接见了陈公培，以诚挚热情的态度与陈晤谈，对他说："你们抗日是对的，来闽'剿共'是错误的，蒋介石的阴谋是既'剿共'又消灭蒋光鼐、蔡廷锴，一箭双雕。"表示红军愿意在我党提出的立即停止进攻苏区、保证民众民主权利、武装民众等三条件下与十九路军共同抗日。

陈公培说，十九路军的领导人认识到"反蒋才能抗日"，因此才想同共产党合作。

当日晚，彭德怀给蒋光鼐、蔡廷锴写了亲笔信，对十九路军响应共产党1933年1月宣言，寻求与红军合作表示欢迎；请他们派代表到瑞金直接同中共中央进行谈判。

彭德怀作为红军高级将领，平江起义之后一直与国民党军在战场上作殊死较量，对国内复杂的政局缺乏了解，对十九路军突然前来谋求与红军谈判共同反蒋抗日未抱多大希望，但他非常重视这一事件，认为对闽北战局有利，所以对谈判持积极态度，当晚同滕代远将蒋、蔡的来信转送苏区中央局，并向中央提出了自己的建议：先以个人名义与十九路军接触，在十九路军承诺若干条件下再进行谈判，希望得到指示。

9月23日，中革军委回电，提出与十九路军谈判的条件：（一）十九路军停止军事进攻与经济封锁，我军在将（乐）、顺（昌）行动，彼方不能干涉；（二）释放在福建监狱中的政治犯，保证反帝组织的自由；（三）发表反日和反蒋的政治宣言。在接受上述条件后，才能考虑双方订立停战协定。同时指出："蒋、蔡此种行动极有可能系求得一时缓和，等待缓兵之计，我方得警戒，并须严加注意。"

当天，彭德怀和滕代远、袁国平在王台与陈公培谈判。遵照中共中央指示，提出了具体条件：

一、为了扩大民族革命战争，实践苏维埃中央政府之屡次宣言，红军愿与十九路军在抗日反蒋的谈判基础上，订立共同作战协定。

二、十九路军如系诚意反蒋，应立即接受红军如下建议：

甲、立即停止进攻苏区红军，必须实现：1. 完全撤退并保障不再向苏区侵扰。2. 沙县原为蒋介石卢兴邦阵地，十九路军主力应退出，撤至尤溪、尤溪口、水口之线。3. 不干涉红军现已占领与围困地区，刘和鼎、周志群防地十九路军不得侵入，不能增援延平之谭师。4. 立即撤销经济封锁，允许贸易、交通自由。

乙、立即保证民众的民主权利，准许民众抗日反帝和组织义勇军自由，释放反帝反国民党的政治犯，停止反苏维埃的一切敌意宣传，发表反日反蒋之政治宣言。

三、确悉十九路军完全接受以上条件，红军保证当即停止进攻，并对十九路军反蒋行动给予方便。

当天下午，彭德怀将谈判情况及与陈公培接触中了解到的十九路军动态电告中革军委，说：十九路军主动与红军联系谋求谈判，是因为他们处境困难。陈铭枢与蒋介石积怨很深，矛盾尖锐，因而主张联共反蒋抗日。蒋光鼐支持。其高级军官师旅长们，畏惧红军的英勇，亦都同意。李济深与陈同病相怜，赞成反蒋。

彭德怀经过与对方接触，已消除了对十九路军意图的某些疑虑。9月27日，他和滕代远向项英、朱德、周恩来报告了他们所进一步了解到的蒋、蔡内部情况，提出了红军的对策建议：蒋、蔡在我让步之下，有可能接受我方相当条件。从陈公培口中探出许多内幕，特别是因其势力削弱，高级军官畏战。陈铭枢在香港写亲笔信给蒋、蔡说："绝对避免主力与红军作战，因胜亦削弱力量，败则无法存在。"（《彭德怀年谱》，第88页）

蒋光鼐、蔡廷锴收到彭德怀9月22日的回信后，十分高兴。10月上旬，派陈公培陪同十九路军全权代表徐名鸿，前往瑞金与中共中央代表谈判。徐名鸿在大革命时期曾任北伐军第十一军政治部主任。这次到瑞金带来十九路军领导人给毛泽东、朱德的信，再一次表示愿与红军共同反蒋抗日。在谈判过程中，徐、陈受到毛泽东、朱德、周恩来的热情接见，进一步坚定了反蒋抗日的决心。

1933年10月26日，由中华苏维埃共和国临时中央政府及工农红军全权代表潘健行（潘汉年），和福建省政府及十九路军全权代表徐名鸿订立了《反日反蒋的初步协定》。其主要内容是：双方立即停止军事行动，暂时划定军事疆界线；双方恢复商品贸易，采取互相合作原则；福建省政府及十九路军方面赞助福建境内革命的一切组织，并允许出版、言论、结社、罢工之自由；在完成上述条件后，双方应于最短时间，另订反日反蒋具体作战协定。

协定签订后，十九路军领导人感到已无后顾之忧，遂联合一部分反蒋势力于1933年11月20日发动了"福建事变"，宣布脱离国民党，成立"中华共和国人民革命政府"，树起反蒋独立的旗帜。

在南昌的蒋介石闻讯后，决定立即兴师入闽，镇压福建人民革命政府，从进攻中央革命根据地的部队和江浙地区抽调十万余人，分几路从苏区边沿地区通过，向福建进攻。这是红军联合十九路军截敌歼击，以打破敌第五次"围剿"的最好时机。彭德怀敏锐地认识到了这一点，因此力主支持福建人民政府，认为："福建事变是国民党内部矛盾的表面化，是'一·二八'事变后抗日派和亲日派斗争的继续和发展。……我们应利用这一新形势，打破蒋介石正在准备的第五次'围剿'。"（《彭德怀自述》，第184页）

但中共临时中央忽然改变了态度，说福建人民政府比国民党蒋介石还坏，更带欺骗性，"它的一切空喊与革命的词句，不过是一种欺骗群众的把戏"等等。

"左"倾错误领导者，就这样轻率地否定了福建事变反蒋抗日的进步作用，以致未派红军支援十九路军，也未能利用蒋介石对中央苏区采守势的大好时机歼灭敌人，以打破国民党军的第五次"围剿"。

彭德怀这时力主支持福建人民政府，认为"福建事变是国民党内部矛盾的表面化，是'一·二八'事变后抗日派和亲日派斗争的继续和发展"，"不支持十九路军，中央苏区的一翼失去了依托，政治上就拆去抗日民族统一战线的桥梁"，主张应利用这一新形势，"打破蒋介石正在准备的第五次'围剿'"。于是，他再次向中央提出一个经过深思熟虑的建议："留五军团保卫中央苏区；集中一、三军团和七、九军团，向闽浙赣边区进军，依方志敏、邵式平根据地威胁南京、上海、杭州，支援十九路军的福建事变，推动抗日运动，破坏蒋介石的第五次'围剿'计划。"

彭德怀的这个建议，同毛泽东在《中国革命战争的战略问题》中所说的"福建事变出现之时，红军主力无疑地应该突进到以浙江为中心的苏浙皖赣地区去，纵横驰骋于杭州、苏州、南京、芜湖、南昌、福州之间，将战略防御转变为战略进攻，威胁敌之根本重地，向广大无堡垒地带寻求作战"，"迫使进攻江西南部福建西部地区之敌回援其根本重地，粉碎其向江西根据地的进攻，并援助福建人民政府"的意见完全一致。可惜彭德怀的正确意见不仅被否定，还被斥为"冒险主义"。

不久，蒋介石以"讨逆"为名调遣10万大军进攻福建人民政府，又以高官厚禄收买十九路军将领，使其内部分化，至翌年1月，历时五十几天的福建人民政府遂告失败。中共临时中央虽已意识到与福建人民政府有唇齿关系，担心蒋介石镇压福建人民政府后，集中兵力对付中央革命根据地，命令彭德怀率东方军再次入闽。但时机已被贻误，彭德怀亦无回天之力。东方军再次入闽作战，由于彭德怀的巧妙指挥和指战员的英勇作战，虽屡战皆捷，但临时中央推行错误路线，使东方军在福建浴血奋战所取得的胜利，对反第五次"围剿"未起到什么作用，也未能实现支援十九路军福建事变的战略目的。

二、争取同盟，联合抗敌

彭德怀善于依据不同阶段对敌斗争的主要矛盾，对国内外各种军事政治力量在斗争中所处的地位作出正确的分析，认清敌我友，积极主动地促成统一战线的实现。

红军长征到达陕北后，中日之间的民族矛盾此时已上升为社会的主要矛盾，在国民党军队中争取同盟者，并推动整个抗日统一战线的实现就成为可能。彭德怀认为，开展统一战线工作是红军重要的战斗任务之一，"是和我们消灭敌人的任务一样重要"，"统一战线工作是为着要团结一切抗日力量，使民族革命战争组织与行动起来，达到国防政府与抗日联军的实现"（《彭德怀军事文选》，第28页）。他认真贯彻中央关于抗日民族统一战线的决策，将打击重点放在蒋介石的嫡系胡宗南和西北军阀马鸿宾、马鸿逵上，而致力于争取和团结要求抗日的东北军和其他抗日武装。

1935年11月，彭德怀和毛泽东联名发表《告围攻陕甘宁苏区各部队长官与士兵书》，指出日本帝国主义才是我们的共同敌人，红军愿意和他们互派代表，订立抗日作战协定，组成抗日联军与国防政府。

彭德怀积极贯彻中共中央关于建立全国统一战线的方针，通过东北军第一一〇师的高福源团长，全力开展了对东北军的统战工作。

1935年10月，红军在榆林与东北军第六十七军作战中，俘虏了其一一〇师一个主力团团长高福源。

高福源原系北京大学的学生，后毕业于东北军官讲武堂，又东渡日本就读于士官学校，当过张学良的卫队长，作战勇敢，政治上有强烈的抗日要求，深受张学良的信任。彭德怀决定以做好高的工作为突破口，推动对东北军的统战工作。

1935年12月，彭德怀指挥红一军团开始围攻甘泉。几次攻击，均未成功。这时，彭德怀让人把押在瓦窑堡的高福源送到前方，多次到高的住处同他谈话，又请高观看红军演出抗日节目。

随后，彭德怀又派政治部秘书长周桓进一步做他的工作。高福源深受感动，对红军心悦诚服，表示愿意去甘泉说服守军指挥东北军第一〇七师参谋长刘汉东与红军合作抗日。

12月底，彭德怀安排周桓同高福源到甘泉。在甘泉城下，高向城内喊话，刘汉东答话说："高福源能进城来面谈吗？"

刘汉东原想将高福源一军，没想到高福源甘愿冒生命危险进城。高福源向刘汉东介绍在红军中的见闻，并说共产党是爱国爱民的，使刘汉东对中国共产党的抗日救国政策有所了解。

高福源从甘泉回到红军驻地，向彭德怀反映说，驻甘泉城内的东北军被围得很苦，没饭吃，没柴烧。彭德怀即派周桓带着二三十垛猪牛羊肉和柴米等生活物资到甘泉慰问，并解答了刘提出的诸多问题。

几天后，高福源主动来到彭德怀的住处，告诉彭德怀：张学良、王以哲都要求抗日。打回东北老家去，是东北军普遍的要求。张学良如果能够了解红军的真实情况，是可以同红军合作抗日的。他主动提出："你们要是相信我，我愿回东北军去劝说张学良放弃反共政策，与红军停战，联合抗日。"

彭德怀爽快答复高福源说："我们相信你。"

第二天清晨，彭德怀派骑兵护送高福源到东北军王以哲第六十七军防线边上，并赠送了路费。

不久，高福源从洛川乘飞机到甘泉，来到红军政治部见到周桓，说："这次是奉命而来的，少帅要面见你们的代表，商议抗日大计。他已到洛川等候。"周桓立即将情况电话报告彭德怀。

彭德怀经请示中央同意后，安排长期做白区工作的李克农于1936年1月19日，在高福源陪同下前往洛川会见张学良。

同一天，毛泽东、彭德怀致东北军六十七军军长王以哲转张学良将军电，内称：日本在包头、五原等地遍设特务机关，加紧活动，华北五省危机加深，"日本灭亡中国之行动均得到南京政府蒋介石之赞助与拥护"，对"贵军与敝军之联合抗日极为深恨"，"希望贵方不为奸人谣言所动，胜利所屈，坚持联合抗日之立场"。

随后，毛泽东、周恩来与彭德怀等就如何与张学良谈判进行了电报商讨。

1月20日，彭德怀收到毛泽东十万火急电，提出与张学良谈判的几项策略原则：表示我方在抗日反蒋基础上愿与东北军联合之诚意；指出彼方如不在抗日反蒋基础上求出路，前途是很危险的。彼方诚意抗日反蒋，我方可暗示许诺帮助在西北建立稳定局面。

彭德怀致电毛泽东、周恩来，提出李克农与东北军谈判时应注意的几项原则：凡是对抗日表示诚意，不问其党派、军队、团体以及个人过去行动如何，均表示欢迎；目前共产党在政治上领导着中国民族革命，以求得民族独立、领土完整，而不是在政权机关的专政，抗日联军总司令诚推张学良将军负责；凡阻碍友军抗日行动者，红军须以实力帮助解决。（《彭德怀年谱》，第137页）

按照中央和彭德怀的指示，李克农同张学良在洛川第一次会面，便取得了良好的进展，李克农向彭德怀汇报说："如我方站在诚意方面，张学良愿奔走，将赴甘肃、南京斡旋。"

张学良还约彭德怀或红军其他领导人在延安、洛川见面，以商谈两方就原境划作疆界，并在可能范围内恢复经济通商等问题。

2月中旬，李克农代表中共再次赴洛川，时张学良去南京，便与王以哲真诚友好地谈判了10多天。2月28日，双方取得谅解，先与东北军第六十七军订立了局部口头协定：为巩固红军与六十七军一致对日，互不侵犯，各守原防线，在防区恢复通商关系，彼此负有保护责任等。同东北军的整个协定，则待张学良返回后再议。

3月5日，双方口头协定正式生效。毛泽东、彭德怀致电王以哲，我方已通知红军及地方党政机关执行，要求王通知甘、鄜、洛等地军政机关立即实行。强调指出，此虽系口头协定，但双方出于抗日救国诚意，会比"寻常外交上之文字协定更为诚信无欺"。

不久，王以哲派兵到甘泉换防，毛泽东、周恩来、彭德怀致电中共陕甘省委书记兼红二十九军政委朱理治、中共陕甘省委军事部部长兼红二十九军军长萧劲光，要求他们不得对王部攻击。

红军与第六十七军订立和实施口头协定，增强了双方的信任，为中国共产党领导人和东北军统帅张学良就抗日救国大计作进一步会谈创造了条件。

不久，张学良从南京回到洛川，表示希望和中共最高级人士会谈，以解答他的某些疑问。

4月9日，周恩来赴延安与张学良举行了著名的肤施（延安）会谈。在会谈中，周恩来阐述了中共抗日民族统一战线政策，分析了国内外形势，解答了张学良提出的各种问题，张学良深为折服。双方对联合抗日的许多重大问题达成了一致意见。这次会谈的成功对于西北地区统一战线的形成，促进全国统一战线的实现，具有重要意义。

彭德怀非常重视教育部队贯彻党的抗日民族统一战线政策。8月30日，彭德怀就西征中统一战线工作向各级首长和各政治部主任发出指示：开展抗日统一战线的工作，是我们西征中战斗任务之一，和我们消灭敌人的战斗任务一样重要。为迅速地与更广泛地开展抗日统一战线，必须做好下列各项工作：一、对统一战线工作有正确认识，每个指战员要深刻认识到，争取中国革命的胜利，不仅依靠工农打天下，而且要争取敌军到我们这边来，要团结一切抗日力量，使民族革命战争发展起来，以实现成立国防政府和抗日联军的目的。二、抓紧一切机会，一切可能，向一切社会团体进行广泛的宣传与活动，在社会上造成舆论，务须反对关门主义。三、争取敌军到抗日战线上来，动员社会各种力量来推动加速完成。四、各级政治部立即在部队中挑选一些适合这项工作的同志，予以训练，使其成为统一战线的坚强干部，以便到地方进行有效的工作。

在彭德怀的号召下，野战军从上到下对敌方开展了争取工作。他们给敌方官兵写信，提出停止内战、一致对外的号召；交战时，向对方喊话："中国人不打中国人"；被俘的敌军经过教育后，归还武器，全部释放。在曲子、马岭、阜城几次战斗中，对俘虏的纪律是前所未有的。掏腰包、虐待的事，个别现象也未发生。

在红军同东北军对垒的前方，两军渐渐地熟悉起来，白天阵地上鸦雀无声，夜晚，抗日歌声从双方的阵地上传出来，此起彼和，悲愤激昂。以后双方官兵在阵地上开联欢会，变成要求抗日救亡的朋友，建立了友邻关系，体现了抗日民族团结的感召力。

山城堡战斗后，彭德怀会见了王以哲，与王以哲推心置腹地交谈。8月中旬，彭德怀给东北军将领何柱国去信，说明停止内战、共同抗日救国的道理，请他将部队撤到固原城及其以南地区，不要阻拦红二、四方面军北上抗日，红军保证在其部队移动时给予方便，决不进攻。同时，派朱瑞为红军代表前去同何谈判。由于红军的努力，双方达成了口头协议。

西安事变发生后，12月28日，彭德怀和任弼时就张学良放蒋介石回南京后的形势和推动抗日运动问题致电中央军委。电报说：西安事变和平解决，放了蒋介石，中国局势有走向停止内战、一致抗日的较多可能，但美帝国主义的动摇态度，会影响南京。所以蒋介石回南京后，可能产生新的动摇；不过，西安事变后，再组织大规模进攻红军的战役可能性小了。但蒋介石仍不会放松限制红军的发展。我们认为应用最大力量和方法扩大红军，巩固抗日根据地，加强白区义勇军的发展，以实力促进全国抗日民族统一战线的早日建成，推动全国抗日运动的迅速发展。彭德怀、任弼时的电报与中共中央在西安事变前后所采取的方针完全一致。

后来，彭德怀率红军主力驻在陕西三原、耀县地区，继续做了大量的争取东北军、十七路军将领的统战工作，收到明显的成效，对促进全国抗日民族统一战线的形成，为全民抗战早日实现，作出了巨大的贡献。

三、眼睛向下，争取群众

在西征中，彭德怀在指挥部队军事上打击故人的同时，还坚决执行党的抗日民族统一战线政策，把政治斗争与军事斗争紧密结合起来，以"斗"促"和"，化敌为友，对东北军和宁夏"二马"部队开展了广泛的"攻心战"，指挥红军部队开展了有声有色、卓有成效的思想政治工作，取得了重要成绩。

彭德怀指示西方野战军指战员宣传、贯彻党的抗日主张和统一战线政策，以诚恳、耐心、热情的态度对待东北军、西北军等国民党军队。他还多次给何柱国、王以哲等东北军将领写信，陈说利害，晓之以民族大义，动之以爱国热情，劝说他们停止内战，与红军联合抗日，使他们深受感动，逐步改变了对共产党和红军的态度，赞同共产党的抗日民族统一战线政策，停止和红军的敌对行动。

马鸿宾部第一〇五旅旅长冶成章夫妇在曲子镇被俘后，不吃不喝，默不作声。彭德怀安排红军医生给他精心治伤，并亲自同冶谈话，讲抗日救国、停止内战的道理，并将冶氏夫妇放回。这对后来在回族军队中开展统一战线工作，起到了作用。

对极其反动的宁青四马（即马鸿宾、马鸿逵、马步芳、马步青），彭德怀也曾通过各种方式进行工作。马鸿宾在红军西征之初，反共比较积极，彭德怀指挥部队对其第三十五师予以重创后，又多次写信，耐心劝说，使马鸿宾逐步觉醒，马部官兵对红军作战也不再卖力。

彭德怀率西方野战军在宁夏的统战活动对国内形势产生了积极影响，对于"西安事变"的发生和抗日民族统一战线的形成起了推动作用。

彭德怀还召集会议，亲自向群众宣讲党的抗日统一战线政策和民族政策。一天，他召集李旺堡和吊堡子一带的群众开大会，指出："目前日本帝国主义已进入我东北、热河、华北地区，并把侵略魔爪伸向大西北。蒋介石、马鸿逵不但不抵抗，反而加紧扰乱我抗日后方。马鸿逵还允许日本在宁夏修飞机场、绘地图，这是地道的卖国投降行为。最近蒋介石又派胡宗南等部攻打红军，他们不把中国亡掉总不甘心。我们是抗日救中国的队伍，我们愿意和一切爱国抗日力量结成统一战线，包括白军里的爱国官兵，我们希望广大回民地区尽快建立自己的政府，组织起一支回民抗日军，并且和红军一道走向抗日救国前线……"彭德怀的讲话句句扣人心弦，极大地鼓舞了回族群众抗日救国的热情。

彭德怀喜欢与宁青四马控制地区的群众接触，结交了不少朋友，其中还有宗教上层人士。他在豫旺堡的大街上不带警卫员随便行走，来来往往的老百姓，都礼貌地和彭德怀打招呼，彭德怀也随便跟老乡谈话。有时请回族老乡到他的住处谈话，有时深入回族老百姓家里跟他们促膝谈心，了解他们的疾苦。老百姓很喜欢他，把他看作是自己的亲人，有啥说啥。就连斯诺也说："我必须承认彭德怀给我的印象很深，他的谈话举止里有种开门见山、直截了当、不转弯抹角的作风很使我喜欢，这是中国人中不可多得的品质。"

西方野战军总部驻扎在豫旺县羊路乡吊堡子期间，彭德怀一有时间，就深入群众中访贫问苦，帮助他们解决生活上的困难。9月初，彭德怀率部西进，迎接红二、四方面军，行至豫旺堡西50里处的包头水宿营，在老乡家过夜时，他利用休息时间请回民老乡进来谈话，向他们解释红军对待少数民族的政策，一个老太太坐着同他几乎聊了两个小时，诉说自己的苦处。

他还经常邀请当地伊斯兰教伊合瓦尼教派的马阿訇到司令部做客，了解回族的生活和风俗习惯，讲述回汉人民是一家的道理。由于马阿訇经常和彭德怀谈心，受到不小的启发和影响，马阿訇在回族群众中德高望重，他在清真寺做"主麻"时，宣传红军是仁义之师，是老百姓自己的队伍，他还动员回民子弟几百人参加了红军，受到彭德怀的表扬。一次，有个木匠给彭德怀做了一张漂亮的木床，木匠说，首长是南方人，睡不惯北方的土炕，有张床睡得舒服。彭德怀一再推托，实在推托不了，他自己也没有使用，把木匠送给他的木床转送给了马阿訇。

一天夜幕刚降临，彭德怀正在屋里工作，忽听外面有动静，一打听，原来是农民马占才家的大红马挣脱缰绳跑了，过了河就是敌占区，全家人急得团团转。彭德怀听后，连饭都顾不得吃，立即拿上手电筒，叫上十几个战士，帮助去找马。他跑了五六十里路，到天快亮的时候，才和大家一起把马找回送到马占才家。彭德怀的爱民行动被当地群众传为佳话，人们无不为之感动。

四、加强合作，共同抗敌

1936年下半年，日本帝国主义酝酿着对我国发动一个新的大规模的侵略行动。为了迅速促成国共第二次合作，推动全国抗战局面的早日到来，10月26日，彭德怀和毛泽东、周恩来、朱德等四十六人联合发表《红军将领给蒋总司令及国民革命军西北各将领书》，希望"立即停止进攻红军并与红军携手共赴国防前线，努力杀贼，保卫国土，驱逐日寇，收复失地"。12月1日，彭德怀和毛泽东、周恩来、朱德等十九名红军将领，又致书蒋介石，要求他"当机立断"，"化敌为友，共同抗日"，免"失通国之人心，遭千秋之辱骂"。

西安事变和平解决后，国内和平基本实现，摆在我党面前的迫切任务，是尽快促成民族统一战线的正式建立，实现国共合作，联蒋抗日。1937年，"七七"事变后不久，国共两党第二次合作，全国出现了在抗日民族统一战线的旗帜下，以国共两党合作为基础，包括工农商学兵各界各族人民、各民主党派、抗日团体、各阶层爱国人士和海外侨胞参加的全民族抗战的局面。为了战胜日本侵略者，抗战初期国共两党在政治上和军事上实行了比较密切的合作，尤其是在军事合作方面，国共两个友军形成了"互相需要，互相配合，互相协助"的关系。这样，以国共合作为基础的抗日民族统一战线形成了。

9月上旬，朱德和彭德怀率领八路军东渡黄河，到山西前线，配合友军抵抗日军进攻。9月11日，国民政府军事委员会命令第八路军改为国民革命军第十八集团军，直属第二战区司令长官阎锡山指挥。

为了加强国共合作，共同抗日，9月下旬，周恩来和彭德怀一起主动到山西代县太和岭口的第二战区司令长官司令部会见阎锡山，商谈八路军布防、独立负责发动群众工作及同阎锡山部互相配合作战等问题。

这时，日军正以14万人的兵力向太原进攻。为了挽回晋北的危势，阎锡山准备在平型关同日军会战，希望八路军与之配合。朱德和彭德怀即命令林彪：第一一五师立即向平型关灵丘间出动，机动侧击向平型关进攻之敌。9月25日，第一一五师在平型关伏击日军板垣师团，歼敌一千余人，取得了抗战以来的首次胜利。这次胜利，大大鼓舞了全国的民心士气，也提高了八路军的声威。

10月间，日军长驱直入，包围了守卫忻口的卫立煌部队，双方处于对峙状态。为了配合友军作战，朱德和彭德怀立即电令八路军各部从侧背切断日军的交通线。八路军一二九师一部出兵袭击阳明堡机场，烧毁日机24架。这一战役的胜利，有力地打击了日军，又解了卫立煌部队之围。对此，卫立煌深表感谢。

在抗日战争中，彭德怀利用与上至蒋介石、下至国民党军基层官兵接触的一切机会，宣传阐释持久战战略方针和八路军的敌后游击战思想。他作为第二战区东路军的副总指挥，除指挥八路军外，还指挥着十几个师的国民党军队。

1938年3月2日，蒋介石把驻山西的四个军、两个步兵师和一个骑兵师、一个旅及山西青年抗敌决死队两个纵队等部队，和八路军（欠第一二〇师）合组成第二战区东路军，任命朱德为总指挥，彭德怀为副总指挥。

针对国民党将领从没有打过无后方的游击战争，对敌后游击战争十分惶恐的情况，1938年3月24日，朱德和彭德怀在沁县以南的小东岭召开东路军将领会议，研究指挥统一和战略战术等问题。国民党第四十七军军长李家钰、第十四军军长李默庵、第三军军长曾万钟等高级将领，阎锡山、卫立煌的代表，蒋介石的联络参谋，与八路军的将领一起参加了会议。过去战场上的对手，今日济济一堂，真是一次难得的国共军事将领的聚会。

会上，彭德怀作《第二期抗战与我们的任务》报告，分析了战争形势，指出：敌第二期作战的总企图是占领武汉及其以北要镇，以封锁我内陆。坚持华北抗战，就会增加敌军深入及对点、线占领的困难与危险。华北人口众多，可广泛开展游击战；农产丰富，给养不难解决；地势有利，可随时截断平汉、平绥、正太、同蒲以至北宁路，威胁平津。他详细分析了抗战形势，阐明了抗日战争是一场反对侵略的正义战争，不管打多少年，最终我们一定会胜利的。他明确提出了共产党领导的八路军在华北敌后的作战原则：战略上的防御战，战术上的进攻战；战略上的持久战与消耗战，战术上的速决战与歼灭战；充分运用运动战，消灭敌人的有生力量；继续发展游击战，造成我基干军队在运动战中大量消灭敌人的机会，等等。他号召东路军将领齐心协力，建立敌后抗日根据地，开展游击战争，坚守华北。

与会国民党将领都感到受益匪浅，会议经过热烈讨论，通过了彭德怀所作的作战纲领报告，划定了各军、师活动和建立根据地的地区，协同打通了后方交通线。

会后应友军的邀请，八路军总部由左权副参谋长主持为友军办了游击训练班，朱德、彭德怀、左权都亲自给训练班授课。

小东岭会议，是山西战场上抗日民族统一战线规模最大的一次高级军事会议，也是一次以共产党的战略思想为指导的会议，为以后国共两党联合粉碎日军对晋东南的九路围攻奠定了基础。

彭德怀模范地执行了党的抗日民族统一战线政策。他真诚团结友军，积极配合作战，促进了八路军同华北友军的团结。

五、退避三舍，争取主动

抗日战争时期，作为八路军副总司令，彭德怀和朱德总司令一起，为了巩固和发展抗日民族统一战线，联合一切可能抗日的军队共同抗日，同时针对鹿钟麟、石友三和朱怀冰等抗战营垒中反人民的反动势力，采取争取的策略，按照有理、有利、有节的原则，坚持以斗争求团结，退避三舍，以求主动。

彭德怀在协同朱德领导八路军坚持华北抗战中，对国民党爱国将领真诚团结，热情帮助，共同抗日；对国民党顽固派军队破坏团结、破坏抗战的活动，进行教育和斗争；对蓄意挑起摩擦的反共顽固势力，在制止无效时，坚持在有理有利原则下给以坚决反击。

朱德和彭德怀从全民族的根本利益出发，对华北国民党顽固派相忍为国。但由于蒋介石为代表的国民党顽固派的抗日是被迫的，他始终没有放弃削弱以至消灭我党我军的企图。尤其是在1938年10月武汉失守后，日本侵略者痛感八路军在华北的威胁，乃回师华北，对各抗日根据地进行疯狂的"扫荡"。国民党顽固派乘机向八路军发动进攻，逐渐推行政治限共以至军事反共的政策，对华北各抗日根据地不断制造反共摩擦，华北抗战出现了复杂、困难的局面。

面对国民党顽固派制造的反共军事"摩擦"，彭德怀表现出高超的斗争艺术，既坚持了原则、坚持了斗争，又以诚恳的态度和灵活的方法，团结了一切能够团结的力量。面对顽固派挑起的军事摩擦，朱德和彭德怀正确贯彻执行中共中央的斗争方针，把原则坚定性和策略灵活性巧妙地结合在一起，出色地领导了这场斗争。

早在1938年5月，吕正操部等就在冀中38县地区创建了抗日根据地，成立了冀中行政公署；以八路军一二九师东进部队为主，在冀南20余县建立了抗日政权。为合作抗日，中共同意由国民党方面派鹿钟麟去河北省担任省政府主席。鹿钟麟为安全计，取道山西，请八路军护送，通过日军封锁线，进入敌后八路军开辟的冀南抗日根据地。在路过山西长治时，鹿钟麟曾访问故县镇八路军总部，与彭德怀举行会谈，议定冀中、冀南行政专区人选暂照八路军所任不变。可是，蒋介石对原属西北军的鹿钟麟不大放心，又由其军统特务系统推荐了张荫梧出任河北省民政厅长，此人自号"河北民军总指挥"。

鹿钟麟1938年9月到冀南后，毁弃前约，要撤销冀南公署，尽力收编地方武装。国民党军残部、地主土匪武装纷集于其下，借势向八路军挑衅。

彭德怀本着与鹿钟麟合作发展抗战力量的态度，未放弃对鹿的争取。10月27日，彭德怀与毛泽东、王稼祥、刘少奇致电冀南朱瑞、徐向前等人，要他们向鹿极力解说目前形势之严重。在广州失守，武汉不保，敌人已开始其肃清华北计划的状况下，各方只有依靠已得成绩，加紧工作，才能支持难局，否则只有失败。嘱咐朱瑞等"主任公署（冀南）及军区均应与鹿建立密切关系，请其指示方针"。并估计"武汉失守，局势变化，我有更大可能促鹿觉悟，求得亲密合作。届时当可对鹿作某种让步"。对于八路军和冀南民众艰苦创建的抗日民主政权冀南行政公署，中央和总部则持坚决态度，指示朱瑞、徐向前等："不能以任何交换条件取消。"

11月30日，朱德和彭德怀致电左权、刘伯承、徐向前等，就冀南反摩擦斗争必须坚持的原则作出指示：鹿钟麟到冀察战区如诚恳进步，我们应与之合作建立抗日根据地，如在冀南打击和破坏我们，则不能向他让步。为此："硬不破裂统一战线，软不伤政治原则立场；应避免和鹿钟麟发生武装冲突，如他先向我开枪，则给以有力的打击。"

鹿钟麟对朱、彭的忠告置若罔闻，在冀南大肆活动，武装接收政权，企图先取冀南，再取冀中，分割晋察冀边区。鹿部所到之处，屡向我军挑衅，并利用反动会道门屠杀我来往人员。他还将国民党在山东的石友三部两万余人调来河北。蒋介石加委鹿为冀察战区司令长官。于是，集合于鹿的战区司令部名下的武装达到六七万人，到处袭击八路军驻地，杀害抗日军民，河北事态愈演愈烈。

1938年12月下旬，彭德怀到西安，准备参加蒋介石原定在西安召开的西北和华北将领会议，同时见蒋面谈解决河北问题。

这时，中国战局正经历着一个重大的转折变化。日军侵华15个月来，战线愈长，兵力愈分散，后方受到八路军的威胁就愈大；对重庆政府遂由过去的以军事打击为主，改变为以政治诱降为主，其诱降的一项重要内容为共同防共。在日本的诱降下，重庆国民党政府在全国掀起了一股防共、反共的逆流。

对于国民党顽固派这种猖狂的倒行逆施，根据地抗日军民强烈要求消灭这些反动派。就当时我军的情况来看，消灭这些反动力量也是有把握的。中共中央和毛泽东要求我党我军在同国民党顽固派的斗争中，必须坚持从维护抗日民族统一战线的大局出发，实施有理、有利、有节的斗争策略。

按照这一指示，彭德怀面对进一步扩大的摩擦，和朱德反复商量，决定从巩固发展全民族抗日统一战线，联合一切抗日军队共同抗日的大局出发，坚持有理、有利、有节的斗争策略，对非顽固反共的国民党将领开诚相见，并在不放弃斗争原则和党及人民利益的前提下，作出一定让步。朱德和彭德怀等及时致电蒋介石，说明了当我军与日本侵略者浴血奋战时，国民党的顽固派却在不断地制造大规模的摩擦，不仅破坏了抗战行动，而且消耗了抗战力量，扰乱了抗日统一战线的建立。对此，应该予以坚决杜绝。必须坚持反对摩擦、巩固团结，实现统一，坚持抗日的方针。彭德怀还多次与国民党将领会谈，宣传我军的抗日主张。

同时，彭德怀利用舆论工具，揭露国民党顽固派的罪恶行径，使国内外人士都认识到破坏抗日的是国民党反动派，而不是中国共产党和八路军。

彭德怀是带着中共中央解决河北问题的诚意来到西安的。12月23日，毛泽东指示彭德怀等参加将领会议的立场："坚定各将领之抗战信心，强调团结统一之重要。特别是在敌后方，斥责制造摩擦之有害。介绍八路军抗战之各方面经验。"关于河北问题，毛泽东指示彭德怀等在要求划某些地区行政权给八路军而谈判顺利时，或有必要时，可以表明放弃某些地区，以求实现以划分区域为基础的增进合作与消弭摩擦。这是一个比较大的让步方案。

12月24日，蒋介石在西安接见彭德怀等，略谈数事，即启程返渝，并不提开将领会之事，只约彭德怀到重庆详谈河北问题。

实际情况是，蒋介石已经在陕西省之武功开过了西北和华北师以上的将领会，但没有八路军和山西新军（决死队）的将领参加。因为这次会议的一项重要内容就是防共。

12月28日，彭德怀在重庆会见蒋介石。同年初，蒋介石在洛阳召开的第一、二战区将领会上曾约彭德怀去武昌和他单独会谈，要求八路军在敌后出击配合徐州会战，八路军作了积极的响应。现在，蒋介石关心的是要限制八路军，见了彭德怀就根据鹿钟麟、张荫梧等人告的状，责怪八路军建立冀南、冀中抗日政权是破坏行政系统。彭德怀历数鹿、张在河北破坏抗日团结的事实作答，列举八路军在敌后的战绩，陈述敌后战场对牵制日军向正面战场进攻的重要。最后商定，河北摩擦问题由蒋介石电天水行营主任（辖一、二战区）程潜派大员与彭德怀一起赴冀南解决。

彭德怀在对友军进行统一战线的工作中，始终不放弃原则。对于蓄意破坏抗日民族统一战线、消极抗战、积极反共的顽固分子和摩擦专家，他必严词驳斥，坚决还击。

1939年1月，彭德怀根据鹿钟麟在冀南大肆活动的情况，及时提出采取正当的自卫手段击破鹿的阴谋挑衅。

当彭德怀在为维护国共团结而奔走之际，1月下旬，蒋介石在重庆召开国民党的五届五中全会，错误坚持"溶共、防共、限共、反共"的方针，会后秘密下达了《防制异党活动办法》《沦陷区防范共产党活动办法草案》等反共方案。又密令鹿钟麟训示各县禁止八路军招兵买马；取消冀中、冀南两行政公署。鹿钟麟等更无顾忌，从滥委县长，到滥委专员、乡长、村长。与此同时，河北的张荫梧和山东的秦启荣等部，到处袭击八路军，制造流血事件。反共分子公开宣扬："宁亡于日，不亡于共"，"八路军一定要交出政权才行"，在全国各地蓄意制造了各种军事摩擦，致使流血事件不断发生。

张荫梧等部拒绝与八路军配合，在日军的进攻下屡遭损失。河北战局仍不得不赖八路军来坚持。蒋介石致电彭德怀，希望彭德怀赴河北与鹿钟麟会谈。卫立煌亦致电慰问。彭德怀遂与鹿再约，1939年6月下旬，两人在辽县下庄八路军的驻地举行会谈。

鹿钟麟到河北引起抗战营垒的摩擦，举国关心。彭、鹿会谈，各方注目。八路军总部和中共北方局研究后，请示中共中央，提出了解决河北问题的八大纲领，要点为：坚持河北抗战，发动游击战争；两党派代表，组织共同委员会；开放民主，改善民生；统一行政，发展经济事业；合理统一军事指挥；承认各县抗日群众团体等。根据过去双方争论焦点在统一行政问题上，纲领提出撤销双专员、双县长；对各地民主选举产生的专员、县长由省府加委，撤销破坏团结的顽固分子张荫梧等人的职务。会谈中，彭德怀向鹿钟麟提出了解决河北问题的八大纲领。

鹿钟麟在会谈前陷于狼狈境地。他的老上司、主张国共团结抗日的冯玉祥从重庆给他发来一封长电，责备他"不尚容人用人，过去方法已不适宜"，嘱鹿"诚恳、合作、坦白，以坚持河北抗战"。程潜亦自天水行营给鹿长电，令鹿："本民族利益第一、抗战团结第一之旨，忍耐精神，无偏无党。"还说："民军（指张荫梧等部）到处索粮索款，亦有割据嫌疑，党政人员有时偏袒，亦造成冲突主调。""以武力限制共产党发展为不可能，亦不必要……"

另一方面，鹿钟麟连接蒋介石四道密电，要鹿必须撤销冀中、冀南两公署。

鹿钟麟左右为难，无心考虑如何通过会谈促进团结抗日。见八路军提出了八大纲领，令随来诸人也草就一个纲领，送到彭德怀那里。彭德怀看后问道："鹿先生和我不惮路途辛劳，来下庄见面，原为坚持河北抗战，为何纲领中没有抗日内容？"鹿钟麟无言对答。

由于有蒋介石的密令，鹿钟麟坚持要撤销冀中、冀南两个主任公署，彭德怀则坚决维护冀中、冀南抗日根据地。谈判结果，晋南八路军由刘伯承指挥，冀中归贺龙、吕正操指挥，鹿可以指挥贺龙、吕正操及刘伯承。在政权方面，保持冀中、冀南两主任公署，归属与人选问题未解决。

临别前，为争取鹿钟麟，彭德怀对鹿说："河北问题鹿先生固有失当，但朱德总司令和我素知问题不在先生，而在张荫梧等顽固分子，须将这些顽固老朽分子撤掉，团结合作方有希望。"鹿钟麟感于彭德怀的直言，也向彭德怀直告自己的难处：撤换张荫梧是得经过蒋介石批准才能办到的。以后张荫梧不但未能撤掉，反而猖狂愈甚，鹿钟麟则有所收敛。

然而，蒋介石却出于其反动阶级本性，消极抗日，积极反共，不断策划反共阴谋。他密电石友三：华北平原不能让共产党、八路军作根据地，遗患未来；要将八路军消灭或撵到北边去。据此，石友三策划了向我根据地进犯的计划，派军队袭击了冀南、冀中八路军和抗日根据地，使当地的军民遭受了较大的损失，尤其是我青年抗日纵队一营损失更大。同时，其他各地的顽固派残杀抗日军民、制造各种摩擦的事件也有增无减。就是在这种形势下，我军仍然从团结的愿望出发，对其并没有马上实施军事行动。

虽然我党一忍再忍，一让再让，却被蒋介石视为软弱可欺，于是，蒋介石变本加厉，6月下旬又授意其部属秘密制订了《共产问题处置办法》，企图以"统一""集中"和"服从"之名，取消共产党领导的人民武装力量和抗日根据地。紧接着，顽固派张荫梧部出兵包围了我赞皇工作组，杀害了我党工作人员十余人，后来又以千余人再次实施了围攻。

鉴于顽固派在华北各地制造的反共摩擦愈演愈烈，朱德和彭德怀等八路军领导人，多次致电国民党蒋介石，"要求迅速制止，严加惩办"。彭德怀还于1939年5月，对《新中华报》记者发表了《坚持河北抗战与巩固团结》的长篇谈话，揭露国民党在河北等地的军队不抗日，专门制造摩擦，杀害八路军及抗日干部、群众的倒行逆施，并和朱德向鹿钟麟提出解决河北问题之八大纲领。

国民党当局想以河北省政府的名义取消八路军抗日根据地的计划宣告破产，便依靠河北民军张荫梧、侯如墉、王子耀等部向八路军发动武装袭击，由政治摩擦转向军事摩擦，制造了一连串惨案。其后，张在给蒋介石的电报中竟说："日军扫荡八路，在他人以为大难，在我以为军政开展之机会。"

不久，八路军截获了张荫梧致国民党当局的电报，电报说："柴恩波在文安、新镇与八路军不两立，同时又被倭寇重兵压迫，势甚孤单……现该部为保存实力及施行曲线救国计，已与日寇接洽，被委为冀中剿匪总司令，名虽投日，实际仍为本党做抗建工作，俟时机成熟，定率队反正，予日寇以重大打击。"

张荫梧倡言的"曲线救国"论被八路军截获后，彭德怀在纪念抗战三周年发表的《三年抗战与八路军》演说中公开给予严正的揭露和批判。这一汉奸理论，连同张荫梧其人，从此为国人所不齿。

8月17日，朱德、彭德怀根据毛泽东"人不犯我，我不犯人，人若犯我，我必犯人"的自卫反击原则，下令一二九师、晋察冀军区和冀南部队，对河北民军中最反共而又宣扬汉奸理论的张荫梧、王子耀等部实行自卫反击。迄8月底，张、王各部大部被歼，张荫梧落荒而逃。面对张等的罪证，在朱德、彭德怀的强烈要求下，蒋介石于9月19日撤了张荫梧的职。

鹿钟麟在河北反共，结果在政治上和军事上都自行垮台，只好向蒋介石提出辞呈。

中共和八路军以抗日大局为重，在政治上、军事上对顽固派的无理进攻已经仁至义尽，真正是"退避三舍"。没想到蒋介石更为变本加厉，于1939年11月亲自主持制订了《处理异党问题实施方案》，把进攻的矛头直接指向陕甘宁边区和晋西、晋东南根据地，掀起第一次反共高潮。

朱怀冰、石友三等在蒋介石的命令下，多次侵犯我太行、冀南根据地。尤其是朱怀冰指挥所部制造了极为严重的"鹤壁事件"，在磁县、武安、涉县等地猖狂围攻我军，使我军受到了重大伤亡和损失。石友三甚至还直接与日军勾结，公开配合日军实施"扫荡"。

六、面对发难，及时撑伞

彭德怀于1939年12月6日，奉中央之命，到宜川秋林力劝阎锡山坚持团结抗战，不要反共。但阎不听劝告，蓄意制造晋西事变，指使所属部队向我八路军和山西新军进攻；与晋西事变同时，阎蒋相互配合，在晋西南、晋西北、晋东南捕杀共产党员及其他进步分子。

早在1939年3月到6月，阎锡山在陕西宜川县秋林镇召开"晋绥高级军政民干部会议"。会议中，阎锡山向他的心腹提出他对国内形势的分析是："中日不战而和，国共不宣而战。"说："武汉失守后，二战区削弱了，只有共产党八路军壮大了。"他要"自谋生存之道"。在会上，阎锡山发动旧军（晋绥军）攻击新军（抗敌决死队），旧派（新军内阎锡山派来的军官）攻击新派（新军内多由共产党员和进步分子担任的政工干部），挑起新旧军之间和新军军政干部之间的公开摩擦。

秋林会议以后，阎锡山采取了一系列反共措施：宣布取消山西省抗日统一战线的民众组织战地动员委员会；撤换牺盟会派出的抗日县长；改编新军决死队，企图把新军置于旧军的管辖之下。这些措施遭到牺盟会和决死队的坚决反对。于是，阎锡山向旧派放出他准备发动反共事变的有名暗语："天要下雨了，要准备雨伞！"

如何对待国民党内顽固派掀起的反共逆流，毛泽东制定了明确的方针："坚持抗战、反对妥协；坚持团结、反对分裂。"毛泽东要八路军和进步力量加强自身工作，准备应付阎锡山发动突然事变。

10月，彭德怀从八路军总部西行，来到薄一波领导的山西省第三行政专区。他根据毛泽东的指示精神向牺盟会和决死队内的共产党员和进步分子发表了题为《克服目前政局主要危险，坚持华北抗战》的长篇讲话，然后和决死一纵队政委薄一波进行详细讨论。薄一波告诉彭德怀，阎锡山很狡猾，声言他不反共，也不反对八路军，只是要整顿决死队和牺盟会，实际是要搞垮决死队、牺盟会。彭德怀笑说：阎锡山说不反共，我们也不要说反阎嘛，要提出"拥护阎锡山，反对旧势力"。

彭德怀高度评价决死队、牺盟会在山西抗战中的作用，说，这是运用抗日统一战线的一种特殊形式，也是很成功的形式。一定要坚持决死队，坚持牺盟会，争取中间势力，打击最顽固的分子。彭德怀叮嘱说：阎锡山说天要下雨，要准备雨伞，我们也要准备雨伞。对于坚持顽固立场的旧军官，要坚决撤换；情况紧急时，要把他们集中起来，防止里应外合；一旦有事，决死队就向八路军靠拢。

随后，彭德怀在沁水会见了决死第三纵队和山西第五专区的党员负责干部戎子和、董天知、杨献珍等，传达中央政治局和北方局对时局的看法及应付突然事变的方针，切切嘱咐戎子和、董天知对阎派反共军官保持警惕，早下决心。

12月6日，彭德怀奉中共中央之命，到宜川秋林和阎锡山面谈，劝阎锡山坚持团结抗战，停止反共。彭德怀回忆这次会见的情况时说："调停，就是给他讲讲利害问题。我对阎锡山说：你依靠牺盟会、决死队，你有前途；你要依靠反动势力、顽固分子，那你就要当空军司令了。你要把决死队牺盟会搞垮了，那你跟共产党也伴不成朋友了，蒋介石也不把你放在眼里了。"
阎锡山默然。

彭德怀在秋林向阎锡山陈说利害，力劝阎不要反共，要团结抗日。无奈这时阎锡山已骑上虎背了。

就在几天前，12月1日，阎锡山令驻晋西的决死二纵队，向同蒲线灵石、霍县段举行破击；同时，密令晋绥军陈长捷、王靖国与日军勾结，里外夹击，准备将二纵队消灭于同蒲线西侧。二纵队政治部主任韩钧，在王靖国军进攻下举行自卫反击，电阎锡山："将在外，君命有所不受。"

阎锡山当即宣布二纵队为叛军，蒋介石也立即同意阎提出的"分汾东、汾西，借剿叛军名义北上，肃清共党势力"的方案。这就是抗日战争中蒋、阎密契制造的山西十二月事变，亦即国民党顽固派发动的第一次反共高潮的开端。

12月8日清晨，彭德怀从秋林南下，准备取道西安、洛阳，与程潜、卫立煌会晤，然后返山西前线。途中接毛泽东的电报，方悉阎锡山已经动手。

在这个紧要关头，受程潜、卫立煌节制的中条山区六万余中央军和地方杂牌军持何态度，如何行动，举足轻重。

10日，彭德怀来到了西安，会见国民党军委会西安行营主任程潜，揭露各地的反共事件，对程潜说："上海'四一二'事变，长沙'马日事变'，把第一次大革命变为反共反人民的十年内战，反得好吧！送掉一个东北，把日本人接到武汉来了。"

他当着程潜的面，斥责国民党派驻绥德边区专员何绍南制造摩擦、破坏边区建设的罪行，大骂何绍南："再去绥德当专员，老百姓抓了你公审！"何未敢再去，绥德从此成为陕甘宁边区的一部分。

彭德怀还对程潜"今天谁要反共，他先放第一枪，我们立即放第二枪，这就叫作礼尚往来。还要放第三枪"之论说："放第三枪就不对了。"

彭德怀回忆说："程潜是国民党元老派，带典型的中间派。他说，放第三枪就不对了，这就等于中间派批准了反摩擦斗争，而且是武装斗争。但是不要过分。"

到洛阳后，彭德怀最关注的是卫立煌和中间派的态度。

彭德怀到洛阳后，见了卫立煌，拜访了一些民主人士，如李锡九等。在李处不意中遇到了孙殿英（新五军军长），他把上述反共摩擦情况又说了一遍。李锡九是个老好人，他很着急。孙殿英是土匪出身的，极狡猾，他意味深长地说，照你们的方针办事，"人不犯我，我不犯人"。彭德怀懂得了他的意思，你们打他呗，我新五军是守中立的。

彭德怀在卫立煌处谈了好几次，向他说了国民党的反共情况，卫立煌不置可否，只劝彭德怀要相忍为国。彭德怀说："我忍，顽固分子不忍怎么办？有打内战的危险！"

卫立煌说："内战是打不成的呵！再打内战就完了。"

彭德怀决定在返总部前先去阳城决死三纵队处看看，他仍然对决死三纵队和第五专区不大放心。三纵队的旧军官很多，纵队领导下不了决心撤换这些人。

正在这时，爆发了晋东南事变：孙楚军包围袭击阳城、晋城、沁水、浮山等县的抗日政府，牺盟会干部和抗日群众遭残杀者100余人，被捕者300余人。孙军散兵四出抢劫，城里城外，山上山下，一片恐怖。

明知山有虎，彭德怀仍旧向事变的中心地进发。他必须找到戎子和，弄清情况，稳住局势。

彭德怀一行从垣曲渡黄河后，为防反共派之袭击，带小电台、警卫班及译电从员十余人，另寻小路赴阳城。当晚在阳城东露宿了一夜，并发电报调集七个旅兵力，准备反摩擦。

12月25日，彭德怀在沁水东柿庄的沙门口见到从沁源开会返防的戎子和，得知三纵队的游击八团已在旧派军官的把持下实行反共，中央军已进驻阳城。彭德怀即命令戎子和马上返部，把各团不可靠的旧派军官控制起来，带部队迅速向高平黄克诚旅（三四四旅）靠拢。

身临事变，彭德怀意识到，和阎锡山的一场较量已不可避免。稍后，蒋介石必乘隙进攻，更将进而危及太行根据地。

这时，孙楚军最凶狠之独八旅和国民党第二十七军，已进入沁水县境，到处抓人、杀人，形势千钧一发。彭德怀立即与总部通报，向朱德、左权、杨尚昆（并报中央）提出，以陈赓为司令员、黄克诚为政委组织晋豫边八路军第二纵队司令部，将现在太（行）南的八路军各部和决死第三纵队统一指挥起来；令贺龙、关向应立即率部返回晋西北，统一指挥同蒲线以西的八路军和决死队；令决死一纵队进入安泽以南，以抗击顽军的进攻。

阎锡山的"雨"倾盆而下，彭德怀及时张开了"雨伞"。

27日，彭德怀在高平县陈泗村黄克诚旅部向总部、北方局和中央报告："决死三纵队八团、九团、十一团已叛变。"彭德怀请中央和总部令当时在屯留附近的决死三纵队第十团迅速靠拢八路军，"万勿迟延"。十团因此得以保全。

28日，决死三纵队200余骨干在戎子和率领下突围到达陈泗。

天气很冷，人多屋少。彭德怀把三纵队的干部叫来，和自己住在一个炕上，仔细询问情况，鼓励他们要"败不馁"。决死三纵队的沉痛教训，成为彭德怀决心发动一场反摩擦战役的起点。

像在每一次采取重大行动前一样，在身旁人的鼾声中，彭德怀在炕头盘腿端坐到天明。他凝神闭目，慎重地筹划着怎样胜利地打出他所说的"第二枪"。

毛泽东指示了反摩擦斗争的策略："有理、有利、有节"。彭德怀反复地琢磨这六个字：八路军自卫反击充分有理，这一点中间派也不能不承认。现在需要的是造成有利的反击条件。八路军在敌后，随时遭日军"扫荡"，自卫反击必须选中要害，一举成功，速战速决。但是，太行、太岳的兵力，还不足以造成优势。他需要解决这个矛盾。他决定命晋察冀军区司令员聂荣臻乘日军"扫荡"的间隙，密率晋察冀主力南过正太路，和一二九师会合，以优势兵力迎击国民党顽固派必将扩大的反共高潮。

从上述的局势中不难看出，彭德怀在与国民党顽固派的斗争中，既坚持了以抗日大局和民族利益为重，在政治上、军事上对国民党顽固派的无理侵犯和故意制造摩擦，做到了仁至义尽，一忍再忍，成功地运用了"退避三舍"的谋略，通过一系列的谈判和策略性的退让，我根据地军民虽有一定的损失，可已经取得了政治上的主动权，这样我军奋起自卫，打击国民党顽固派就成了顺理成章的事。

七、后发制人，战而胜之

后发制人是比较先发制人而言的一种古老的谋略。《军志》和《左传》中的"后于人以待其衰"，可说是对后发制人的概括，意思是说后于敌人进攻，要等敌人斗志衰落。古往今来，后发制人的战例屡见不鲜，比较著名的有楚汉成皋之战、新汉昆阳之战、吴魏赤壁之战等等。毛泽东认为，这些有名的大战，都是双方强弱不同，弱者先让一步，后发制人，因而取胜的。在反摩擦斗争中，彭德怀成功地采取了后发制人、战而胜之的谋略。

1939年是国民党顽固派发动反共"摩擦"的一年。艰难战斗于敌后的八路军又在国民党顽固派发动的反共高潮中迎来了1940年。

从鹿钟麟主冀以来，为消弭摩擦，彭德怀与周恩来、朱德、刘伯承等中共中央、八路军领导人出面与蒋介石、阎锡山、程潜、卫立煌、鹿钟麟分别进行过多次电商、面谈，提出过多种解决方案，中共方面作过多次让步，终于无效。十二月事变后，八路军的处境空前险恶。除日军的封锁、"扫荡"外，从晋西北到晋东南，从中条山到晋冀豫边和山东半岛，蒋、阎对八路军和决死队形成了一个半圆形的大包围圈。

八路军退无可退，忍无可忍，决定向蒋、阎军实行局部反击。

在晋西北，自"晋西事变"后，决死第二纵队和八路军晋西独立支队突破阎军包围，在八路军罗贵波、彭绍辉部接应下，到达晋西北。2月，贺龙率一二〇师主力返回，2月底，全部肃清了晋西北地区反共的旧军。晋西北抗日根据地得以巩固，成为陕甘宁边区的可靠屏障。

在晋东南，决死一纵队因在事变高潮中将旧军官集中控制起来，未遭到损失。1月中旬,蒋介石派大军进犯太南太岳。19日,朱德、彭德怀下令陈赓率三八六旅主力移驻太岳,统一指挥太岳之八路军及决死队:"如对方进犯时,则坚决打击之。"太岳阵地得到巩固。朱德、彭德怀又令黄克诚指挥八路军及决死三纵队恢复了太岳南的部分阵地。

阎锡山苦心导演的以旧军吞并新军、以旧派搞垮新派的反共戏,至此进入尾声。阎锡山通过事变完全控制了晋西南,占领了晋东南的部分地区,退出了晋西北;他拉走了决死队的三个团,却逼使山西新军的40个团完全归属于共产党的领导之下。

阎锡山的"骤雨"方过,朱德和彭德怀又不得不掉过头来对付国民党中央军在太北和冀南的进攻。

在冀南,虽然鹿钟麟提出了辞呈,蒋介石对河北仍是志在必得。国民党颁布的《异党政治设施概况》中称:"河北土肥人众,非陕北地广人稀。""中央对共应采取之政策,令无条件交出政权。"

1940年1月,蒋介石另委第四十军军长庞炳勋为河北省主席。接着,庞炳勋、朱怀冰、石友三等军自南而北,向太行、冀南抗日根据地发动进攻,蒋介石还调来两个军由黄河以南向太行开进,作为后援,与日军自北而南的"扫荡"相配合。太行根据地处于虎狼夹击的危急局面。

2、3月间,朱怀冰按照蒋介石的密令,带领几十个骑兵,到八路军总部寻衅,蛮横无理地要八路军让出河北部分抗日根据地。彭德怀当场严予驳斥:"你们要占领,人民不会同意。你们要地盘,有的是地方。你们把日军占领的广大沦陷区夺回来不就行了么!如果你朱怀冰不明大义,胆敢进攻,我们一定坚决自卫,将你消灭!"

这时,聂荣臻和晋察冀军区的两个团跨越日军封锁线南下,到达太行。一同来到的,还有冀中军区司令员吕正操和冀中的一个旅。

军情紧急,朱、彭、左、聂、吕、刘(伯承)、邓(小平)立即研究这场反摩擦战役之打法。一致的看法是,应集中力量打击进攻抗日根据地的急先锋朱怀冰。

朱怀冰部在供应较为充足的中央军中，也称得上武器精良。但朱并不积极抗日，凭其武器优势，专门进攻八路军，搞反共摩擦，号称"摩擦专家"。八路军总部朱、彭、左，一二九师刘、邓，曾经多次与朱怀冰会谈争取无效。但其下层官兵在和八路军的接触中受到教育，反投降、反内战的情绪日益增长；加以朱怀冰的军阀作风和腐化生活，官兵关系、军民关系都十分恶劣，打朱怀冰，具有十分有利的政治条件。不过，朱怀冰是中央军，从反摩擦斗争开始，直接和中央军打，这还是第一次。打不打，需要慎重考虑。

刘伯承的态度十分坚决，说："他们从太南把我们挤到太中，又要把我们挤到太北，那我们在地球上就没有地方立脚了，成了空军，只有到空中去。空军还得在地上有个机场哩！"

彭德怀说："好！就收拾这个'摩擦专家'。叫黄克诚他们在西边打，你们在东路打！"

朱德说："这回嘛，我和老彭、伯承都不出面，由小平同志来干，到时候好说话。"

当时，太行、冀南部队和前来增援的晋察冀、冀中等部队，共有13个团，数量上是顽军的三倍，而且国民党增援的两个军还在黄河以南，形势对八路军有利。于是，刘邓决定调集一切能够参战的部队，发起了磁（县）、武（安）、涉（县）、林（县）战役和卫（河）东战役。

3月5日，一二九师和晋察冀军区共13个团的兵力，在晋冀豫边的磁县、林县、武安、涉县地区，向朱怀冰部发起攻击。仅四天，就歼灭朱怀冰两个师及其他地方反共军万余人。

朱怀冰万万没有料到八路军这么快就打到了他的军部，还没来得及组织反攻，他的部队早已被打得溃不成军，无法收拾，只得丢下全部辎重和后方机关，慌忙抢渡漳河，向林县方向逃去。为争取和国民党继续合作抗战，八路军有意放走朱，总部还派人将其家眷送还。

此役粉碎了国民党顽固派联结太行、冀南、鲁西反动势力，隔断八路军南北联系的阴谋，改变了虎狼夹击的严重形势。

3月9日，国民党第一战区司令长官卫立煌出面要求八路军停止追击，八路军总司令朱德代表八路军同意这一要求，双方经过谈判，划定了两军边界，商定彼此不得越界侵犯。

打朱怀冰的同时，八路军在平汉铁路东击溃了勾结日军的石友三部。以后，八路军截获了石友三与其弟石友信秘密降日的罪证，又连续给石以打击，并将证据送给蒋介石和卫立煌。卫立煌下令将石友三密捕处决。

打朱战役前，鹿钟麟因在河北已难立足，率残部千余人从冀西南撤，到磁县正遇上朱部被歼。鹿一行逃到陵川险道，被八路军发现，报告彭德怀。彭德怀说，国共还要合作，放他去吧，以后好见面。鹿钟麟跑回重庆，冯玉祥责问他：去年（1939年1月）彭德怀来看我，介绍八路军在敌后的政策，我还要向八路军学习哩！你为什么不好好和八路军合作？鹿以遵照蒋介石的《限制异党活动办法》来解释。冯玉祥骂道："我叫你深入敌后，是为和八路军密切合作，发展一些部队，抗战对敌。谁要你管他那些混账办法！"

打朱战役后，中共中央书记处和中央军委指示朱德、彭德怀："反摩擦斗争必须注意自卫原则，不应超出自卫范围，……尤其对中央军应注意此点。因国共合作就是同中央军合作"，"目前山西、河北的反摩擦，即需告一段落，不应再行发展"。

根据这一指示，朱德和彭德怀立即停止追歼朱怀冰残部，派代表与卫立煌谈判，达成协议：以临屯公路和长治、平顺、磁县之线为界，以南为中央军驻区，以北为八路军驻区。

打朱一役，"巩固了太行山根据地，保证了太行山根据地和山东、苏北、皖北、河北平原的联系，这是一个伟大的胜利"，"从此太行山结束了武装摩擦，打退了第一次反共高潮"。

国民党反共，搬起石头砸了自己的脚，对此没有大做文章。为团结抗日，八路军也没有声张。

朱德和彭德怀指示八路军反击，同时指示部队要掌握分寸，注意策略。

"对搞摩擦者，也要利用矛盾，区别对待"，只集中力量打击那些反动透顶的顽固不化分子。当国民党顽固派的反动气焰被打下去之后，他又多次指示八路军各部将领，我们已在反摩擦斗争中取得很大胜利，部队应保持清醒的头脑，对顽固势力就是打了他们也还要争取他们，表示我们愿意团结、痛恨摩擦的诚意。同时，利用各种机会争取那些被迫反共的友军将领。表示八路军始终至诚地愿与友军团结抗战。八路军反对国民党顽固派的斗争，对进一步巩固和发展华北抗日根据地起了非常重要的作用。

彭德怀在总结反摩擦斗争的经验时指出，我们对待顽固分子的态度是坚持团结，避免摩擦，但是，如威胁我们的生存，"我也只有以武装反对摩擦，从斗争中求团结"，"不给顽固反共分子以坚决打击，也就争取不了中间势力"。到了万不得已必须打的时候，打是马克思主义，打是巩固统一战线的必要手段。朱怀冰到河北来是蒋介石亲自派遣的，朱怀冰被歼灭了，蒋介石吞下了这个苦果，一些国民党顽固派不敢再轻举妄动，从而巩固了抗日根据地。

彭德怀在指挥反摩擦斗争过程中，始终以坚持抗战的大局为重，对国民党顽固派的反共活动，有着清醒的认识。认为不给予坚决的打击，消灭其反共气焰，就不足以维护抗日民族统一战线；但若打击过甚，不留以后路，逼其投向敌人成为汉奸，那也将导致民族统一战线的破裂。因此，彭德怀坚持自卫原则，正确地掌握反击的时机和分寸。他指出"人若犯我，我必犯人"，但"犯人"也是为了团结，为了坚持抗日民族统一战线。

抗日战争中，既要坚持联合抗日一致对外的方针，又要对付国民党军队制造的摩擦。彭德怀是一位敢打敢拼的勇将，历来对反动派仇视痛恨，对阎锡山、蒋介石的进逼也窝着一肚子火，但还是忠实地执行了毛泽东团结抗日的方针。对待国民党军队制造的摩擦，他遵照毛泽东的指示，进行必要的还击，但掌握"有理有利有节"的原则，打完了仍回到统一战线上来。

彭德怀等在反顽斗争中运用的退避三舍和后发制人实际上是统一的。退避是为了制人，其优点是，可以避敌锋芒，骄纵对方，寻其破绽。还可以激励士气，以逸待劳。特别是在反顽战场上运用这一谋略，会得到更多的同情和声援，有利于孤立顽固势力，各个击破。对此，毛泽东形象比喻说，谁人不知两个拳师放对，聪明的拳师往往退让一步，而蠢人则气势汹汹，开头就使出全副本领，结果往往被退让者打倒。

八、充分利用敌人营垒中的矛盾

彭德怀认为，由于我所面临的敌人是反动的阶级，他们尽管在反共反人民上目标是一致的，但其内部各集团之间，又有着各自的私利，相互之间钩心斗角，矛盾很深。因此，要各个击破敌人，还必须善于利用敌人内部的矛盾，以我之因敌而异的政治和军事策略，使其相互之间的矛盾充分显露、不断加剧，离心离德，为我各个击破创造条件。

在解放战争时的西北战场上，对胡宗南集团与青、宁二马的作战，彭德怀就表现出了善于利用敌人内部矛盾的高超艺术。

1949年之后，蒋介石急令胡、马联合，向西北野战军反扑。彭德怀分析认为，此时胡宗南元气已伤，想要借二马的力量来保住西北；而二马尚未受我之大的打击，还气势汹汹，企图与我一决高下，并借此取代胡在西北的地位，变"胡西北王"为"马西北王"。我要加速西北解放战争的进程，打破胡马之间的联手非常重要。而达成此点的关键在于利用他们都想保存实力的心理，扩大其矛盾。为此连走了几着妙棋。

第一步是咸阳"炮吃马"，逼青宁二马保存实力离胡回防。当胡马联合向西北野战军反扑时，彭德怀摆出了一个孤军背水守咸阳的态势。这时，十九兵团已从禹口西渡黄河入陕，先头部队已达富平、三原一线，彭德怀命其于三原按兵不动，又把西北野战军主力收缩到渭河以南，而命六军北上礼泉担任防御，命六军十六师离开咸阳，沿西北公路北上，节节抗击从彬州方向来犯之马匪第八十二师及第十一军之一六三师。

胡宗南为了借马继援之手反共，特意向马通风报信说，共军主力全部集中于渭河南岸对付李振兵团，只有孤军一支背水扼守咸阳，以此煽动马匪大胆进攻咸阳进而反扑西安。马匪得到情报，又见我十六师节节后退，真以为是进兵的大好时机，因此全力向咸阳突击。而彭德怀这时却命令六十一军以一个师的兵力星夜兼程秘密进入咸阳，又命令十八兵团三个炮兵团、六军一个炮兵团、总部一个炮兵团，一共五个炮兵团加上六十一军一八一师的轻重火炮，共计400多门火炮隐蔽在咸阳城外围。马匪果然上当，他们以为咸阳城内兵力空虚，当到达咸阳城下后，命令部队下马徒步攻城。

彭德怀一声令下，所有火炮来了个射人先射马，一八一师则从城内杀出收拾离开了马背的"骑兵"，使这支凶猛剽悍之马家军伤亡惨重，狼狈向西南逃窜，退守彬县。马匪认为此次损失是胡宗南为保存自己实力而以假情报鼓动马家军替其送死造成的。

马匪吃了苦头，不敢轻举妄动，胡马连防遭到了破坏，这时彭德怀走出了第二步棋：钳马打胡。以十九兵团之一部逼近"二马"，形成将要对其展开进攻之势，而集中三个兵团向胡宗南集团发起扶眉战役。胡在遭到突然猛攻之际，急向二马求援，但鉴于咸阳"炮吃马"的教训，二马没有听从胡的调遣，按兵不动。这样一野得以全力进攻胡宗南集团，仅用四天时间就消灭了其四个军4.3万人。胡宗南集团主力受重创，残部退守秦岭。二马彻底孤立。至此，胡马联盟被完全粉碎。

于是，彭德怀走出了第三步棋：追歼二马，先马后胡。在扶眉战役后，彭德怀分析说："现在放一放胡宗南，对全局、对局部都有好处。因为胡宗南背靠四川，如果我们打紧了，胡宗南会过早逃到四川，那样对二野不利，这是大局。如果将两个拳头分开来，一个打胡，一个打马，力量不集中，打也打不痛，因而两个拳头合起来打，打的才有劲。"于是组织了兰州战役，一举歼灭了青马的主力，继而解放了整个西北。

第十章
横刀立马，指挥若定

　　彭德怀的武德，非常鲜明又令人称道。他具有鲜明的军事指挥品格，在重大历史关头，他挺身而出，捍卫革命旗帜，魂系疆场，纵横驰骋，运筹帷幄，决胜千里，表现出一个无产阶级军事统帅的卓越才能；他具有大战略家的超人胆略与气魄，敢于在敌我力量极为悬殊、形势对我十分不利的情况下定下出战的决心；每次下定重大战斗决心之前，他总是详察敌情，博采众议，深思熟虑，反复推敲，英勇果断，一旦决心下定，犹如铁打钢铸，决不动摇。彭德怀有德可怀，有威可畏，他对敌人的雷霆之威，对人民的赤子之爱和生活作风的冰雪之洁，在党内军内树立起光辉的榜样。

一、坚定信念，以民族大业为己任

一位举世闻名的猛将、战将，如果没有一点异于常人的性格特点，那是不可想象的。有些人把彭德怀看成是"一介武夫"，其实是极其肤浅的，是一种误解。彭德怀不仅是一位杰出的军事家，也是一位成熟的政治家。他的性格铁石其表，炽热其里。他对人民、对祖国、对革命、对领袖，赤胆忠心。

彭德怀的这种信念，来自于所处社会环境的影响和早年的革命历程。

苦难的童年，给彭德怀幼小的心灵打下了深深的烙印，磨砺了他的性格，使他从小便疾恶如仇，而且孜孜不倦地求索真理，萌发出一定要推翻这不平等的旧社会，为穷苦人找寻出路的强烈愿望。

彭德怀18岁到湘军第二师当兵后，同具有民主进步思想、爱国情绪的士兵接触，并与志同道合的李灿、黄公略、张荣生等人结为挚友，组织了救贫会，团结进步官兵，抗强扶弱，劫富济贫，为老百姓谋利益，"以救国救民为宗旨，不做坏事，不贪污腐化，不扰民"。

正是这种艰难而漫长的对革命真理的求索，铸就了他那种善于独立思考而又勇于修正错误、胸襟宽阔而又脚踏实地、内心火热而又外表严肃的个性。可以说，实现崇高的社会理想是他毕生的追求，从军打仗只是他实现理想的一种手段。

1926年夏，北伐战争中，彭德怀率一营士兵，在配合国民革命军第四军叶挺独立团行动、攻打武昌南门作战中英勇顽强。其出色表现引起了第一师政治部秘书长、共产党员段德昌的注意。段德昌来到一营和彭德怀一起行军宿营，倾心交谈，使他认识了共产党，在黑暗中看到了光明。很快，彭德怀就对社会主义、共产主义理想产生了向往，如饥似渴地阅读段德昌介绍给他的马克思主义书籍。经过苦苦探求，他终于寻到了革命的真理，逐步认识到"只有共产党才能救中国"，决心做一个共产主义者。

也正是基于这一信念，1928年，当蒋介石发动反革命政变，中国革命处于最低潮、最困难，四处笼罩白色恐怖，混入革命队伍中的投机、动摇、贪生怕死者纷纷离开时，彭德怀作为湖南军阀部队里的一个团长，毅然申请加入中国共产党，并甘冒万死奋起组织著名的平江起义，投身于险象环生、艰难曲折的革命斗争中，表现出投身革命的勇敢性和坚定性。如果不起义，他个人可以升官发财，亲属也可以同享富贵。而率部起义后，不仅个人要艰苦奋斗随时准备牺牲，而且还连累亲人被杀、三代祖坟被掘，蒋介石还不断悬赏杀他的人头。彭德怀对此"虽九死其犹未悔"。

随着在白色恐怖包围下的平江起义，随着艰苦卓绝的井冈山斗争，随着二万五千里的漫漫征途，金戈铁马、血火硝烟又进一步磨炼了他的性格，使得他能断然斩杀替蒋介石充当说客的黄公略的兄弟，敢于同共产国际派来的军事顾问李德唱反调，自觉地抵制张国焘的错误路线，他的性格因子中已经糅入了无产阶级的坚强党性，成长为一个具有高度政治觉悟和政治头脑的红军高级领导人。

彭德怀是个无私无畏的人。从平江起义到井冈山，他个人作出了巨大的牺牲。他原来是湘军的上校团长，月薪有240多块银洋，出门允许骑马坐轿，餐餐可以饮酒吃肉。他却抛弃这优厚的生活待遇，甘愿在革命队伍里过艰苦奋斗的日子。尤其是到达井冈山之后，他率领一支弱小的红军队伍，坚守在五大哨口的弹丸之地，与大于自己十几倍的敌军血战。突围的时候，走的是猎人和野兽爬行的悬崖峭壁，冲破了敌军的层层包围。他的干劲从何而来？要是离开了他的入党誓言，那就难以从任何别的地方去寻找正确的答案。

彭德怀之德，上予国家，下施百姓，忠诚无比，肝胆照人。彭德怀对革命和革命战争具有坚定的必胜信念，一生戎马倥偬，为了人民的解放、祖国的安宁不遗余力，矢志如一。即使是在受到错误的批判时，他想到的仍然是人民军队的团结和国防的巩固，欣然受命赴西南建设我国的战略大后方。

［故事一］

1929年8月底，部队从黄金洞出发，向井冈山进发了。国民党反动派派出大量部队进行疯狂"围剿"。红五军在平、浏地方游击队的配合下，在湘鄂赣边境地区积极开展游击战，边打游击边转移。在转移时，屡遭敌人的前阻后追，几乎每天都要与国民党正规军和地主武装展开激战，最多时一天就要打七八仗，战斗之艰苦惨烈是可想而知的。

在这艰苦激烈的转战过程中，彭德怀始终和官兵们战斗在一起，夜以继日地带领部队与敌奋战。由于战斗频繁，生活艰苦，许多优秀的战友光荣地倒下了，献出了宝贵生命。但也有一些旧军官和动摇分子，经不起革命严峻时刻的考验，临阵脱逃，甚至当了可耻的叛徒。更有甚者，还有一些人不仅想把部队拉跑，还企图杀害彭德怀。当部队向万载大桥转移时，遭遇张辉瓒部的突然袭击，在激战中损失很大，只好退回平江、修水、铜鼓三县边境一带休整，第一次去井冈山没有成功。起义部队原来有2000多人，经过两个多月的转战，屡遭敌人前堵后追，只剩下500多人。

随后，部队来到了一个叫白沙的地方，由于部队一直在转战，生活相当艰苦，指战员们缺吃少穿，只能靠野菜充饥，一些在旧军队里当过官的人，哪里受得了这些，他们便想办法搞来一些美味，独自享受，在红军指战员中产生了很坏的影响。

为了稳定部队，保存革命力量，彭德怀把坚持下来的队伍集合起来，袖子一卷，拳头一举，慷慨激昂地说："我们暴动是为了干革命，干革命就不能怕吃苦，不能怕流血牺牲。如果谁还想走，可以走，但就我个人来说，我认定的道路，就一定要走到底，就是剩下我一个人，也要举着红旗，爬山越岭干到底！"

红军指战员们聆听着彭德怀那铿锵的话语，注视着他那坚定的目光，顿时感到一股巨大的力量涌遍全身，他们暗下决心，无论生活多么艰苦，环境多么恶劣，斗争多么惨烈，都要坚决革命到底！接着，彭德怀一声号令："出发！"再没有人离队。

［故事二］

1935年6月中旬，红一、四方面军在四川懋功会师后，红四方面军领导人张国焘为了实现其个人独揽大权的政治野心，进行了一系列分裂党、分裂红军、分裂中央的阴谋活动。为了拉拢红三军团，张国焘在彭德怀身上费尽了心机。

过草地前，张国焘先是派红四方面军总政治部秘书长黄超当说客，送来牛肉、大米、几百元银洋，挑拨彭德怀与中央领导人的关系。彭德怀一眼看穿了他的用意，说："我的困难是部队的困难，你这两百块光洋我不要。"

黄超碰了一鼻子灰以后，张国焘便亲自出马。他请彭德怀和红一军团政委聂荣臻吃饭，说，从江西出发以来，你们的队伍打得很苦，损失很重，兵力太单薄了，我从红四方面军拨一支部队给你们！

彭德怀由于有了警惕，拒绝了他的引诱，坚定地说，"红军是要听从军委的统一指挥的。"当天晚上，彭德怀将上述情况告诉杨尚昆，说："张国焘这个东西，把我彭德怀看成什么人了？把我当军阀！"（《杨尚昆回忆录》，第140页）

6月26日，彭德怀出席了在两河口召开的中央政治局扩大会议，并在会上坚决表示拥护党中央确定的北上抗日的战略方针，反对张国焘关于红军应向南先打成都，尔后在川康边建立根据地的错误主张。会后，他根据中革军委的指示，率领红三军团继续北上，至7月8日，到达黑水芦花地域。

张国焘虽然在两河口会议上接受了党的北上战略方针，口头上同意打松潘，而实际上却惧怕与国民党中央军胡宗南部作战，仍坚持其向川康边退却的错误主张，并借口所谓"统一指挥"和"组织问题"没有解决，故意延宕红四方面军主力北上。为团结争取张国焘，经中央政治局常委会议讨论，决定增补张国焘为中革军委副主席，徐向前、陈昌浩为中革军委委员，不久又任命张国焘为红军总政委。但是，张国焘对此并不满足。他为了攫取党和红军的最高领导权，继续向党中央发难，并采取种种阴谋企图吃掉中央红军。

在如此尖锐复杂、激烈的斗争中，彭德怀始终坚定地站在以毛泽东为代表的正确路线一边，对张国焘及其追随者的险恶用心，始终保持着高度的警惕。

张国焘率领左路军先头部队到达阿坝地区后，个人野心恶性膨胀，不仅拒绝执行党中央的命令，并企图危害党中央，夺取党和红军的领导权。

彭德怀在关键时刻发挥了关键作用。他担心中央没有察觉张国焘的野心，当红三军进驻阿西、巴西后，他即每天到前敌总指挥部和毛泽东等党中央领导人的驻地，并秘密派红三军第十一团隐蔽在毛泽东等中央领导人驻地附近，"以防万一"；把周恩来、王稼祥接到红三军驻地医病，巧妙地把中央会议移到红三军司令部召开。当他得知红一军到达俄界（今高吉）地区后，即准备了电台，另编了密码本，并派武亭迅速送到红一军，沟通了同红一军的联系，以"防止突然事变"。

特别是当他发现陈昌浩改变腔调，"说阿坝比通、南、巴（川东北）还好"时，即敏锐地判断："这无疑是张国焘来了电报，改变了行动方针"，他"即到毛泽东处告知此事"（《彭德怀自述》，第202页），并联想到在芦花时张国焘的谈话，预感到张国焘可能仗着他的优势军力，采取阴谋手段，要"将中央搞掉"，这将会给中国革命事业造成不可弥补的巨大损失。因此，他为了保卫党中央，保卫毛泽东等中央领导人，避免红军内部可能发生的武装冲突，采取了更加严密的防范措施（《人民日报》，1998年10月27日）。

但这时红一军已前出俄界，巴西仅有红三军和中央机关，在力量上和数万人的红四方面军简直不成比例。这时，张国焘企图分裂红军的阴谋活动已发展到了顶点。

彭德怀即刻找来红十团政委杨勇，要他率红十团全力保卫党中央和毛泽东的安全。彭德怀下命令说："杨勇同志，张国焘闹起来了，他要南下，让我们跟他们走，那不成！中央决定我们要单独北上，立即离开这块险地。你们的任务就是要掩护中央机关，保障他们的安全！"彭德怀看看严肃待命的杨勇，又严厉地说："中央和毛泽东的安全就交给你们了，出了问题，唯你是问！"

随后，中央为了脱离险境，果断作出率红一、三军单独北上的决定，彭德怀坚决执行了中央的决定，他立即派杨勇率红十团担任护卫中央机关北上的任务，并要求军参谋长萧劲光同红十团一起行动。他自己连夜赶到红十三团团部，亲自向团长彭雪枫、政治委员张爱萍传达党中央的决定，并命令该团立即在巴西河岸上布防，掩护中央机关安全北上。党中央、军委纵队于9月11日抵达俄界，脱离了险境。

陈昌浩发觉党中央率领红一、红三军和军委纵队先行北上后，派人送信给彭德怀，说什么"中央不经过总部组织路线，自己把一方面军部队及直属机关，昨晚开去"，"中央在毛周逃跑路线上，已经把一方面军几十万健儿葬送"，要求彭德怀"即率队转回阿西"。公然挑拨红三军和中央的关系，妄图策反彭德怀，遭到彭德怀的严词拒绝。

在徐向前的劝阻下，陈昌浩虽没有派兵追击，但还是派李特带了一队骑兵去追党中央，进行"劝说"。毛泽东在耐心地对李特说明了只能北上、不能南下的理由后，特别向他点出："彭德怀率领三军团就走在后面，彭德怀是主张北上，坚决反对南下的，他对张国焘同志要南下，火气大得很哩！你们考虑考虑吧！大家要团结，不要红军打红军嘛！"（《红军长征·回忆史料》（二），解放军出版社1990年版，第536页）毛泽东的严正警告，使李特不敢轻举妄动。因为彭德怀在红军中享有能征善战的声威，他们不能不有所顾忌，从而避免了事态的进一步恶化。

二、勇担重任，力挽狂澜

"勇"是军人的武德之一。岳飞论何谓天下太平时说："文官不爱钱，武官不怕死，是谓天下太平。""武官不怕死"，说的就是"勇"。可以说，"勇"是对军人的最基本的要求。对于将帅来说，"勇"指勇略、勇断。指挥员敢打敢拼，更有果敢。要多谋，要善断，更要果断，不能优柔寡断，迟疑坐困，丧失战机，这才是将帅应有的品质。

彭德怀之勇，更重要的表现在他每当危急关头，关键时刻，总是挺身而出，身先士卒，或一夫当关，或冲锋陷阵，每每拯救全军于败亡之际，扶大厦于将顷之时；体现在他勇于临危受命，担当重任。彭德怀没有私利，只要人民和祖国需要，他就勇往直前，义无反顾。每逢重要历史关头，当革命事业处于危急险恶的时刻，他总是从革命的全局出发，不畏艰险，不计个人安危，勇担重任，总是主动承担最紧迫最困难的任务，力挽狂澜，组织指挥了诸如吴起镇阻敌、直罗镇战役、百团大战、保卫延安、解放大西北以及抗美援朝等扭转战局、震惊海内外的战役，毛泽东亲自赋诗，两次书赠予他："山高路远坑深，大军纵横驰奔，谁敢横刀立马？唯我彭大将军！"而他第一次看到后，就将后一句改为"唯我英勇红军"奉还毛泽东。

［故事］

1928年12月，红五军与红四军会师宁冈不久，国民党政府大为不安，湘赣两省军阀即纠集18个团约三万兵力，分五路向井冈山地区"会剿"。

红四军约5000人，物资生活上的困难到了极点，尤其是没盐吃，粮食十分困难，只有离开井冈山，到白区打土豪，才能生存和发展。可问题是，上千名伤病残人员和妇幼无法安置，又不可能带走，势必派队留守。面对严重情势，红四军前委多次开会讨论，最后决定采取"围魏救赵"的策略，将红五军编入红四军，彭德怀任副军长，滕代远任副党代表，由朱、毛率领红四军主力转战赣南，红五军和红四军第三十二团留守井冈山，吸引敌军，掩护红四军挥师赣南开辟革命根据地。

红五军只有800余人，而敌人三万余兵马，武器也相差悬殊，要守住井冈山是极其困难的。红四军前委的这个决定，在红五军的领导干部中，意见是不一致的。多数人认为，平江起义分散了湘赣两省敌军的主力，减轻了井冈山的压力，这本身就是对井冈山的支持与配合；这次上井冈山的任务是与红四军取得联络，学习经验，现在任务完成了，应当立即返回湘鄂赣边区扩大根据地，不宜留在井冈山。而且，井冈山虽然地势险要，但武器弹药和生活必需品十分紧缺，敌我力量悬殊太大，要守也守不住。

大家讲的这些都是事实。摆在面前的情况，彭德怀、滕代远心里也很清楚，但他们所想的不是个人的安危，也不仅仅是红五军的去留，而是整个红四军和井冈山根据地的存亡。

在这重大的战略抉择面前，彭德怀为了革命的大局，力排众议，说服大家，慨然挑起守卫井冈山的千斤重担，准备牺牲局部，使主力安全向外发展。他和党代表滕代远向大家苦苦解释说，现在大敌当前，应以大局为重，为了保存红军主力，保卫根据地，我们作出一点局部牺牲也是值得的。最后终于说服了持不同意见的同志，勇敢地挑起了保卫井冈山的重担。这对于入党不到一年，上井冈山只有几天的彭德怀来说，在部下反对接受此项任务的情况下，如果没有大无畏牺牲精神，是根本办不到的。正如彭德怀在《往事回忆》中写道："我和代远同志为了照顾全局，使红四军摆脱当时面临的困难，自愿承担了红四军前委给予的任务，并且准备必要的牺牲，因而坚决地执行了红四军前委的决定。"

1929年1月26日，红四军离开井冈山刚刚三天，湘赣两省敌军20多个团即以泰山压顶之势，从四面八方疯狂地向井冈山合围攻击。敌人开始向五大哨口展开全面进攻。敌人两三万人，敌我力量悬殊达三四十倍。彭德怀心里明白，一场恶战已经摆在面前。红五军上井冈山的总共才800来人，要抗击超过自己几十倍的敌人，这一仗凶多吉少。

黄洋界的战斗最为激烈，湖南敌军在迫击炮和重机枪火力掩护下，不顾伤亡连续冲击，红军凭险抗击，打退敌人接连两天的轮番攻击。29日，敌第三路军一部，在收买的向导带领下，顺山间小道，从黄洋界哨口左侧小路爬上来偷袭红军，攻破黄洋界阵地。坐镇茨萍指挥的彭德怀得知黄洋界失守后，立即率领教导队和红军学校学生，连续组织三次反击，力图收复哨口，但因寡不敌众，均未奏效。

30日一大早，因敌我力量悬殊太大，寡不敌众，敌湘军很快攻破了八面山哨口，直扑大小五井。守卫在八面山哨口的100多名红军指战员几乎全部壮烈牺牲。与此同时，江西敌军很快攻破了桐木岭哨口，直扑军事根据地的中心茨坪。

随后，敌以优势兵力向各哨口发动猛攻，并切断了各哨口间的联系。

敌我力量悬殊，红军与敌激战四昼夜，子弹殆尽，疲困已极，孤立无援，如果一味死拼下去，将有全军覆没的危险。为了保存革命力量，根据湘赣边特委、红五军军委联席会议决定，彭德怀当机立断，率红五军和地方武装千余人，从井冈山的河西坬、荆竹山一带突出敌人重围向赣南转移。

第二天，彭德怀率部在大汾遭敌军三面伏击，遂川部队与伤病员被冲散，损失惨重。彭德怀指挥红五军英勇奋战，杀出一条血路，冲出重围，在敌人的追击堵截下，继续南进。

红五军下山后，在赣南的南康、崇义等十多个县转战了一个多月。在这段时间里，红军的困境实在是无法形容：要冲破敌人的封锁，要摆脱敌人的追击；一天要打好几仗，还要走100多里路；负了伤，没有药；冰天雪地，饥寒交迫。即便是在信丰过阴历年的时候，彭德怀还是一只脚穿草鞋，一只脚打赤脚。"时值严寒，天下大雪，高山积雪尺许，我的干粮袋炒米丢失了，我不愿别人知道，两天未吃一粒米，饥饿疲乏，真有寸步难行之势。可是枪声一响，劲又不知从哪儿来的。"（《彭德怀自述》，第117—118页）

彭德怀率领红五军向赣南方向且战且走，连续战斗，农历腊月三十渡过章水。对岸一个大村庄里有一户大地主正在大摆宴席，宴请族人宾客过大年。红军一到，四散而逃。饥饿、疲乏到极点的官兵们趁机大吃一顿，也算在转战途中过了个年。

彭德怀有着敏锐的战场知觉，他觉得这个村子离粤赣公路太近，章水渡口还有电话，敌人一旦得知我部行踪，半夜就能扑到这里。他催促干部们说，吃过晚饭立即组织部队出发，哪怕走出五里再宿营也好，以防敌人夜间袭来。可是部队实在太疲乏了，干部们都不同意马上就走，坚持要休息到拂晓再走。党代表滕代远和他关系一直很好，以往很少干预他的军事指挥，这一次也不同意马上就走。彭德怀回忆说，"这天晚上我没有睡，也不能睡，到各连去看，都睡得很死，甚至守卫的也睡着了"，大概"（深夜）一点了，爆竹声中飞来子弹声，敌人果然袭来了"。他速令部队紧急集合，仓促应战，但部队被冲散了。天亮清点人数，只剩下283人。

这对彭德怀和红五军来说，的确是个沉重的打击。然而，彭德怀的胸怀是宽广的，信念是坚定的。他不泄气，不埋怨，积极寻找地下党，派出侦察兵，千方百计打听红四军的下落，争取早日同他们会师。

1929年4月初，红五军终于与红四军在瑞金再次会师。彭德怀与毛泽东、朱德在瑞金再次相见，互道分兵后的情况。彭德怀讲到井冈山失守的经过，深感内疚，心情沉重。毛泽东听后默然，沉思良久说："这次很危险，不应该决定你们留守井冈山。"

这时，毛泽东召集红四军、红五军高级干部会议。会上，分析了政治形势，决定让红五军返回井冈山，恢复湘赣边界根据地。彭德怀又毫不犹豫地服从组织决定，率领红五军于4月底回师井冈山。

彭德怀率部回到井冈山后，很快与边界各县的红军与地方党组织取得联系，重建地方武装，恢复党的组织和苏维埃政权，并在游击战争中发动群众，开展打土豪、分田地的群众运动。经过一年的艰苦奋斗，红五军建立了包括十个县的游击区，而且建立了宁冈、永新、莲花、遂川和泰和的县级政权，使边界斗争获得了更大范围的发展。这是彭德怀对井冈山斗争的巨大贡献，也是中国革命史上的光辉一页。

彭德怀在关键时刻特别是情况紧急的关头，总是能够做到临危不惧，迅速地提出自己的处置意见，率领部队脱离险境，使部队转危为安，为夺取胜利奠定基础。

长征途中，红一方面军损失很大。由于恶劣的自然环境和敌人的围追堵截，加上张国焘搞分裂主义，红军主力"一分为二"。当时，中共中央和中国工农红军处境十分困难，可以说是建党建军多年以来形势最为险恶的时期之一。

在这种情况下，彭德怀受命担任由红一方面军主力改编的红军陕甘支队司令员，以后又担任红一方面军司令员，与政治委员毛泽东和中革军委副主席周恩来一起，力挽狂涛，排除万难，不仅胜利地到达陕甘革命根据地，得以休养生息，生了根，而且指挥部队进行东征战役和西征战役，使革命力量得到了很大的发展，为红军三大主力胜利会师，为顺利进入抗日战争，创造了良好的条件。

抗日战争一开始，彭德怀出任八路军副总司令，协助朱德总司令大刀阔斧地指挥部队挺进华北敌后，开展游击战争，实行战略展开，扩大和组建抗日部队，协助中共中央北方局创建抗日根据地，迅速地打开了中国抗战的新局面。

在朱德于1940年夏回中央工作后，彭德怀担任八路军前方总指挥部总指挥，并代理北方局书记，领导华北五省军民，同日本侵略军极其残酷的连续的"扫荡""蚕食"封锁和"治安强化运动"进行坚决而巧妙的斗争，给敌人以沉重的打击。因此，日军极度仇视八路军总指挥部，多次以重兵合击八路军总指挥部所在地晋冀边辽县（今左权县）、涉县之间地区，并以飞机疯狂扫射、轰炸，有几次曾将八路军总指挥部紧紧围住，企图全部歼灭之。而彭德怀临危不惧，沉着应对，在一二九师师长刘伯承和政治委员邓小平的协助下，一面指挥部队英勇抗击，一面巧妙组织机关、部队突围，使敌人的企图一再地破产。一个前线总指挥部屡遭敌人合击，又屡次安全脱险，正说明彭德怀的指挥坚定而灵活。

解放战争初期，蒋介石命令胡宗南率领25万大军进攻延安，气势汹汹，企图消灭中共中央和人民解放军总部。当时解放军在陕北的部队只有2.5万人，是敌人的十分之一，对比悬殊；武器装备很差；物资缺乏，部队供给相当困难。显然，要粉碎敌人的进攻，保证中央领导机关的安全，在兵力一时不可能增多、物资条件一时不可能改善的情况下，要承担起这样的重任是要有很大勇气和自信心的，关键是要有一位得力的战场指挥官。对于我军而言，此战事关全局安危、局势顺逆，非同小可。

彭德怀鉴于事关重大，任务艰巨，以革命利益为重，自愿辞去中央军委总参谋长的职务，请求担任西北野战兵团司令员。他主动向毛泽东请战说："我来指挥吧！"毛泽东回答："好！"

中共中央和毛泽东留在陕北，彭德怀深知其分量：西北战场能否粉碎敌人的重点进攻，关系着解放战争的全局。他每到一地，住处尚未找好，即催促通信科迅速架设电台，同中央电台保持联系。部队准备行动或转移时，凡接到中央军委、毛泽东发来的注有"AAAA"或"AAAAC"的十万火急的电报，彭德怀就把译电员和警卫分队留下来，等到收完、译完之后才走。每次重要的战役战斗，他都及时向中央报告请示，认真执行党中央和中央军委对野战军的指示。这样，陕北战场和中共中央意图息息相通，并与全国各战场紧密配合。中央留在陕北，陕北战场的胜负进退，都关系着中央的安全，牵动着亿万人民的心，并为中外所瞩目。彭德怀对身边的工作人员说：中央把这么重的担子交给我，我要是指挥不好，犯了错误，那就是我彭德怀无能，对人民犯了罪，对不起中央的重托。又说："带兵打仗是十分严肃而责任重大的事，稍一不慎就要死人，人命关天呀！"

在解放战争开始时，彭德怀手上的兵力是各大野战军中人数最少、装备最差、与敌兵力对比最悬殊、所处地理环境最恶劣的一支部队。仗能够打成那样，并形成席卷西北之势确实非常不容易。赵寿山说：彭德怀能打大胜仗，也能打好败仗，是真正的大将军。

抗美援朝战争，中朝的兵力、装备与"联合国军"相比都有巨大差距，缺乏强大的火力和机动力。主要作战对象是当时世界上最强大的现代化的美国侵略军，它不仅有高度的现代技术装备，而且久经训练，实战经验也很丰富。彭德怀在国家处于危难的时刻，毅然接受了党和人民的重托，率领中国人民志愿军入朝作战，显示出战略家的胆略和气魄。

三、不怕强敌，敢打必胜

彭德怀在战略上敢于藐视敌人，驾驭战争形势，控制敌人命运。中国革命战争要消灭敌人，推翻反动统治，必然遭到敌人的拼死反抗。要赢得革命战争的胜利，不敢打恶仗，是绝对不行的。金戈铁马，血雨腥风，残酷的战争环境磨炼人的意志。彭德怀戎马一生，残酷的战争环境和极端困难的条件磨炼了他鲜明的个性，练就了他不畏强敌、视险如夷、雷霆不移的宏伟气魄和革命胆略；练就了他坚韧不拔的容忍力、刚毅顽强的意志力。彭德怀敢于在敌我力量相差悬殊、形势对我十分不利的情况下定下出战的决心，而且愈到艰难时候愈坚定勇敢，压力越大，反抗越大，任何时候都不在强敌面前低头，不在困难面前动摇。

从湘军中成长起来的彭德怀，继承了湘军作战勇猛的风格，再加上他本人性格耿直、火爆，这使他指挥作战的风格偏于骁勇，更容易动情，喜欢身先士卒，冲锋陷阵。因此，他带出的部队多以打攻坚战、硬仗见长。他是我军打恶仗、险仗、硬仗最多的将帅之一。

井冈山突围中，在敌人攻山、部队突围时，他裹着一条毯子从峻岭上滚下来，两日内粒米未进，率部突围成功。

长征路上的光华铺战斗，他指挥红三军团部队以重大代价阻击敌军，掩护中央红军大部渡过湘江。

在陕北战场上，他临危受命，指挥陕甘宁野战军战胜十倍于己之敌，保卫了党中央和毛泽东在陕北的安全。

彭德怀敢打硬仗，在实践中锻炼提高部队。他指挥的百团大战，华北几乎所有的八路军和游击队都参加了对日作战。其中，许多战斗和战役打得极其艰苦。

1940年10月底，彭德怀亲临前线，指挥了百团大战中最艰苦的一仗——关家垴战斗。是役，全歼日军第四混成旅团冈崎大队600余人。八路军伤亡也较大，三八六旅七七二团一营的三个连伤亡过半。

彭德怀为什么要打这么一次苦仗？跟随彭德怀多年的老部下、参加这次战斗的特务团团长欧致富道出了首长的苦衷："彭老总坚持要打关家垴战斗，还有一个意图：八路军是坚持敌后抗战的主力军、正规军，不但要会打游击；必要时，也得猛攻坚守，顽强拼杀，敢于啃硬骨头。"

彭德怀始终充满着革命乐观主义精神，党中央撤离延安时，他告诫延安广大军民，一定要坚守信心："有党中央和毛主席在陕北，有这么好的群众，这么勇敢的部队，一定能取得胜利。敌人没有什么了不起。我们还要回来。延安是我们的，全中国都是我们的。"他这种知难而进、勇为前驱的精神，一直鼓舞着广大军民，并为大家所称颂和敬仰。

彭德怀平时喜欢和同志们讲笑话，打起仗来却表现出钢铁般的气质，火线上有他在，战士们就不害怕。他的果断和严厉有时会使人害怕，但战士们说："我们是怕他的，我们更爱他！"

志愿军出国后的第一仗，是在朝鲜战局处于十分危急的情况下进行的。麦克阿瑟指挥的"联合国军"和南朝鲜军总兵力44.1万余人，其中地面部队34.9万余人，海军5.6万余人，空军3.6万余人；投入各种作战飞机1100余架、舰艇200余艘，掌握着绝对的制空权和制海权。朝鲜方面，只有三个师的兵力尚可坚持作战，大部分兵力被困在南朝鲜，溃不成军；我志愿军只能出动陆军六个军，总兵力约29万人，而且基本上是步兵，手里又多是解放战争时期从蒋军手中夺取的陈旧装备；志愿军一个军装备的火炮，仅相当于美军半个师装备的火炮，彭德怀手中没有海军和空军。朝鲜地形狭窄，三面环海，利于敌人的海、空军活动，而不利于我军的运动作战，并对我军后方造成严重威胁；朝鲜城乡遭受战争的严重破坏，人民生活极为困苦，我军所需一切物资都要从我国运去。在这种情况下，彭德怀力主出兵援朝，显示出过人的胆略和政治勇气。

［故事一］

彭德怀敢于打逆风仗，越是危急关头，越是大家觉得不能取胜的时候，他越能给人以惊喜。

1933年3月，第四次反"围剿"作战，彭德怀奉命率红三军团在广昌西北的东陂伏击国民党王牌军第十一师。

该师是黄埔系将领陈诚的起家部队，在1930年中原大战中，是蒋介石打败对手的主力部队之一。蒋介石十分看重这支部队，为了"剿灭"共产党，特地把这支嫡系部队调入苏区战场。第十一师在师长萧乾指挥下进入苏区后，恃强自傲，如入无人之境，横冲直撞。

面对这样的强手，彭德怀没有丝毫胆怯。战前，他对红军战士们动员说："这一仗，就是要抓住敌人的傲气，还要养它一养，然后来个反手，把他打下马来。"

3月21日，当敌第十一师接近伏击地域时，彭德怀命令红一师师长彭绍辉派出一个连，将敌军引入伏击圈。

谁知，派出去的一连红军战士刚与敌接触，就乒乒乓乓地打了起来。彭德怀一听枪声，不禁勃然大怒，他拿起电话对着彭绍辉吼道："如果把敌人打跑了，你要负完全责任！"

这时，敌十一师很快抢占了东陂的制高点——霹雳山主峰。彭德怀清楚，如果这个制高点被敌人控制，不仅不能伏击敌人，而且红三军团的处境也将十分危险。他立即命令彭绍辉无论如何也要夺取这个制高点，控制隘口，切断敌军的退路。

彭绍辉接令后，立即组织部队连续发动三次冲锋，均未攻下。彭德怀十分焦急，他来到前沿阵地，抓起话筒，高声吼道："彭绍辉，我在看你们行动，要特别冷静，一定要组织好火力，利用一切机会猛攻。"

彭绍辉是参加过平江起义的老战士，作战十分勇猛，是彭德怀一手培养起来的红军高级指挥员。他接到电话后，当即爬上山头，亲自组织部队冲锋。

看到彭绍辉亲自上阵，彭德怀立即命令紧随其后的军团司号员吹起冲锋号。嘹亮的冲锋号响彻山谷，大大地鼓舞了红军战士的士气，国民党军则闻声丧胆。

彭绍辉听到激昂的冲锋号，便知道军团长亲临第一线了，他跃出工事，带领红军战士旋风般地冲上主峰。经一场激战，红一师拿下了主峰。

彭德怀不给敌人喘息机会，立即指挥红三军团主力向敌第十一师阵地发动全面攻击。激战一日，敌第十一师大部被歼，师长萧乾也被击毙。在这一仗中，彭绍辉的左臂被打断，成为人民解放军一位著名的独臂将军。

［故事二］

1934年11月25日，中央红军长征接近湘江。蒋介石为阻截红军西渡湘江，急调几十个师的兵力沿湘江两岸构筑了第四道封锁线，准备把红军阻截在湘江东岸，一举围歼。这时，中央机关仍以庞大的非战斗队伍，携带大量辎重，作甬道式前进。敌人十几个师从几个方向压了过来，形势异常危急。

在红军生死存亡关头，彭德怀奉命指挥红三军团从左翼拼死堵住敌人。当时红三军团的任务是在左翼进至界首一带，坚守界首、新圩等要地，阻击由南面北上的广西军阀白崇禧的第七、十五军，保证全部红军的左翼安全，保护中央、军委纵队过江。彭德怀深知任务的艰巨。为此，他对全军下达了铁的命令：不惜一切代价，全力坚守三至四天！

彭德怀率红三军团昼夜急行，利用白崇禧桂军害怕红军进入广西而后撤的机会，进至湘江岸边，并在战略要地界首附近强占了渡口，与红一军团一起控制了约30公里宽的渡河地段。他将军团指挥部设在湘江西岸离界首渡口仅几百米远的一座旧祠堂里，决心不惜一切，背水一战，指挥好这场事关重大、残酷激烈的战斗。

为确保阻击任务的成功，彭德怀命李天民、钟赤兵率红五师进至敌人进逼湘江的必经之地——新圩，阻止由南面北上的桂军；命红六师在河东岸石玉村一带建立阻击阵地，掩护红五、八军团通过；同时又命张宗逊、黄克诚率领红四师，加入到红一军团方面的作战，在界首以南的光华铺阻击由全州南下的湘军。

彭德怀相信自己的指战员，无数次战斗已经把他们铸造得钢铁般坚硬。但是，敌人在数量上占绝对的优势，红五师要抵挡桂军两个师的进攻，红四师同样也要以一个师的兵力阻挡湘军的一个师外加一个独立团的进攻，谈何容易。而且敌军除了人数上占优势外，装备上也远比红军好，且有空军助战。红三军团是在地势开阔的平原一带组织防御，既无有利地形可依托，也来不及修筑工事，只有靠广大红军战士的血肉之躯和顽强的毅力来抵挡国民党军的进攻。

11月29日清晨，界首以南几里路的光华铺一片开阔地上，敌人在飞机的支援下，以数倍于红军的兵力发起了全面进攻。

红三军团五师防御的新圩，是白崇禧桂军截击红军西行的必经之路。桂军将领白崇禧，擅长谋略，人称"小诸葛"。彭德怀知道一场硬仗即将开始了。

红五师刚刚布置好阵地，桂军第七军的两个师就发起了攻击。白崇禧首先以猛烈的炮火轰击红军的第一道工事，然后，以整营整连的兵力向红五师的阵地发起冲击。桂军几度冲进阵地，红军将士与敌展开肉搏战。几经反复拼杀，红五师挡住了桂军第一天的进攻。

第二天，白崇禧除了加强正面攻击的兵力和火力外，还派出一部分部队迂回侧击红五师的阵地。此时，新圩一旦失守，整个红军就会被拦腰斩断，后果不堪设想，红三军团五师首长以两个团，"人在阵地在"的精神，与敌人展开了殊死的拼杀肉搏，结果师参谋长胡浚、十四团团长黄冕昌战死在阵地上。

在距前沿阵地不过几百米的军团指挥所里，彭德怀十分着急，他意识到中央红军已经进入十分危急的关头，如果再不采取行动就有全军覆没的危险。为了稳住阵地，掩护军委纵队和中央纵队的撤退，彭德怀亲自来到前沿阵地指挥战斗。

彭德怀来到前沿阵地，稳定了形势，他命令部队集中火力，待敌人靠近前沿阵地时才出击。军团长亲临前线，给广大红军战士以巨大的鼓舞，处于劣势的红三军团一直在新圩坚守了三天两夜，为后续部队的赶到赢得了时间。

12月1日，红军的各路纵队赶至湘江岸边。这时，国民党军的进攻也更为猛烈了，北上的桂军和随后的"追剿"军主力，向红军各部发动了全面进攻，企图一举夺取渡口，封住红军渡过湘江的道路。红一、三军团在湘江两岸死死地顶住湘军、桂军的进攻。

彭德怀率领红三军团的勇士们浴血奋战三天三夜，以巨大的代价完成了阻击任务，终于掩护红军主力渡过了湘江，突破了敌人的第四道封锁线。

许多指挥员在最艰苦最严重的时候，比如说伤亡很大，反复地打上去又退下来，部队连续作战与连续行军很疲劳等等，这种时候最易动摇军心，最易把最后决胜的时机放过去。但是，当你处于最严重困难的时候，也是敌人最严重困难的时候，常常是当你困难而决心发生动摇的时候，也恰恰正是敌人对胜利已感到绝望的时候，这种时候是最紧要的关头。毛泽东曾说，胜利就在于坚持一下的努力之中，谁能努力地"坚持一下"，战争的胜利就属于谁。有坚持力的军事指挥员，哪怕面临危境，也常常可以在"坚持一下"的努力之中绝路逢生，甚至反败为胜。

这个道理，彭德怀在井冈山时期就感悟到了。他后来在《自述》中写道："……困难到极端的时候，就是转变的开始，只要再坚持一下，就胜利了。井冈山被敌攻破时，是我们极困难的时候，只有三个多月变了。当时我们退却，敌人追击；我们对茶城来了一个奔袭，取得了胜利后，敌人即由追击进攻转变为退却，我们由退却转为进攻。经验教训就是要团结，要坚持，要坚决；不要动摇，不要松懈，不要涣散。"（《彭德怀自述》，第128页）

　　［故事三］

在促使中共中央、毛泽东最后下决心作出尽快出兵援朝的决策时，彭德怀更是显示出了敢于斗争、不怕强敌的大无畏革命精神。

1950年10月12日，鉴于苏方拒绝兑现出动飞机掩护的许诺，我入朝部队将在没有空中掩护的情况下同高度现代化装备的美军作战，毛泽东火速电召已经赶赴安东组织志愿军出动作战事宜的彭德怀回京，重新研究出兵决策。

此时，朝鲜首都平壤告急，朝鲜人民军仅剩五万人了，朝鲜危在旦夕。毛泽东与彭德怀等协商后决定出兵援朝计划不变，不能见死不救。10月13日下午召开的中央政治局紧急会议上，彭德怀坚持出兵朝鲜的主张，他认为不论有多大困难，还是出动到朝鲜更为有利。彭德怀的态度很明确，一定要打，而且要打就要打赢，令出国部队10天内完成作战准备。彭德怀后来回忆说："毛泽东派周总理、林彪赴苏联要求支援武器。苏联答应出枪、炮、弹，以出厂价格五折支援，但不出动飞机。毛主席又问我，可不可以打，苏联是不是完全洗手？我说：'这是半洗手，也可以打。'最后毛主席说：

'即令打不过也好，他总是欠我们一笔账，我们什么时候想打，就可以打。否则，我们将来再想打，就无口可借了。"作为领军统帅的彭德怀"可以打"的决心进一步坚定了毛泽东的信心。

对于立即出国参战，在东北前线的入朝部队领导人也有顾虑。10月17日，第十三兵团负责人联名致电彭德怀，强调我军在高射炮太少，又无空军配合的情况下出动，弊多利少，建议"三两个月内新装备确有保证（尤其是空军能够出动），则可按原计划进行，否则，推迟出动时间的意见是很值得考虑的"。彭德怀接电后，即答复说，困难再多，再大，也要出动，否则，将会更被动。"我们的敌人不是'宋襄公'，他不会愚蠢到等待我们摆好阵势才来。敌人是机械化部队，有空军和海军的支援，进攻速度很快，我们要和敌人抢时间。"

随后，彭德怀指挥我军连续发动三次进攻战役，扭转了朝鲜战局。敌军遭痛歼溃退至"三八线"以南。

历史证明，战争是力量的竞赛，也是正确运用力量的竞赛。而要拥有和壮大自己的力量，并正确地运用力量，彭德怀的根本经验之一就是敢于斗争，敢于胜利。

敢于斗争，是克敌胜制的根本前提，也是人民军队的本质属性。作为党领导的人民军队，无论军事斗争形势如何艰难，只要党和人民需要，敢于斗争、敢于胜利都是人民军队的不二选择。为此，人民军队不惧怕任何困难，不惧怕任何敌人，不惧怕流血牺牲。

在国家的生存智慧中，具有忧患意识和掌握战争艺术是必须的。我们反对战争但不怕战争。在国家生存死亡的历史关头，战略家必须具有超前的判断力和果断作出科学抉择的魄力，以及面对强敌敢于应战的勇气和善于应战的智谋。

历史告诉我们，在强大的敌人面前，不敢斗争，就没有任何希望，没有任何前途，也根本谈不上克敌制胜。在这一点上，敢不敢进行斗争，敢不敢争取胜利，对于人民军队来说，任何时候都是一个重大的原则问题。彭德怀等革命先辈在长期的对敌斗争中，作为彻底的唯物主义者，以压倒一切敌人而绝不被敌人所屈服的大无畏气概和坚定的革命精神，坚信国内外一切貌似强大的敌人本质上是腐朽、反动、虚弱的，而一开始处于弱小地位的革命力量，则代表着正义和进步，无论革命的道路如何曲折，前途终究是光明的，所以能动地创造出一系列彪炳史册的辉煌战绩。

任何军事行动，在强调具有敢打必胜信心的同时，在部署作战行动中，不论在战略、战役和战术上，都必须重视敌人，把作战计划建立在准备对付可能出现的最困难、最复杂的情况的基点上。同样，在作战实施中，不论战略、战役和战术上，遇到何种艰难险阻，也都应当有藐视敌人、压倒一切敌人的英雄气概。面向实际，全面地分析构成战争运动的敌我双方互相对立、互相制约、互相转化的诸因素及其发展规律，并依此来考虑自己的行动，从而把胆略与科学联系起来，把勇敢与谨慎统一起来，把大胆行动与周密部署结合起来。只有这样，才能使胜利的可能变为现实。敢于胜利，善于胜利。藐视敌人、敢于斗争是重视敌人的前提；重视敌人、善于斗争是藐视敌人的保证。

四、身先士卒，履险如夷

彭德怀常讲：干部勇敢、不怕死，部队才能冲得上，攻得下。他自己正是勇敢而机智的模范。在枪林弹雨的战场中，特别是每次重大战役的开始到结束，彭德怀总是不避艰险，身先士卒，靠前指挥。他走得很快，一溜烟就到了基层指挥所。敌人的子弹常常从头上呼啸着飞过。战斗进入关键时刻，他置生死于不顾，把自己的指挥所前移到最有利于指挥的位置，指挥官兵与敌血战，取得一个又一个胜利。曾与他共过事的杨尚昆在回忆录中这样写道："三军团有三个师，真正打起来，彭德怀都是到前方去。有时候，电话一接通，师部还在他后面，同他打完电话赶快往前移。他这个人就是不惜自己的性命，总是进攻在前，退却在后。"（《杨尚昆回忆录》，第87页）

[故事]

在第三次反"围剿"中，一次彭德怀率红三军团的两个师在江西兴国一带截击国民党第十九路军蔡廷锴部两个师的进犯，战斗十分激烈。由于国民党军人数众多，装备精良，进攻连连得手，红三军团接连丢失了几个阵地。彭德怀闻讯后，在指挥所里再也坐不住了，亲赴前线，骑着一匹白马，挥舞着战刀，带头冲进敌阵。顿时，红军指战员士气大振，争先恐后地杀入敌阵，很快打退敌军的进攻，丢失的阵地重被夺回。

彭德怀之勇，经常表现在亲临前沿，靠前指挥，以致他的下级指挥员不断向他提出"抗议"，并常常是强拉硬拽把他送下火线。

在抗日战争最困难的1942年，他作为第十八集团军副总司令，主动要求率领第十八集团军前方总指挥部机关留在最危险的太行抗日前线，就是他身先士卒、勇挑重担的一例。

1942年，中国抗战处在最艰苦、最困难的时期，日本侵略军调集优势兵力加紧进攻和"扫荡"敌后抗日根据地，并将"扫荡"的重点指向中共党政军首脑机关，第十八集团军前总就多次遭到袭击。

5月19日，日军调集一个多师团和四个独立混成旅团各一部共2.5万余人，在军司令官岩松义雄中将指挥下，"扫荡"太行抗日根据地北部地区，21日，各路日军已将第十八集团军前总、中共中央北方局机关及在党校学习的千余名干部合围在晋东南涉县窑门口、青塔、偏城、南艾铺地区。彭德怀和第十八集团军"前总"、参谋长左权决定分散突围。左权在指挥突围作战中不幸于25日英勇殉国。噩耗传到延安，立即引起极大震动和中共中央的深切关注。

由于晋东南离中共中央所在地延安很远，四面又被日伪军构筑的铁路封锁线和据点、碉堡层层包围着，回旋余地有限，而晋西北已与战略后方陕甘宁边区连成一片，如前总移至晋西北，危急时可随时跨越黄河，返回陕甘宁边区，其安全系数比晋东南大得多。为此，毛泽东等中央领导在左权牺牲后，连电催促彭德怀率前总机关移驻相对安全的晋西北。

为了消灭日军，领导华北军民抗战，彭德怀把个人安危置之度外。他考虑再三，于7月16日致电中央，谈了他的意见：如果前总裁减，他可以率少数工作人员回延；"如果对外及实际还须保留，前总移晋西北只是为了避免损失，我认为仍在晋东南适宜"。同时，他还在电报中阐述了留在晋东南的理由和避免损失的办法。中央书记处复电同意了他的意见。

彭德怀认真总结和吸取前总机关在反"扫荡"中遭受严重损失的深刻教训，采取了一些重大举措，将前总机关精简下来的干部及华北各战略区在精兵简政中编余的干部一批接一批地送往延安。

彭德怀率领前总机关坚持留在晋东南前线，就近指挥太行、太岳、冀南和冀鲁豫的对敌斗争，与前方军民同生死、共患难，成为日军摧不垮、赶不走的钢铁堡垒和心腹大患，将日军的注意力和作战重心长久地吸引在太行地区，这对其他抗日根据地军民是一个极大的支持和鼓舞，增强了广大军民战胜强敌、克服困难的信心和勇气。

1948年2月下旬，西北野战军包围宜川后，彭德怀带了副参谋长王政柱和几个参谋、警卫人员，到城北的塬上观察城内外敌军的防御工事。由于城郊烟雾缭绕，看不真切。彭德怀说："咱们再往前走走。"他边说边走，一直走到敌军的炮火射程以内。忽然有一发炮弹在离他十几米处爆炸，弹片从他头顶飞过，尘土落满全身。彭德怀骂了一声："要什么威风，你们很快就要完蛋了！"

他转过身诙谐地对王政柱说："敌人的炮镜比我们的望远镜强，我没看见他，他倒看见我了。"在阻击打援打响前，他又同副司令员和各纵队首长，到瓦子街一带察看地形。

部队猛攻宜川城，逼得守敌张汉初向胡宗南告急，使胡派整编二十九军增援。而彭德怀则将我军主力集结在瓦子街一带。

当刘戡率军到达时，我军发起了猛烈的袭击。在战斗最激烈的时候，彭德怀又跑到了最前沿，站在一个山头上，双手擎着望远镜，观察激战的场面，为战士的勇猛顽强擂拳叫好。警卫人员为了他的安全，力劝他隐蔽，无论如何也劝不下来。

澄合战役攻打壶梯山时，彭德怀冒着炮火硝烟，来到第二纵队司令员王震的指挥所。这里离前沿很近，只构筑了简单的掩蔽工事。当时王震正举着望远镜全神贯注地观察敌军阵地，一回头却发现彭德怀站在他身后，大吃一惊。他顾不上汇报战斗情况就急忙关切地说：

"你来这干什么？这里太危险，出了问题我可负责不起。"

彭德怀却笑着回答："你能来，为什么我不能来？你死得，我就死不得？"

敌人打来的炮弹越来越密，附近弹片横飞。为了彭德怀安全，王震不管三七二十一把他拉到掩蔽部里，急切地说："我简单向你汇报一下情况，你就赶快走吧！"

可是讲完以后彭德怀仍然不肯离开。于是王震故意用激将法大声说："你是不是不相信我的指挥？"

彭德怀笑着回答："谁不相信你的指挥，我看我的，你指挥你的，我在这里保证不干预你的事情。"

事后，王震谈到这件事深情地说："彭德怀太不爱惜自己了，打起仗来哪里靠前，他往哪里钻。"

1947年10月，攻打清涧城制高点爬子山的战斗异常激烈，部队久攻不下，敌前来驰援的五个半旅已进至离三五八旅20里的山后，其他部队正在顽强抗击。是打还是撤？就在这紧要关头，彭德怀来到三五八旅前沿。

他站在一条横向的堑壕里观察。这里常遭受敌火力袭击，机枪可以打到。旅政委余秋里对彭德怀说："老总，这里危险，快换个地方！"

彭德怀生气地说："你们经常在这里观察都不怕，我怕什么！"

余秋里见久待要出危险，忙上前把彭德怀硬架了下来。刚离开，一梭子弹就打在他刚才站的位置上。彭德怀风趣地说："看来任务没完成，马克思不要我。"

回到旅部，他一面命令其他部队继续抗击，一面指示三五八旅调整部署，组织部队，加强攻击。彭德怀的模范行动，对指战员鼓舞很大。团长褚汉元带领突击营勇猛攻击，终于占领了爬子山主峰。第二天，部队发起总攻，全歼清涧守敌，活捉了敌中将师长廖昂。

抗美援朝中，在中国军队以志愿军名义正式跨过鸭绿江之前一个小时，即1950年10月19日傍晚，彭德怀率三人乘一辆吉普车，并仅由一辆电台车跟随，最先进入战火纷飞的朝鲜。身为志愿军统帅，冒如此大的风险，除了协调中朝两军行动外，主要为的是亲自了解战场情况。

到朝鲜之后，彭德怀就一心扑到了指挥作战上，视革命利益高于一切，把自己的生死置之度外。为了及时了解前线情况，准确地掌握战争全局的变化，他把他的指挥所尽量推进到能够同主要的几个军直通有线电话的地方。他亲自处理电报，迅速答复下面提出的问题，不误战机。当时我军没有制空权，志愿军指挥所又没有高射武器掩护。

彭德怀在朝鲜战地纵横驰奔，从来不顾个人安危。他不愿住掩蔽部而乐于住民房或临时搭的简易住房，有时敌机在头顶上盘旋扫射投弹，他照常聚精会神镇定自若地思考问题、查看地图或阅读文件，对敌机不屑一顾。

面对拥有世界上最强大火力的美军，彭德怀一直坚持靠前指挥。

志愿军司令部在大榆洞时遭轰炸，毛岸英等不幸遇难。后来到上甘岭、空寺洞等地又几次遇险。第四次和第五次战役中敌坦克已接近志愿军司令部，他却始终不离前线。

一次，防空警报以后，敌机数架飞来，对准彭德怀住处猛烈俯冲扫射，警卫人员刚刚把他拉走，子弹便穿透屋顶把彭德怀的行军床打了几个窟窿，刚进防空洞，洞门又中了几发子弹。大家为他捏了一把汗，他却开玩笑说："有马克思在天之灵，怕什么！"

第二次战役发起后，解方参谋长代表直属机关党委建议彭德怀进洞子，他不肯。最后，洪学智硬把他拉走。他刚走开，七架B-26飞机飞临上空，一下子丢下了几十个凝固汽油弹，彭德怀住的那间小房子顿时化为灰烬。

彭德怀把自己的安危置之度外，却经常为广大指战员的安全牵肠挂肚。

每当去部队视察，他总要仔细察看工事构筑是否坚固适用，并和指战员们一起研究如何更好地保存自己，减少伤亡，消灭敌人，坚守阵地。

毛泽东和周恩来对彭德怀的安全非常关心，曾多次致电表示关切并提出要求，党中央也曾指示志愿军党委切实保障彭德怀的安全。为此，志愿军党委和几位领导同志曾专门开会研究，并指定专人负责。

彭德怀脾气大、性子急，可他性格中还有另外一面，就是头脑冷静，每临大事有静气。战役情况越复杂，情况越紧急，越能够冷静思考，沉着应变。他自信、达观、刚毅，有一种坚不可摧的气度。身处严酷的战争环境，面对凶恶的敌人，彭德怀善于"卒然临之而不惊，无故加之而不怒"，沉着冷静，镇定自若，从容应对，排危解难，克敌制胜。

战争是最容易让人们产生激情的领域。瞬息万变的战场情况和隐蔽巧妙的战略战术，每时每刻都在撞击着人们的心理。复杂的战斗情况随时会掀起人们情感的惊涛骇浪。敌人凶狠、残暴的行为，成千上万人的流血牺牲，战斗失利的屈辱，再加上敌人故意的戏辱等等，都容易点燃激情之火。但是，战争又要求人们必须善于控制消极情绪的爆发。我国古代军事家孙子把将领"忿速"（指急躁易怒）视为"用兵之灾"，列为覆军杀将的五种危险之一。德国著名的军事理论家克劳塞维茨认为，"容易激动和暴躁的人，本来对实际生活就不大适应，因而对战争就更不适宜"。原因是，这种人要在感情激烈冲动时保持镇静就更加困难，因而常常失去理智，对指挥来说，这是最糟糕的一面。

战争实践证明，在军事上，消极的爆发情绪，犹如脱缰的野马，一个指挥员，如果控制不住这匹"烈马"，凭一时的感情冲动而轻举妄动，不仅会扰乱理智的计谋，而且容易被敌方的"激将法"诱使自己上钩，上当受骗，误入圈套，造成无法挽回的失误。历史上有不少能征善战的将军，曾因"激情"爆发而导致失败，有的甚至掉了脑袋。

在多次战斗险恶的情况下，彭德怀始终做到急而能安，缓而不辍，即便在战斗最激烈的时候，也能按下"心头火"，沉着冷静地考虑问题。他丝毫不为敌人的"挑战书""激将法"所动，不为一时的困难而动摇既定的决心，不为暂时的敌强我弱、冲击失利而灰心丧气，不为下级部队久攻不克、伤亡较大而埋怨动怒，也不为一役之胜而冲昏头脑，始终保持冷静的头脑，正确分析形势，判断情况，掌握战场主动权。尤其是在对我不利的情况下，他坚持"忍辱避战"，不打不利条件下的决战，不打无准备无把握之仗。在险要和危难关头，以高度的克制力和冷静的分析，寻找致胜方略，转危为安，化险为夷。

这种每临大事有静气，恰恰是一个统帅、一个军事家的重要素质，是战胜敌人的重要因素。

1947年4月蟠龙战役中，当胡军摆成纵横几十里的"方阵"尾随野战兵团"主力"向北疾进时，彭德怀率领野司机关，就驻扎在敌"方阵"边的一个叫新庄的小山村里。侦察员和参谋不断送来十万火急的报告。

这里同敌人仅隔几个山头，相距才1000米左右，随时都可能遭到敌人的袭击。司令部的人员都荷枪实弹，严密注视着敌人的行动，准备随时同敌人战斗。彭德怀说："敌人怕我们打它的埋伏，是不敢下到山沟来的。"他若无其事，躺在土炕上，筹划着打击敌人的方案。当侦察员报告：敌人过去了。他从炕上一跃而下，说："'大路朝天，各走一边'，敌人向北，我们向南，各走各的路，各办各的事噢！"即命令队伍向蟠龙进发。

1948年4月26日宝鸡之战结束后，西北战场风云突变，野战军主力陷入了敌人左右夹击的不利形势，第一、二纵更处于背水侧敌的险境。

用机械化武装起来的敌人来得很快。4月27日这天，彭德怀率领野司机关驻在凤翔南的屈家山村，与敌人相距不过几十里，前线不时传来枪炮声。可是彭德怀不慌不忙，沉着冷静地指挥着部队。他命令第一、二纵将兵工厂、军火库以及来不及转运的军事物资统统炸毁，要求两纵队主力于28日拂晓前全部撤出宝鸡，迅速摆脱敌人。

可是，此时攻克宝鸡的我军部队正在分散做群众工作、转移军事物资。彭德怀命令电台马上与各个纵队联系，由他亲自布置撤退路线和集结地点。

为了保证万无一失，他特别关照第一、二纵队，集中一个团，撤一个团，集中一个旅，撤一个旅。天色将晚，枪炮声越来越近。野司警卫部队已经作了最坏的打算，正在挖工事，随时准备抗击来犯之敌。

由于有一支部队还没有联系上，彭德怀坚持要将电报发出去再走。面对着战友们焦急的催促，彭德怀向警卫员要来左轮手枪，带在身上，说："只要部队撤出去，我个人没什么，我还可以带警卫营打游击。"

一直等到和各纵队联系完毕，彭德怀心里的一块石头落了地，这才率领野司人员顺利地摆脱了敌人向北转移。

五、严于律己，勇担责任

彭德怀是一个谦逊的人，从不掩饰自己的过失。他心胸坦荡，有成绩归功于党和群众，有问题勇于承担责任，严格解剖自己。

1930年6月，李立三"左"倾中央要求红三军团攻打武昌。彭德怀精通军事，坚决反对。他说："前有坚城，后无退路，侧长江，背南湖。"真要打，"有全军覆灭的危险"，因此拒不执行。后来"妥协"一下：首先消灭鄂东南各县反动武装，然后发动群众，扩大红军，打开岳州。7月，何键派三个旅进攻平江，红三军团以八千人对三万之敌，三天打四仗，追歼溃敌，以迅雷不及掩耳之势攻占长沙，"这在军事史上是不多的"。（《彭德怀自述》，第155页）

然而，彭德怀却作了检讨："由于红三军团攻占长沙的胜利，对于立三路线，也起了支援作用。"（《彭德怀自述》，第156页）

在第四次反"围剿"前后，由于执行了"左"倾中央领导关于打赣州等错误命令，彭德怀在《自述》中也作了深刻的检讨。

百团大战在当时产生重大影响和积极作用的同时，也带来了一些不利影响和消极作用，对此彭德怀在1940年9月《在北方局党的高级干部会议上的报告》中，作过客观而中肯的深刻分析，充分显示了其实事求是的作风。他指出：我在这个问题上是有错误的。这个错误主要表现在我对日军向我进攻

的方向估计不对。本来敌人准备进攻中原及打通粤汉路和湘桂路，而我以为
（据我们情报工作者的报告）是要进攻西安，怕敌人进占西安后，截断中央
（延安）同西南地区的联系（实际上这种顾虑是不必要的）；更没有估计到
日本法西斯打通粤汉路，是为了便利进行太平洋战争。如果当时看破了敌人
这样的战略企图，那就再熬上半年时间，或者等敌人进攻长沙、衡阳、桂林
以后，兵力更加分散时，我军再举行这次大规模的破袭战役，其战果可能要
大得多，其意义也要大得多。

解放战争时期，西北野战军在彭德怀的率领下，打了很多胜仗，不料二
打榆林和西府陇东两个战役，虽然歼敌两万八千多，但未达成预期的目的，
部队伤亡较大。

二攻榆林未克，是由于对敌情估计不足；个别指挥员疏忽，战术上强攻
与坑道爆破脱节；加上陕北气候寒冷，部队装备单薄，粮食不足，久战疲
劳。彭德怀后来在撰写自述时，再次检讨这次战役时说："我在作战指挥上
有一个优点，就是不满足于已得胜利；但求之过急，就变成了缺点，而且屡
戒屡犯，不易改正。第二次打榆林，只是想到中央在米脂、绥德一带不安
全，打下榆林就放心了，未考虑其他方面。"（《彭德怀自述》，第255—
256页）

1948年4月中旬，西北野战军包围洛川之后，敌增援洛川之裴昌会兵
团，接受刘戡的教训，采取缓进稳打的办法，野战军打援未果。彭德怀为
调虎离山，尽早解放延安，立即改为率师西进，出敌不意截断西（安）兰
（州）公路，袭取胡宗南的战略后方——西府。

4月26日，野战军首先攻占胡宗南的后方供应基地宝鸡市，缴获如山。
守敌整编七十六师再次被歼，师长徐保毙命。西北野战军进军西府，迫使延
安及洛川守敌相继南逃。4月21日，延属军分区部队收复延安。毛泽东撤离
延安时提出的三年收复延安的要求，至此才一年零一个月就实现了。延安又
回到人民手中。

胡宗南在发觉野战军有夺取宝鸡的意图后，急令裴昌会率五个整编师共

十一个旅以上兵力，西进驰援，马步芳以其第八十二师自镇原南进，配合胡军向野战军夹击。

由于部署在咸阳以西阻援的第四纵队在敌猛进中撤守，致胡军比预期提前进入宝鸡地区，宝鸡地区的野战军主力反而处于敌人左右夹击的不利形势。为摆脱敌人，彭德怀令野战军由宝鸡北撤，缴获大部未能带走。

彭德怀对此十分痛心。5月26日，在洛川的土基镇，他召开野战军第二次前委扩大会议，总结西府战役经验。尽管这次失利原因是多方面的，但他严于律己，首先诚恳地作了自我批评，检讨了自己对胡宗南、马步芳之间的矛盾分析不透、判断不准，和思想上急于求成的缺点。他指出这两次战役未打好，都发生于打胜仗以后，责备自己滋生了轻敌思想，沉痛地说，这次战役，"出动前准备不充分，对个别纵队的内部情况了解不深入，对敌人估计不足，这三项，战役领导机关与直接指导者都应负责任，也就是我应负更多的责任"。原因是在战役指导上犯了若干错误，"特别是我应负主要责任"。

彭德怀的引咎自责；他的不徇情面，信赏必罚；他对作战不力、纪律松弛的不可遏制的震怒，使全军震撼，进一步激励了斗志。对于彭德怀如此真诚的态度，就连老一辈革命家林伯渠在那次会议上也深深地感叹说："德怀同志有德可怀，有威可畏啊！"

在时隔很久的一次会议上，彭德怀还负疚地说："比如在西北战场，我们两次吃过马家骑兵的亏。人得有自知之明，不能把自己看得了不起，我需要帮助，需要改造。因此，我希望和我一道工作的同志，敢于不顾情面地指出我的错误和缺点，才能把事情做好。"

抗美援朝第五次战役发起前，洪学智曾建议再后退一步，迟打一些时间。彭德怀考虑到敌人可能从我侧后登陆，陷我于两面作战，而后退一步，地形又不利于我进行反击，因此没有采纳这个建议。事后，彭德怀曾主动检讨，承认错误。

第五次战役收尾敌人反扑时，志愿军新入朝的第六十军第一八〇师在转移中因部署失误而被敌切断退路，因地形不熟，缺乏经验，伤亡大半，损失惨重。战役结束后，彭德怀在给中央的报告和在志愿军高级干部会上，对此屡作检讨，承担责任，同时也严厉批评了有关的战场指挥员。朝鲜停战后，他又在军事系统高级干部会上主动作检讨。他严于律己的精神，使大家深受感动。

有了失误，彭德怀从不文过饰非，即使取得很大成绩，为了推动工作的发展，彭德怀也公开检查前进中的缺点。新式整军运动受到毛泽东高度赞扬后，彭德怀没有拿成绩来掩盖问题。他在给军委的报告中，认真检查"运动发展不平衡"和"有某些过火行为"等两个问题，说这是前委缺乏具体领导造成的，并在党的会议上，就上述两个问题作检讨，提出改进意见。他说："在某种意义上讲，认识自己比认识别人更难。就是要经常反省反省，看哪些做对了，哪些做错了。以便少犯错误和不犯严重错误。"这是彭德怀从实践中悟出的至理名言。

六、详察敌我，百战不殆

孙子兵法讲："知彼知己，百战不殆；不知彼而知己，一胜一负；不知彼不知己，每战必殆。"为了做到知彼知己，彭德怀指挥打仗有个习惯，必须亲自到前沿去了解情况，掌握第一手资料。为了正确无误地实施指挥，他常常冒着战火硝烟，奋不顾身，亲临前线，实地察看地形敌情，力争做到"知彼知己，百战不殆"。他多次告诫部属："光靠地图，是指挥不好战斗的。只有迈开双脚，走上第一线，真正洞察敌我情势，才有指挥权。"

1929年1月，红五军刚上井冈山不久，彭德怀即走遍了井冈山大大小小山路，摸清了所有通往山下的道路，其中两条小路连久居山上的"山大王"王佐都不知晓。

但是，在彭德怀的早期戎马生涯中，也有过深刻的教训。1930年3月打赣州，以为赣州守敌只有八千多人，实际上是1.8万多人，比预先估计的多一倍以上，而红三军团只有1.4万人。"敌情没有确实弄清楚，就贸然攻坚，这也是一次严重的错误。"（《彭德怀自述》，第175页）

早期的这种教训，令彭德怀铭记在心。他在以后的指挥实践中，都尽可能地弄清敌情。

在中央苏区，一次反"围剿"作战中，敌人从四面八方扑来，妄图将我围困绝地而聚歼。从地图上看，我军的确濒临绝境、难以突围了。但是，彭德怀亲自察看前沿地形，终于发现了一条险要路径。他立即指挥部队，由此轻装疾进，钻出重围，然后，在敌军侧背发起进攻，予以猛击，重创敌军。

红军到达陕北后实施东征作战，能否越过黄河天堑，突破阎锡山的黄河防线，是关系东征成败的关键。彭德怀和毛泽东曾经设想利用黄河结冰期从冰上通过，并派遣红一军团军团长林彪进行了实地侦察。由于天气转暖、部分河冰开始解冻，并考虑东渡后与西岸的交通联络和准备必要时回渡，遂决定在河面较窄、地形较隐蔽的延水关至福禄坪地段实施漕渡。

随后，彭德怀、毛泽东亲自到黄河沿岸侦察渡河点情况，最后确定了两军团起渡与突破的具体地点。

解放战争中青化砭伏击作战前夕，彭德怀多次带着地图亲临现场调查研究。他说，青化砭地区的地形和群众基础好，有利于隐蔽我军行动，封锁消息，秘密设伏，但胡宗南的部队装备优于我，又久经训练，要全歼它一个团或一个旅，必须充分做好准备，才能达成出其不意，速战速决。

为了全歼敌第三十一旅于运动之中，彭德怀带领旅和团的干部，到设伏地域勘察地形，并同大家一起研究战法。尔后，大家按他的指示分别去布置战斗任务。离开设伏地域时，彭德怀还叮嘱部属："一定要按计划部署好。"

战场的情况是多变的。由于敌第三十一旅是设点部队，携带的东西较多，负担重，行动缓慢，部队整整等了一天，也未见敌人的影子。这时，有些同志沉不住气了。

这时，彭德怀出现在阵地上，对大家说："放心吧，仗有你打的！"他还嘱咐团首长说："虽然敌人是狡猾的，不过也逃不出人民的手掌，他们一定会上钩的，叫大家放心，好好睡上一觉，饱饱吃上一顿，准备打仗。"

当彭德怀的指示传达到部队后，指战员们有所领悟，性急的问题也解决了，都说："有彭德怀司令员牵着敌人的鼻子，这个敌人准跑不掉！"

宜川战役，显示了彭德怀在调查研究方面的功底。还在新式整军运动进行的过程中，彭德怀就开始考虑部队下一步的行动。他认真分析敌情资料，仔细了解敌人的动向，并在黄龙山区组织了周密的战役侦察，经过毛泽东批准，决定发动宜川战役。

为了打好这一仗，彭德怀进行了详尽的准备。他带领机关人员，踏雪到前沿去看地形。回来后，棉鞋都湿透了。晚上，他一句话也不说，一个人坐在炕前灶旁，把穿着湿棉鞋的脚伸在火边烤，同时在思考作战方案。只见他想了一会儿，一手拿着蜡烛，一手去量地图，然后放下蜡烛坐在那里又想。忽然闻到一股烧布的气味，一看，脚上的棉鞋正冒烟呢！他却完全不觉得。"鞋糊了！"旁边的同志这一喊，他才回过神来，提着烧了个大洞的鞋，嘿嘿地笑了。

彭德怀强调："战役、战斗前须有确切的计划，周详的准备，严格的检查。切戒粗率行为。"（《彭德怀军事文选》，第256页）他批评那些虽有决心却无周密计划的人："有些同志常爱说'不完成任务，你杀我的头'。这虽然也表示愿为人民的利益而牺牲自己的决心，但仅仅只有这样勇敢的决心是不够的，而必须在勇敢的决心上考虑到如何完成战斗任务。"（《彭德怀军事文选》，第256页）

科学周密的计划来源于对敌我情况的真正掌握。掌握真实可靠与作战有关的各种情况是制定可行性作战计划的客观基础。在作战活动中，作战计划不是指挥员凭空产生的，而是掌握了大量客观情况以后，通过对敌我双方的情况进行定性和定量分析作出的决断。

在战场上，各方面情况若明若暗，真伪并存，要把真实情况弄清楚并非易事。彭德怀指出："因为军事行动敌我双方都有伪装，即'兵不厌诈'。因此必须认真了解对方各方面真实情况，如敌军数量、援军远近、技术装备、训练程度、指挥者的能力、精神状态、内部关系、具体部署。综合这些同自己的具体情况作对比分析，然后决定自己的作战方针。"（《彭德怀军

事文选》，第646页）

同时他还强调，要充分认识作战情况的动态性，及时掌握情况的变化。在战场上，敌对双方的情况无时不处在变化中，不仅敌方情况会变，而且我方情况也会变；不仅有形因素会变，而且无形因素也会变。这就是战场活力对抗的特点。因此在定下作战决心、形成作战计划和展开作战行动时，必须及时了解掌握正在发生的情况变化，及时作出新的分析判断，研究出新的对策。

1948年1月，彭德怀回顾从延安以南抗击战到二次攻打榆林的战斗历程，简明扼要地总结了四点经验，其中一项说："指挥者对敌、我、民情及地形要熟悉。"

洛川战役失利的一个重要原因，就是不能全面客观估计敌我形势，特别是对敌人估计不足。彭德怀认为，在敌情判断上，对胡宗南能在短时间内集结11个旅增援宝鸡估计不足，对马步芳部实力缺乏充分认识，特别是对胡马两部能积极配合认识不深刻。由于敌大我小的客观情况，主观上想利用敌人阵营的若干矛盾，过分强调利用敌人矛盾才吃了亏。彭德怀在总结这次作战失利的原因时，用手指着自己的脑门说：彭德怀呀彭德怀，你的马列主义就是没有学通，一格一格的。只看到胡马闹矛盾的一面，忽视了胡马两军在反共反人民这一基本点上完全一致的一面。打了礼泉应该观望一下再打出去，没停。打了扶风，应该背靠麟游，钳制马军，消灭胡军一部，可是我们又前进了。说到这里，彭德怀感慨万千，语重心长地说："一个人哪，'悬崖勒马'是不容易的。"

彭德怀在谈到西府战役时说：出击西府的方针是正确的，光复延安，夺取洛川，扩大并巩固了黄龙分区，歼敌2.1万人，一度攻克县城14座，摧毁了西北敌人补给基地宝鸡，在相当范围内扩大了我党我军在国统区的政治影响。

彭德怀非常重视利用各种手段进行周密的侦察，有时亲自察看地形，听取对战俘的审问，对各方面的情况进行综合分析，作出正确的判断和部署。

抗美援朝战争中，他要求各级指挥员的位置尽量靠前，他自己的指挥所也设在距前线很近的地方。在主要作战方向上，还多次派出前进指挥所，由副司令员到前面去直接指挥。同时制定按级和越级结合的联络方法，志愿军司令部直接联络到军或师。这样来保证指挥的灵便通畅，及时把握情况，随时捕捉战机，并在必要时实行超越指挥，即使情况发生意外的变化，也能迅速扭转不利态势，使我军立于主动地位。

战争是一个充满不确定性的领域，两军对阵，了解敌方的战略企图、军事部署、兵力兵器的数量与质量固然重要，但从战争指导的最高层次讲，还必须了解对方的历史、现状和统帅特点。为了消灭敌人，彭德怀经常用很大的精力细致地研究敌人，熟悉敌人各方面的情况，力求避敌之长，击敌之短。

他还十分注意了解敌军指挥官的性格和作战特点，充分利用他们的弱点和在指挥上的过失。

在沙家店战役中，彭德怀之所以钓上了胡宗南三大主力之一整编三十六师这条"大鱼"，是因为对其师长钟松的"口味"有了深入的研究和了解。在西北战场上，彭德怀连续打了几个歼灭仗，胡宗南手下的多数将领已经没有"勇气"再去吃"故意暴露"的"诱饵"了，但彭德怀认为钟松例外。一是他对自己这支"主力"的战斗力估计过高，自认为彭德怀"可以吃掉别的军队，就是吃不掉三十六师"；二是他解榆林之围有功，受到蒋介石、胡宗南的奖赏，有些忘乎所以；三是其刚愎自用、好大喜功。因此见到有歼灭西野的"千载良机"肯定会争先抢功。果然不出彭德怀的分析，钟松扬言要"一战解决西北问题"，孤军冒进，结果全军覆灭。

抗美援朝战争中，敌人遭我第一次沉重打击之后，麦克阿瑟竟集中全部兵力，发动所谓"圣诞节"总攻势，并狂妄叫嚷要在"圣诞节结束朝鲜战争"。彭德怀利用麦克阿瑟的骄横心理，巧妙地安排了消灭敌人的部署。我军主力隐蔽后撤，在我后方有利地区设置战场，并做好歼敌准备；以少量兵力引诱敌人，阵前制造假象，故意示弱，以扩大敌人的错觉。

敌人果真按照彭德怀的预定计划，闯进我军预设的战场，我军当即出敌不意地给以猛烈突击，又迅速实行战役迂回，断敌退路，把敌人分割包围。正在做着圣诞节结束战争迷梦的敌军，遭此突然打击，有如晴天霹雳，当发现退路已被切断，全线动摇，纷纷从陆地、海上、空中狼狈逃窜，有的则整营整团整师地被我歼灭。

彭德怀常说："了解敌人是不容易的，了解自己也不容易，受了挫折往往过低地估计自己，胜利了又往往过高地估计自己，这两种偏向都要防止。"彭德怀在军事指挥上的明智，突出地表现在任何时候既能冷静地观察敌人，又能清醒地估量自己。在连续取得两次战役的重大胜利之后，彭德怀更加强调战争的长期性和艰苦性，要求大家作好充分准备。

彭德怀高超的军事指挥才能，不仅来源于他的多谋善断，而且来源于他的民主作风。"智者千虑，必有一失"，无论多么高明的指挥员，对战场情况的掌握和分析也不可能是十分全面准确的，其决策也难免有误算之处。彭德怀特别强调作战决心、计划、方案的形成必须集中群众的智慧，要善于听取各个方面的意见。他常说："一个人的智慧是有限的，群众的智慧才是无穷的。"

人民军队在几十年的战争实践中，总结出一整套发扬军事民主，依靠群众运用战术的方法。这主要是紧密结合战争实践，从战争中学习战争，打一仗进一步，做到"官兵互教，兵兵互教"。战斗发起前，以连队或排、班、战斗小组为单位，在阵地上召开"诸葛亮"会，充分发扬民主，讨论完成战斗任务的方法，并对指挥员的作战指挥提出要求，使之成为战前准备的一项主要内容。战斗中，各级指挥机关都十分重视总结部队作战经验，并及时通报交流。战斗结束后，利用战役间隙，采取自上而下和自下而上相结合的方法，并依据下一步作战需要，全面地总结战役指挥和战术、技术方面的经验教训；连队则发动群众，开展评指挥、评战术、评技术和评战斗动作的活动。

彭德怀特别重视发扬部队的军事民主。他在作战指挥上刚毅果断，但是，在下定决心之前，总是虚心地同大家商量，吸取和集中来自战争一线各级指挥员的真知灼见，注意在上下级之间实行民主协商或开展正常的争论，以便通过明辨是非、集思广益、智慧互补，使战争决策的正确性有可靠的保证。他多次讲：对提出的作战方案可以提赞成的意见，可以提不同的意见和否定的意见，如果错误的方案在讨论中不能被否定，到作战中去否定，那就要打败仗，就不知道要死多少人，不知道要遭受多少损失。因此，他对作战方案不同的意见，特别是否定的意见尤为注意。他所指挥的战役失误少，胜率高，成为我军杰出的军事指挥员。

彭德怀在作战指挥中，在严守军事机密的条件下，善于发扬军事民主，尽可能地让广大指战员了解有关的作战意图和作战计划，在情况许可时发动大家出主意想办法，通过战场"诸葛亮会"等形式，发动基层干部战士群策群力，献计献策。他非常重视广大指战员的先进经验和新的创造，一经发现，便及时给予表彰和推广。

西北野战兵团攻打蟠龙，是1947年撤离延安后的首次攻坚战。此前，9月6日、19日两次攻击在运动中宿营并构筑了临时野战阵地之敌均无功而撤，打了消耗仗。

蟠龙位于延安东北40余公里处，来自西北、东北的两支溪水在此汇合为蟠龙川，向南流经青化砭，拐弯注入延河。延榆公路在蟠龙南五公里多处东折经永坪、清涧至绥德、榆林。公路也通到蟠龙，再往北，则是骡马山路，经羊马河到瓦窑堡。蟠龙自古以来即是商旅打尖留宿地，街上有很多骡马店和客栈。地形上除南面是大川外，西、北、东面均为高山，尤其是东侧集玉峁陡峭险峻，是控制蟠龙的制高点。

国民党军胡宗南部于3月下旬进占蟠龙后，即把此地作为粮弹被服补给基地，由胡军三大主力师之一的整编第一师（原第一军）下属之第一六七旅旅部及第四九九团，配属陕西省宝鸡保安总队据守。第一六七旅装备精良，山炮营有12门炮，训练有素，又调集其他师旅工兵，在蟠龙各高地遍筑地堡堑壕，敷设铁丝网、地雷，构成了严密野战防御体系。

彭德怀以四个旅攻蟠龙，两个旅阻击援敌。即以张宗逊第一纵队之第三五八旅攻北山，独一旅攻西山；王震第二纵队之独四旅及配属之新四旅攻东山，第三五九旅监视并准备阻击清涧、绥德回援之敌，教导旅阻击青化砭之敌第八十四旅和集玉峁之敌第四十八旅。5月2日，胡军九个半旅进占绥德，距蟠龙三天路程。彭德怀的野司位于蟠龙东北之薛家沟。攻击两天后，虽占领一些外围阵地，但主阵地集玉峁未能攻克。

指挥攻城的王震急得不得了，打电话给彭德怀说，打不开，敌人援兵来了，是不是今天晚上撤兵？彭德怀说：慢一点，新四旅及其他旅，在敌火力下相距仅100多米。彭德怀认为在敌火力封锁下，撤也不容易撤离，于是就来到王震的指挥所，找来第一线部队的一些连排班长和战士开了一个会，首先把情况摆开，炮弹没有了，弹药也剩下不多了，敌人援兵隔不远，只有一天顶多一天半的距离。这个部队已打了两三天了，怎么办？

这时，有一个战士说：可以打开，你们太急了，要照我们的办法是可以打开的。彭德怀问，你们准备怎样打？

他说，敌人地堡在山顶上，我们的轻兵器火力打不到，妨碍我们突破的是敌军的手榴弹，我们可组成多个三五人战斗小组，轮番攻击，冲到敌人投手榴弹的距离，敌人投手榴弹，我们就顺陡坡向下滚，这样反复多次冲锋，敌人手榴弹打完了，我们冲上去用手榴弹投入敌军堑壕和地堡，就可占领阵地。

彭德怀当即表示同意按这个办法组织攻击，果然很快就攻下了主阵地。

西北野战军独四旅与新四旅第七七一团攻占集玉峁后，北山敌军仍在顽抗。新四旅第十六团连续攻占了玉皇赤等地，解除了攻北山部队的侧翼威胁后，又派一个营协同第三五八旅攻北山，人人出主意想办法，用对壕作业，即挖S形交通壕，两侧挖猫耳洞，边挖边巩固，逐渐逼近敌前沿，用爆破摧毁了敌铁丝网等障碍物，攻占了北山。然后，我军从东、北、西高地下山会攻蟠龙镇，于5月4日夜全歼了残敌。战后，彭德怀召集参战部队营以上干部到集玉峁现场讲评。

彭德怀在战斗中实行军事民主，发动指战员献计献策和及时总结战斗经验的做法，得到毛泽东的充分肯定，并给予很高的评价。1948年，毛泽东对陈毅说："你们要好好学习西北部队的民主作风，特别是战斗指挥上的民主。"1948年11月30日，毛泽东在《军队内部的民主运动》一文中提到："此项军事民主，在陕北蟠龙战役和晋察冀石家庄战役中都实行了，收到了极大的效果。"

彭德怀这种虚纳群言、从善如流的作风，既充分调动了下级指挥员的积极性，又切实保证了战略方针和战役战术原则的正确性。

1948年8月的荔北战役，预定的作战方案，是由一纵队沿澄城大荔公路攻击敌人正面，二、三纵队在左，四纵队在右侧配合。一纵队在讨论这个方案时，三五八旅旅长黄新廷认为从敌人防御正面攻击比较困难，不易得手；如从敌人侧翼打进去，插入敌人心脏地区，出敌不意，行动突然，可以减少伤亡，又利于消灭敌人，加速战役进程。率队深入敌人心脏地区作过详细侦察的侦察科副科长刘桐树也建议把正面攻击改为从侧翼楔入，然后割裂包围，各个歼敌。彭德怀仔细听取了汇报，赞许地说：战争的目的是消灭敌人。谁提的方案好，就用谁的方案。在这个关系重大的问题上不能搞将帅尊严，黄新廷同志的意见很好，就照这个主意办。

抗美援朝战争中，彭德怀部署一个战役，常常采用会议的形式，经过集体讨论，集中正确意见，作出最后决定。对于各副司令员和下级指挥员提出的建议，他总是认真考虑。他亲自起草的命令和报告，都要给志愿军各领导同志传阅，征得大家同意后才发出。他还很重视发挥司令部的作用，常把参谋人员找来，说："请诸葛亮谈谈情况。"

第一次战役后的志愿军党委会上，邓华副司令员首先提出第二次战役采取诱敌深入的方针，彭德怀和其他党委成员同意他的建议。

第五次战役，是整个抗美援朝战争中志愿军投入兵力最多的一次作战行动，彭德怀对于第五次战役寄予了很高的希望，要求必须消灭敌人几个师，粉碎敌人的计划，夺回主动权。

可是第一阶段攻势的战况很不理想，虽然全线推进了70～80公里，却未能成建制地消灭敌一个团。第二阶段主力东移取得了县里围歼战的胜利，歼灭南朝鲜军第三、第九师大部，但美军迅速堵塞缺口，稳固了防线。负责东线指挥的志愿军第九、第三兵团首长于5月20日联名致电彭德怀，认为："据当前情况，美军已东调，伪军溃散后缩，特别是我部队粮食将尽，个别单位已开始饿饭。因此，我们认为，如整个战线不继续发动大攻势，而只东边一隅作战，再歼敌一部有生力量，我们亦必须付出相当代价，但不能搅出一个大结局，则不如就此收兵。"彭德怀高度重视前线指挥员的分析和建议，并很快同意了他们的意见，作出了主力转移休整的决定。

第五次战役结束以后，彭德怀主张发起第六次战役，有的指挥员提出不同的意见，彭德怀以赞赏的态度把意见转给了毛泽东。后来毛泽东指示不发动这次战役，彭德怀便痛快地撤回了自己的主张。

七、坚持真理，实事求是

彭德怀坚持真理，光明磊落，胸怀坦荡，刚直不阿，在重大的原则问题上，历来无私无畏，旗帜鲜明，从不隐瞒自己的观点，决不计较个人得失而率直陈言，表现出他对党的事业高度负责的精神。他的同乡、早年同在湘军一个班当兵、后又一起长期战斗的陈赓大将曾评价说："他可算是我党我军内头号正直的人。"

第五次反"围剿"前后，彭德怀已逐渐认识到王明路线的错误，从军事到政治，有过一系列抵制，而且每次都是直接给当时的中央领导人打电报，期间还写过长信，只是从未得到过答复。

形势越来越严重，对比以前毛泽东的正确领导，彭德怀对当时中央的错误看得更加清楚了。

第五次反"围剿"进入非常关键的时刻，党内"左"倾路线对党和红军的统治也发展到顶点。

中共临时中央于1934年1月中旬在瑞金召开了六届五中全会。会议决定撤销红一方面军总部，所辖各军团和地方武装均由中革军委直接指挥，而中革军委的领导权，却被"左"倾领导人交给了共产党国际代表李德。

李德是德国人，原名奥托·布劳恩，1932年受共产国际派遣来到中国，做红军的军事顾问。1933年9月进入中央苏区，被"左"倾中央奉为"太上皇"，政治上和军事上都唯他马首是瞻。

在洵口被红军重击的国民党军，改变了进攻苏区的战略，采取构筑绵密的碉堡封锁线、逐步推进的战术，企图逐步蚕食中央苏区。面对国民党军气势汹汹的攻势，"左"倾冒险主义者却提出了与敌人拼消耗的战略方针，让红军插到敌人的堡垒地域间隙中，将敌人赶出国门之外，守住中央苏区每一寸土地。

在"左"倾冒险主义这一错误方针指导下，中央红军的几个主力兵团被调来调去，在敌人主力和堡垒群中拼命反击，结果不仅未能御敌于国门之外，自己反而遭到了很大损失，陷入十分被动的局面。

对于"左"倾冒险主义者将红军的几个主力军团分开四面堵击敌军的作战方法，彭德怀感到十分愤慨，他认为这完全违背了红军的作战原则。一向耿直的他终于忍不住了，遂致电博古和李德，提出："敌人正在大举集中的时候，利用堡垒掩护，使我求得运动中各个击破机会减少……我军切忌将主力摆在敌垒周围，疲劳兵力……应采取游击动作，发动群众封锁敌人，截扰敌人，并在群众掩护下可发挥机动作战作用。"

这时，一个打破国民党军第五次"围剿"的绝好机会来了。在福建的国民党第十九路军将领蒋光鼐、蔡廷锴，于1933年11月公开宣布与蒋介石分裂，在福建成立"中华共和国人民革命政府"。这一事变，给红军打破国民党军第五次"围剿"一个良机，彭德怀以其敏锐的政治眼光看到了这一机遇。他致电中革军委，建议：留五军团保卫中央苏区，集中一、三军团和七、九军团，向闽浙赣边界进军，威胁国民党统治的中心——南京、上海、杭州等地，支援十九路军的福建事变，推动当时正在全国掀起的抗日运动，借以打破国民党军的第五次"围剿"。

然而，"左"倾领导人无视这一难得的机会，对彭德怀提出的建议根本不予理睬。博古说：这个建议是脱离苏区的冒险主义。为此彭德怀遭到了批评，并被撤销了中革军委副主席一职。"左"倾教条主义者还警告彭德怀，"要切实执行军委的整个战略部署，不得提出与军委相左的意见"。

1934年初，蒋介石镇压了第十九路军后，再次集中兵力对中央苏区发动更大规模的进攻。

3、4月间，"左"倾教条主义者以中央代表身份来到前线，命令彭德怀按照王明路线"不丢失一寸土地""御敌于国门之外"和"短促突击"等一整套错误军事路线，强令红军执行，结果把红军搞得十分疲惫，受到很大损失，完全陷入被动挨打的境地。

彭德怀正确地分析了敌我态势，认为当面之敌有11个师之众，又采取堡垒战术，步步为营，节节进逼，我军寡不敌众，绝无取胜可能。他断然表示，决不能死守一地，被动挨打。后来，在"左"倾教条主义者以中央名义强令之下，红军不得不执行，终致严重损失。

五中全会后，李德更加专横跋扈、颐指气使，听不得任何反对意见。对持不同意见者，轻则排斥打击罢官撤职，重则审讯坐牢，直至肉体消灭，致使许多红军指战员即使忍受着巨大流血牺牲，也敢怒而不敢言。

但彭德怀为着革命的根本利益，不顾个人的安危，多次向中革军委反映意见。4月1日，彭德怀再次上书中革军委，恳切指出：在历次战役中，因为把战术动作限制得过分严格，失掉了下级的机动，而变成了机械地执行，才致使不能根据敌情的变化和地带、地形的特点，灵活机动地完成所给予的任务。因此他再一次建议：应组织几个有力的挺进游击队，深入敌人后方进行扰乱、破坏联络、捉土豪、征集款项等，以瓦解国民党军的第五次"围剿"。

可是李德等对彭德怀的这些意见，不仅不予理睬，反诬蔑他是胡言乱语，目无领导。

4月中旬，李德等不顾红军连续作战、已减员十分严重的情况，又匆忙调派红一、三军团和地方武装等九个师的兵力，要在广昌地区同敌人进行

"决战"。李德还亲临前线督战，要求必须坚守广昌，决不允许退却。

广昌位于抚河西岸，这里没有城墙，周围尽是开阔地带，而红军没有重武器，仅有一些土木构造的工事，很难长时间坚守。彭德怀据此再三向李德说明，即使作出重大牺牲，坚守广昌也会很困难，应该适当调整战斗部署，不应死战死守。李德听后置若罔闻，不屑一顾。

担任广昌战役总指挥的彭德怀再三提醒李德：广昌无法坚守，就算是红军建立了比较坚固的野战工事，在敌军优势装备面前，也起不了什么作用，敌军很快就能用飞机、大炮将红军的工事全部摧毁。如果一意固守广昌，少则两天，多则三天，红三军团的12000人，将全部毁灭，广昌也就失守了。

然而李德置若罔闻，坚持以阵地防御和"短促突击"保卫广昌，要求红军在广昌建立永久工事，进行死守，阻止国民党军的推进。

结果，敌军动用所有的重武器对广昌进行了疯狂的轰炸，不到半天时间，李德命令建立起来的所谓"永久工事"全被轰平，守卫在工事中的一营红军战士全部壮烈牺牲。

在敌军的步步进逼和疯狂进攻下，李德又要求红军战士对敌军阵地发起短促出击，企图打退敌军的进攻。然而仅凭红军手中劣得无法再劣的装备，是根本打不破国民党军修建的堡垒的。红军的进攻无疑如鸡蛋碰石头，第一天就伤亡1000余人。

广昌无法坚守了，红军被迫放弃广昌向西退却。

面对巨大的伤亡，彭德怀心如刀绞，不顾"左"倾冒险主义者的阻挠，断然下令将部队撤下火线，转移阵地以保存实力。

战斗刚停止不大一会儿，彭德怀就接到电话，要他立刻到李德那里去。据说李德要马上回瑞金，临走前要同彭德怀、杨尚昆谈话。

这时彭德怀已经憋了满肚子的气，尤其是他从第五次反"围剿"以来，就对李德的蛮横作风和盲目指挥看不惯，处处和李德的意见相左。这次李德又亲自来战场上瞎指挥，造成了这么大的无谓牺牲。彭德怀越想越气愤，一对虎目几乎要喷出火来。听到李德要他和政委去谈话，便同杨尚昆说：

"走，去同这个洋鬼子算算账去！"

来到李德的指挥部，见面后，这位"洋钦差"不仅没作丝毫的自我批评，还仍然摆出一副盛气凌人的架势，对着彭、杨指责红军这也不行，那也不行。然后又指手画脚地命令，下一步在战略上应如何分兵把口，在战术上应如何组织火力短促突击。

听到这里，彭德怀再也按捺不住涌上来的心头怒火，不等李德把话讲完，他便连珠炮般质问这位"洋钦差"：你总是让我们组织火力，请问，没有弹药，怎么组织火力？你总是宣传什么短促突击，再请问，在敌人密布碉堡下，让我们搞了那么多短促突击，有哪一次取得了胜利？十次就有十次是失败的，几乎没有一次是得到成功。今后还能这样搞吗？

彭德怀越说越激动，指着李德的鼻子说："这次广昌战斗你们看到了！这种主观主义，是图上作业的战术家。五次战争以来，就没有打过一次好仗，这是司令部指挥的错误。团村战斗，你们坐在瑞金，在地图上指挥打仗，连迫击炮放在哪个位置上都规定得死死的，几乎造成一军团全军覆没。这次战斗，就全完了！红军奋战了七八年，才打出这块根据地，容易吗？你们至今还不认账！"

杨尚昆乘机接口道："应该好好总结一下教训，再也不能这样乱出击了！"

彭德怀讲到激动处，霍地站起身来，几乎用手指着李德的高鼻子，毫不留情地说：中央苏区开创到现在已经五年多了，红一、三军团活动也四年了，可见创建根据地是多么困难。你们的作战指挥，从开始到现在都是错误的，每一战都要同敌人拼消耗。你懂吗？敌人有全国政权和帝国主义的帮助，而红军则只能取之于敌，在这种情况下红军怎能同敌人硬碰打消耗呢？如果不是红军有高度自觉，红一、三军团早就被你们葬送了，江西苏区几乎被断送给敌人，你真是"崽卖爷田心不疼"！

彭德怀最后这句话，颇有严厉讽刺挖苦的意味。它是南方群众在斥责败家子、不肖子孙时常用的一句俗语。翻译伍修权怕李德听了受不了，在翻译时作了"加工"。倔强的彭德怀非要李德知道他的本意，便请杨尚昆重新翻译给李德听。

李德听了先是目瞪口呆，接着像一头受伤的狮子，把桌子拍得震天响，连连对着彭德怀咆哮起来："封建！封建！你是对被撤掉革命军事委员会副主席不满。"

彭德怀听了李德的诬蔑，气得满脸发紫，他大声吼道："你无耻！"说完就愤然而出。

回到驻地，彭德怀料想这位"洋钦差"决不会善罢甘休，就把那仅有的一套军装和几本书裹在一起，对杨尚昆说："我今天把一套旧军装带到包里了。我准备跟他们到瑞金去受公审，开除党籍，甚至杀头，我都无所谓。"

然而，不知什么原因，李德等人事后不仅没有撤彭、杨的职，而且也没有给什么处分，只是不久给彭德怀扣上了一顶"右倾"的帽子，但是还让他带兵打仗。彭德怀在《自述》中正气凛然地写道："那次，我把那套旧军衣背在包里，准备随他（李德）到瑞金去，受公审，开除党籍，杀头，都准备了，无所顾虑了。"他那种痛加抨击、把个人得失置之度外的气概，给人的印象是特别深刻的。几十年后，杨尚昆写道："彭德怀那种正气凛然，敢于同错误路线做斗争的神态，至今还清晰地活现在我的记忆里。"

随后，在广昌与石城之间，彭德怀指挥了高虎瑙战斗。由于采取了巧妙的防御部署，此战出奇制胜。"左"倾教条主义者就借机令彭德怀撰文，用以证明他们所谓"短促突击"战术的正确。彭德怀坚持实事求是，不讲违心之言，更不投其所好，针锋相对地指出："这是特殊情况下取得的胜利，不能证明'短促突击'是适合的。"

彭德怀敢于坚持正确的意见，而又不固执错误的意见。每当他与别人发生争执时，总愿意听听对方不同的见解；而一旦他认识到自己的意见错误时，又总是十分乐意加以改正，并且以实际行动来证明改正错误的决心。

1930年第二次打长沙后，毛泽东敏锐地察觉到军阀混战暂时停止，蒋介石将集结重兵，准备向我中央苏区实行"围剿"，遂决定我军向赣江以东收缩，集中兵力，粉碎敌人"围剿"。彭德怀未能看清这一形势，不同意毛泽东的意见，仍然主张向赣江以西发展。毛泽东向他解释，他仍想不通。毛泽东又请长江局代表周以栗对他进行说服工作。当彭德怀想通以后，立即改变错误主张，坚决按照毛泽东的战略思想重新部署了红三军团的行动。

红军长征到达陕北后，彭德怀根据井冈山时期斗争的经验，认为在陕北地区也要在巩固中求发展。毛泽东根据当时新的情势，提出了在发展中求巩固的战略思想。经过毛泽东说服帮助，彭德怀认识到了毛泽东战略思想的远见卓识，愉快地放弃了自己的意见。而且，为贯彻执行毛泽东的战略思想，彭德怀亲自担任了抗日先遣支队司令员（毛泽东兼任政委），东渡黄河，以席卷之势，横扫晋西、晋南广大地区，缴获大批武器装备，扩大了我党的政治影响，壮大了红军的力量，为陕北抗日根据地的巩固和发展奠定了坚实的基础，有力地支援了华北人民的抗日运动。

八、服从命令，机断专行

在作战中强调作战计划的权威性和执行作战计划的严肃性，具体表现为坚持统一指挥。坚持统一指挥，这是统一全军的作战行动，发挥诸军兵种整体威力，取得战争胜利的重要保证。

战争是血与火、生与死的搏斗，面临着许许多多的危险，由于军队成员在思想觉悟、心理意志、思想方法、认识能力等方面存在着差异，没有统一的法纪规范去约束军队的行动，就不能有效地贯彻指挥员的决心和部署。就可能各行其是，形不成整体作战的威力。彭德怀在强调下级服从上级、兵种指挥员服从兵团指挥员统一指挥的重要性时指出："在统一指挥下的各兵团首长、各兵种首长、前方或后方的首长，不论军衔高低，也不论资格新老，都必须执行和服从统一指挥的命令……必须认识，指挥与被指挥，不是简单的人与人的关系问题，而是有关作战胜败的重大问题。"（《彭德怀军事文选》，第531页）同时，也只有执行统一的号令，才能激励军队士气。因为军队的号令法纪，是统治阶级意志和利益的反映。

　　彭德怀在指挥作战中，有时为了确保统一，明确强调军令如山，"不得违误"。1947年，彭德怀出任西北野战军司令员兼政治委员，所辖部队有两个纵队，六个旅，十六个团，共2.6万人。对下属的16位团长，彭德怀都很陌生。而六个旅长中，也只有教导旅长罗元发曾于1934年长征时，在彭德怀的红三军团任过团政委、军团保卫部科长。纵队司令员中只有张宗逊在长征途中被派到红三军团任过师长和缩编后的团长，但这也是13年前的事了。第一、第二纵队都是新编成后不久分别于1946年11月、1947年3月由晋西北调到陕甘宁边区的。教导旅、新四旅是1943年7月从华北敌后抗日根据地调赴边区保卫延安的。这六个旅还未在一起协同进行过大兵团作战。当时弹药奇缺，3月间，西华池战斗抗击敌军进攻延安后的消耗仍未得到补充。

　　在这种情况下，该如何打仗？彭德怀夜不成寐，反复思考用兵良策。他深知自己统率的部队是刚合拢起来的野战集团，思想意志的集中统一体现在统帅的决心命令中，必须不折不扣地在全军贯彻指令，令必行，禁必止。为此，彭德怀指挥西北野战军首战青化砭，又战大、小寨，再战羊马河。在三次均投入全部六个旅的战斗中，所有下达给各纵队各旅的战斗命令均在末尾写有"务于×日×时到达地，不得有误"、"×日×时发起攻击，不得延误"、"坚决阻击敌军前进，保障主力歼敌，不得违误"等字样。

　　彭德怀在西北野战军前委扩大会议上说："我军开始和胡军作战时，因我军系由各单位新组成，思想不一致，我在每个命令上都附署一句'不得违误'。但在羊马河作战后，部队的信心建立起来了，所以就不要这一句话了。如再用这一句话，就会妨碍大家的机动性和积极性。这些问题，领导人在时间和分寸上都要掌握好。"

　　由于羊马河之战后彭德怀在西北野战军官兵中树立起了很高的威信，因而严词督责的"不得违误"在命令中已不再需要。从时间上看，这距他出任西北野战军司令员兼政委还不到一个月。

　　彭德怀认为，军队打胜仗要有三个条件：一、部队英勇；二、群众拥护；三、对指挥机关的高度信仰。"对指挥员的信仰是战斗力的因素之一"。而信仰不能靠强迫来建立，要靠胜利来建立。在胜利指挥基础上形成的领导威信，才是全军一致高度信仰的领导威信。这是个很重要的条件。如果指挥机关有高度的威信，即使你的计划有某些缺陷或不周到，群众对你因为有高度的信赖，就能用最大的努力想尽一切办法去弥补计划的缺陷。这种自觉的群众力量发挥起来，往往是超过领导上原来的预料的。

彭德怀指出：我军上下级之间的领导关系和指挥关系，应该是高度的统一集中和高度的积极性灵活性相结合。

对于高一级的领导机关来说，必须把那些对全局和整体有重大关系的权限坚决地集中起来，防止分散主义；同时又要恰当地考虑和照顾局部具体情况，凡是应当下放的权限，就要坚决地放下去，实行按级负责，避免统得过死和绝对集中主义。

彭德怀强调上级指挥员必须赋予下级机动权，即通常所说的临机处置权。他认为，"上级指挥员应给下级以较大机动，不要令下级事事都待命令"（《彭德怀军事文选》，第73页）。为此，"上级给下级的命令不应过分死板，要给以较大的活动可能。一般的最好给以训令"，"上级对下级因机动专行去消灭敌人而吃了亏时，也不应过分责备，应当鼓励这种自动性"。（《彭德怀军事文选》，第73页）他在《论争取持久抗战胜利的几个先决问题》一文中指出："统一指挥是战胜日寇的重要条件之一。整个的战略方针和战役计划，须在统帅及战区高级指挥官总的意图下进行。但统一指挥，并不应该限制兵团指挥员之机动。相反地，应该发挥兵团指挥员及各级指挥员之机动性。因为前线上的指挥员，常能看破敌人的弱点，了解有利的时机。如果束缚在请命、待命范围内，常易失掉最好的机会。"（《彭德怀军事文选》，第42—43页）

而作为下级指挥员，则应该在统一作战部署下，充分发挥自己的主观能动性，当出现有利战机或遇到不利敌情时，敢于机断专行。彭德怀要求充分发挥各级指挥员的主观能动性，遇到意外情况时，更要能够果断处置。

彭德怀认为，对于一切被领导的部队和机关来说，必须坚决地服从整体利益，服从统一的指挥和领导，防止本位主义；同时又要善于依据总的意图，在统一领导的原则下，结合实际情况，发挥高度的积极性和主动性，因时因地制宜，灵活地执行指示和命令。

彭德怀强调，作战指挥必须坚持计划性与灵活性的统一。他提出，一支军队要做到不可战胜，必须具备四个条件，其中的第三条就是"要有机警灵活的指挥"（《彭德怀军事文选》，第257页）。他认为无论战略上还是战役战斗上，其作战方针的制定和贯彻执行，都必须具有灵活性。作战计划本身不具有灵活性或机械地执行作战计划，缺乏"灵活性""主动性""自动性"，是不可能完成作战任务的。只有依据客观情况，灵活运用作战原则、方针和灵活执行计划、方案，才能克敌制胜。

"凡事预则立，不预则废"。在战争舞台上的活力对抗中，这种"预"即表现为作战行动的计划性。纵观古今中外战争历史，军事胜利无一不是精心运筹、周密计划的结果。"不打无准备之仗"是我军重要的作战原则。然而，情况瞬息万变，战机稍纵即逝，将一切可能发生的情况即使是重要情况都"计划"进去是不可能的。因此，要取得战争的胜利，还必须有灵活性。只有把计划性和灵活性有机地结合起来，才能真正做到应付自如。彭德怀正是善于将两者密切结合在一起的大师，他对计划性与灵活性两者辩证关系的把握，达到了出神入化的地步。

在制定作战计划方案时，除了依据战争中那些确定性、固定性、必然性的因素之外，还要考虑战争情况的不确实性、流动性和偶然性的因素，体现在计划方案中，就是要有几个方案、几种打算、几手准备。要从最困难的情况出发，把可能出现的情况尽可能地想得周全些，以提出个同情况下的应变措施。

由于战争情况的确实性是有限度的，敌我双方的情况每时每刻都在变动之中，其中有许多不可预料的因素。因此彭德怀指出："当时情况确实有了改变，也就要改变自己的部署，部分改变甚至全部改变自己的作战计划，切不可固守陈规，企图侥幸。"（《彭德怀军事文选》，第646页）

彭德怀将此称为"自动性"。他指出："一个良好的指挥员必须富于自动性，自动配合友军，自动打击敌人。"好的指挥员不但能够抓住战机，打开战局，主动地完成自己的战斗任务，而且在共同作战的友军陷入危险的时候，必须不待命令，自动地驰往应援。他举例说，假如自己当面之敌已经解决，而友军方面正在吃紧，则应自动向炮火、机关枪射击猛烈的方向增援。最好寻求在敌侧后方进行猛烈的突击，与友军协同解决敌人，以求得一个战斗或战役的全部胜利。如果请命、待命，易失良机，甚至丧失应得的胜利。所以据守待命、毫无机动的指挥员，不能独立打开战局，造成胜利的有利条件，自己也时常陷入被动。因此，"一个兵团指挥员只知奉命守法，不图有功，只求无过，这不能说是好的指挥员"。（《彭德怀军事文选》，第43页）

他要求各级指挥员要能够抓住战机，打开战局，常能使自己的战斗任务主动地完成。他说："要想求得协同，只有每个指挥员都本着自己的任务和预定计划，以最积极的行动，向着敌人猛烈进攻。大家都积极动作，在积极动作中，求得一致，求得统一。"（《彭德怀军事文选》，第43页）

第十一章
军中楷模严治军

治军之道在历代兵法中占有重要的地位。在中国人民解放军的高级将领中，彭德怀以严于治军、善于治军而闻名中外。彭德怀亲身经历了人民军队从无到有、从小到大、从弱到强的整个发展过程，创造性地继承和发展"以治为胜"的治军思想，在创立、建设和发展中国革命武装力量的伟大实践中，积累了极其丰富而富有特色的治军经验，提出了一整套人民军队的治军方针、原则和理论。

一、坚持党对军队的绝对领导

人民解放军是中国共产党在领导中国人民解放斗争中，建立起来的一支新型的为人民服务的革命军队。这支军队必须服从中国共产党的绝对领导，人民解放军的一切胜利都是在共产党领导下取得的，离开了党，就必然遭受失败。要在军队中健全党的组织与生活，提高共产党员在群众中的模范作用，使党组织成为部队中的核心和堡垒。

毛泽东军事思想最重要的一条就是确立党对军队绝对领导的原则，这是新型人民军队建设的重要原则。彭德怀在参与领导人民军队创建与发展的过程中，坚决拥护毛泽东制定的正确的建军原则，始终强调要按照人民军队的特征建设人民军队，坚持把党的绝对领导放在首位，作出多方面的重要建树。

在湘军时期，彭德怀曾先后在旧军队中组织"救贫会""士兵委员会"，积极参加北伐战争，提出反对列强瓜分中国，打倒财主，实行耕者有其田等主张，参加反帝反封建的斗争。但是，由于军队的领导权掌握在新、旧军阀手中，他的愿望和主张得不到实现，而且随时有牺牲的危险。

平江起义后，彭德怀率领起义部队在龙门整训，决定首先建立红五军政治部，由党代表滕代远兼任主任，然后从军部到连建立了党代表和党的各级组织，连以上建立党的秘密支部（当时军队中的党组织是秘密的），设立政治工作机关，加强了部队的政治思想工作，继续加强和健全士兵委员会工作。连队和机关一起开展群众工作，人人写标语，个个做宣传，保证了党对军队的领导和政治思想工作的开展。

起义部队向井冈山开进受挫后，退回平江黄金洞一带继续进行休整。彭德怀和滕代远认真分析，总结了起义以来斗争的经验教训，决定进一步搞好军队的整顿。一是对起义中混进来的反动军官进行审查，将严重动摇经教育仍不坚定的和身体不好的官兵遣送回家，进一步吸收起义坚决、作战勇敢、组织纪律性强的优秀分子入党；二是精简机构，取消团、连番号，编为五个大队和一个特务队。经过整顿，全军的素质有了显著的提高。彭德怀的这些建军、治军思想和后来毛泽东在古田会议上提出的建军思想是完全一致的。

抗日战争中，在实行抗日民族统一战线的形势下，彭德怀强调，在军队领导权问题上，坚决反对阶级投降主义的思想倾向，共产党所领导的人民武装决不能被反人民的政党所"同化"，必须保障和加强共产党的绝对领导。

1937年7月22日，在红军改编为八路军的团以上干部会上，彭德怀作了《红军改编的意义和今后工作的报告》，历述了从"九一八"事变以来中国共产党一贯的抗日主张，阐明了红军改编的意义。他回顾了红军十年艰苦斗争的历史，强调说，改编后要保障党对红军的单一领导、绝对领导，没有党就没有红军。

抗日战争开始后，八路军改编之初，蒋介石不同意八路军设立政治委员，八路军中曾一度取消了政治委员和政治部（处）制度，三个师只设立了政训处，使党对军队的领导和政治工作受到削弱。为此，他和朱德、任弼时等向党中央和中央军委建议恢复政治委员和政治部（处）制度，指出八路军绝不能被国民党同化掉，必须保证和加强共产党的绝对领导，必须保证工农成分的绝对优势，必须保证高度政治工作传统和保持学习制度。1938年3月，又建议中央恢复了山西牺盟会和抗日决死队内的中共组织，巩固了共产党对牺盟会和决死队的领导。

1938年初，党的北方局个别负责同志未能深入了解决死队中党组织的真实情况，以党员发展过多、影响秘密工作、有碍统一战线为由，曾作出解散决死队内秘密党组织的决定。为此，朱德和彭德怀等给中央及北方局打电报，认为这一决定不当，使党对决死队的"领导作用相当降低，影响决死队工作甚巨"。这个意见，得到中央和北方局的赞同，迅速恢复了决死队中党的组织，使决死队继续正常发展。

抗美援朝战争中，为保证军队的统一指挥、统一行动，彭德怀特别强调党对军队的绝对领导。为了加强志愿军党委的集体领导，在他的建议下，吸收各部队的主要领导人参加志愿军的领导工作。

在我军现代化建设过程中，彭德怀更是始终坚持人民军队的建军原则。指出："中国人民解放军之所以能够胜利，首先是由于有中国共产党的正确领导"，"历史证明，离开了党中央和毛泽东同志的正确领导，我军就招致严重的失败"，"革命军队要取得胜利，避免失败，必须有党的正确领导，必须全军上下团结一致地贯彻执行党的正确领导。否则要取得胜利是不可能的"。（《彭德怀军事文选》，第551、552页）"我们必须和一切脱离党的领导的哪怕是微小的倾向作坚决的斗争，才能保证中国共产党对于中国人民解放军的绝对领导，才能保证我国社会主义革命和社会主义建设的胜利。"

新中国建立初期，人民军队由战争时期转入现代化、正规化建设时期，彭德怀深入实际，进行大量调查研究，多次强调革命胜利后，绝不能放松党对军队的领导，要求全军必须和一切脱离党的领导的哪怕是微小的倾向作坚决的斗争，以保证我国社会主义革命和社会主义建设的胜利。强调要认真研究和汲取国内外的有关历史经验，重视军队的革命化建设。全军必须坚持党对军队的绝对领导，和一切企图脱离党或削弱党领导的倾向作坚决斗争。他提出："必须和一切脱离党的领导的哪怕是微小的倾向作坚决的斗争，才能保证中国共产党对中国人民解放军的绝对领导，才能保证我国社会主义革命和社会主义建设的胜利。"要求"全军必须坚决服从党中央的领导，对党中央的一切政策、决定和指示，都要贯彻执行，成为忠实执行党的政策的模范"。（《彭德怀军事文选》，第608、609页）

1953年下半年，有人提出向苏联学习实行一长制的问题。彭德怀经过认真考虑和调查研究，表示坚决反对。他说：一长制只能助长命令主义、军阀主义，只会使官兵之间、上下级之间的关系疏远，不能采纳。他坚决主张军队实行党委集体领导下的首长分工负责制。

首先，应从领导体制上加强党对军队的领导。他十分重视党的建设，亲自主持党的会议，研究、贯彻党中央的指示。彭德怀在主持军委工作过程中，多次重申：军事领导体制，要采取党委统一集体领导下的首长分工负责制。即部队中一切重大问题、统一安排等工作问题，先由党委会讨论决定，属于军事方面的由军事指挥员负责组织实施检查执行。既保持和发扬了我军的优良传统，又适应了新条件下军队建设的方向，使我军在军事斗争、政治斗争和各种复杂环境中，始终保持了坚定正确的政治方向，从而从领导体制上确立了党对军队的绝对领导。这样，平息了曾一度想取消党委领导、轻视政治工作的争议。

其次，用党的路线方针政策统一部队的思想和行动。彭德怀认为，一支军队的生命力首先取决于它的政治方向。军队建设能否保持正确的方向，则取决于它是否有一个正确的政治领导核心。我军是执行党的政治任务的武装集团，而党的政治任务是通过其路线方针政策来规定和实现的。坚定地贯彻执行党的路线方针政策，是军队团结战斗的政治基础。因此，深入进行党的路线方针政策的教育，提高全军指战员执行党的路线方针政策的自觉性，是人民军队建设的一项根本任务。彭德怀强调，必须把各个阶段党的政治路线、军事路线及其方针政策的教育作为保证党对军队绝对领导的重要措施抓住不放。

1953年12月，他在全国军事系统党的高级干部会议的报告中指出："加强党的思想领导，就是要在全军开展对党的总路线的宣传教育，使全体军人都明了我国目前是处在社会主义建设时期……全军光荣的任务，就是要保卫社会主义建设的进行，因此，就必须提高自己的政治、业务、技术、文化的水平，建设一支现代化的革命军队。"（《彭德怀军事文选》，第495页）

二、重视部队的思想政治工作

彭德怀在革命生涯中，经常兼军、政两职于一身，工作上军政兼施。他是一位战将，也是一位目光敏锐、思想深邃、循循善诱、率先垂范的政治工作领导人，具有领导政治工作的卓越才能。

彭德怀认为，革命的政治工作是革命军队的生命线。人民解放军必须坚持和发扬强有力的政治工作传统，不容许有轻视和削弱政治工作的倾向。开展强有力的思想政治工作，调动广大官兵的作战积极性，保持高昂的战斗士气。彭德怀指出："我们应当承认技术装备在现代战争中的重要意义，但是我们更要重视政治因素的决定作用。没有政治上的团结作为基础，装备技术是不能发挥其应有作用的。而要达到政治上的团结，就要采用民主的方法进行充分的政治工作，以启发和提高全体军人高度的政治觉悟。"（《彭德怀军事文选》，第539页）他强调，政治工作要从多方面来保证部队的巩固和战斗力的提高，发扬我军政治工作的优良传统，以保证我军永远成为人民民主专政的坚强柱石。

彭德怀在湘军任职时，他就利用士兵会组织在部队中进行革命思想的宣传，正是首先从唤起广大士兵的政治觉悟入手，开始了对这支湘军队伍的内部革新，从而为平江起义以及红五军迅速成长为红军的主力部队奠定了基础。

平江起义后不久，彭德怀即在龙门对红五军进行了以政治建军为主要内容的整训，在部队中建立政治机关和政治教育制度，坚持把政治教育作为军队建设和完成各项战斗任务的中心环节。

他把强有力的政治工作贯穿于战役、战斗的全过程：战前联系实际，讲清有利和不利条件，坚定胜利信心；战中及时传达党中央和毛主席的声音，通报胜利消息，不断激励士气；战后总结讲评，向有功部队发布嘉奖令，告诫指战员吸取经验教训，准备再战。他常说："打仗要有高昂的士气。做政治工作的，就要提高部队觉悟，把士气鼓起来。""政治思想工作搞不好，一切工作就失去有力的保证"。

新中国成立后，彭德怀多次讲，革命胜利了，我军所处的环境变化了，但是绝不能放松党对军队的领导，要加强党委集体领导和首长分工负责制。他强调，在进入现代化建设时期仍然必须继续保持和发扬政治工作的优良传统，使军队的政治工作在新的历史条件下，能够充满活力地向前发展。

彭德怀强调人民军队必须认真做好政治工作，反对单纯军事观点。1959年1月24日，彭德怀在全军军事科研会议上，阐述了人民军队的本质和进行战争的正义性，同旧军队及旧军队发动的战争，有本质上的不同。因此，人民军队要把政治思想教育，提高官兵政治觉悟置于首位，批评片面单纯军事业务观点。

他说："要协同动作，仅有战术条令、共同条令这些东西就能协同动作吗？这些是需要的。可是要真正使共同条令或共同纲要、作战纲要、战斗纲要等等成为有机的协同，有机的配合，有机的联系，就要发挥人的积极作用。军队应了解自己的责任和任务，思想上应是国际主义的，因此应进行无产阶级的思想教育。主动地配合人家，大家都这样积极去配合，这样才能真正地一致起来。你要单纯从业务方面去取得一致，那么条令、命令、时间，蒋介石的军队不也是这样规定的！美国军队的协同和配合方法不也是如此！可是他们没有我们这样的政治因素。第一野战军打宜川的时候是怎样打的？有一个排长带了一些兵，晚上去侦察地形，遇到一个地方，有一些泥土，上面垂下一根树根，附近埋了很多地雷。他们晚上把地雷的底火取出来，把盖子盖上，敌人没有发现。第二天带领一班人一个一个抓住树根爬到碉堡的顶上，用手榴弹从上面向碉堡内打，下面的也跟着打，才把碉堡打开，这不是积极性吗？这是彭德怀、张宗逊发现的吗？是那个排长和那些兵发现的。这就是积极性。打蟠龙也是这样……"

彭德怀强调说："犯单纯军事观点和单纯技术观点的人忽视了政治因素，而这些东西恰恰是灵魂。如果他没有根本的政治认识和思想上的一致，不把牺牲视为光荣，他就不会有这种积极性。我就不相信蒋介石的军队能做到这些。只强调一个方面而忽视另一方面，重视业务忽视政治因素，这是错误的。这不是我们军队所需要的。而我们军队在这方面是好的。彻底的革命军队，有民主，纪律好。平时他们经过训练和学习，积极性就会发挥出来。一是军事业务，一是政治思想，在我们的训练上必须正确地表现出来。只表现一方面是不够的，只要军事业务训练是不对的。只要政治训练忽视业务训练也是不对的。一个人只有政治训练，就等于只有脑壳没有手足一样，这样是不会打胜仗的，只有精神，没有物质基础。有军事业务和技术又有政治，脑壳和手足就结合起来了。片面地强调一面是错误的。军事科学，军队组成，战斗因素，都必须注意到这两个方面。"

彭德怀这次讲话，进一步阐发了"积极性"的源泉底蕴是："没有根本的政治认识和思想上的一致，不把牺牲视为光荣，他就不会有这种积极性，我就不相信蒋介石军队能做到这些。"也就是说，只有人民军队才能做到。

彭德怀关于政治工作的思想，概括起来，就是他在第一野战军第一次党代会的报告中所阐述的基本原则："一切政治工作方法要从实际出发，要从政策与策略观点出发，要从提高全体指战员的阶级觉悟出发，反对一切形式主义。"

他经常带头进行思想动员。解放战争初期，在保卫边区的万人大会上，他用质朴的语言，阐明敌必败、我必胜的真理，号召人民"彻底粉碎胡宗南的进攻"！

指挥抗美援朝战争中，彭德怀非常重视开展强有力的思想政治工作，充分发挥政治优势。

抗美援朝战争，志愿军以劣势装备同高度现代化装备的美军作战，战斗紧张、激烈、残酷，伤亡消耗巨大，行动受到诸多限制，遇到了许多难以想象的困难。这更需要开展强有力的思想政治工作，充分调动和发挥广大官兵的作战积极性，保持高昂的战斗士气，克服困难，战胜敌军。

赴朝作战之后，彭德怀和志愿军党委、政治部门根据各部队担负的不同任务和战争不同阶段的不同情况，发扬政治工作的优良传统，有针对性地开展了思想政治工作，抓紧对部队进行以党的"抗美援朝，保家卫国"的伟大号召为中心内容的爱国主义、国际主义教育和强有力的作战动员，充分教育官兵认识抗美援朝的伟大意义，提高了部队的觉悟；在战役行动中，深入地宣传以运动战为主的作战方针和正确的战术思想，针对战场上的实际困难和战争的艰苦性、残酷性，树立战胜困难的信心，发动广大官兵群策群力出主意、想办法克服困难，并深入地开展了群众性的立功运动，号召广大官兵战胜困难，杀敌立功，激励官兵的作战积极性，使部队始终保持高昂的革命英雄主义精神、压倒一切敌人的勇气和旺盛的斗志，在很大程度上弥补了武器装备方面的不足，从而有力地保证了战争的胜利。

他认为，我军进入现代化建设时期，仍然必须继续保持和发扬我军政治工作的优良传统，牢固树立全体军人的爱国主义和共产主义思想，不容许有轻视或削弱政治工作的倾向。为适应现代化建设的要求，政治工作应深入到各种军事活动中去，防止脱离实际的主观主义倾向，使军队政治工作在新的情况下，充满活力地向前发展。

三、治军治心，教育领先

任何一支军队，有凝聚力才有战斗力。而这种凝聚力来源于军队成员的共同的信念、统一意志以及由此而产生的勇敢献身精神。因此，治军首先要治心，在任何时候，都要把政治思想教育放在军队建设的领先位置。战争年代，要利用打仗的间隙，有计划有组织地开展整军运动。

在抗日战争中，彭德怀在华北敌后领导八路军部队多次开展整军运动和精简整编、大练兵运动，并在华北各战略区建立了抗日军政大学分校，使八路军的干部战士在战斗空隙里有机会进行比较正规的军事训练，有时间学习军事知识。因而，游击队和地方部队能迅速成长为正规军，正规军的军事素质也不断得到提高。

1939年2月，彭德怀向毛泽东提出对八路军进行轮训整军、在太行山建立军事工业、在根据地设立银行和加强干部培养的四项建议。1939年，八路军完成了60个团的第一期整军；八路军举办了各种训练班，抗大从延安迁到前方；彭德怀还亲自给抗日决死队派去高级军事干部，为决死队讲授游击战术，提高决死队的作战水平。

1939年初，决死一纵队已从两个团发展到三个团，另外已经组建和正在组建的游击区队或支队近20个。随着部队的扩大，军事干部缺乏成了一个突出问题。在这种情况下，朱德和彭德怀商定：以八路军前总的名义开办一个游击干部训练班，对决死一纵队的连排级干部和一些进步的旧军官，进行训练。训练班设在沁县的西林村，故名"西林训练班"。前后办了三期，每期两个月。八路军前总的负责同志，几乎都在这里讲过课。彭德怀讲党的政策，朱德讲游击战术，左权讲步兵战斗条令。他们从住地沁县南底水村到西林有20多里，每周三次讲课，每次必到，不辞辛劳，听课的学员们深为感动。这次训练称之为"西林整军"，对于提高部队的政治、军事素质起了很大作用。

彭德怀认为，政治教育的根基是阶级教育。军队是作为一定阶级和政治集团实现自己政治任务的工具，治心首先是向军队成员灌输服从和忠于其政治目标的思想。彭德怀指出，作为人民军队，军心的凝聚，最根本的是启发官兵的阶级觉悟。因为人民军队"它和一切反动军队的固然根本不同，就是和历史上有过一定进步性的军队也有本质的区别。……人民军队是劳动人民解放自己、消灭阶级剥削制度，保卫人民国家的独立和社会主义建设的工具。军队的成员，包括军官和士兵在内，都是来自劳动人民，他们的根本利害和奋斗目标是相同的"。（《彭德怀军事文选》，第604页）所以当他们认清了自己的阶级地位、阶级利益之后，就会真正懂得自己为谁而战，为什么而战，从而具有高度的自觉性和积极性。

彭德怀强调，要对干部战士加强政治思想教育，在提高阶级觉悟的基础上调动部队练兵和打仗的热情，全面提高战斗力。彭德怀自始至终把启发军人的阶级觉悟作为治军治心的根本之道。1947年11月下旬至1948年2月上旬，西北野战军在彭德怀领导下开展的著名的新式整军运动，正是这一教育最富创造性的表现。

自从1947年3月撤出延安转战陕北以来，西北野战军经过连续九个月的作战，解放战士增加很多（平均占连队的人数70%左右），对我军的性质、任务、宗旨、纪律等还不了解，不少解放战士阶级界限模糊，在艰苦环境里情绪不稳，违犯纪律，有的在战斗中贪生怕死，表现畏缩。基层干部对解放战士存在恐惧心理，不敢大胆指挥和管理，干部伤亡大，新提干部指挥能力弱。在物资供应困难的情况下，干部中违犯群众纪律的现象时有发生；有的造假情况，打滑头仗，不负责任。显然，这些问题需要解决，但究竟从哪里入手？

1947年11月，这些问题在第二次打榆林中集中暴露出来。三五八旅首长针对上述问题，决定采取诉苦和"三查"的方法进行整训。诉苦，就是诉旧社会和反动派给予劳动人民之苦，"三查"，就是查阶级，查工作，查斗志。通过整训，部队面貌发生了深刻变化。

国民党兵是雇佣兵，很多是靠抓壮丁抓来的。他们在反动军队中挨打受骂，打的是不义之仗——为剥削阶级卖命，和人民军队有本质的不同；但又有一个最大的共同点，即他们中的绝大多数都是在旧社会受苦受难的劳苦大众。在整训中第一纵队对俘虏兵的教育，采取从诉苦入手进行阶级教育，解决为谁打仗的问题；在此基础上开展查阶级、查思想、查斗志，进行党的政策纪律教育，开展群众性的练兵运动，取得了极为显著的效果。

用诉苦"三查"进行整训的情况报到野战军总部后，引起了彭德怀的极大兴趣和关注。他得知三五八旅搞了诉苦"三查"，非常高兴，连声说"好"！他多次对政治部的同志讲：解放战争进入了新的阶段。解放区正在搞土改，焕发了人民群众支援革命战争的热忱。我们军队怎样调动积极性、提高战斗力？我看，诉苦"三查"是个好办法。

针对有些人对解放战士教育缺乏信心和办法的问题，彭德怀指出："解放兵可要而不可怕。……只要能注意及时加以教育，就能改正他们的落后思想，他们就会变得很好。"（《彭德怀军事文选》，第281页）

不几天，彭德怀和政治部主任甘泗淇来到三五八旅，亲自听各团政委、主任的汇报，参加了字字血、声声泪的控诉大会，看到了为亲人报仇、杀敌立功的请战书，他们还找干部战士座谈，详细了解情况。

当听到通讯连指导员刘传喜汇报解放战士于得水在家受尽剥削压迫，被抓丁当兵后，又受尽反动军官欺凌的悲惨遭遇时，彭德怀沉默了好大一会儿，然后对身边的同志说："翻身农民参军的子弟兵，受地主老财的剥削压迫，只受一重苦；俘虏过来的解放战士，绝大多数是贫雇农，他们在家受地主老财的剥削压迫，在国民党军队又受压榨打骂，受的是双重苦，是我们的阶级弟兄"，"通过诉苦，大家懂得了阶级，懂得了剥削，懂得了为人民当兵，为自己翻身打仗。对敌人的仇恨加深了，战斗意志就会更加坚定"。

彭德怀在三五八旅住了三天。临别前，他对旅领导说："你们搞的诉苦'三查'，很有意义，这是政治工作的一种新样式。有了彻底的群众路线，就能充分发扬民主，引导群众从感性认识提高到理性认识，从根本上提高觉悟。你们要下决心抓下去，抓出成效来。"他还在部队整训开始前指示部队：整训要"提高阶级觉悟程度。办法是普遍深入开展诉苦运动与纪律教育"；"轮训各级各种干部"，"进行同样检查"；"扩大党的组织"；"工作重点在连队，旅团营干部深入连队"。中央军委看到彭德怀给部队的指示后，觉得很好，立即于当天转发各战略区、各野战兵团："此电发给各地做参考。"

西北野战军各部队在野战军前委和彭德怀的领导下，从1947年12月初到1948年2月中旬，进行了两个半月以诉苦"三查"为主要内容的整训。

首先是从土改教育入手，发动士兵诉苦，提高阶级觉悟。我军大多数战士都是穷苦农民出身，亲身遭受过地主与富农、国民党政权及其军队给予的各种痛苦。他们人人都有一本血泪账。经过诉苦，挖穷根，算剥削账，再从大量典型事例中，归纳出问题一层一层深入讨论，搞清楚阶级剥削、阶级压迫是怎么回事，反动统治阶级代表谁的利益，劳动人民的共同敌人是谁，天下穷人为啥是一家，等等。讨论具体深入，有情有理，使广大指战员把苦变成恨，把个人仇恨变成阶级仇恨，知道了"苦从何来，仇向谁报"，发自内心地喊出了"穷人要翻身，消灭国民党军"。从而极大激发了官兵的求战情绪。

在诉苦讨论和提高认识的基础上，进入"查阶级、查思想、查斗志"的"三查"阶段，以纯洁思想、纯洁组织、坚定斗志。然后转入第三阶段，即开展群众性的练兵运动，通过练兵，使勇敢与战术、技术密切结合起来，进一步提高了指战员的战术、技术水平和干部的指挥能力。

经过诉苦和"三查"，部队中的气象焕然一新，党在部队中的威信大大提高了。它提高了指战员的阶级觉悟和战斗意志，增强了部队团结，加强了群众纪律，更加密切了军民关系，发扬了民主作风，部队中的管理教育方式亦有很大改善。广大指战员进一步认识到三座大山是造成一切苦难的总根子，从根本上提高了阶级觉悟，坚定了革命斗志；在这个基础上，增强了内外团结，激发了练兵热情，提高了战术技术水平。在紧接着发起的宜川、瓦子街战役中，指战员们冒着风雪严寒，将敌人团团围住。他们高喊"为亲人报仇"的口号，群威群胆，英勇杀敌，全歼敌人，创造了西北战场上的空前胜利。

"新式整军"运动创造了阶级教育和党的政策纪律教育的重要经验。关于这次运动，彭德怀在整军报告中总结道：经过诉苦和"三查"运动，提高了指战员的阶级觉悟和战斗意志，增强了部队团结，加强了群众纪律，更加密切了军民关系，提高了部队战斗力，"部队中的气象焕然一新"，党在部队中威信大大提高了，过去解放兵、子弟兵间的隔阂和不团结的现象，被阶级友爱代替了。这"是我军有史以来第一次伟大的群众运动"，继承了古田会议精神，是毛泽东建军思想的坚持和发展。

1948年1月底，毛泽东和周恩来等中央领导人，听取了西北野战军进行的诉苦"三查"的汇报。毛泽东高兴地说：我们从中央苏区起，就想找到一个教育俘虏兵的好形式，这次诉苦"三查"的办法把这个问题解决了。

西北野战军整训后，于1948年2月中旬转入外线作战。部队经过整训，士气旺盛，斗志昂扬，本领增强，所以，只经过十天作战，就取得了宜川战役歼敌三万人的重大胜利。战役结束第四天，毛泽东专门为中国人民解放军总部发言人起草了《评西北人捷兼论解放军的新式整军运动》一文，对西北野战军的整训评价很高，并将这样的整训称为"新式整军运动"。毛泽东高度评价："这次胜利，证明人民解放军用诉苦和'三查'的方法进行新式整军运动，将使自己无敌于天下。"又指出：胜利的原因很多，"但是最值得注意的，是在冬季两个多月中用诉苦和'三查'方法进行了新式的整军运动"。

毛泽东把西北解放军首创的这一教育方法推广到全军，对促进人民解放军的建设，加速解放战争的进程起到了有力的推动作用。

四、严格治军，宽严相济

彭德怀治军以从严著称。严格的军事纪律和政治纪律，是保证我军完成作战任务的极其重要的政治基础。严，首先是他律己严，对高级将领要求严。带兵打仗，他是一名智勇双全的"虎将"，身先士卒，不避艰险；管理教育中，他严于律己，也严格要求部队。

早年，彭德怀率领的部队在湘军中以军纪好、战斗力强著称。彭德怀的勇敢善战、士卒用命在湘军中出了名；他以严肃简朴的私生活——不开公馆、不吃请、不嫖、不赌而出了名。

彭德怀对部属既关心体贴，又要求严格。他打了大胜仗从不喜形于色，但若因指挥失误导致作战失利，却绝不躲闪，坦坦荡荡，敢于承当。他治军之严，威名传遍全军。许多老同志都说，"彭德怀，脾气坏"。他对部下，尤其是对高级指挥员，谁要是不顾大局，搞本位主义，不负责任、工作失职，打滑头仗，他绝不容忍。

彭德怀治军严，主要是对干部特别是高级干部要求十分严格，他认为不严格要求高级干部，就不能抓好部队，就无法带领千军万马进行严酷的斗争。他强调严于律己，特别重视高级干部的表率作用。他对干部公正无私，赏罚严明，环境越是艰苦，他越是要求干部身先士卒，同甘共苦渡过难关。

彭德怀刚正无私。他批评人很严厉，是出了名的。彭德怀说过："批评就是要声色俱厉，否则，有毛病的人改不了。"他自己也风趣地说："我这个人爱批评人，是高山倒马桶——臭气远扬。"

在1948年4月上旬至5月中旬的西府战役中，当西北野战军攻占了宝鸡之后，胡宗南、马步芳共11个旅的兵力分两路向西北野战军扑来，彭德怀决心在机动防御中再歼敌几个旅。但由于四纵未能坚决地执行作战命令，造成战役上的被动和不应有的损失。

5月26日，西北野战军前委在洛川县土基镇召开扩大会议，总结西府战役，会议对失职的干部进行了非常严厉的批评，让四纵指挥员在会上作了检讨，决定对因不执行命令而造成整个战役失利的个别旅、团干部给予处分。

在会上，彭德怀在主动承担责任后，对造成战役被动局面负有直接责任的部队负责人毫不留情，当众严责：四纵队负责同志采取严重的自由主义态度，已影响其内部团结，以致邪气抬头正气遭到压制，发展到不执行命令，几次丧失有利战机，放弃与放走可能与应该消灭的敌人。他声色俱厉地说，这是严重的犯罪行为，从给革命造成的损失来说，应该是砍脑壳的。

接着他又质问四纵队干部：你有电台，完全可以请示报告，敌人力量大扛不住也可以报告。而你既不抗击于岐山之东，又不抗击于岐山之西。你撤，既不通知友邻部队，又不告诉我们，总该打个招呼吧。部队在行军路上住老乡的房子，走时还给房东打招呼嘛。你们的组织纪律性哪里去了。你不恨敌人我就恨死你。战争是流血的斗争，要求各级军事指挥员、政治委员要有高度的责任心，不能有丝毫疏忽。指挥员失职，必然带来意外的损失和不应有的流血牺牲。

为了帮助犯错误者提高认识，他剖析了在部队中存在的个人主义思想、无政府主义思想。指出其本质是"缺乏阶级责任心，考虑问题不从全局出发，从个人得失出发，个人安危出发"，"以致违犯纪律，损害革命利益于不顾"。他特别强调指出："战争是流血的斗争，要求各级指挥员、政治委员要有高度的责任心，不能丝毫疏忽。"

陕甘宁边区政府主席林伯渠在土基镇会上的发言中，意味深长地说：彭德怀有德有怀，有威可畏呀！彭德怀有坦荡的胸怀，你愈是了解他，甚至受他的批评越多，便越能深刻地感受这一点。他当年的副手、西北军区副司令员赵寿山，虽然对他过于严厉的作风不太习惯，经历西府一战后，对他的赤诚之心敬佩之至，感慨地说：彭德怀忠诚感人，他能打大胜仗，也能打好败仗，化险为夷，转危为安，是真正的大将军。

西北野战军根据前委扩大会议决定，于六七月间在黄龙、韩城地区进行了一个多月的政治和军事整训，开展了评斗志、评政策、评工作、评作风、评功查过的"四评运动"。

土基镇会议对西北野战军严肃军纪、提高战斗力起到了重大作用，产生了深刻影响。特别是会上受到严厉批评的四纵，会后从上至下查找部队中思想作风纪律方面存在的问题，吸取教训，全纵队决心以英勇作战的实际行动挽回损失，以后历次作战都打得很出色。尤其是在一年以后的扶眉战役中，第二兵团第四军（即原四纵）担任战役迂回任务，一昼夜前进140多里，插入敌后，在罗局镇顽强抗击胡宗南两个军轮番冲击十余次，四军指挥员号召全军官兵，"寸土不失"，"坚决堵住敌人"，完成了堵敌重任，使胡宗南的四个主力军被西北野战军全歼。对此，彭德怀给予了热情的表扬：四军这次打得很出色，立了功，为夺取战役的全胜起到了关键作用。

他对部属的过失，从不袒护，批评起来"火力"很猛，不留情面。他对人不管是炊事员、警卫员，还是干部，甚至是高级干部，只要谁损害人民的利益，他都批评。但他批评干部都出于责任感，从来都是出于公心。他对同志有一颗火热的心，对革命事业有一种高度负责的精神，为了革命工作，为了同志的进步，丝毫没有整人的意味。挨过他批评的人并不忌恨他，不仅心服口服，而且确实从严厉的批评中，体会到他那"恨铁不成钢"的苦心，体会到人民军队中同志间的温暖和关心，从而作为鞭策自己前进的巨大动力。有时他批评得有出入，事后他知道了，就主动找被批评的同志作诚恳的自我批评。对改错有实际表现的，就加以表扬。这样，他就更加赢得了全军上下一致的尊敬。

抗美援朝战争第一次战役，志愿军与以美国军队为首的"联合国军"初次交锋，即取得了第一回合的胜利，歼敌1.5万余人，把敌人从鸭绿江打回到清川江以南，稳定了朝鲜战局。但彭德怀对与"联合国军"初次交锋的结果并不满意，对第三十八军提出了严厉的批评。

第三十八军是中国人民解放军的一支战功卓著的主力部队。在抗美援朝第一次战役中担任向军隅里、新安州方向穿插任务，就其在作战中歼敌人数来说，仍是较多的，但由于他们对敌情判断有误，对于已经陷于孤立的一支敌军行动迟疑，缺乏打歼灭战的决心，行动慢了些，错过了迂回的战役行动，未能按时到达指定位置，延误了进攻时间，让敌人溜掉了。会上彭德怀严厉批评三十八军领导人对敌估计过高，不敢大胆截断敌人退路，使这次可能歼敌两三个整师的作战计划未能完成。

彭德怀在战后的总结会上，点名叫起三十八军军长梁兴初厉声斥责道："你们为什么慢慢腾腾，不按时到达指定地点，这是什么行为？这是违背军令，贻误战机，按律当斩。我身为志愿军司令员兼政治委员，有权惩罚一切违犯军令、军纪的人。"

说到气愤处，他将右手重重往桌上一拍："我彭德怀别的本事没有，斩马谡的本事还是有的！"怒声震动会场。

这一顿虎威，真有叱咤风云之力，使到会高级将领深受教育，对所有志愿军高级干部震动也很大，对以后的作战发挥了重大作用。

解放军高级将领都知道彭德怀治军甚严，但入朝部队多是原第四野战军的，多数军的领导人对彭德怀要求之严格没有亲身体验。这次看到他对三十八军这样的"王牌军"都如此不留情面，才真正知道彭德怀的"厉害"。特别是三十八军领导人更是受到极大的震动，决心在今后的作战中"洗清一次战役作战不力的耻辱"。

在第二次战役中，彭德怀仍把事关战役全局的穿插任务交给了三十八军。三十八军首长也从中吸取教训，猛打猛冲，在对方侧翼打开缺口以后，一夜之间猛插敌后70公里，切断敌人交通线，在敌人北援部队和南撤部队之间坚守50多个小时，打乱了敌人的整个部署，对整个战役的胜利起到了关键作用。彭德怀闻讯十分高兴，亲自为志愿军党委起草嘉奖令，并将这个嘉奖令颁发全志愿军，还在通令嘉奖的电报上亲笔加上"三十八军万岁"。从此，"万岁军"被广为传颂。这充分显示出了彭德怀严格治军的巨大魄力和威力。

同时，彭德怀对干部又是体谅和爱护的！长征路上，中央红军通过第二道封锁线后，张爱萍率领本团在去郴县的路旁村庄里宿营。夜半，军团通信员送来了由军团长彭德怀签署的一道命令，让他们团为前卫，拂晓前出发。张爱萍带着睡意看了一遍，很快又睡着了。醒来天已大亮，贻误了军机！等他们赶到前边的路口时，彭德怀率机关人员已等在那里了。张爱萍心想这个骂是挨定了。没想到彭德怀问清原因后，就又交代了任务，连批评也没有。当天宿营时，却收到彭德怀签发的一个指示：今后各级通信员夜间送命令、文件时，必须把接受命令、文件的首长叫醒，并要等其坐起来看完后再离开。张爱萍后来回忆说："显然，这个指示是针对我的失误而发的。但，彭德怀对我一直没有批评，更未骂我。他深知部队连续行军打仗极度疲劳。但为防止今后此类失误的出现，又立即采取了亡羊补牢的措施。"

五、纪律严明，赏罚分明

依法治军，赏罚分明，是历代兵家带兵作战的主要手段。严纪律，明号令，是千军万马进行有序训练和战斗的基本前提，是一支军队有军威、有战斗力的重要保证。因此它是古今中外治军者所遵循的普遍原则。彭德怀指出："中国人民解放军是一个执行战斗任务的武装组织，因此，高度的集中和铁的纪律是绝对不可少的。"（《彭德怀军事文选》，第616页）因为，只有建立铁的纪律，才能保证作战决心、计划的坚决贯彻执行。

1936年山城堡战役中，少数部队发生个别人严重破坏纪律问题。战役刚结束，根据毛泽东的指示，彭德怀和任弼时电示三个方面军及地方武装首长，决定全军以备战姿态，自11月29日起进行为期一周的休整和整顿，并于30日通电全军指战员，要"加强阶级教育，提高战士中的自觉纪律"，使大家懂得"红军是工农的儿子，一切行动都是为工农大众的利益，凡属违犯和损害群众的利益及一切脱离群众的行为，我们须誓死反对"，"损坏了群众利益的地方一律估价赔偿"，并"发动工农群众对红军的批评，使工农和红军亲密的团结起来"。

彭德怀重视教育引导提高官兵遵纪守法的自觉性。能否将军队执行纪律建立在官兵高度自觉的基础之上，这是新型人民军队同一切剥削阶级军队治军思想的根本区别之一。彭德怀指出："旧的军阀部队是地主阶级的工具……他们为了维护地主阶级的权利和地位，必然驱使士兵进行战争。而这些战争又是非正义的，与广大士兵利益相违背，所以一般军官对士兵只有采取多种强制和镇压的办法。"（《彭德怀军事文选》，第173页）而新型的人民军队是为广大人民群众自己的利益而结合而战斗的，军队的法规体现了包括广大官兵在内人民的利益和意志。因此，"我军严格的组织制度，不是单纯依靠行政强制的办法，主要是在官兵政治自觉的基础上，依靠集中和民主相结合、领导与群众相结合的办法建立起来的。只有这样，我军严格的组织制度和各项任务的完成，才有牢固可靠的保证。也只有这样，才能经得起残酷的战争考验"。（《彭德怀军事文选》，第607页）由此可见，重视教育引导提高官兵遵纪守法的自觉性，这是人民军队以法治军、从严治军的一个显著特征。

启发官兵严守纪律的自觉性首先是靠教育，因为我军的管理制度是建立在全体成员政治自觉的基础上。"为了提高全体成员的政治觉悟，解决正确与错误、先进与落后的矛盾，施行管理教育的办法，主要是依靠有领导的耐心的思想教育工作，依靠群众自己教育自己的方法。"（《彭德怀军事文选》，第604页）一方面，组织部队认真学习军队的各种条令条例和规章制度，使它的基本内容做到人人皆知，明确军人的行动规范。另一方面，要经常结合实际，组织部队进行严格组织纪律与履行军队职能军人职责关系的教育和讨论，"通过教育，使全体成员认识到，军队的命令和纪律体现着革命事业的共同利益，代表着党和全体人民的意志，从而愿意自觉地坚决地服从和遵守，而绝不是盲目的服从"。（《彭德怀军事文选》，第617页）

启发官兵严守纪律的自觉性，还必须在执行纪律的过程中处理好赏与罚的关系，坚持以奖为主。奖励和惩戒都是维护纪律的手段，两者都是不可缺少的。历代兵家都主张赏罚相依，恩威并施。在两者中，是以奖励为主，还是以惩戒为主？一切剥削阶级的军队都实行以惩罚为主，通过重罚来强制军令军纪的执行。而人民军队的特性和特点决定了在处理这两者关系时，必须坚持以奖励为主的原则。

彭德怀认为，要保证我军纪律的严格执行，真正做到令行禁止，在奖惩问题上必须坚持原则，公正严明；实事求是，不徇私情；有功必赏，有过必罚。他在治军中坚决地贯彻这一原则。不论哪个部队，哪级干部，只要损害了党和人民的利益，就当面批评，而且"火力"很猛，毫不客气，该处分的也决不留情。特别是对高级指挥员，谁要是不考虑全局，不执行命令，玩忽职守，打滑头仗，更是绝对不能容忍。而对于功劳突出的部队和个人，则会予以他大力的表彰。每一次战役总结讲评，彭德怀都是功过分明，即使是打了胜仗，也不放过对作战不力者的批评；受了挫折，对作战有功者同样予以表彰。

彭德怀指出："我们的军队是人民的革命军队，我们的事业是进步的事业，因此，我军绝大多数同志是愿意积极上进的，是想把工作做好的。我们工作中虽然有消极的和落后的一面，但是，积极的进步的一面，总还是主要的。领导干部就要善于发挥和诱导群众的这种积极性，依靠群众的努力和创造来推动工作。"（《彭德怀军事文选》，第542页）"对于违抗命令和纪律行为，我们绝不能迁就放任，应该给予必要的惩戒。但是，对于犯了一般性错误的同志，主要是分清是非，总结经验教训，以达到惩前毖后，治病救人的目的。我们坚决反对惩办主义……过重过多的惩戒，会伤害犯错误者的自尊心和改正错误的信心；对于一个单位来说，会使群众情绪消沉，疲疲沓沓。这样做只有坏处，没有好处。"（《彭德怀军事文选》，第618页）

在治军实践中，彭德怀特别善于运用作战和部队建设先进人物和先进经验来教育官兵。每次作战总结，都要大力表彰有功单位和有功人员，即使是对执行命令不力的部队，也注意分清责任者，充分肯定其中的有功人员。如1948年西府战役后，他在对第四纵队执行作战任务中暴露出的问题进行严肃尖锐批评的同时指出："四纵有很多好的同志，有不少英勇事迹。"在对违犯纪律人员的处理中，批评十分严厉，但处分却十分慎重。

六、选贤任能，造就强将

选将用将历来被中外兵家视为军队建设的头等大事。古人有"千军易得，一将难求"之说。人民军队建设中，更是将干部的选拔、培养和任用摆在战略地位加以重视。毛泽东曾指出，政治路线确定之后，干部就是决定的因素。彭德怀对这一点同样有着远见卓识。

早在土地革命战争时期，他就提出："要以最大的力量艰苦的培养干部。"（《彭德怀军事文选》，第30页）

抗日战争中，他一再强调要广泛争取知识分子，让更多的知识分子充实到八路军的干部队伍中来。

解放战争中，他指出提高干部特别是高级干部的政治理论水平和作战指挥能力是夺取全国胜利的关键因素。

新中国成立后，他把选拔、造就军队干部，视为建设现代化军队的必备条件，指出："为了完成国家的建军任务，需要大力培养干部和继续提高干部的质量。'干部决定一切'这个真理，对于我们今后的建军工作具有严重的意义。要建设一支强大的现代化的革命军队，如果没有一批具有一定文化水平，具有马列主义基础知识，具有现代战争知识和能够掌握现代技术的干部，这是不可能的。"（《彭德怀军事文选》，第486—487页）

他非常重视人才，大胆放手地使用干部，充分发挥干部的作用和首创精神，只要你真正为革命负责、为战争负责，尽管大胆工作，一旦出了问题、犯了错误，他会替你承担责任。因此，在他领导下工作，大家勇于负责，心情舒畅。相反，假若你右倾怕死、不负责任、打滑头仗、作风不正派，不管你职务多么高，资格多么老，过去的功劳多么大，他都毫不客气地给予严厉批评，因此，也有一些人确实很怕他。但是，批评过后，当你认识、改正了错误，他又会高兴地对你说："'人非圣贤，孰能无过？过而能改，善莫大焉'，现在又该我向你作检讨了，我对你的态度不好嘛！"

彭德怀一向认为，要使部队思想好、作风硬、纪律严、战斗力强，关键是有好的带头人。因此，他对各级领导干部尤其是高级干部抓得很紧，要求很严。有一次，一位高级干部到前线了解情况，由于炮火猛烈，只前进到团指挥所。彭德怀听取汇报时，质问他为什么不去第一线，并责令其立即返回前线把第一手材料带回来。对待干部，他不管你来自哪个地区，哪个野战军，有成绩就表扬，有错误就批评，从不看人行事，厚此薄彼。

彭德怀一贯重视干部特别是高级干部的表率作用。他对部队一向要求很严，批评起来不留情面，在日常工作中则对大家关怀备至，耐心地进行帮助和指导。他反复强调，凡是要求部队做到的，高级干部必须首先自己做到，只有这样才能率领部队经受严酷的考验。他要求高级干部，身居高位而时刻不忘群众疾苦，不摆架子，不谋私利，全心全意为人民。

进入和平建设时期后，彭德怀对军队干部提出了更高的要求。强调全军在执行中共中央、中央军委的方针政策上，必须态度坚定，排除各种干扰，务必落到实处。在执行规章制度上，要求各级领导干部和领导机关带头执行做好样子。在工作作风上，要求重实际，重效率，不许弄虚作假，不许摆花架子。在生活作风上，他要求清正廉洁，艰苦朴素，坚决制止在一些干部中的腐化堕落、违法乱纪行为，多次指出，这种腐败现象如不坚决制止，必将败坏军队风气，严重影响军队建设大业。

确立正确的标准，是选拔、培养、造就优秀军队指挥员的前提。德才兼备是我党我军选拔干部的一贯标准。彭德怀指出："必须正确地挑选干部，大胆地提拔新的干部。选拔干部的原则和标准，应当根据政治品质和业务能力。""这些干部必须是忠于社会主义事业，具有马列主义思想基础，有现代军事科学的知识，一定的科学技术和文化水平。能够钻研业务，富有朝气的人。"（《彭德怀军事文选》，第487页）

彭德怀认为，军队干部的德，最重要的是政治立场和政治觉悟。他在论述我军干部政治品质时，强调最多的是要有阶级观念，有为无产阶级打江山、保政权的强烈政治责任感；要有党性观念，坚决服从党对军队的绝对领导；要有共产主义信念，忠于社会主义事业。在思想道德上，他强调人民军队的干部必须树立全心全意为人民服务的思想，必须有爱国主义、国际主义和革命英雄主义精神，必须有公道清廉的品格，必须有高度的组织纪律性。在意志作风上，彭德怀认为我军干部应该具有果敢、坚韧、顽强，不为一切艰难困苦和挫折所动摇的心理素质，具有深入实际、联系群众的工作作风，具有敢于机断专行、敢于承担责任的气魄。

彭德怀认为，人民军队的干部，要担当起自己的重任，必须有真才实学。通观彭德怀对干部的要求，集中体现在三个方面：一是强调必须具备相应的知识。他说："现代化革命军队的军官必须具备各种各样的科学技术知识和现代战争规律知识"，不懂得这些，就不能指挥现代战争。二是强调有能力。即能够把知识创造性地运用到作战与治军的实践中去，善于观察分析问题，善于集中群众意见，善于作出科学的决策，具有指挥作战的能力、管理部队的能力。三是有胆识和魄力。在战时敢于主动灵活地指挥作战，"能够抓住战机，打开战局"；在平时工作中有创新精神；善于从被动中脱出，取得作战和工作的主动权。

彭德怀指出，衡量考察干部，必须把德和才统一起来。德，是才的方向和灵魂，是才的发展的内在动力；才，是德得以发挥的凭借，是事业成功的基本条件。因此，两者缺一不可，必须德才兼备。但两者又不是平列的，德是前提，是第一位的。它是关系到枪杆子掌握在什么人手里的问题。因此，政治上不能和党保持一致、思想道德品质不好的人，一个也不能用。然而，有德而无才的人也难当大任，平时不可能带领部队开创新局面，战时不可能带领部队克敌制胜，甚至可能贻误战机，造成不应有的损失。所以在选拔使用干部时，一定要兼顾德才两个方面，只强调一面而忽视另一面的做法都是不可取的。

七、官兵一致，爱兵如子

官兵关系，是军队内部最基本的关系。官兵关系的协调，是军队建设中一个至关重要的问题。官兵一致，是毛泽东为我军政治工作规定的三大原则之一。彭德怀一贯主张官兵平等，强调干部要以身作则，模范带头，并对官兵一致的原则作了许多具体而深刻的阐发，提出并实行了一系列密切官兵关系的举措。

（一）爱护士兵，发扬民主。彭德怀认为，干部尊重战士，以政治上平等的地位去处理官兵中遇到的各种矛盾，这是密切官兵关系的前提，也是人民军队的根本性质所要求的。他说："剥削阶级的军队……在它们内部，出身于剥削阶级的或者为剥削阶级服务的军官，和来自劳动人民的士兵之间，总的来说，存在着根本性的矛盾，这种矛盾反映当时社会上的阶级矛盾。这种矛盾是对抗性的，不可克服的。它们为着控制士兵群众，在军队中采用了极端野蛮专制的管理制度和方法。强调绝对地盲目服从，强调军官的个人权威……以便驱使士兵去作剥削阶级欺压人民和向外侵略的驯服工具。"（《彭德怀军事文选》，第603页）

而人民军队是劳动人民解放自己、消灭剥削制度，保卫人民国家的独立的工具。军队的成员，包括军官和士兵在内，都来自劳动人民，他们的根本利益和奋斗目标是相同的。彭德怀认为，我军在长期建设中，形成了一套崭新的、富有人民军队特色的军队内部官兵平等关系和民主制度。他把我军内部关系的内容概括为："军官爱护士兵，士兵尊重军官，上级关心下级，下级尊重上级；官兵之间，上下级之间，同级之间，互相尊重，互相学习，友爱合作，团结一致。"（《彭德怀军事文选》，第613页）这既是我军内部关系的特征，也是正确处理我军各种内部矛盾的基本原则。他认为，我军民主制度的形成和发展，产生了一种强大的物质力量，使我军能够在极其复杂、困难的斗争环境中，内部团结不断巩固，军政素质不断提高。

彭德怀强调，在人民军队中，尊重战士首先要尊重战士的人格，彻底废止打骂士兵的军阀作风。彭德怀在革命军队中建立新型的官兵关系，正是从这一点开始的，而且一直把它作为处理官兵关系最基本的要求反复加以强调。

早在1928年，当已成为共产党员的彭德怀在湘军中升任团长时，他上任的第一天，就宣布了两条命令：第一条，全团所有军官今后一律不许打骂士兵；第二条，取消连排长的小厨房，和士兵一起吃饭。旧军阀部队，军官打骂士兵是家常便饭，废除打骂，使士兵有了做人的起码尊严，深得士兵之心。

可以说，彭德怀改造旧军队正是从这里开始的。但这种几千年军队中形成的军阀作风，并不是一朝一夕就可铲除的。在人民军队中，对这种军阀残余的清除仍需做艰苦的教育工作。彭德怀在这一点上表现出了极为坚韧的精神。

1929年10月，红五军在江西永新整训时，训练中第三纵队的一个战士枪走火差点伤了人。纵队长吴迪芬为罚一儆百，对受处罚的战士打了30竹板。彭德怀知道后，集合全纵队的干部对吴进行了严厉的批评。他语重心长地教育大家："我们是红军，不是湘军和反动派的军队。红军是工农的队伍，官兵之间是阶级兄弟，出了事故要进行教育，战士有缺点错误是可以改正的。你打人不仅违反了纪律，同时也不一定使他真正认识错误。另外我们都是贫苦出身，人民把子弟交给我们，为的是打土豪劣绅，打反动派军队，解放穷人。可我们竟打自己的兄弟，这让他们的父母知道了，能放心吗？"（张平凯《忆彭大将军》，第84页）使三纵队的干部深受教育。

1943年8月，八路军总部直属队警卫连的一个战士偷了老百姓的东西，违反了群众纪律，警卫连长打了这个战士。彭德怀得知后，在八路军总部直属队干部会上专门讲了这个问题。他说，禁止打骂，早已成为我们部队必须遵守的一种制度，而且十几年来还经常不断地进行反对打骂的教育。但直到现在这种打人的现象，在我们部队还未彻底肃清。

为什么这样难以纠正呢？他分析认为，其根源是受中国封建社会的影响，受中国其他军阀部队的影响，而对革命军队的内部关系的本质缺乏自觉的认识。他指出："我们八路军是属于劳动阶级的，为无产阶级先锋队共产党所领导……我们部队的每个成员，都是为了共同的政治信仰，从事共同的革命事业，彼此更应该看作是亲密的战友，爱如兄弟，哪里还能容许有

打人这种不平等的封建落后的行为呢！"（《彭德怀军事文选》，第173—174页）

尊重战士，还必须尊重战士的民主权利，在军队中实行民主制度。彭德怀认为，革命军队中官兵一致的原则，需要有根本制度来保证，这个制度就是人民军队中的民主制度。

中国人民解放军既是一支有铁的纪律的军队，又是一支有高度民主生活的军队。我军从创建开始，就彻底摧毁了军阀军队的专横制度，采用了广泛的民主措施，逐渐形成了集中领导下的民主制度。军队是要打仗的，历来军队都强调高度集中和纪律，这一点人民军队也不例外，高度的集中和铁的纪律是绝对不可少的。"但是，我们是共产党领导的革命军队，我军成员是有政治觉悟的，能够以主人翁的态度对待自己的事业，愿意为人民的利益贡献自己的生命。这就为我军实行集中领导下的民主和建立自觉的铁的纪律，提供了政治基础。"（《彭德怀军事文选》，第616页）

彭德怀强调，我军不但能够实行民主，而且必须实行民主。因为革命战士是革命军队的主体，只有集中他们的智慧和力量，才能完成革命任务，因为"我军所执行的任务是用战争方式摧毁反革命武装力量的艰巨任务，要完成这个伟大的事业绝非少数人的智慧所能办到的，必须依靠全军成员对革命事业的高度积极性和创造性。而要达到这个目的，就必须实行集中领导下的民主制度"。（《彭德怀军事文选》，第564页）

人民解放军民主制度的内容，就是军事、政治、经济三大民主。他指出："军队中政治民主，就是在政治上官兵平等。官兵之间，上下级之间和同级之间，允许从团结愿望出发的相互批评，相互监督。"（《彭德怀军事文选》，第616页）"为了工作，不仅上级可以批评下级，下级也可以批评上级，士兵也可以批评军官，军官必须虚心倾听下级官兵的意见和接受正确的批评，绝不容许有压制批评、打击批评者的行为，对于不适当的批评和意见只能进行解释。"（《彭德怀军事文选》，第565页）"军队中的军事民主，就是军事工作中的群众路线。只要条件许可，领导上应该通过思想动员，发动全体成员对于如何完成作战、训练任务，改善管理工作的方法等进行讨论，使领导的意图变成群众的决心，吸收群众的合理建议，使领导提出的计划进一步得到完善。""军队中的经济民主，就是伙食单位的经济公开，士兵参加伙食管理，在可能条件下改善士兵生活，防止发生贪污浪费的现象。"（《彭德怀军事文选》，第616页）

彭德怀强调说："在我们的军队中，不单是在党的组织生活中有民主，而且在一般工作中，甚至在战斗中也是有民主的。只要条件许可，比较重大的工作，都应该运用民主和群众路线的方法，发挥群众的主动性、积极性和创造性，以克服困难，完成任务。这种做法，在我军战胜强大的国内国外敌人的斗争中，曾经表现过光辉的成效，在今后也仍然是争取完成工作任务和争取战斗胜利的重要条件。"

彭德怀认为，个人智慧总是有限的，军队民主使领导智慧和群众智慧结合起来，是不可战胜的。他说：我们军队有民主，除苏军外世界上是没有的。下级可以批评上级，可越级上告，人民也可告军队的状。如果下级不能批评上级，则上级没有威信。我军民主是建立在同阶级同志的基础上，没有对抗性的矛盾。只有方式方法上的矛盾，没有不可解决的问题。对指挥员的信仰是战斗力的因素之一。信仰是建立在政治觉悟、正确领导、坚强不屈、以身作则、模范守纪律和具有批评自我批评精神的基础上。

（二）热爱战士，为兵服务。在湘军时期，彭德怀的穷苦出身和在旧军队的几年生活，使他认识到，少数官僚资本家、土豪劣绅、反动军阀的花天酒地、纸醉金迷的生活，完全建筑在千百万贫苦工人、农民、士兵的血汗上边，他越来越看清了旧中国的腐败和旧军队的反动本质，经常深入到士兵中灌输朴素的革命思想。

彭德怀认为，密切官兵关系，关键是干部对待士兵的感情和态度问题。干部只有真正认识到战士是革命军队的主体，认识到他们在革命战争中的决定作用，从内心里热爱战士，才能自觉摆正自己与战士的关系，关心战士，为战士服务。而一支部队只要做到了这一点，就必然形成亲密无间的官兵关系，形成无隙可楔的巨大凝聚力。

彭德怀经常告诫军队中的各级指挥员，应该首先把作战胜利归功于战斗在最前线的革命战士。他指出："我们要提倡为战士服务的作风。我们打一个胜仗，是集中全军体力、智力与人民的一切努力才打胜的，绝不是几个首长打胜的。……打胜仗是全体努力制胜的。"（《彭德怀军事文选》，第283页）他要求干部特别是高级干部要向人民学习、向战士学习。学习他们的"正气和坚决勇敢、自我牺牲精神"。干部在思想上确立了这种认识，爱兵就不只是一种上级的要求和规定，而将成为发自内心的自觉行动。

彭德怀善于与战士打成一片，倾听战士的呼声。他认为，只有到战士中去，与战士在一个锅里吃饭，一条战壕里作战，才能真正了解战士，与他们建立深厚感情。彭德怀最看不惯干部脱离战士的行为。每当发现这种行为，总是要给予严肃而耐心的批评。

彭德怀还指出："我们应该了解，群众的实践活动是知识的源泉，是检验真理的标准，只有深入实际，才能发现实际中存在的困难和矛盾，才能找出克服困难和解决矛盾的原则和方法。只有深入实际，才能发现条令、制度、命令、指示的正确程度，才能找到修改它们的根据。只有深入实际，才能发现和亲自体会群众所创造的新事物和它的意义，才能把群众的零散的无系统的新创造集中起来，把实际中取得的经验与书本知识结合起来。"（《彭德怀军事文选》，第568页）

彭德怀爱兵如子，体恤战士，与干部战士甘苦与共，亲如手足。他说，没有哪一次战斗的胜利，不是干部战士英勇冲杀得来的，关心、体贴他们，是生动实际的政治工作，也是指挥员的应尽责任。

彭德怀要求干部必须关心战士疾苦，时刻想着战士。战场上，战士负伤，他总是牵肠挂肚，给予周到安排。长征中，他把他的骡子让给战士骑；过草地时，连续几天没有什么吃的，他忍痛把他的骡子杀了，把肉分给大家；他担心战士站岗冻脚，就把手伸进战士的棉鞋里试其温暖的程度。行军中，彭德怀有时静静地走在战士的行列里，听着他们的各种议论，同他们交谈，征求他们对领导的意见。

解放战争时在进军陇东途中，看到战士过河不方便，他就从水里搬石头垒起石头堆，让战士走过。在通过沙漠渴死人的时候，他把分给他的水让给战士喝，行军每到一个地方，他先看战士们住好了没有，有时他和参谋长挤到一个房子里，把房子腾出来给战士们住。看到饲养员没房子住，他把司令部四科科长叫来，说："白天我们骑马走，他走路，晚上我们睡觉，他喂牲口，这样的同志，我们不关心他们，谁关心他们？眼里只看见首长，那是中国人过去给皇帝当奴隶当惯了，养成这样一种恶劣习气！"他对参谋、通讯员、警卫员、炊事员和所有在身边工作的同志，都平等相待，和蔼可亲。

入朝初期，彭德怀得知部队在零下四十度作战，而供应却是"一把炒面一把雪"，战士们由于营养不良，有些人得了夜盲，心里非常难过和着急，甚至吃不好饭，睡不好觉，到处打听治夜盲的方法。当听说喝松针水、吃野菜可以减轻夜盲时，就立即告诉部队熬松针水，挖野菜吃。这个办法取得效果以后，彭德怀十分高兴。冬天，他到部队视察，经常要战士脱下棉鞋，亲手摸一摸里面是否温暖。他总是告诉干部，在时间许可的时候，不要限制战士在五分钟内吃完一顿饭，他说："我的胃病就是这样搞起来的。"当国务院副总理、军委副主席兼国防部长了，他还亲自安排身边的战士学文化，亲自请老师，亲自批改作业，"视卒如爱子"，彭德怀是爱兵的典范。

彭德怀强调，作为一个指挥员，要精心指挥每一次作战行动，以减少战士的流血牺牲。在抗美援朝战争时，志愿军副司令员邓华在一次与彭德怀交谈中请他传授战争经验，彭德怀说："我一辈子打仗，没有什么高招，只懂得指挥千军万马打仗，可不是儿戏，必须精心策划，周密部署。指挥员多用一分心血，战士就少流一分鲜血，不能以战士的生命去无谓冒险。要牢记，任何父母，当知道自己的孩子牺牲了，那痛苦和悲伤都是难以忍受的。"

（三）有盐同咸，无盐同淡。"有盐同咸，无盐同淡"，这是彭德怀从红军时期起始终坚持的八个字，也是他几十年治军有方的经验之谈。在抗日战争中，一些国民党的将领对八路军官兵同心同德深表钦佩，他们向彭德怀请教其中的秘诀。彭德怀说："官长与士兵风雨同舟，尤其是长官与士兵间的生活距离应尽量缩小……与士卒同艰苦，是团结部队的重要条件之一。"

在长期的革命战争中，无论职务地位多高，彭德怀在生活上始终以普通一兵的身份严格要求自己。

红军时期，彭德怀已是赫赫有名的军团长，但他的穿戴、装束，同普通战士一样：军帽、军装都旧得褪了颜色，裤子上还打了补丁，腿上的绑带却打得很整齐，表现出长期在军队生活的军人风度。

平江起义后，作为红五军军长的彭德怀行军和战士一样背着米袋，作战时边指挥边战斗，身先士卒，经常冒着弹雨抢救受伤的战士，平时的衣着、吃喝也和战士一样，坚持"有盐同咸，无盐同淡"，从不搞一点特殊。

红军长征过草地，饥饿成了指战员的最大敌人。部队进入草地以后，行程实在太艰难，走不到一半，部队便告断炊，茫茫草地，到哪里去寻找粮食呢？前卫部队还可靠野菜、树皮充饥，可是彭德怀率领的红三军团是殿后，他们要想找到野菜、树皮充饥都很困难。部队进入草地后的第五天，一切可吃的东西，包括皮带都被吃光了，一些部队开始有人因饥饿而牺牲。见此，彭德怀的心里非常着急，下令把军团部仅有的六头骡子杀掉。饲养员一听急了："什么，杀掉，你不出草地啦！军团长，最起码你的那匹黑骡子不能杀啊！"饲养员深知，这匹黑骡子是遵义战场上的战利品，军团长非常喜爱它，行军途中，军团长总是把它让给伤病员，或是用来驮物资、器材；在一定意义上讲，这匹骡子，既是军团长的宠物，又是红军的功臣，要杀掉它，大家怎能不心疼呢！

看到大家心疼的样子，彭德怀心平气和地说："杀掉大黑骡子，我也和大家一样，很心疼！可是现在指战员们连野菜都没的吃了，我们只有杀掉牲口，让大家多少吃些东西，才能走出草地！"最后，他还鼓励同志们说："大家应该相信，只要人在，牲口嘛，敌人还会给我们送来的。"

杀了黑骡子，彭德怀命令只给军团部留下一点杂碎，把肉全都分给了所属部队。

1936年8月16日，美国著名记者斯诺到豫旺堡采访彭德怀，亲眼看到指挥千军万马的红军司令员住在一间简陋房屋里的时候，感动得对翻译黄华说："我见到过美国、英国、苏联和国民党的很多高级指挥官，彭德怀司令员是最简朴的了！"后来他在《西行漫记》中写道：彭德怀的宿舍"内设一张桌子和一条板凳，两只铁制的文件箱，红军自绘的地图，一台野战电话，一条毛巾，一只脸盆和铺了他的毯子的炕。他同部下一样，只有两套制服，他们都不戴军衔领章"。

抗日战争时期，为了解决八路军薪饷困难，1938年1月在彭德怀主持下，全军首次制定了统一的伙食和津贴费标准。彭德怀与朱德等八路军总部、师旅领导每月只拿五元钱的津贴费，还不及国民党军士兵津贴（每月11元）的半数。根据彭德怀的要求，全军又首次建立了统一的后勤保障系统，根据地成立财经委员会统筹开支，实行量入为出、量出为入的财政政策，纪律十分严明。哪个部队超支、浪费，彭德怀即予批评、追查，铁面无私。而他则和朱德、左权一起以身示范。

在整个解放战争中，彭德怀仍然过着极其简朴、十分艰苦的生活，有时还要计算着粮食来打仗。

在陕北作战时，从延安撤出后，彭德怀就命令取消了司令部的小灶。他说："大灶吃啥我吃啥。"司令部管理科的干部常因给彭德怀改善一下伙食而受到他的严厉批评。

彭德怀认为，有盐同咸，无盐同淡，是无条件的，越是艰苦越要坚持这一点。只有这样，才能使部队在极端困难的条件下获得战胜艰难困苦的勇气和力量。

1947年6月下旬至7月上旬，西北野战军进行了三边战役。时值盛夏酷暑，骄阳似火，把浩瀚的沙漠烤得滚烫，部队迈着沉重的步伐前进，干渴成了前进路上的大敌。由于极度干渴，许多人鼻孔流血，嘴唇干裂，呼吸困难。彭德怀已是年近50岁的人了，白天和部队一样行军，晚上同睡在沙窝里，劳累缺水，嘴唇血肿。

一次警卫人员从沟底提上一壶水，准备给他润喉。彭德怀看到路边有个战士渴得难受，让先给这个战士喝，警卫员不乐意。彭德怀说，一口水就是一条命啊！这水应给更需要水的战士。他自己一口也没有喝，继续往前走。经过新四旅四十九团时，团里送来了一杯甜水给他，他仍然说，给战士喝吧，我到前边能找到水。一天，彭德怀又要警卫员拿水壶来给一个干渴得难耐的战士喝，警卫员急了，说："都喝光了你喝什么？看你的嘴唇肿得那么高了。"彭德怀却风趣地说："你跟我在一起，还不晓得我本来就嘴唇厚吗！"警卫员无可奈何，只好把水壶交了出来。

行军路上，彭德怀见一个小战士因发烧躺在路旁，连忙将留给自己的一点水递了过去，让小战士喝。小战士行走困难，他又将他扶上自己的马，自己跟在后面前进。西府战役中，彭德怀看到一个战士受了伤还坚持带上机枪去赶部队，很受感动。他立即派人给这个战士洗脸、洗脚、包扎，然后又送到医院。

由于战争的破坏和陕北地区遭灾，在沙家店战役时，部队粮食供应时断时续。有的团一天只能领到七斗黑豆。连队以黑豆、粗糠糊糊为食。就在这样极端困难的条件下，部队向沙家店的敌人发起了猛烈的攻击，经过一天的战斗，我军消灭了敌三十六师两个旅。战役结束后，彭德怀听说有个营没有粮食做饭，立即命令管理员把司令部仅有的四斗小米全部送去，自己和司令部人员却以一些粗糠和黑豆"钱钱"（压扁了的黑豆）充饥。有人实在不忍心让日夜操劳的司令员吃这样的饭，可是彭德怀却乐呵呵地说："这就很不错了，长征时，要有它就好了！"

首战青化砭告捷后，地方同志专门给彭德怀送来几筒炼乳，表示慰问。他把炼乳送去一些给伤员，其余都倒进烧开水的锅里，让大家都喝上一口淡香的牛奶。

无声的命令，有着无穷的威力。解放战争期间，一个炎热的下午，在绥德郝家渠东北的一个村子，几个解放军官兵押送一批俘虏军官，正在那个村子的路旁休息。这时，从西边走来两个人：前面的是一位青年军人，背着短枪，牵着马；后面数十步外走着一位50岁左右的中年人，他光着头，帽子抓在手里，脚上的布鞋已破烂得穿不住，用麻绳绑在脚面上，但走路却非常稳健有力。一个农民挑了一担水，正在树荫下歇息。那位中年人笑嘻嘻地走近农民问："你给家里挑水啦？我想喝你几口水行吗？"农民说："你尽量喝吧！"

那位中年人便倾下身子，就着桶沿狠喝了几口，然后谢了农民，继续向前走去了。

坐在路旁的俘虏都是国民党将校级军官，其中有一人认出了刚才走过去的那位中年人就是彭德怀，便指着他的背影说："他就是彭德怀，是西北野战军司令员！我们就败在他的手下，当了他的俘虏，真可怕！"

更有人说："完了，国民党完了，非彻底失败不可！看看人家，看看我们自己吧，怎么能不完蛋？！国民党这回彻底完了，完蛋了！"

连这些俘虏也从彭德怀艰苦朴素的品质中，看到了共产党的威力，预见到了国民党的失败。

八、军民相倚，以民为本

人民军队的本质是什么呢？我们的军队是反抗剥削、消灭剥削、消灭阶级，使人与人之间没有阶级压迫的军队，是劳动人民的军队。

军队与民众的关系，是历来治军的基本问题。历史上治军有方的统帅，已认识到"民心向背，胜利所系"，"兵民相洽，无敌天下"，把军队得到民众的信任、拥护和支持作为治军的核心问题来抓。但由于历史局限性，他们不可能从根本上解决军民团结、同仇敌忾的问题。只有新型的人民军队才具备从根本上解决军民一致问题的政治基础。

彭德怀作为人民军队的创建者之一，在其治军的实践中，抓住"我军同人民的利益和要求完全一致"（《彭德怀军事文选》，第552页）这个人民军队的独有特点，领导部队建立全新的军民关系，真正实现了军民相倚、以民为本的治军目标。

（一）全心全意为人民服务

彭德怀认为，人民军队的治军之道，最根本的问题莫过于在军队确立和贯彻全心全意为人民服务的宗旨。"我军是来自人民，是为了和依靠人民的军队，是全心全意为人民服务的。"（《彭德怀军事文选》，第611页）只要我们坚定地贯彻这一宗旨，一切从人民的利益出发，就能与人民结成血肉联系，使我军获得人民的热烈拥护，永远立于不败之地。

彭德怀认为，我们的军队是全心全意为人民服务的，要大力提倡自力更生、艰苦奋斗的作风和全心全意为人民服务的品德。

1956年彭德怀在党的八大上所做的军事工作的发言中，阐明了我军之所以能够在长期的严酷战争中，在极端困难的情况下生存、发展和壮大，之所以能够战胜国内外的强大敌人而取得革命战争胜利，主要原因之一"是由于广大人民的拥护和支援。我军同人民的利益和要求完全一致，跟人民的关系就如鱼和水一样密切"（《彭德怀军事文选》，第552页）。另一个主要原因是，中国人民解放军"是人民的军队"，几十年来，它的"人民军队的本质和为人民服务的宗旨"，在任何时候都坚持不变。这样，彭德怀就从军民关系的两个方面回答了这一问题。

彭德怀认为，一贯保持我军同人民群众的鱼水关系，是我军区别于剥削阶级军队的一个重要特征。解放战争时期，彭德怀在谈到西北野战军取得战绩的原因时说："群众工作是很重要的政治工作。树离开土是死树，鱼离开水是死鱼。没有陕北人民群众的支援，没有干部战士的前仆后继，二万五千人怎能打败二十三万强敌呢？"

中国人民志愿军在朝鲜战场上以劣势装备还击优势装备的美军和南朝鲜军，它不但没有被敌人所战胜，反而战胜了敌人，基本原因之一，是中国人民给予了全力的支援，朝鲜人民给予了伟大的帮助。这是志愿军战胜敌人的最大保证。

彭德怀把这一点当作"最大保证"，是因为他把它看成是一种最大最可靠的客观的现实的物质力量，是其他因素，特别是主观因素或潜在因素所不可比拟的，更是无法替代的。正如列宁指出的："谁的后备多，谁的人力多，谁在人民群众中更能支持得住，谁就能在战争中取得胜利。"（《彭德怀军事文选》，第553页、第553页、第64页、第257页、第419页）

人民军队的宗旨就是"紧紧地和中国人民站在一起，全心全意地为中国人民服务。离开了这个宗旨，也就失去了打仗的进步性，失去了人民军队存在的意义"。

彭德怀很重视军民关系，认为"军队和民众打成一片，相互影响、相互合作，是保证战争胜利的重要因素"，"军民亲密团结是战胜敌人的基础，团结愈好，胜利愈快"。（《彭德怀军事文选》，第229页）而"军民关系之好坏，决定于军队本身之有无严格的纪律，以及每个军人有无爱护人民的观念"。（《彭德怀军事文选》，第50页）如果军队纪律好，爱护人民，人民必然拥护和帮助军队；如果军队纪律坏，为害人民，人民必然不能帮助军队，甚至反对军队。彭德怀把军民关系好坏的主动性放在军队一方，是符合历史唯物主义的基本观点的。

彭德怀始终把为人民群众谋利益放在第一位，从关心和解决柴米油盐问题做起，使广大群众认识党代表他们的利益，从而竭尽全力去实现党的各项任务。他始终对劳动人民充满深厚的感情，容不得损害群众一丁半点的利益，一经发现，就严肃批评，严厉制止。

人民军队怎样才能保持与民众的"水乳相融的密切关系"呢？彭德怀认为：首先应该从人格的平等上去尊重人民群众。"我们八路军是属于劳动阶级的，为无产阶级的先锋队共产党所领导，所以对于每个劳动群众都应该是十分热爱和尊重的，对任何劳动人民都应看作彼此是平等的。"（《彭德怀军事文选》，第69页、第248页、第69页、第512页、第173页）

不但对个人如此，对人民的政府、群众团体、党的地方组织，也要切实尊重，并虚心听取他们的意见。对少数民族的风俗习惯、语言文字要尊重。

1936年，彭德怀率红军西方野战军进入回民地区，就严禁部队进驻清真寺和吃猪肉。不但在国内如此，出国作战时，也要做好。比如在朝鲜战场上，对朝鲜人民和朝鲜劳动党、朝鲜政府、朝鲜人民军，都不要骄傲，不要以大国援助者的身份自居，也要尊重他们，拥护他们，向他们学习。"对朝鲜的风俗习惯必须认真注意"，这样才能搞好群众关系。

彭德怀认为："部队纪律严明，是保持部队和民众良好关系的基本条件。""部队内部应加紧纪律教育与建立纪律检查制。不但做到不侵犯群众利益，而且要能处处为群众打算，为群众利益着想，以资军民融成一家。"武装工作队"必须严格群众纪律，只有如此，才能使群众感到我们言行一致，得到拥护。否则，存身就不可能，更不要说进行工作"。他曾经提出军队要建立组织纪律检查制度，各单位分别有纪律检查组、纪律值班员，连以上首长定期纪律讲评。

（二）严守群众纪律

历史上得到人民拥护和支持的军队，无不是有严格的民众纪律，对民众秋毫无犯的军队。

彭德怀认为，人民军队要坚决贯彻全心全意为人民服务的宗旨，同样需要有法规纪律的保障。他在抗日战争中论述巩固敌后抗日根据地的基本条件时指出："部队纪律的严明，是保持部队和民众良好关系的基本条件。在战争期间，一切决心在敌后方坚持的部队都应极度改善自己的纪律。部队内都应加紧纪律教育与建立纪律检查制。"（《彭德怀军事文选》，第64页）严格执行群众纪律，是彭德怀治军的一个非常鲜明的特色。

1938年3月，朱德、彭德怀在山西沁县小东岭主持召开了东路军将领会议，会上，彭德怀在报告中针对不少国民党的高级将领对八路军军民同心表示钦慕而自己找不到正确的途径的情况说："对待民众有几件基本的事，就是实行买卖公平，说话和气，借物要还，损物赔偿，离开驻扎地时，实行纪律检查。我们只要做到这几项，就可以获得民众的好感与帮助，军民也就可以慢慢团结一致了。"（《彭德怀传》，第182页）

为保证部队贯彻执行我军的群众纪律，彭德怀在部队中建立了纪律检查制度。如在转战陕北时，彭德怀明确要求：每一个伙食单位要有纪律检查组，每班要有纪律值班员。连首长每日须有简短纪律生活讲评，营首长三至五天，团首长七至十天，旅首长半月须有一次讲评，坚决贯彻三大纪律八项注意。对严守纪律的连队和个人表扬之，对违犯纪律严重者应处罚之。各部队每到一地都召开军民联欢会，进行社会调查，军政首长特别是政治机关要找地方干部谈话。

彭德怀强调，执行群众纪律，必须是不分时间、地点，在任何情况下都不能有半点的马虎。因此，无论是解放区还是敌占区，无论是国内作战还是出国作战，他都始终如一地把严格群众纪律作为经常性的重要工作抓住不放。而且越是环境复杂、敌情严重、战斗频繁的情况下，越是重视对部队执行群众纪律情况的检查。

红军长征中遵义战役前，彭德怀率红三军团在遵义东20里一个叫懒板橙的村庄宿营，当部队离村出发时，发现部队宿营地还有一块门板，就亲自到老乡家中挨户询问，直到找到了门板的主人把它上好才离去。事后他对有关同志说：这里是新区，老乡还很不了解我们红军，他们还把我们和国民党军队一样看待。在这种情况下越是要注意群众纪律。老百姓的东西，哪怕是一针一线，是怎么借来的，就要怎么归还。别看只是一块门板，它直接影响着红军的声誉。以后，一定要养成在任何时候、任何情况下，都能严格遵守群众纪律的好习惯。

1947年，西北野战军在陕甘安塞休整，这里干旱缺雨，部队每天要走出十多里路，从石缝里一点一点接泉水。后来偶然发现了一处老乡的贮水池，就用了。此事被彭德怀知道后，严肃地批评说："你们把这里的甜水喝干了，群众喝什么？就是喝苦水！这是违反群众纪律的。"大家只好舍近求远，又到老地方弄山泉水，受到群众赞扬。

1948年3月，部队撤离延安后奉命诱敌西向安塞，然后折插青化砭潜伏。途经各个村落，老百姓虽已坚壁清野，但有不少东西来不及藏。留下看门的老大爷劝战士说，与其留给胡宗南来了糟蹋掉，不如你们吃了用了。有的战士也觉得"有理",于是,出现了违犯纪律的现象。彭德怀知道各部队都有些违犯群众纪律的现象后,当即指示必须立即制止。

在延安郭家畔召开旅以上干部会,总结青化砭作战经验,强调整顿部队的群众纪律。他严肃批评那种吃、用群众东西有理的思想,指出:"你把老百姓东西吃了,用了,敌人不来了,怎样向群众交代?""敌人抢掠是敌人的本性决定的,永远不会改变。老百姓的东西叫敌人抢去吃了,用了,老百姓就会把仇恨记在敌人的账上。老百姓对敌人的仇恨加深了,就会用他们想得出来的各种方式和形式去打击敌人。这种人民自己起来捍卫自己生命和财产安全的战争,不正是陷敌于灭顶之灾的汪洋大海吗?"彭德怀用战略眼光深刻分析群众纪律和人民战争的关系,使到会同志深受教育。

在抗美援朝战争中,彭德怀特别强调:"出国作战纪律问题更为重要……到朝鲜后,更要切实遵守纪律,不能侵犯群众利益。"在第三次战役发起不久,志愿军政治部就根据彭德怀的指示,对进入汉城的部队颁布了严格的纪律守则。

(三)勤俭节约,减轻人民负担

军队是靠人民来负担的。尽一切可能减轻人民的负担,是取得人民对军队的拥护和支持的重要条件之一。作为人民军队,坚持军民一致的原则,必须执行秋毫无犯的群众纪律,从人民的根本利益和现实利益出发,合理确定兵员数量,自力更生,艰苦奋斗,厉行节约,杜绝浪费,以减轻人民的负担和保持人民军队的政治本色,切实和民众打成一片,使军队在民众眼睛中看成是自己的军队。彭德怀指出:"军队与民众打成一片,相互影响,相互合作,是保证战争胜利的重要因素。""敌后根据地人民负担虽然比敌占区轻得多,但还是相当重的……我们必须及时深刻地去注意,求得适应的解决。抗日民主政府应力求减轻人民的负担。"(《彭德怀军事文选》,第135页)

彭德怀历来把勤俭节约作为人民军队的一个重要建军原则,作为保持与人民群众血肉联系的措施。他强调,一方面,军队要积极支援人民群众的生产建设，"能处处为人民利益着想，关怀人民的痛苦；一有可能就帮助人民生产劳动，帮助人民克服困难"，"积极地帮助人民群众生产建设，救灾抢险"。（《彭德怀军事文选》，第612页）在战争年代，他每到一地，都要了解当地人民群众的生产和生活情况，动员部队利用战斗间隙参加助民劳动。特别是面对敌人对人民群众生产的破坏和劳动果实的掠夺，常常以相当多的兵力帮助群众抢种抢收。

1936年，彭德怀就曾禁止红军西方野战军在贫穷的回民地区筹款，受到回民的拥护。

抗日战争时期，日寇对华北敌后抗日根据地进行封锁。在无数次强敌进攻面前镇定自如的彭德怀，却对群众饥饿忧心如焚，他下令总部直属各单位，每人每天节约一两小米，救济饥民，直属队不得在村庄附近采树叶、野菜。他亲自带领干部攀崖越岭到仙人峰、南洞山一带采野菜，把近地、平坦处留给群众，就是野菜、树叶，也不得与民争食。他本人为群众饥送食、寒解衣，为村庄筑堰修渠，替老百姓担水挑柴，做了数不尽的好事，表现出他对旧社会苦难人民的无限同情。华北人民群众把他的名字刻在自己的心碑上。

抗日战争时期，彭德怀率八路军战斗在华北敌后，并主持财经工作。1941年，针对人民负担日益加重的情况，彭德怀通过和有关人员的核算，提出根据地的八路军部队不应超过全部人口的2％，加上党政人员，不应超过3％。这样，既可保持必要的兵力，又不使民众承受更多的力不胜任的负担。中央在向全党发出的精兵简政号召中，就采纳了这个百分比。这个百分比凝聚着党和军队对人民生活深刻体贴之情，对密切军民关系、共度敌后艰难岁月起了重大作用。

在胜利地坚持了六年抗战后的1943年7月，彭德怀指出："在今后，我华北的抗日政权、八路军，应该进一步依靠民众、组织民众，真正与民众结合，成为水乳相融的密切关系，克服我们存在的某些弱点，才能克服胜利前的困难。"他下令在根据地边缘区的一些村政府，设立"粥厂"赈济来自敌占区和国民党控制区的饥民，令总部直属队和北方局全体人员采摘野菜、树叶混食，每人每日节粮二两救济受灾群众。当时，他正患着严重的胃病，但仍坚持和大家一起吃粗粮、野菜。他与刘伯承等领导人还把自己的稿费和津贴捐赠给灾民。

军队尽可能地进行军工和农业生产，用自己的劳动成果来满足部队的部分供给。在抗日战争中，我军开展了著名的大生产运动，对于解决军队的供给起到了很大的作用。这是彭德怀解决敌后八路军供给的重要手段之一。彭德怀还建议组织医院、学校、工厂、机关人员抽出时间开荒。他计算可能增产瓜菜15万担，马料50万斤。这样在困难时不发马料、菜金亦能坚持战局。

解放战争中，陕甘宁边区人民生活很苦，群众以树叶、野菜充饥，却把保存下来的一点粮食供给部队，说："宁愿饿肚子，也要让部队吃饱打胡儿子。"因此，彭德怀常说，边区人民对我们的恩德如同父母。他认为，所谓"不可战胜的军队"，不可抽象地理解，必须具备各种具体条件，其中重要的一条，"是必须团结一致，紧紧依靠人民"。

1947年底，陕甘宁边区的许多地方，由于遭受敌军的破坏，加上干旱、霜冻等自然灾害，群众的生活很困难，不少人为了活命，把留作生产的一点种子也吃掉了，用老百姓的话说："这里是穷山苦水烂石头。"针对这种情况，野战军总部发出一项倡议，号召大家每天节约一两粮，支援老百姓。彭德怀明确提出："要动员部队从每个人的口里节约粮食，帮助父老姐妹渡过难关。"部队积极响应，把晋绥人民送来的口粮尽量节省一些下来，支援群众。那段日子，彭德怀每顿饭都少吃半碗饭，身边的同志劝他多吃一点，他讲，部队缺粮时老百姓想到我们，现在他们缺粮断炊了，我们也要替群众想一想。

彭德怀领导西北野战军与人民群众同呼吸，共命运，极大地激励了群众支援革命战争的热情。部队断粮断水，陕北人民把仅有的救命粮、救命水送给干部战士，自己心甘情愿地忍受饥渴的熬煎；大部队伏击，陕北人民严密封锁消息，使敌人变成聋子瞎子；战斗紧张激烈时，上阵地抬担架的民工也拿起刺刀、手榴弹与敌人拼搏。彭德怀每次来到部队，都夸"陕北的群众好"！

中华人民共和国成立以后，主持军委工作的彭德怀，发现个别部队同人民群众的关系一度有所削弱，某些国防建设对群众利益照顾不够，以及个别干部违犯群众纪律。针对这些问题，他要求全军从各个方面密切同人民群众的联系，指出我军只要得到人民群众的拥护，就将永远立于不败之地。革命在全国胜利后，军队要积极参加国家社会主义建设，不向国家和人民索取特殊荣誉和待遇，永远不脱离人民。强调在平时，要积极帮助人民群众搞好生产建设，救灾抢险，开展文化卫生运动，在国防建设中要照顾群众的生产、利益，从各方面加强与人民群众的联系。就是说，要给人民群众解决实际问题，带来物质利益，至少要维护他们的正当利益，甚至尽量减轻人民的负担。

第十二章
筹谋建设强大的人民军队

　　为了实现毛泽东建设强大国防的总体构想，保证国家的正常建设和人民的生活安宁，彭德怀在主持中央军委日常工作期间，领导军委和总部机关制定国防政策，确定国防原则，从调整编制体制、改革军事制度、建立国防法规、改善武器装备、加强正规的军事训练等方面着手，明确地提出把我军建设成世界上优良的现代化正规化军队，以保卫我国社会主义建设，防御帝国主义侵略；他领导我军进行了几次大的精简整编，实现了由单一兵种向诸军兵种合成的过渡，为新中国国防建设和我军正规化、现代化建设做了大量开拓性工作，将中国国防引上了现代化、正规化建设的道路。

一、建设优良的强大的现代化国防

　　彭德怀不仅是战争年代叱咤风云的大将军，而且也是和平时期指导国防建设的战略家。针对现代战争的特点和中国国情，他对国防战略和国防建设的许多问题进行了深刻的思考，实事求是而又富有创造性地提出了加强国防建设的战略对策，对我国国防建设理论和实践产生了重大的影响。

　　新中国建立初期，彭德怀就指出：不加强国防，就不可能巩固革命胜利成果，就不可能保卫祖国的社会主义建设，也就不可能保卫我们每一个人的劳动成果和幸福美好的未来。他强调，现代战争将在政治、经济、军事、外交、科学技术等诸领域同时展开，将是国家之间在人力、物力、财力和武力上的总竞赛。对付现代化战争，非搞好国防现代化建设不可。

　　彭德怀认为，加强我国国防力量，维护和平建设，防御帝国主义侵略，是我军和全国人民的重要任务，要首先在思想上充分认识国防建设的重要性，提高全民族的国防建设观念。建设现代化军队是一项长期的、经常性的中心工作。建设国防首先要在全国人民中进行国防教育，提高全民族的国防观念。

　　正确认识和处理国防建设与经济建设的关系，是和平时期国防和军队建设必须注意把握的一个重大问题。

　　彭德怀反复强调，新中国建国初期，国家工农业生产水平还很落后，人民生活还很不富裕，只有国家经济问题得到了根本的解决，我们的国防建设才有牢固的基础。他针对国防和军队建设领域存在的急于求成的现象，强调指出："这样的同志，不了解国防现代化是离不开国家工业化的基础和技术水平的，不了解我们今天应尽量腾出钱来，首先集中主要力量建设重工业，为国家工业化和国防现代化打下基础。"（《彭德怀军事文选》，第586页）"从我国当前总的情况来考虑，也不应当将过多的财力、物力用在军事建设上。道理很简单，虽然从一九四九年建国以来，各方面建设的发展都很快，人民生活也有显著改善，但是我国目前在工农业生产水平上，毕竟还很落后，我国人民的生活毕竟还很不富裕。这是一个根本问题。这个根本问题得到适当的解决，军事建设就有了巩固的基础。这个问题如果解决的不适当，现代化的军事建设搞得过多过急，同国家经济建设不相适应，反会害多利少。"（《彭德怀军事文选》，第586页）

彭德怀强调，国防建设和军队建设必须服从国家经济建设大局，应当节约一切可能节约的军费用于支援国家经济建设，要"精打细算勤俭建军"。新中国一成立，粟裕就认识到党和国家的中心任务已不再是一切为了战争，一切为了前线，而是要集中力量搞社会主义建设。在国家财政计划上，以国家经济建设为重，坚持走富国强兵之路。军队建设服从大局，服从国家建设，如工农业不发达，军队养得再多也不行，军队建设不能削弱国家建设，要结合国家建设，搞平战结合。他说，我们要以有限的军费，用于最迫切需要的、对提高战斗力最有直接影响的方面，以便集中更多的人力、物力、财力用于国家工业化建设。只有发展了重工业和国防工业，才能为我军现代化建设打下牢固的物质基础。否则，军队即使有了现代化的武器装备，如无强大的工业基础和现代化供应以及顺畅的交通、通讯，也是枉然。

在国防建设的发展步骤上，必须从中国国力实际出发，服从国家经济建设全局，只有国家经济问题得到了根本解决，国防建设才有牢固的基础。所以，加强国防和军队建设，要根据国家经济力量一步一步实现。"我们的国防建设，既不能停步不前，也不能急躁冒进。那种要求过急的倾向，是既不利于国家的工业建议，也不利于国家的军事建设的。"（《彭德怀军事文选》，第478页）"采取适当步骤和分期完成的办法，来实现我国军事建设的方向，是比较稳妥的"。（《彭德怀文选》，第586页）

在彭德怀的亲自领导和积极努力下，中央军委提出了从实际出发，走适合中国国情发展道路，在党的集中统一领导下，动员全民办国防，国防建设要服从经济建设，与经济建设协调发展的国防建设指导原则。

国防建设在总体上说是消耗型的，重点设防、国防交通、预设战场、人民防空、物资储备、战争动员等，国家必须拿出大笔资金。在国防建设与国民经济建设的天平上，彭德怀主张军队要服从国家经济建设大局，提倡节约一切可能节约的军费用于支援国民经济建设。这在当时大战迫在眉睫的战略判断情形下，是非常难能可贵的。他认为，只有国民经济发展了，军队的现代化才有物质基础，军队干部考虑现代化建设问题，不能离开国民经济的实际可能。

彭德怀还强调要平战结合，指出：战争整个进程中所需要的大量装备和物资，必须依靠国民经济从平时生产迅速转入战时生产来解决，必须依靠平时民用生产部门储备必要的军事生产设备和技术力量来解决。只有平时在国民经济计划中进行充分的准备，战争未来之前就能集中财力、物力、人力进行经济建设，缩小军事生产的比重，战争一旦爆发就能迅速发挥最大的战时生产能力，以源源不断的物资，支援全国军队作战，保证战争的胜利。

彭德怀在筹划好国防战略部署的同时，争分夺秒地狠抓战备工作。从1952年冬天开始，他在两三年内，每年用三四个月的时间，详细地视察了我国的沿海地带，视察了主要陆上边界。北起鸭绿江口，南到海南岛的"天涯海角"，长达一万八千多公里的海岸线，几乎遍布了他的足迹。所到之处，他都要看望部队战士，询问地方干部，徒步勘察地形，对于重要岛屿、港湾和滩头，都要登陆，详细询问水深、潮汐和滩头沙石状况，详细研究何处应当设防，何处不应设防，何处应当重点设防，何处应当纵深设防，并同当地的随行干部交流军队设施建设的意见。

1955年9月初，彭德怀率领一个视察团到福建、广东，检查部队的战备，勘察沿海的地形。在这次视察中，他冒着酷暑，跋山涉水，晓行夜宿，从福建沿着海岸线一直勘察到海南岛的"天涯海角"。1955年底前，彭德怀已勘察完北起鸭绿江，南到海南岛"天涯海角"的万里海疆；1956年，彭德怀利用疗养的机会，对陕西、四川、云南战略大后方进行巡视；1957年，彭德怀到张家口、大同、太原和石家庄，检查部署首都周围的防卫工作；1958年，彭德怀到四川、贵州、湖南、湖北、江西、安徽以及东北和西北地区调查研究；到1959年，除广西和西藏两个自治区作了安排未及成行外，彭德怀已走遍祖国大陆的绝大部分省市，并视察了海军、空军和防化部队。所到之处，他都要坚持徒步察看地形，逢山爬山，遇岛上岛，认真研究部署设防的地点、重点和层次。

有一年春天，他的身体情况很不好，毛泽东让他到青岛休养。可是，强烈的革命事业心和保卫祖国安全的高度革命责任感驱使他工作成癖，寝不安眠。去青岛不到一星期，他就找上当地的军队干部，一同上山察看地形，检查战备，考察了解防务情况。在名为"休养"的三个多月时间里，他对山东半岛和渤海湾进行了详细勘察，提出了具体的设防方案。彭德怀常说：我们这么一个大国，百多年来都是有边无防的，在我们这一代，必须结束这种状态！

战略要塞的坚固工事设防是贯彻积极防御方针的重要内容。新中国成立后，身负着领导国防和军队建设及对敌军事斗争战略指导重任的彭德怀，注意总结朝鲜战场阵地防御作战的经验，设计规划国家战略要塞、坚固工事设防。

为此，彭德怀在勘察边海防时，都要实地勘察战略要塞设防的地形，指导国防前线和战略纵深要点的国防工程建筑。并指出："如果帝国主义侵略集团一天不肯放弃侵略计划，我们的国防工程就要不断地加强和改进。我们坚信，这种国防工程与掌握现代武器的人民军队相结合，任何敌人对我国发动的侵略都不可能达到他们所幻想的目的。"（《彭德怀军事文选》，第558页）

即使后来受到错误批判遭革职，彭德怀仍不顾68岁高龄，克服各种困难和阻力，凛然深入现场，巡视数十个县、市，数十个大型工地，行程几千里，踏遍西南三线的座座大山。他纵观三线建设的布局，提出了"突出一点、一线、一片"的指导方针，确保了攀枝花钢铁基地的建设。他视察了德阳第二重型机械厂工地，肯定了"打一、备二、看三"的做法，促进了该厂按期建成投产。他深入贵州六盘水煤矿区建设工地，指导施工部队总结了"三结合""五统一"经验；运用我军打歼灭战的办法建设煤矿，既加快了工程建设速度，还节约了投资，也确保了工程质量。病危之际，彭德怀仍念念不忘国防建设，不无忧虑地说："我们国家建设，战略防御设施不完备，国防工业和科研跟不上需要，这是我最担心的。……"

二、确立和实行积极防御的军事战略方针

积极防御战略思想作为毛泽东军事思想科学体系的一个重要组成部分，是全党、全国人民集体智慧的结晶。彭德怀不仅在建构积极防御理论体系中作出了突出的贡献，而且在1949年后主持军委日常工作期间，结合面临的新形势，又创造性地发展了这一思想，使积极防御战略思想具有了新的活力，正确地指导着我军的建设和战争准备工作。

新中国成立以前，人民军队在20多年的革命战争中，一直坚持"积极防御"军事战略方针。但在新中国成立初期，对应当采取什么军事战略方针的问题，并没有明确解决。抗美援朝战争的胜利，为新中国赢得了一个相对稳定的和平时期，但美国却更加敌视中国，并构筑起针对新中国的新月形包围圈。只有对如何防止帝国主义集团和受其支持的国民党蒋介石集团发动突然袭击，对如何妥善处理战争与和平、养兵与用兵、经济建设与国防建设、军事行动与外交行动之间的关系等问题作出及时、正确的理论回答，才能成功地指导新中国的国防事业。

制定正确的战略方针，是新中国国防现代化建设首先要解决的一个重大的理论和实践问题。为了在整体和平条件下保证国家安全，确立新中国军事战略方针已成为必须加以解决的一个重要问题。

1955年4月，彭德怀向毛泽东汇报，拟乘参加华沙条约国会议之机，与苏联方面讨论新中国国防和军事战略方针问题。毛泽东批示：中国的战略方针是积极防御，决不先发制人。

这年5月3日至6月3日，彭德怀率政府代表团访问德意志民主共和国、波兰、苏联，并以观察员身份出席华沙条约国会议，主要使命之一是就共同反侵略问题同苏联交换意见。

在莫斯科，彭德怀终未能与苏共中央总书记赫鲁晓夫、国防部长朱可夫达成统一意见。赫鲁晓夫和朱可夫主张火箭核战略，强调核武器的首次突击作用，认为现代战争在几分钟内就决定胜负。彭德怀则阐述中国所坚持的积极防御、后发制人的方针。双方谁也不能说服谁，会谈以各自保留意见而告终。

彭德怀此行有了特殊的收获。在对苏联、波兰两国访问的沿途，彭德怀对发生在第二次世界大战初期，两国因缺乏战略防御的具体准备，遭到法西斯德国突然袭击而蒙受惨重损失有了深切感悟。"我们一定要引以为戒！"彭德怀在心里对自己说。

回国后，他即把战略方针和国防建设问题摆在军事工作的重要位置，要求一切战备工作、军队训练和组织编制，必须以积极防御战略方针为依据。

就当时国内情况看，积极防御的战略方针，虽然在军事统帅机关中是明确的，但在军队和地方的许多高级干部中却不很明确。于是，彭德怀决定用一个系统阐述的正式文件统一高级干部思想，以利于开展全面的国防战备工作。

中央军委在1956年3月召开扩大会议，对国家的军事战略进行专门讨论，军队93名高级将领和一些政府部门的负责人参加了此次会议。

彭德怀在会上作了《关于保卫祖国的战略方针和国防建设问题》的报告，他根据50年代前期毛泽东和军委关于战略指导思想的指示和决定，并结合自己长期的丰富的军事作战经验，第一次完整、系统地阐述"积极防御"的战略方针。即：为了有效地防止帝国主义的突然袭击，保卫人民革命和国家建设的成果，保卫国家的主权、领土完整和安全，在未来的反侵略战争中，应该采取积极防御的战略方针。他指出："我国的社会主义性质，是决定我们和平外交政策的根本出发点，也是决定我们采取战略防御方针的根本出发点。"

1957年7月，彭德怀在国防委员会第三次会议上所作的《军事建设概况》汇报中，又对"积极防御"军事战略方针作了集中阐述。

彭德怀对在新的历史条件下坚持积极防御战略方针的必要性、重要性进一步作了深刻的阐述。

确定战略方针不能单纯从军事方面考虑，必须根据军事服从政治的原则，必须从国家的根本性质和根本政策来考虑。他指出：从我们社会主义国家的性质出发，从我国所处的国际环境出发，以及军事必须服从政治的原则，我军应当采取的战略首先必须是防御，而不是进攻。且我们所采取的防御必须是积极防御，而不是消极防御和单纯防御。

中国的社会制度和经济制度，根本不会产生侵略别的国家的因素。首先发动战争去进攻别的国家，是与我们国家的性质、任务和外交政策相违背的。他说："我国的性质、任务和外交政策，都很清楚地说明，我军在战争爆发之前的战略方针只应当是防御的。"但是，他接着说，绝不能采取消极防御，必须采取积极防御，就是"在战争爆发之前，我们要不断地加强我国的军事力量，继续扩大我国的国际统一战线活动，从军事上和政治上来制止或推迟战争的爆发"。

消极防御是在战争爆发前，既不从积极方面设法制止战争爆发或推迟战争的爆发，也不善于在战争爆发后的战役上和战术上采取积极的行动去打破敌人的进攻。其结果只能是到处招架，到处挨打，使自己处于被动地位。要结合运用政治、外交、军事等手段，防御和制止可能的侵略战争，特别是必须建设强大的国防，以维护和平建设环境。

中国的军事战略也不是先发制人。彭德怀强调指出，苏军推行的先发制人的战略方针我们不能搬用。必须执行毛泽东提出的积极防御战略方针，决不先发制人，而是后发制人。敌人是发动战争的罪魁祸首，只要敌人挑起战争，就会立即引起全世界爱好和平人民的反对。基于我国的社会主义国家性质，决不去侵略别国。军事服从政治。战争的胜负不决定于先发制人。即使已发现敌人立即要向我国举行大规模侵略，也决不首先动手。即使在面临明显战争威胁的情况下，中国也决不先发制人，不以任何借口主动发动进攻，即"不打第一仗"。如果中国不等敌人先动手，就首先打进敌国的领土，那么，保卫祖国战争所具有的正义性，就很难取得世界爱好和平人民的谅解，就有利于帝国主义把发动战争的罪名加到中国的头上，使中国失去广泛的同情和支持，使敌人获得政治上的资本，这是得不偿失的。而且首先动手，也不是战争胜负的决定因素。战争的胜败，最终还是由国家的政治制度，生产力发展的程度，人民对战争的态度，以及军队的士气、军队质量和数量、军队指挥人员的组织能力等等的总和来决定的。

实行积极防御战略方针，我政治上拥有主动权。一个国家的军事战略能否在政治上赢得主动，得到世界大多数人的公认，是衡量该战略作用的关键问题。我国采取积极防御的军事战略，实行后发制人，不打第一枪，这本身就可以赢得世界人民的同情和支持，在政治上获得主动权。

实行积极防御战略方针，军事上占有有利地位。中华人民共和国成立后，仍然坚持积极防御战略，不仅在政治上可以赢得主动，而且在军事上也能获得有利地位。我国国土面积大，人口多，边海防线长，如果不采取积极防御战略，而只是单纯挡住敌人，处处设防，处处守备，既无可能，也无必要，其结果只能是"到处招架、到处挨打，使自己处于被动挨打的地位"。（《彭德怀军事文选》，第588页）只有采取积极防御战略，才能使我们"逐渐剥夺敌人在战略上的主动权，使我军逐渐掌握战略上的主动，然后由战略防御转入战略的进攻"。（《彭德怀军事文选》，第590页）

实行积极防御战略方针，对搞好军队建设和战争准备具有重要的指导作用。积极防御战略"是关系到军队建设、军队训练和战争准备的根本性质的问题"。（《彭德怀军事文选》，第587页）确立了积极防御的军事战略，就使我军的建设、军队训练和战争准备工作有了明确的方向。他根据积极防御军事战略的要求，提出了建设军队的根本目的，就是抵御外来侵略，"保卫我国安全。除此之外，没有别的目的"。（《彭德怀军事文选》，第555页）他指出，我国武装力量建设的根本任务和积极防御军事战略谋求的目标，就是按照宪法的要求"保卫人民革命和国家建设的成果，保卫国家的主权，领土完整和安全"。（《彭德怀军事文选》，第585页）战略方针的确定，使全部军事建设工作有了具体的标准和依据，更加有计划地活跃起来。

这一目标的明确，就使积极防御战略在新形势下，由过去以夺取政权为主的内向型目标，转到以抵御外来侵略与巩固国家政权内外结合的综合性目标上来，从而使我军的建设和国家的任务有了明确的方向。

积极防御要求战争爆发之前从军事上和政治上设法制止或推迟战争的爆发。在战争危险依然存在的和平时期，应采取一切手段，尽量推迟、制止战争的爆发，尽量用和平方式解决国家争端。"国际间的问题，只要有和平解决的可能，我们就决不主张用战争方式解决"（《彭德怀军事文选》，第588页），以为国家的经济建设创造一个良好的环境。

推迟和制止战争的爆发不是空洞的，必须以充分的战争准备和强大的物质力为基础。政治上，要在和平共处五项原则的基础上，发展同世界大多数国家和地区的友好关系，"继续扩大我国的国际统一战线活动"（《彭德怀军事文选》，第589页）。思想上，要保持高度警惕，只要"世界上帝国主义一天存在，我们在军事建设上就不能有丝毫懈怠"；"要严防敌人的挑衅，使敌人无隙可乘"。军事上，"我们必须抓紧时机，提高我军的质量和现代化的程度，进一步增强各特种兵的战斗力，使我军逐步地真正成为世界上优良的现代化的革命军队，以保障我国及亚洲的和平与安全"（《彭德怀军事文选》，第476页）。只要我们有了充分的、全面的准备，就会使敌人望而却步，"使其不敢再轻易进行冒险"（《彭德怀军事文选》，第466页），从而达到遏制战争的目的，为国家的经济建设创造一个良好的和平环境，以"保障社会主义建设的胜利"。（《彭德怀军事文选》，第477页）

在敌人不顾一切后果，把战争强加在我们头上的时候，"我们也不怕"，要以各种有效的行动，在战役和战术上采取积极的行动打破敌人的进攻，把战局稳定下来，为战胜敌人创造条件。

彭德怀指出，当帝国主义不顾一切后果向我国发动侵略战争的时候，我们要能够以坚决的行动，立即给予有力的还击，赢得战争胜利。彭德怀指出："如果侵略集团不顾一切对我发动侵略战争，我国军民必然奋起应战，给侵略者以坚决的打击，直到最后消灭他们为止。"（《彭德怀军事文选》，第567页）我们既要坚持战略上的防御和后发制人，又要重视在战役战斗上采取积极的攻势行动和先机制敌。"活"的目的是"致人而不致于人"。不但要在设防地区依托坚固的工事迟滞敌人的进攻，掩护全国由平时迅速转入战时状态，以便逐渐剥夺敌人在战略上的主动权，使解放军逐渐由战略防御转入战略上的进攻；而且要"在战略部署上掌握强大的机动部队，能够在战役和战术上适时组织反攻和进攻"，歼灭敌人的有生力量，打破敌人速战速决的战略企图，"逐渐剥夺敌人在战略上的主动权，使我军逐渐掌握战略上的主动权，然后由战略防御转入战略进攻"。（《彭德怀军事文选》，第589—590页）

在实施这个战略方针的时候，要在沿海重要地区构筑坚固的工事，要制定歼灭敌人的战役和战略空袭计划，要加强侦察手段，争取能够预先发现敌人发动战争和使用大规模杀伤武器的征候，以便减少敌人突然袭击造成的各种破坏和损失，并且保证人民解放军第一线部队和纵深的部队能够适时地进入战斗，掩护国家由平时迅速转入战时状态；在战略部署上，要掌握强大的机动部队，以便能够在战役和战术上适时地组织反攻和进攻，进而逐步夺取战略上的主动权，由战略防御转为战略进攻。

根据这个战略方针，他还进一步指出，在反侵略战争初期，我军应采用阵地战结合运动战，即以阵地的防御战和运动的进攻战相结合这种主要作战形式。并提出了作战指导上的诸多重要问题，强调尽力做好推迟、延缓战争爆发的工作，重点加强沿海地区战备，防止敌人发动突然袭击。这个方针有效地指导了我军的军事斗争。

彭德怀对积极防御战略思想的论述，符合中华人民共和国成立初期和50年代的实际情况，发展了毛泽东积极防御战略思想，对于指导当时的我军建设和战争准备工作起到了重要作用。

三、裁减数量、加强质量

对战争与和平问题的认识和判断，是确定军队建设方针的基本依据。新中国成立伊始，我军便根据革命战争已经取得决定性胜利的形势，判断全国将迎来经济、文化建设高潮。由于朝鲜战争的爆发，我军建设由战时向平时的转变受到影响。抗美援朝战争结束后，虽然美国等帝国主义国家没有放弃敌视社会主义中国的政策，麇集在台湾岛上的蒋介石集团也还在梦想"反攻"大陆，但我们还是赢得了一个相对稳定的和平环境，开始了大规模的工业化建设和生产资料所有制的社会主义改造，开始大规模裁减军队。我军在继续完成解放战争遗留任务的同时，不失时机地转入现代化、正规化建设，开始军队建设由低级阶段向高级阶段的过渡。

1953年底1954年初召开的全国军事系统党的高级干部会议，根据党的总路线和国内外形势，提出了建设一支优良的现代化革命军队的总方针和总任务，这标志着我军由长期战争状态下的发展壮大转变为和平时期的建设和发展。彭德怀在这次会议上指出："在这个历史时期内，在现有的基础上，有步骤地建设一支强大的现代化的革命军队，就是摆在我们面前最根本的任务。因为这是保障我们祖国安全，保卫我国社会主义建设顺利进行和保障亚洲和平的一个最重要的条件。"（《彭德怀军事文选》，第475页）

新中国建立初期，军队建设如何起步，彭德怀集中军委各领导同志和全军高级干部的智慧，按照中共中央的指示精神，认真分析我军情况，结合抗美援朝战争经验，提出把我军由基本上单一步兵组成的军队，有步骤、有计划地建设成为一支由诸军种、兵种合成的现代化军队的理论和措施。他深刻分析指出："现代化军队并不简单地等于步兵加上飞机、坦克、大炮。从单一的步兵到各兵种的协同，从落后的装备到近代的装备，从分散的作战到集中的现代的正规作战，在军事上说是一个很大的跃进，是带有本质性的转变，并不是简单的量的增加，因此要引起一系列的变革。"（《彭德怀军事文选》，第470页）因此，军队现代化建设应着眼于提高质量。

彭德怀强调指出："国家的武装部队的总数也应保持一个适当的数量，既不宜定得太小，以免减弱我国的防御力量；也不宜定得太大，以免增加国家的财政负担，影响经济建设。"（《彭德怀军事文选》，第470页）现代化军队的要求，绝不是单纯增加数量，首先是在于提高军队质量，现代化军队要有"高度的政治觉悟，顽强的战斗意志，优良的技术装备，熟练的指挥艺术，精干灵活的指挥机构，充分的物资供应，大量而熟悉技术的兵员的补充"。(《彭德怀军事文选》，第479页)这在军队建设上是带有本质性的转变。努力实现这个划时代的历史转变，是全军新时期的重大使命。

新中国成立后，抗美援朝战争刚刚结束，在军队中许多同志急切盼望实现军队现代化的情况下，彭德怀却提出了裁减军队问题。他指出，国防现代化水平必须与国家的经济发展水平相适应，必须从全盘着眼来考虑我们现代化军队的逐步建设，不允许只顾局部而加重国家财政负担，影响经济建设。

他明确提出，为使我们国家既拥有一定应付突然事变的能力，又不影响国家经济建设的正常发展，武装力量应该限定在适当数额之内，采取"裁减数量、加强质量"的方针，以节减军费开支，发展国家经济建设。要建设现代化的国防工业，军队就必须大量裁员，不裁减人员就没有钱进行国防现代化建设。

在彭德怀看来，人民军队的现代化建设决不等于现有的步兵加上飞机、坦克等现代装备。从单一的步兵到诸军兵种协同作战、从过去的长期分散作战到今后集中的正规作战，从使用落后装备到使用现代化装备，这是一个带有本质性的转变，而不单单是量的增加，必须要引起一系列军事上的变革。因此，军队现代化建设应着眼于提高质量。

从1953年起，新中国开始执行国民经济发展的第一个五年计划，大规模的工业化建设和生产资料所有制的社会主义改造迅速展开。国防现代化建设和国家工业化建设如何协调发展的问题随之而来。

1953年8月，为解决国家财政赤字，毛泽东明确规定军政费用在国家财政支出中不得超过30%，明确提出："军队应在整顿组织、精简机构和冗员、加强技术训练、提高部队质量的基础上，大力缩减军费开支。"中共中央政治局发出《关于增加生产、增加收入、厉行节约、紧缩开支，平衡国家预算的紧急通知》，要求军费减少三万亿元。

如何看待这一矛盾？彭德怀认为，建设一支优良的现代化军队是国防建设的根本，军费不超过国家总支出的30%则是国防建设的重要保证。要建设一支优良的现代化革命军队，又要减少军费开支，这是一对矛盾。解决矛盾的有效办法就是实行精简整编，裁减人员，提高质量。基于国家武装部队的总员额应保持一个适当的数量，太少会削弱国家现实的防御力量，过多则增加财政负担，影响经济建设的考虑，彭德怀确立了"三多三少一增"的原则：多减机关，少减部队；多减步兵，少减特种兵；多减战士，少减干部；增建学校，把常备军的总员额控制在350万人。

全国军事系统党的高级干部会议以后，在彭德怀主持下，全军进行了大规模卓有成效的精简整编工作。

"军队精简，应该从我这里开始。如果我自己不做，只要求别人去做，人家当面不说，背后也会骂我的。你们三个人为我做警卫和生活服务工作，太多了。你们商量一下，留下一个人就可以了。"彭德怀把自己的三个警卫参谋叫到办公室，讲了军队精简整编的问题。从把警卫参谋减至一人开始，彭德怀在军队推行的精简工作全面铺开。

1954年初军队的员额为480万人，1954年到1955年实行精简整编，军队员额精简了约21%，兵力比1952年减少了43.5%，其中陆军裁减了约54%。

彭德怀并不满足于此。从1956年11月开始，全军第二次精简整编。

1956年9月，中国共产党举行第八次全国代表大会，向全党提出"动员一切积极因素，尽快地把我国从落后的农业国变为先进的工业国"的任务，为实现这个伟大任务，大会确定把军政费用在国家财政开支中的比重，从第一个五年计划期间占32%，降低到第二个五年计划期间占20%左右。按照这个要求，每年的国防费用应减少四分之一以上。

1957年1月军委召开扩大会议，作出了《关于裁减军队数量，加强质量的决定》，决定把现有军队员额裁减三分之一。这是中华人民共和国成立以后的第三次大精简。到1958年底，全军成建制地集体转业或移交地方的计有一个军部、46个师、30余所医院和30余所院校。全军总人数在1956年的基础上减少了36%，计240万左右。

为了适应现代化战争的需要，在精简整编中，彭德怀特别注重加强军种和兵种建设。彭德怀主持的这两次全军大规模精简整编，主要是减少步兵，而炮兵、装甲兵、工程兵、铁道兵、通信兵和防化兵的人数不但没有减少，还得到了增加，空军、海军的建设更得到了显著加强。截至1958年，空军发展到占全军总人数的12.2%，海军占5.8%，炮兵占4.8%，装甲兵占2.3%，全军完成了由以陆军为主体向诸军兵种合成军队发展的初步转变。

按照现代化的要求，因地制宜地制定军队的编制，任何人都要严格执行。在精简整编部队的同时，人民解放军的编制体制也进行了几次调整。调整前，军队领导机关有总参谋部、总政治部、总干部管理部、总后勤部，即"四总部"领导体制，1954年1月，将总后勤部财务部改归军委直接领导，后改为解放军总财务部。10月，总干部管理部改称解放军总干部部，11月成立解放军总军械部，1955年4月，成立解放军训练总监部。6月，成立解放军武装力量监察部。至此，形成"八总部"领导体制，1955年，六个大军区划分为12个大军区，后又增加一个军区，共13个大军区。同年，将公安部队、防空部队改为公安军、防空军，增加两个军种。1957年后，根据"八总部"体制在实践中出现的缺点，又将总财务部、总军械部划归总后勤部，总干部部划归总政治部，撤销了训练总监部和武装力量监察部，恢复了总参谋部、总政治部、总后勤部的"三总部"领导体制。同时，撤销了公安军，防空军并入空军，形成陆、海、空"三军种"。

经过精简整编，军费开支占国家财政支出的比例由1951年的48%，到1957年下降到18.8%；军队总员额由1954年的480万人，到1958年精简为不足240万人。这个军队总员额，是新中国成立以来最少的，为军队正规化建设提供了组织上的有力保证。军费在国家预算中的比例，也在1953年的基础上削减了13.75%。

彭德怀同时阐明了军队组织编制的原则："军队的组织编制是根据国家

的经济条件和作战对象的改变而改变的。在目前，我们军队的组织编制，主要的是决定于下列各种因素：第一是作战对象及由此而产生的军事需要；第二是国家的经济状况，主要是工业生产的能力和现有的军事技术水平以及由此而产生的新的兵种；第三是武装力量的组织系统及其指挥关系的规定；第四是对军队各种装备、物资的供应补充的规定；第五是过去的战争经验和我国具体的地理和气候条件等等。这些是对部队的编制来说的。如果包括整个国家的军事机构来说，就还要加上一条重要的因素，这就是根据我国的行政区分以及各省在人口、地理、交通条件、治安情况等具体情况的不同，而应因地制宜地制定不同的编制，不应该不加区别地制定一般化的编制。"（《彭德怀军事文选》，第480—481页）

四、加强军队正规化建设

人民解放军不仅要实行政治上思想上的统一，还要求有战役上的、战术上的、战斗中的统一指挥和协同动作。统一和正规化是现代化建设的重要条件，正规化又是现代化建设的基本条件。

彭德怀早年受过比较严格和正规的军事教育，所以特别重视正规化建设。抗日战争时期，彭德怀在华北敌后领导抗日游击战争中，根据全国抗日战争的形势和华北敌后的战争实践，不断探索部队的正规化建设问题。解放战争中，彭德怀在指挥作战间隙，领导西北野战军和第一野战军的正规化建设，先后制定了《西北人民解放军野战军奖励（缴获节约）惩罚（贪污浪费）暂行条例》、《西北人民解放军野战军财经工作队的组织与工作》、《警戒勤务规定》、《新区预借粮秣暂行办法》等规章制度。

新中国成立后，特别是50年代中期，彭德怀主持中央军委和国防部工作以后，多次召开军委例会研究军队现代化和正规化建设问题，并根据当时的实际情况作出正确决策，选择了符合当时情况的有中国特色的军队正规化建设道路，使正规化建设蓬勃发展。

正规化建设是现代化军队必不可少的条件，这是彭德怀关于军队建设最鲜明的观点。他首先从抓统一军队高级干部思想问题入手。他认为：没有正规化，武器装备即使现代化了，也难以发挥作用，军队现代化必由之路、前提条件就是正规化。他提出以正规化为军队建设重点，以军事训练为中心，加强正规化内在机制，全方位实行条令条例化。他针对一些人关于正规化的模糊认识，进行了通俗的解说：正规化就是要把全军各方面用正式规格，即条令的规定彻头彻尾地统一起来，以适应统一指挥、协同作战的需要。

他强调说：我军过去由于革命战争的需要，采取分散建军、分散作战，装备取之于敌人，干部来自各方，除了政治思想、战略指挥统一之外，装备、编制、训练、制度、纪律等都是根据各地情况各有一套，这在当时是完全必要的，是正确的，今天有了统一的国家政权，要战胜有现代化装备的强大敌人，不仅要有政治思想上的统一和战略指挥的统一，还需要有战役上的、战术上的、战斗中的统一指挥和协同动作。也就是说，对于长期战争年代走过来的军队，要做到这些统一，必须先进行正规化建设，只有正规化了，才能进行现代化建设。因此，正规化是建设现代化军队必不可少的基本条件。

为了防止出现偏差，彭德怀特别提出，要注意把握三个问题：一是在思想上必须一致认识到，统一和正规化对我军在当前建设和适应将来作战需要的重要性，把正规化当作建设现代化军队的基本条件；二是一切各自为政、各行其是的想法，以地区包干统一的想法，都是错误的；三是过分强调因地制宜，或把因地制宜与统一、正规化并重的提法也是不妥当的。他同时强调，我军的正规化必须和我们人民军队的政治工作内容相结合，必须和我军长期以来所形成的党的领导、政治工作和军队民主等优良传统相结合。

在彭德怀的努力下，军队高级干部的观念开始了转变，全军的认识得到了提高，从思想上保证了军队正规化建设的推行。

彭德怀强调，加强正规化建设，首先要制定科学、严谨、系统的军事法规，使得一切行动均有法可依、有章可循。因而他特别强调从人民军队的特点和不同历史阶段的军情出发，建立起完善的军事法规。特别是当他主持军委日常工作后，即把军事法规建设作为军队现代化正规化建设的根本依据，摆到了十分突出的位置。他明确指出，军队要实现正规化，就必须有配套的军事法规，

50年代，毛泽东提出军队要实行"统一的指挥、统一的制度、统一的编制、统一的纪律、统一的训练"，培养"组织性、计划性、准确性、纪律性"的思想。彭德怀进一步提出："必须正确地认识，正规化就是要把全军的各个方面用正式的规格，即条令的规定彻头彻尾地统一起来，主要的就是统一装备、统一编制、统一训练、统一制度、统一纪律，把这些制成条令，作为每个军人遵守的法典，以适应统一指挥协同作战的需要。"（《彭德怀军事文选》，第500页）这就明确指出了正规化的统一规格和标准就是条令条例，它的实现就得靠以条令条例为依据的部队管理和教育工作。从一定意义上说，正规化就是按条令条例和规章办事，就是条令化、制度化、规范化。

在彭德怀的领导下，我军在军队战备、训练、管理、政治工作等方面制定了一大批条令条例，为军队正规化建设提供了制度保证。1953年1月，他主持军委会议，决定成立条令审查委员会。他还亲自修改《内务条令》和《政治工作条例》。这年4月，他主持军委会议讨论部队已经试用的《内务条令》《纪律条令》《队列条令》。《队列条令》在颁布前，还抽调一个步兵连在天坛公园进行演练，彭德怀亲临现场，审查从单兵到连队的队列动作和各种队形。在三大《条令》颁发时，他还专门指示，在执行中要及时发现问题。

1953年6月全军军事系统党的高级干部会议以后，我军进一步加快了军事法规的立法步伐，先后颁布的主要军事法规有：《中华人民共和国兵役法》《中国人民解放军军官服役条例》《中国人民解放军政治工作条例（草案）》《中国人民解放军军事训练大纲》《中国人民解放军后勤与物质保障

条例》和合成军及各军兵种战斗条例等。

1957年7月，彭德怀在谈到今后军事学术研究工作的任务时，将编写我
军自己的军事教范和条令作为重要的一条，并作为准备成立的军事科学院的
重要任务。军事科学院成立后，马上组织全军编写战斗条令，到60年代初，
编写出了《中国人民解放军合成军队战斗条令概则》及军队各级的战斗条
令，为建立正规秩序，规范军人的行动和准备反侵略战争，提供了有力的法
规保证。

彭德怀十分重视用这些军事法规规范全军的行动，他指出："必须认真
贯彻执行各种军事条令。共同条令是建立我军正规生活、巩固军队纪律、保
证部队训练的根本法典。贯彻执行共同条令，是我军走向正规化的关键。各
兵种战斗条令是平时训练军队的基本指导原则，也是战时组织与实施战斗的
基本依据。学习与执行各兵种战斗条令，对我军掌握现代化军事技术和先进
的军事科学，具有重大的意义。（《彭德怀军事文选》，第532—533页）这
些军事法规的制定和贯彻，对于保证党对军队的绝对领导，维护国家和人民
的利益，调整军队内部和外部的关系，保证全军上下思想和行动的统一，巩
固和提高军队战斗力都起到了十分重要的作用。

有了好的完善的军事法规制度，还必须不折不扣地严格执行。彭德怀能
够以大局为重，不讲情面，严格执法，全军上下克服困难，甚至牺牲个人和
局部利益为军队正规化建设作贡献。

为了加强军队的正规化建设，20世纪50年代中后期，在彭德怀的主持
下，我军实行了一系列重大的调整，把志愿兵役制改为义务兵役制，把军
官生活由供给制改为薪金制，实行了军衔制、军官退役制，先后制定并颁
发了一系列条令条例和规章制度，不仅使我军建设有章可循、有法可依，
而且激发了广大官兵的责任感和积极性，加强了部队的现代化和正规化
建设。

彭德怀强调指出：战争时期，我们党在没有掌握全国政权的历史条件
下，实行自愿兵役制、供给制和无军衔制是完全必要的、正确的，保障了长

期地进行革命战争。但是，"当我们已经建立了全国政权，而国内战争又已经结束的情况下，那种自愿兵役制就不应该，也不可能继续下去了。应该以新的义务兵役制来代替旧的自愿兵役制"；"过去许多由供给制所产生的标准和制度，就要加以适当的改变，不公平的应使之公平，不合理的应使之合理"；"军衔是国家对于现役军人在军队中的地位、职责和权力的规定，是给予军人的一种荣誉，具有加强军队中的组织性、纪律性和鼓励上进的作用"。这些工作，在当时是十分紧迫的："为适应国内外形势的需要，为加速我军现代化正规化的建设，实行义务兵役制、军官服役条例和军官薪金制三大制度，已属刻不容缓的事情，不如此，就将使我军停滞不前，延缓现代化正规化的建设，就将使我军不能应付大规模的现代化战争。"（《彭德怀军事文选》，第508页）

彭德怀力倡实行军衔制，认为这是建军作战的需要。1953年9月8日，他在给毛泽东的报告中建议实行军衔制，他说："军衔主要是确定每一个军人在队列中的地位和职权，以便按职责条令的规定，行使职权，同时又是国家给予军人的一种荣誉，以鼓励其在军队中工作和上进心。"在军委会议上，他也说："新中国建立以后，军队同外国的来往一天天多起来，没有军衔实在不方便。1952年开始，志愿军在板门店同美国人谈判，人家有军衔，我们没有军衔。为了和对方平起平坐，只好临时给谈判代表安上一个头衔，叫某某将军，某某上校，这种状况往后不能一直这样下去。"

在评定军衔工作中，彭德怀带着总干部部拟制的名单和方案，征求各位老同志意见。对有特殊情况的同志，他还亲自找他们谈话，交换意见，做思想工作。1955年2月8日，第一届全国人大常委会第六次会议通过了《中国人民解放军军官服役条例》，9月开始实行军衔制。

为了将兵役制度工作搞好，军委专门成立兵役法研究室进行研究。彭德怀向中共中央和毛泽东提出如何推行兵役法的建议，得到认可。1955年7月16日，他在第一届全国人大第二次会议上作了《关于中华人民共和国兵役法草案的报告》。这次会议讨论通过了《中华人民共和国兵役法》。兵役法规定，中国人民解放军由志愿兵役制改为义务兵役制。这一制度的实行，使人民解放军有了可靠的常备兵源。

1953年9月，彭德怀提出，现在团、营、连干部生活很困难，非解决不可，急需要办的是薪金制度。同时，他向毛泽东报告，不实行薪金制，则广大的下层干部生活已难以维持，也难以巩固在军队工作的意志。

这年12月，他在全国军事系统党的高级干部会议上讲话时指出："供给制在过去很长的时间内是正确的，因为当我军还不可能从统一的国家政权的国库中来领取军费，而要靠自己打土豪筹粮筹款，靠自己动手生产，或只靠农民交公粮来维持军费的时候，实行薪金制是不可能的。可是，现在的情形已经不同了。一方面，我们已经有了统一的国家政权，而国家的财政经济状况已经有可能来保证军队的正常的和必要的军费供给，也有可能负担因为实行薪金制而必须增加的财政开支，自然，在今后几年内还只能是低薪制；另一方面，如果现在不实行薪金制，则数十万以军事工作为职业的军人，将不可能以自己的薪金来赡养其家庭，因此便可能影响到他们不能安心于军事工作。"（《彭德怀军事文选》，第484—485页）

1954年7月，他就实行薪金制问题专门向中央提出建议，并得到同意。彭德怀于1954年11月19日签发国防部命令，宣布于1955年1月1日实行《中国人民解放军薪金、津贴暂行办法》。

上述几项制度的相继实行，极大地增强了全军官兵的责任感和荣誉感，为我军的建设增加了活力，为我军正规化建设提供了有力的制度保证，使新兴的共和国国防建设呈现出欣欣向荣的面貌。这些制度的实行，使我军有了可靠的常备兵源和雄厚的经过训练的预备兵员，既增强了国防力量，又有利于国家的经济建设；既解决了干部及其家庭的生活问题，又克服了长期供给制所产生的依赖思想、平均主义和浪费的弊端；能鼓励干部长期在军队中工作，努力上进，献身于保卫祖国的事业。正如彭德怀在1954年底中央军委扩大会议上所说：实行这些制度对我军来说，"是一项重大的改革，是我国国防建设的根本起点"。

五、苦练出精兵

现代战争需要具有复杂的现代战争知识、组织能力和技术操作能力的人，全军官兵，必须实施严格训练，掌握现代军事科学知识、掌握现代的军事业务和军事技术；要由主要靠实战锻炼提高战斗力，改为主要以严格的正规训练提高战斗力。彭德怀指出："部队军事训练成绩的优劣，各级干部学习军事科学成绩的优劣，将是决定我军今后战斗力高低的基本标准。"（《彭德怀军事文选》，第526页）他要求我军各部队和各级军官，都必须放下包袱，老老实实、兢兢业业地进行军事训练和军事政治学习，从实际锻炼中争取不断的进步，成为永远具有坚强战斗力的军队。

（一）军事训练是现代军队的中心工作

军队的战斗力，不是自然而然形成的，其内部诸要素中人和武器装备，在训练之前，只是一种潜在的战斗力，经过训练，才能实现人和武器的有机结合，成为现实的战斗力。彭德怀长期担任军队重要领导职务，身经百战，因此，他对于军事训练与作战胜负的关系有深刻而独到的理解，认为军事训练是现代军队的中心工作。他指出："要建设一支优良的具有坚强战斗力的军队，还必须正确地解决人与技术相结合的复杂问题。这种结合是很多方面的，包括一个人与一件武器的结合，一些人与一件武器的结合，一个分队的技术和战术的结合，一个兵种、军种专业技术和战术的结合，所以兵种、军种即合成军队技术和战术的结合。必须把许多单个的人，单个的武器，结合成为紧密的整体，灵活机动的力量。只有把人和技术很好地结合起来，军队才能有高度的战斗力。在我军实行这种结合，依靠军队有高度的政治觉悟，同时还必须有严格的组织和训练。并且通过切合实际的军事和政治训练，使军队中的成员能熟练地掌握手中武器，提高军队的战斗技能，提高各级军官的指挥能力和业务能力，使军人成为又红又专的人民战士。"（《彭德怀军事文选》，第607页）

在中国革命战争中的各个历史时期，彭德怀所率领的部队战斗力都特别强，其中一个很重要的原因就是坚持"苦练出精兵"的治军原则，利用一切战争间隙组织练兵。革命战争时期，由于战事频繁，全军各部队没有更多时间集中进行系统的军事训练，主要靠实战锻炼和"利用两个战役之间的间隙，休息和整训部队"，这就是"以战教战"的原则，成为十大军事原则之一。比如，1942年1月20日，彭德怀给八路军部队发出关于军事教育训练的指示，要求各部队在整军过程中，必须抽出二分之一或更多的时间切实进行军事训练，保证充分的粮食供应，保证训练时间，以期取得训练效果。还要求在职干部学习军事知识，成为学习军事知识的模范。对于训练和学习成绩突出的单位和个人给予奖励表扬，对于成绩落后的单位和个人要予以批评责备。

中华人民共和国建立后，特别是抗美援朝战争结束后，我军进入现代化建设的新的历史时期。在战争年代可以从战争中练兵，和平时期战事减少了，一方面，实战锻炼的机会很少了，加上武器装备的不断改善和军兵种的先后建立，新成分逐渐增多，技术要求越来越高，系统的军事训练就显得更加重要。另一方面，军队有了较多的时间和安定的环境，可以进行训练。主持军委日常工作的彭德怀，更加重视部队军事训练问题，明确提出了军事训练是"现代化军队建设中长期的、经常性的中心工作"，"加强部队的军事训练，在今天有着重要的意义。过去我们的技术和装备比较简单，现在已逐渐在改变；过去我们主要是在战场上练兵，现在则主要靠进行正规的军事训练。因此，如果我们今后不注意加强部队的正规军事训练，就不可能使部队的战斗准备打好基础"。

为统一思想，他反复强调必须把部队训练作为全军工作的中心，要求全军官兵充分认识现代战争的特征，切实改变军事训练的旧观念，深刻了解现代战争需要具备复杂的现代战争意识、组织能力和技术操作能力，深刻了解要由过去主要靠战场实践锻炼提高战斗力，改变为今后主要是以严格的正规训练提高战斗力。不进行严格训练，战时就会完全无能为力。

因此，由彭德怀主持日常工作的中央军委决定：1953年，全军训练统一计划、统一内容、统一时间、统一要求。在彭德怀的主持下，全军部队从1953年6月开始进行正规的军事训练。从1953年6月起，全军以文化学习为重点的训练，转向以战斗训练为主的总的正规训练。军事训练时间增加到60％，政治教育和文化教育分别为20％。在翌年底中央军委扩大会议上，他又提出四项原则，即：训与练相结合；平时训练与战时执行战斗任务相结合；军事训练与平日担负任务相结合；军事训练与军事指挥相结合。

在训练内容上，彭德怀强调要加强技战术训练。他指出："现代战争要求军队熟练地掌握各种技术，通晓各种兵器的战术和技术性能。任何正确的战役计划都要通过战术动作去实现，而技术又是战术的基础。在现代战争中，各兵种在战术上的协同动作，多半是依靠对技术的掌握来实施的。""没有熟练的技术，就不可能完满地完成战斗任务和战役计划。"（《彭德怀军事文选》，第532页）

根据上述方针、原则和要求，一场群众性的训练热潮迅速在全军掀起，一个争当优等射手和技术能手运动在全军青年工作会议倡议下轰轰烈烈地展开。各军兵种和战略区，依据积极防御的战略方针，结合未来的作战任务，进行以战役训练为主，以战术、技术为辅的军事训练，并开展创造神枪手、神炮手和技术能手的军事竞赛活动。到了1957年，全军训练热潮更加深入，建立正规秩序，熟练掌握新武器装备，正规化训练如火如荼，优等射手、技术能手达上百万人之多。

技术训练和干部训练及首长司令部训练的突出成绩，为战术训练及各级战术、战役演习打下了良好的基础。从1954年开始，全军进行一般条件和使用原子化学武器条件下的集团军进攻战役和防御战役课题的训练。1955年，规模宏大、影响深远的辽东半岛抗登陆战役演习获得成功，全军从1956年开始的方面军抗登陆战役训练、集团军海岸防御战役演习，使各兵种部队的协同作战能力有了显著提高。彭德怀曾先后多次参加军兵种战役演习，为未来我军合成作战总结成功经验。其中，在1955年辽东半岛进行的军事演习最为壮观，演习后，彭德怀发表了总结讲话，指出，演习为提高我军在现代条件下讲行抗登陆战役作战提供了有益的经验，同时进一步明确了军队训练的指导思想和总的要求。经他卓有成效的努力，我军在尔后的军事训练中，逐渐跳出低级循环的圈圈，走上精兵、合成、高效的高层次发展的正规化训练道路，并逐步与世界军事训练接轨。

彭德怀运用和平时期军队建设规律，审时度势，运筹帷幄，把军事训练作为中心工作来抓，极大地促进了我军现代化建设。通过50年代的正规化练兵，我军一整套训练制度、一系列完整的训练内容体系、严格统一的训练方法基本形成，探索出了和平时期军事训练的路子，极大地促进了正规化、现代化建设，使部队很快形成了整体作战能力。

（二）按照打仗的要求进行训练

军队训练的目的在于更有效地实现"保存自己，消灭敌人"的战争目的。因此，彭德怀一向主张按照战争对训练提出的实际要求进行训练，从难、从严、从实战出发。即仗怎么打，兵就怎么练。他曾教育部队说："我们练的是真功夫，真本领！不是摆样子，给人家看的！平时大家多流点汗，练就一身硬功夫，战时就能过得硬，冲得上！我彭德怀的主张历来如此，反对那些怕苦怕累、怕流汗的熊蛋兵、豆腐兵！"（张平凯《忆彭大将军》，第122页）

训练一定要从基础抓起，打牢技术、战术基本功。在战争年代，彭德怀就十分重视部队射击、刺杀、投弹、爆破、单兵战术等基础训练。在战斗间隙整训部队时，他经常深入练兵场，检查训练情况，亲自给大家讲解各种技术的动作要领，有时为了使部队熟练掌握一个动作要领，要求反复练几十次甚至上百次。

中华人民共和国成立后，随着我军武器装备现代化程度的提高，彭德怀更加强调基础训练的重要性。他在辽东军事演习干部会上讲话指出：现代战争要求军队熟练地掌握各种技术，通晓各种兵器的战术和技术性能。任何正确的战役计划都要通过战术动作去实现，而技术又是战术的基础。在现代战争中，各兵种在战术上的协同动作，多半是依靠对技术的掌握来实施的。

步炮协同是通过炮兵的准确射击来实现的；陆军空军的协同动作是要通过空军的准确轰炸来实现的；防空军和空军的协同动作是要通过雷达的精确侦察、探照灯的准确照射、地面高炮的准确射击和空军迅速而准确的歼击来实现的。没有熟练的技术，就不可能完满地完成战斗任务和战役计划。从难从严，首先要严在打基础上，"以便迅速把我军的射击技术和其他各种技术水平提高一步"。"必须提高部队各种技术水平。现代战争要求军队熟练地掌握各种技术，通晓各种兵器的战术和技术性能。任何正确的战役计划都要通过战术动作去实现，而技术又是战术的基础。……没有熟练的技术，就不可能完满地完成战斗任务和战役计划。"（《彭德怀军事文选》，第532页）

必须根据作战任务来安排训练。彭德怀根据抗美援朝战争的经验，反复强调要充分认识现代战争的特征，深刻了解现代战争需要具备的科学知识和技术操作能力，通过严格正规的军事训练提高部队战斗力。他指出："要把平时的军事训练和战时的战斗任务结合起来。……战术演习、战役训练着重现地作业，特别要根据各军的战时任务进行演习和教练。例如，守岛部队则应演习战时守岛的各种动作，上海附近部队则演习和教练上海附近作战预定方案的动作……以便战争来到即能很熟练地进行作战。"同时还"要把军事训练与部队平日担负的任务结合起来。……应根据不同的任务，规定不同的教育内容与实施计划，不能千篇一律。凡有特殊任务的其他兵种，都应照顾其特点"（《彭德怀军事文选》，第513—514页），学用必须相互结合。

彭德怀特别重视进行近似实战的不同规模的实兵实弹演习，通过演习，检验部队训练成果，提高部队整体素质和战备水平。

彭德怀还特别重视"练"与演习的关系。他在论述军事训练中课堂教学和野外训练的关系时指出："军事训练包括'训'与'练'两个范畴，'训'就是课堂作业，'练'就是操场动作与野外演习，我们要把二者密切结合起来。一般是'练'多于'训'，特别是在我军干部和兵的文化技术知识低下的条件下，'练'就显得更为重要。"（《彭德怀军事文选》，第513页）

据此，各部队在每年上半年进行理论和基础训练，下半年进行综合演习，曾举行过多次不同规模、不同方式、不同战役战术背景的军事演习。彭德怀还于1955年冬在辽东地区主持了抗登陆战役演习，这是我军历史上首次集团军规模的陆海空军联合抗登陆战役演习。参加这次演习的有陆军四个军、一个机械化师，空军两个军，海军旅顺基地等18个师以上指挥机关，32个建制团。参演飞机262架，舰艇65艘，坦克和自行火炮1000余门。全军中高级干部800余人随演习部队参观见学并一起作业。通过演习，训练了参演部队、机关和见学的高中级干部，提高了高级指挥员和司令部机关在近似实战条件下组织抗登陆战役的能力，检查了部队的训练情况及其他战备工作。

为促进训练的深度开展，彭德怀要求建立奖优罚劣的训练奖惩制度。他指出："对于勤学苦练而获得优良成绩的人员应该予以奖励。"（《彭德怀军事文选》，第532页）"因此，今后考核哪个军队有无战斗力，应以那个军队军事训练成绩的优劣为基本标准；考核哪个干部有无指挥能力，应以那个干部对军事学习与指挥实兵演习成绩的优劣为基本标准。……"（《彭德怀军事文选》，第512页）"要在军事训练中建立一定的教学奖惩制度。对领导部队军事训练或领导学校教育有优良成绩的军官和教员给予一定的奖励、升级、发物质奖励或奖章、勋章。在学校学习成绩优异的军官或学生，毕业时应提升级别。对训练部队与领导学校教育成绩低下的军官应给予惩罚，考试不及格的学员则不予毕业或降级使用。"（《彭德怀军事文选》，第515页）

（三）重点突出军官训练

培养和造就一大批适应现代化战争要求的德才兼备的优秀军事人才，对现代化国防军有着举足轻重的意义。彭德怀对这一带有战略全局性的重大问题，有自己独特的见解和精辟的论述，并且把培养德才兼备的干部，始终放在建设现代化国防军的首位。他认为，没有一支政治觉悟高、军事素质好、专业技术强的干部队伍，建设现代化革命军队就无从谈起。

军官训练和士兵训练是整个军队训练过程中的两个方面。由于军官不仅是作战的指挥者，而且也是部队训练的组织者和领导者，"干部不会或学得不好，当然就不能训练好士兵"。（《彭德怀军事文选》，第532页）

军官在整个军事活动中所处的地位和作用比士兵更加重要，战争对军官赋予的客观要求也更高，通常讲强将手下无弱兵。新时期的建军，要求首先培养大批具有丰富现代军事科学知识、军政素质很高的领导人才。我军过去主要靠战场锻炼提高战斗力，今后则将主要以进行正规化训练提高战斗力。我军干部如果不认真学习现代战争的规律，不认真学习现代军队的技术知识，并熟练地掌握起来，是不能指挥我军打胜仗的。彭德怀指出，认真抓好干部训练对我军现代化建设具有特殊的重要性。要建设一支强大的现代化的革命军队，如果没有一批具有一定文化水平，具有马列主义基础知识，具有现代战争知识和能够掌握现代技术的干部，这是不可能的。

彭德怀深刻地指出："各级干部学习军事科学成绩的优劣，将是决定我军今后战斗力高低的基本标准。……因为现代化战争比之过去的战争，无论是兵员、兵种、装备、技术都已起了根本的变化。这种非常复杂的现代战争组织与高度的技术动作，平日没有修养锻炼和全套熟练，战时是完全无能为力的。……光靠过去的一些经验，不认真学习现代战争的规律知识，不认真学习现代军队的技术知识，并把它们熟练地掌握起来，是不能指挥现代的军队打胜仗的。"（《彭德怀军事文选》，第511—512页）

因此，彭德怀明确提出了干部训练是中心工作的思想。他说："建设现代化军队的任务是繁重的，工作是复杂多端的，军队的编组、制度的建立、条令的制订、国防工程的建设都是重要的工作，但最主要的、长期的、经常的工作则是训练干部。因为，虽然有现代化的装备，现代化的组织编制、制度，现代化的工程建筑，如果没有坚强的、现代化的指挥干部和专家来掌握使用，则上述一切均成废物。而要把我们现有的干部变成坚强的、能够掌握现代装备技术的干部，比之解决装备、组织编制、工程建设、建立制度等，其困难不知要大多少倍。因此，应明确规定，训练干部的工作，是我们在建设现代化军队中长期的、经常的中心工作的中心。"（《彭德怀军事文

选》，第499页）

在干部训练中，彭德怀又特别强调加强司令部机关参谋人员的训练。组织现代战争，指挥诸军兵种合成的作战行动，必须有健全的、具有现代战争素质和科学头脑的司令部机关，应加强司令部机关的训练，提高参谋工作和指挥的质量。他要求："为加强各级司令机关，使其能适应现代战争的需要，必须注意下列工作：一是有计划地组织各级司令机关的干部进行业务学习，使之十分熟悉和熟练地掌握本身业务，并能不断地提高业务水平；二是经常地注意挑选有才干的、能够把业务推向前进的、优秀的干部，来充实司令机关，不断地提高司令机关干部的质量；三是逐步做到使我军指挥人员与参谋人员的轮换合一，以提高我军参谋工作的质量与指挥的质量。"（《彭德怀军事文选》，第490页）

在彭德怀的具体领导下，军委就搞好干部训练问题，提出了一系列的方针、原则和办法。1954年的训练计划大纲规定，指挥员训练和司令部训练通常由教学法集训、首长作业、首长—司令部演习和诸兵种合同实兵战术演习几个环节组成。指挥员训练为司令部训练打下基础，首长和司令部训练又为部队训练和实兵演习做好准备，指挥员和司令部的训练又是在部队训练和实兵演习中完成的。三部分训练构成完整的训练体系。

彭德怀认为，训练干部，必须采取两条腿走路的方针，即坚持在职训练和院校训练的并举。当时院校处于初创阶段，在职训练显得尤为重要。鉴于干部训练和部队训练同时进行，为不影响部队训练，干部的在职训练一般采取短期集中或轮训的形式，师每月或每个训练阶段组织一两次，每次两三天训练一个科目，军以上根据需要举办各种类型的轮训班。

在抗美援朝战争期间，彭德怀向党中央建议组织全军干部轮流到朝鲜战场上学习、参观或代职，作为培养锻炼干部的重要方法。同时，由军委选派各类干部到国外学习、参观。彭德怀自己也率领高级军事代表团出国参观军事演习。

1954年五六月间，中央军委在北京军区组织全军高级干部集团军战役防御集训，参加集训的有总部、大军区、军兵种、军事院校领导干部及其他人员200余人，通过集训，提高了学习现代战争的兴趣，增强了学习现代军事科学的信心。依照此集训，各大军区、各军、各兵种也普遍进行了战役法集训。集训期间干部训练强调"首长教育部属"的原则，要求按级地学，按级地教，防止一揽子包办代替和放任自流两种倾向。首长亲自备课任教，在提高部属的同时也提高了自己，既有利于平时搞好训练，又有利于战时胜任指挥。通过训练，使干部掌握了军事技术，提高了组织训练的能力，促进了部队训练水平的提高。

六、重视军事学术研究和办好军事院校

彭德怀主持军委日常工作期间，将院校训练干部摆到十分重要的位置。他指出，对干部进行系统的正规的培养，主要依靠办好军事院校；院校培训，是系统全面训练干部的主要方法，"部队军事训练工作为全军的工作中心，而培养教育干部学校工作又为中心的中心"。他在1953年底的高级干部会议上强调："今后培养干部的方法，主要依靠办好学校。认真地办好学校，应该成为全党、全军的共同任务。"

彭德怀认为，现代化的武器装备，如果没有现代化的指挥干部和专家来掌握使用，则是一堆废物。他在主持军委日常工作后，多次召开会议研究军队院校建设问题。在全国军事系统党的高级干部会议上，他提出，要认真办好学校，大力培养干部，提高干部质量，在今后几年中培养一批与现代化军队要求相适应的军事干部和其他干部。军队中的初、中、高级干部，指挥干部和专业技术干部，在任职前，一般都要经过院校的学习，使其具备相应的知识。他明确要求："为了办好学校，各部队应该选调最优秀的战士和干部到各院、校去学习，坚决纠正过去那种舍不得把优秀的战士和干部送去学习的偏向；应该抽一批具有战斗经验、又有教育能力或有培养前途的干部来加强各院、校的领导骨干，有步骤地做到使我军指挥人员与军教人员的轮换和合一。"（《彭德怀军事文选》，第487页）根据中央军委的决定，彭德怀

在1954年要全军挑选五万多名有实战经验的战士进学校，1955年又从准备退役的年轻战士中留下20万战斗骨干，分批送进学校培养。

为了尽快使更多的干部到院校深造，彭德怀用了很大的精力指导全军创办各类院校的总体规划和组建工作。为加强对全军干部的训练和培养，在全国军事系统党的高级干部会议结束不久，彭德怀召开军委例会，讨论南京军事学院和总高级步兵学校的教学问题。随后，在军队已有的一百多所学校的基础上，又陆续筹建起高等军事学院、海军学院、炮兵学院和军事科学院等高级学府和学术机关，构成军队培养各类干部的完整体系。他要求军委和各大军区都经常地注意对各院校进行检查和帮助，及时地解决一切可能解决的困难。

彭德怀在抓创办院校的同时，还注意加强对院校工作的具体指导和督促检查，要求：配齐院校领导骨干；改进院校训练方法，提高训练质量；培养教学骨干，改善教员的待遇，妥善解决知识分子的入党、参军、评衔等问题；按编制定额选拔收录学员，扩大收生范围；调整学制，使院校教育与部队训练相一致。军队院校系统的建立，"培养出来不少合成军队的军官和专业军官。目前在部队中，已有相当数量久经战斗锻炼的军官经过学校深造，尚有一批经过战斗锻炼考验的骨干在校学习"。（《彭德怀军事文选》，第594页）

20世纪50年代末期，军队实行精简整编，院校不但没有减少，而且还得到迅速发展，到1957年底，军队各类院校已经有200余所，形成了比较完整的院校体系。到1959年，全军院校总数已达129所，总人数为25.3万人。另外还有预备学校54所和文化学校73所。

彭德怀非常重视开展军事学术和军事技术研究。为了摆脱我国军事技术装备上的落后状态，适应我国军事建设发展的需要，有效地保卫祖国的安全，根据建国初期军队建设面临的实际情况，彭德怀明确提出，我军的现代化建设，不仅必须用现代科学技术装备起来，还必须用马克思列宁主义、现代军事科学武装起来，必须积极开展、大力加强军事学术和技术研究工作，系统地总结我军的军事工作和政治工作经验，研究和编写我军战史；钻研现代战争规律，学习现代军队作战指挥；编写我们自己的军事教范和条令，把我军的历史经验在新的条件下给予恰当的运用和发展；要认真研究外国新的军事学术和军事科学技术成就，研究其战争潜力、备战措施、战略战术新特点，逐步建立具有中国特点的军事学术。

1957年7月16日，彭德怀在第三次国防委员会全体会议上的报告中，专门讲了"军事科学研究工作"问题。他指出，我国的军事建设已由初级阶段进入高级阶段，在军事学术和军事技术方面提出了许多新问题，同时，由于现代科学技术的最新成就广泛应用到军事方面，大量毁灭性武器的出现，未来战争的方法和形式都有很多新的特点，必须系统总结人民解放军的建设经验，在新的条件下给予恰当的运用和发展，同时还要注意研究外国新的军事学术和军事科学成就。

彭德怀将军事学术研究工作的任务归纳为以下三个方面：一是系统地总结我军的军事工作和政治工作经验，研究和编写我国我军的战史；二是以毛泽东的军事著作为指针，以我国我军的现实装备、制度、自然条件为主，照顾我军最近和将来装备发展的情况，编写军事教范和条令；三是研究帝国主义的战争潜力、备战措施、战略战术及其特点。他还指出，为了完成这方面任务，准备成立一个军事科学院，专门从事这方面的工作。

1959年1月24日，彭德怀主持军委会议，讨论加强全军军事科学研究工作组织建设的建议。当天，他在全军第一次军事科学研究会议上发表了重要讲话。他给军事科学院规定了研究的任务：一是编写战争史和军事史；二是编写我军的条令和条例；三是统一军语；四是研究技术装备的使用和改进。他还指出："军事科学研究工作是很重要的"，"只要军队存在一天，军事科学就不能取消。如果忽视这方面的研究，我们就会落后"。

彭德怀提倡在军事学术研究工作中自由讨论，开展争鸣。他在1957年5月25日发表的《目前部队实际工作中的几个问题》一文中提出："我们要提倡学术上的自由讨论，探研真理的风气。""学术上没有自由讨论，没有争论，就不能得出真理，就不会进步。真理是不怕争的，怕争就不一定是真理。"在1957年4月召开的一次军委会议上，他指出，学术上应当提倡研究自由，不应由组织上作结论，组织上作结论的办法不能发展科学。

彭德怀强调，在开展军事科学的学习和研究中，既要有虚心的态度，又要有实事求是的精神，不迷信、不盲从、不机械搬用。应该充分发扬民主，提倡自由讨论，活跃学术研究气氛，以"逐步建立起适合我军情况的具有中国特点的军事学术"。彭德怀丰富的军事实践和著述，从一个重要方面系统反映了我军从小到大、从弱到强的光辉战斗历程。

彭德怀不仅自己积极认真地研究持久战、游击战等军事学术问题，而且关心全军的军事科学研究工作。他在由朝鲜回国主持中央军委日常工作以后，就提出"为了适应未来战争的需要，就必须积极地有计划地逐步建立起我们自己的军事科学研究工作"，"着重研究战略、战役法、战术、战史和军事技术"，"至于核子武器，已准备积极着手研究"。军事科学院成立后，他又给该院规定了研究方针和任务。研究方针是："以我为主，从现实出发，照顾将来。"

在彭德怀和中央军委领导的大力推动下，我军的军事科学研究工作迅速开展和逐步繁荣起来了，各类军事教材、条令、条例得以研究制定和充实完善，为军队正规化建设提供了有力的理论指导。

七、发展尖端武器

国防工业是国防现代化的基础。新中国国防工业现代化建设的基础极其薄弱，旧中国遗留的军事工业非常落后，特别是国防科学技术基本是空白。建设国防工业，发展国防科技，改变人民解放军武器装备严重落后的状况，是摆在国防部长彭德怀面前的一项非常紧迫的任务。

但是，彭德怀强调，发展国防科技和国防工业，应以自力更生为主，使国防建设牢固建立在自己国家工业和科学发展的基础上。要努力创造条件，积极研制中国自己的战略武器，提高国家的防御能力。

1955年5月，彭德怀列席华沙条约国会议后，回国途中在莫斯科作短暂停留时，受到苏共中央总书记赫鲁晓夫的接见。赫鲁晓夫主动向新中国国防部长彭德怀提出，可以去列宁格勒访问波罗的海舰队，看看他们的核动力潜艇。

到达波罗的海舰队第一天，彭德怀在旗舰上检阅了仪仗队，受到隆重接待。舰队司令员告诉彭德怀：第二天就去参观核潜艇。

翌日晨，当彭德怀一行满怀希望等候参观时，竟得到核潜艇已出海的回答。后经交涉，苏联方面提出可到塞瓦斯托波尔去看。而待彭德怀一行到达塞瓦斯托波尔后，又被"黑海舰队没有核潜艇"敷衍之。

彭德怀当然感到气愤，但身为新中国国防部长，他又不能仅仅气愤而已，回到北京后，即给毛泽东写出专题报告，就独立自主发展国防工业，积极着手研究我国不能生产的新式武器，如核子武器、导弹和其他新式武器的设计制造问题提出自己的构想；建议在国务院或国防部直接领导下积极筹建航空和导弹的研究机构，并准备筹划核子武器的研究机构。彭德怀最后还表示：搞导弹要花很多钱，但花钱再多也一定要搞，军队在这方面要有所准备。

为了论证研制核武器的可能性，彭德怀还请核物理专家到他的办公室，挂上一块黑板，给他讲解原子导弹武器的原理、构造和性能。

在国防工业非常薄弱的条件下，发展原子能事业，研制核武器，显然需要非凡的魄力和极大的勇气。彭德怀的设想得到毛泽东的支持。毛泽东很快作出了发展中国核弹和导弹的重大决策。1955年1月，毛泽东指定陈云、聂荣臻、薄一波组成三人小组，负责指导原子能事业的发展。后来，又成立了第三机械工业部，统管原子能工业。1956年3月，由周恩来召开专门会议，宣布了中共中央发展中国导弹事业的重大决定。

中共中央关于研制原子弹和导弹的决定，标志着新中国的国防科学技术和国防工业的发展进入到一个新的发展阶段。

与此同时，在发展常规武器方面，彭德怀同军委其他同志一起，按照党中央的方针，紧密结合我国、我军的实际，进行了一系列卓有成效的工作。

彭德怀不仅经常到海军、空军调查研究，学习技术军兵种知识，而且非常关心国防科研和国防工业建设，十分注意现代军事技术的发展和现代战争的特点。为此，他专门邀请深入研究现代战争作战特点和作战指挥问题的同志给他上课。

鉴于当时中苏结盟的历史条件，从仿制苏式武器装备开始，新中国的国防工业起步。苏联曾从提供设备、技术转让和培训骨干等方面，帮助新中国先后完成了从步兵轻武器到舰艇、飞机的仿制工作，同时，建设了一批军工骨干企业。从1952年开始，解放军的武器装备有了很大的变化，陆军有十几个师换上了新的武器，没有换装的也准备陆续换装；空军成立已经三年，武器装备全是新的；海军也有了不少新式舰艇。但是指战员对这些武器装备还很陌生，战士对新武器不会操作，干部对战士不会训练。这就是当时全军普遍存在的人与新式武器的矛盾。彭德怀对军队在和平环境下的编制体制进行了改革，组建了技术兵种，实施正规化军事训练，使我军实现了从单一兵种向诸兵种合成军队的转变。到1955年，利用进口和国产的武器装备，装备了步兵、骑兵、航空兵、地面炮兵、边防和内卫部队、坦克部队和机械化部队，共186个师及海军九个舰艇支队。人民解放军的装备从"小米加步枪"阶段，开始进入到"步枪加飞机大炮"的新阶段。

军队发展现代化不是用钱可以买来的。这是彭德怀的一个重要观点，对于尔后的军队建设乃至国防建设和发展都起到了巨大的指导作用。他认为：现代化的军队必须有现代化的装备以及现代化的交通和机动工具，这些不是单靠国外订货所能解决的，必须发展我们国家自己的工业，特别是重工业。盲目向国外订货，需要大量资金，势必挤了工业发展资金，军队现代化和国家工业化的发展速度都将放慢，这条道路走不通。彭德怀这种在大局下保持清醒头脑，进行军队建设的科学思想，有力地促进了国家建设与军队建设相适应的发展。他指出："如果没有重工业，没有现代装备来武装我们的军队，则我国和我军仍将处在落后状态，而落后照例是要挨打的。"（《彭德

怀军事文选》，第499页）

在这种思想指导下，我国军事装备发展，从进口、仿制到自行研制速度极快，到1955年底我国基本上实现了武器装备制式化，不久，"56式"兵器就成为陆军军以下的基本战斗装备，一改过去装备杂乱不统一的现象。彭德怀认为，"应当把国防科学技术的研究设计、试制生产和使用三方面密切结合起来"；"在军事工业生产中必须认真解决军用产品和民用产品的结合问题"。到50年代末，中国已建成包括兵器、航空、船舶、电子等大中型企业100多个，国防工业初步形成为一个比较完整的体系，基本上改变了新中国成立初期国防工业基础薄弱的状况，并为发展国防科技奠定了基础。军队的武器装备也得到进一步的改善。

八、常备军与预备役相结合，建设强大的后备力量

彭德怀在担任国防部长期间，用很大精力领导国防后备力量建设，极大地增强了我国反侵略战争力量和威慑力量。

强大的国防并不意味着平时必须保持数量庞大的军队，应实行常备军与后备力量相结合的武装力量体制，以较好地解决国家平时养兵少、战时用兵多的矛盾。彭德怀指出："强大的武装力量并不依靠在平时保持过分庞大的现役军队的人数……强大的武装力量，主要地依靠强大的现役兵员和强大的预备役兵员相结合。"（《彭德怀军事文选》，第519页）

为此，在我国已建立统一政权的条件下，必须尽快完善国家兵役制度，采取义务兵役制，并建立相应的预备役制度。积蓄大量的预备兵源，减少现役兵，这样才能节省国家开支，使国家把更多的钱投入工业建设。

因此，彭德怀认为，应尽快完善兵役制度，废除过去战争年代长期实行的志愿兵役制，改行义务兵役制，建立相应的预备役制度，以增强我国的国防后备力量。

彭德怀经过研究向中央提出，在现行征兵制基础上，实行民兵预备役，积蓄预备役兵员，并把兵役局改为人民武装部，专门负责民兵的组织和训练

工作，以便更好地解决"平时养兵少、战时用兵多"的矛盾。这一好方法被中央采纳并沿用至今，对增强我国国防建设起到了开创性的作用。

常备兵员减少，后备兵员就必须增多，否则，就会削弱应付敌人突然袭击的能力。在1954年军队精简之后，彭德怀采用苏联的办法，对适龄服役的公民加以登记和训练，加上每年的退役军人，作为预备役。但这个办法给各级地方政府增加了很大的工作量，影响地方的中心工作，不久即停止。

1955年7月，《中华人民共和国兵役法》正式颁布实施。这是新中国成立后的第一部兵役法。从此，新中国的兵役制度实现了从志愿兵役制向义务兵役制的转变。

根据《兵役法》的规定，中华人民共和国的兵役分为现役和预备役。复员兵和适龄青年均需登记，编为第一、二类预备役，由省、市、县兵役部门负责组织领导，定期实行军事训练。这个靠义务兵积蓄兵员的做法借鉴了苏联的经验。

为贯彻《兵役法》，彭德怀签署下发《国防部关于预备役军士和兵的登记工作指示》，要求各地结合本地具体情况，有组织有计划地进行预备役登记。

根据这一指示，全国各地开展了预备役士兵登记工作。1956年，登记人数达3300余万人，预备役军官共登记八万余人。

由于预备役登记面太宽，报表繁多，手续复杂，造成了工作中一定的混乱。地方政府普遍反映，执行起来难度很大。

毛泽东也感到仅依靠义务兵积蓄兵员每年最多80万人，100年才能积蓄8000万人，跟不上战时补充和扩大部队的需要。"为应付突然事变，光靠常备军不行，要搞国民训练，成立预备役师，就地训练，训练后解散，必要时集中，好处很多。"彭德怀提出了组建预备役师的办法。

经与毛泽东商量，并经军委会讨论通过后，彭德怀于1955年8月签发了组建10个预备役师的命令。

1955年《兵役法》公布后，根据毛泽东的指示，又采取组建预备役师的办法。即在成都、昆明、武汉、兰州等大军区组建10个预备役师，就地征集，系统训练，训练完毕，退役还乡。这种办法到中共"八大"决定减少军政费用时停止实行。

然而，组建预备役师又出现了突破全军总定额的矛盾，很难减少军费开支。平时常备军如何尽量地少，战时又如何尽量地多，雄厚的国防后备力量从何而来？这是彭德怀苦思冥想的重大课题。功夫不负有心人，终于，他想到了将民兵和预备役相结合的办法。

为理顺预备役和民兵的关系，印证他的设想，彭德怀开始进行一系列的调查研究，投身于深入的实践。

1955年9月，彭德怀到东南沿海汕头等地和南海诸岛调查访问。1956年3月，赴舟山作调查，与驻军及民兵交谈。彭德怀很快得出结论：民兵和预备役结合起来的办法是可行的。彭德怀在向毛泽东作汇报时详细说明："民兵要分为一般民兵和基干民兵，把每年复员的士兵编入基干民兵做骨干，同18至25岁的基干民兵一起进行训练，每年打一次靶，要求能作班排动作。按这个方法训练1200万至1500万后备兵员，预计第二个五年计划可以达到。"

"我国在战争年代建立发展起来的民兵组织，有着悠久的斗争历史，为群众所习惯，把民兵工作与预备役工作结合起来，不仅是必要的，也是完全可能的。"毛泽东欣然肯定了彭德怀的意见。

1957年6月，彭德怀把他的创见写进《中央军委关于改进兵役工作的指示》，报送毛泽东。翌日，毛泽东批示："同意。"具有中国特色的后备力量体制——民兵与预备役合二为一的制度于是得以确立，并在全国实行。

1957年，毛泽东曾考虑取消义务兵役制，实行募兵制，用全民皆兵的办法来扩大积蓄后备兵员。经过反复研究，彭德怀向中央和毛泽东报告，说明义务兵役制以不加改变为好。

1958年春，中共中央在成都召开工作会议，彭德怀在发言中又列举材料，比较义务兵役制和募兵制的利弊，介绍了三年来征兵、复员工作的情况，说明军队、政府、群众对义务兵役制都比较满意；同时，提出在义务兵役制基础上大量积蓄预备兵员的措施，即把预备役同民兵两种组织合而为一，以复员军人为骨干参加并带领民兵进行训练，来达到储备和训练大量预备兵员的目的。实践证明，这一措施较好地解决了"平时养兵少、战时用兵多"的问题。同年7月，彭德怀在军委扩大会议的总结讲话中，谈到实行民兵与预备役合而为一的制度时指出："我们建设了一支雄厚的后备力量，并且摸到了建设后备力量的正确方向。这就是根据人民战争的原则，把预备役制度和长期革命战争中形成的民兵制度合而为一。使民兵成为生产的保护者，又是生产的突击队；是军队的后备力量，又是军队的有力助手。这样的方针和组织形式，无论在平时和战时，无论是对国防建设和经济建设，都有重大的积极作用。"

九、建设现代化后勤

建设现代化后勤是军队现代化建设不可或缺的重要组成部分。现代战争中，后勤保障是"指挥战斗，组织供应，保证战争胜利"的必要因素，关系战争胜败，地位十分重要。进行现代战争必须有与之相适应的现代化后勤保障，为此，必须高度重视后方勤务建设，使之提高到现代化的新阶段。其中，尤其要重视后勤系统的战斗化，使之具有对付敌人空中封锁、"绞杀"的战斗能力和组织指挥能力，形成打不垮、炸不掉的"钢铁运输线"。

彭德怀非常重视后勤保障工作。他常说：现代化战争，没有现代化后勤是不行的。光有英勇的作战部队，没有坚强的后勤部队，是不能打胜仗的。他指出："朝鲜战争的经验证明，现代战争如果没有后方充分的物资保障，是不可能进行的；后方有充分物资，如果没有强有力的后勤组织和工作，以保证第一线的充分供应，是不能取得战争的胜利的。"

他回顾了我军在战争时期走过的历史进程，深刻地剖析道："我军在过去三个历史阶段的战争过程中，在战略上是采取分散的持久的游击战和运动战，战役上是采取速决战。战争所需的物资，主要的取之于当地人民以及从敌人手中夺取，统一的后勤工作尚未显出它重要的作用，因而没有用很大的力量去建设统一的后勤组织和工作。朝鲜战争的经验证明，必须根本改变这种情况，积极加强后勤组织和工作，才能应付未来的战争。"（《抗美援朝战争后勤经验总结（基本经验）》，金盾出版社，1987年版，第1—2页）他强调要把后勤工作"提高到指挥战斗，组织供应，保证战争胜利的更高阶段"。

抗美援朝战争中，后勤保障任务异常复杂、艰巨。彭德怀重视后勤保障的重要战略地位，就任志愿军司令员的第一天，就十分关心后勤工作，亲自抓后勤工作。我军入朝前，他要求"兵马未动，粮草先行"，首先把两个月以上的作战物资提前运往朝鲜战地，并报告毛泽东请示加强运输力量。志愿军一入朝，他就从整个战略需要出发，指出朝鲜铁路线不适应战争的需要，立即报告金日成首相，建议中、朝合建球场至德川以及金城经泰山、宁边至球场的中间铁路干线，并建议加修数条战备公路。经金日成同意后，他又亲自过问勘察和施工，保证了以最快的速度建成，对支援战争起了重大作用。

入朝不久，志愿军领导深感后勤保障的极端重要性。党中央和军委决定，成立志愿军后方勤务司令部，统一组织指挥后勤供应和对敌斗争。

抗美援战争是一场现代战争，志愿军采取中国革命战争时期后勤保障的原则和方法，远不能适应在朝鲜作战的需要。志愿军入朝作战初期，后勤保障能力很弱，在美国空军的轰炸封锁下，作战物资的运输补给极为困难。中共中央、中央军委和志愿军总部将解决这一问题作为战略指导上的重大问题，在抗美援朝战争一开始就确定东北行政区为总后方基地，统一调度指挥一切后方供应事宜。根据战场需要，又把物资运输作为后勤保障的头等大事来抓，"千条万条，运输第一条"，重点解决了防空、抢修、运输相结合的运输保障体制，还在战场上成立志愿军后方勤务司令部，统一调度指挥战场保障，从而使后勤保障适应了抗美援朝战争的需要。

对付现代化作战的敌人，我们的人力、物力、财力消耗巨大，要靠祖国源源不断地供应。后勤工作千头万绪，但根本任务是在敌人空军封锁破坏的情况下，把国家提供的大量物资，源源不断地及时运往前线。战争初期，我军靠近祖国东北的战略物资供应基地，运输比较好办。但随着战线南移，运输线愈来愈长，投入战场的兵力亦愈来愈多，战略物资供应的任务便愈来愈重。特别是由于制空权不在我们手中，敌人不断加强空中封锁，这给我军的后勤运输造成了极大的困难。鸭绿江北岸的物资堆积如山，而前线的部队却往往弹药不足，忍饥挨饿。战争期间，敌人先是集中大量飞机，对我运输线全面狂轰滥炸，接着是重点轰炸，施行"绞杀"及毁灭性轰炸，妄图分割我前线与后方的交通，切断我补给线。战役战斗中，我军因为枪炮弹药运不上去而丧失歼敌战机的事例，并不鲜见。

彭德怀与洪学智狠狠抓着战场兵站联勤的运输线建设这个关键，发扬军事民主，集中群众智慧，创造了各种巧妙的运输方法。

在国内支前力量的大力支持下，志愿军后勤系统与在后方的各军兵种部队共同努力，采取交通运输线上的防空作战与抢修、抢运相结合，火车运输与汽车运输及人力畜力运输相结合，并创造了抢修和运输的许多有效办法，形成了此断彼通、彼断此通、纵横交错的交通运输网，即打不烂、炸不断的钢铁运输线，解决了物资的补给运输问题。

根据反"绞杀战"需要，彭德怀动员我军在前方和后方全面开展群众性对空作战，将步枪、轻重机枪等武器组织起来，积极打击超低空飞行的敌机，压制了敌人的嚣张气焰。后来，我军空军参战，先后投入10个歼击机师，高射炮兵、探照灯兵、雷达兵等也都陆续得到加强，经过艰苦奋战，击落了美国"空中英雄"戴维斯等驾驶的飞机，平均每天击落击伤敌机14.2架，夺取了清川江以北一定空间与时间的制空权，粉碎了敌人的空中封锁。

三年中，我军后方战场修复铁路路基640公里，修复桥梁2294座次，加宽公路8100多公里，新修公路2510公里，基本上保证了运输需要，有力地支援了抗美援朝战争。尽管敌人对我铁路线的破坏越来越厉害，对我轰炸次数不断增加，而我同期运输量却猛增。1952年我军全部冬服从鸭绿江边运到前线每个山头，仅仅经过了72个小时。美国第八集团军司令官范弗里特在汉城记者招待会上承认："虽然联军的空军和海军尽了一切力量，企图阻断共产党的供应，然而共产党仍然以令人难以置信的顽强毅力把物资运送到前线，创造了惊人的奇迹。"

第五次战役我军进入敌纵深后，东西两线有些部队因粮弹供应不上，不得不停止进攻，失去了歼敌的大好机会。冬季作战，冰天雪地，因被服供应不足，也使非战斗减员大增。

为保证前线作战物资的供应，由铁道兵、工程兵及二线部队抓紧抢修和开辟道路，充实兵站、运输、装卸力量，派高射炮兵部队对后方实施掩护。志愿军后勤系统，充分发挥全体人员的智慧和积极性，围绕着建设打不断、炸不烂的"钢铁运输线"的任务，边打边建边摸索经验，建立了四通八达的交通运输网，使条条道路通前线。战士们还发明了建立防空哨的办法，即在沿途一些叉口制高点上站岗放哨，监视敌机，一旦听到敌机声音，马上鸣枪报警；汽车司机闻警后立即闭灯行驶或就近隐蔽。彭德怀得知后，十分高兴，令在全军推广。到第五次战役时，防空哨已发展成为后方对敌斗争的一支重要力量，对提高汽车运输效率、减少车辆损失起到了很大的作用。

抗美援朝战争转入相持阶段以后，美军企图利用他们的海空军优势，大规模地破坏我后方运输线。1951年8月，他们乘朝鲜北方发生特大洪水之机，以摧毁朝鲜北方铁路系统为主要目标，发起了为期10个月的"空中封锁战役"，亦称"绞杀战""阻隔战""窒息战"。美军以绝大部分空军和海军航空兵（敌共有飞机1680架）进行长时间毁灭性的轰炸，企图切断我军的后方交通线，窒息我作战力量。美国远东空军第五航空队司令埃佛勒斯特中将在"绞杀战"开始时扬言："对铁路实施全面的阻滞突击，将能削弱敌人到如此程度，以致第八集团军发动一次地面攻势即可将其击毁，或者将能使敌人主动把部队撤至满洲境内附近，以缩短其补给线。"这是一场破坏与反破坏、绞杀与反绞杀的残酷斗争。

当时，志愿军正在对付朝鲜境内40年未遇的特大洪水的破坏，而敌人又发起了"绞杀战"，每天出动70％以上的飞机，不分昼夜地轰炸我后方铁路、公路、桥梁和人员、物资、车辆。我铁路运输能力急剧下降，8月份的运输量仅为6月份的52%。我后方部队与朝鲜军民密切协同配合，在进行抗洪斗争的同时，展开了反"绞杀战"的英勇斗争。对于各种物资，采取疏散、隐蔽、伪装、进洞的办法；加强防空哨的兵力，以七个团又两个营，分散在长达2100多公里的运输线上，监视敌机的活动；集中高射炮兵部队，重点保卫桥梁；铁道兵重点抢修大同江、清川江和沸流江上被破坏的桥梁；工程兵、汽车运输部队和装卸部队在桥梁、公路被破坏的地区，组织漕渡或实施分段倒运，以保持运输不致中断。

鉴于朝鲜战场上的经验教训，彭德怀提出，现代战争中，后勤工作地位十分重要。要选调精干而有战斗经验的军政干部从事后勤工作。要办好后勤院校，把年轻的军政干部培养成未来后勤工作的骨干。

主要参考文献

1. 《毛泽东军事文集》，第1—6卷，军事科学出版社、中央文献出版社1993年12月版。

2. 《彭德怀传》，当代中国出版社1993年4月版。

3. 《彭德怀军事文选》，中央文献出版社1988年9月版。

4. 《彭德怀年谱》，王焰主编，人民出版社1998年3月版。

5. 《彭德怀自述》，人民出版社1981年12月版。

6. 《毛泽东传（1893—1949）》（上、下），金冲及主编，中央文献出版社1996年8月版。

7. 《朱德军事文选》，解放军出版社1997年8月版。

8. 《全国解放战争史》，第2-5卷，军事科学院军事历史研究部编著，军事科学出版社1997年7月版。

9. 《彭德怀兵法》，赵一平著，中原农民出版社1996年2月版。

10. 《谋略库》，柴宇球主编，蓝天出版社1990年6月版。

11. 《抗美援朝战争史》，第1-3卷，军事科学院军事历史研究部著，军事科学出版社2000年9月版。

12. 《杨尚昆回忆录》，杨尚昆著，中央文献出版社2001年9月版。

13. 《中国工农红军第一方面军史》，中国工农红军第一方面军史编审委员会著，解放军出版社1993年10月版。

14. 《秘书日记里的彭老总》，郑文翰等著，军事科学出版社1998年9月版。

15. 《抗美援朝战争运动战若干问题研究》，军事科学院军事历史研究部著，军事科学出版社1994年10月版。

16. 《红星照耀中国》，［美］埃德加·斯诺著，河北人民版社1992年中文版。

17. 《续西行漫记》，［美］海伦·斯诺著，解放军文艺出版社2002年版。

18. 《元帅用兵之道》，李业平主编，海潮出版社1990年10月版。

19. 《星火燎原丛书》，星火燎原编辑部编，解放军出版社1986年版。

20. 《中国人民解放军高级将领传·2》，解放军出版社2007年6月版。

21. 《毛泽东年谱》（1893-1949）下卷，中央文献出版社2002年版。

22. 《毛泽东选集》，第1-4卷，人民出版社1991年版。